カント全集

14

歴史哲学論集

岩 波 書 店

Lowe の細密画に基づく Townley の版画（1784年）

総目次

凡例

一、本書、カント全集14巻『歴史哲学論集』には、次のAからIまでの九つの論文を発表年次順に収める。

A＝世界市民的見地における普遍史の理念　*Idee zu einer allgemeinen Geschichte in weltbürgerlicher Absicht*, 1784

B＝啓蒙とは何か（正式には『「啓蒙とは何か?」という問いへの答え』）　*Beantwortung der Frage : Was ist Aufklärung ?*, 1784

C＝J・G・ヘルダー著『人類史の哲学考』についての論評　*Rezensionen von J. G. Herders Ideen zur Philosophie der Geschichte der Menschheit. Teil 1. 2.*, 1785

D＝人種の概念の規定　*Bestimmung des Begriffs einer Menschenrace*, 1785

E＝人間の歴史の臆測的始元　*Mutmaßlicher Anfang der Menschengeschichte*, 1786

F＝哲学における目的論的原理の使用について　*Über den Gebrauch teleologischer Prinzipien in der Philosophie*, 1788

G＝理論と実践（正式には『理論では正しいかもしれないが実践の役には立たない、という通説について』）　*Über den Gemeinspruch : Das mag in der Theorie richtig sein, taugt aber nicht für die Praxis*, 1793

H＝万物の終わり　*Das Ende aller Dinge*, 1794

I＝永遠平和のために(正式には『永遠平和のために。イマヌエル・カントによる哲学的構想』)　*Zum ewigen Frieden. Ein philosophischer Entwurf von Immanuel Kant*, 1795

二、翻訳にあたっては、いずれも次のアカデミー版カント全集(以下A版と略称)第八巻所収の本文を底本とした。

A版　*Kant's gesammelte Schriften*. Herausgegeben von der Königlich Preußischen Akademie der Wissenschaften, Band VIII, Berlin, 1912/23

また、左の全集各版の本文をも適宜参照し、A版との主な異同については巻末の校訂注に注記した。なお、本巻本文に対応する各版の頁数を欄外に示した。

カッシーラー版カント著作集(C版)　*Immanuel Kants Werke*. Herausgegeben von Ernst Cassirer.

Band IV, 1922. ＝論文Aから論文Fまで

Band VI, 1914. ＝論文Gから論文Iまで

フォアレンダー版カント全集(V版)　*Immanuel Kant. Sämtliche Werke*. Herausgegeben von Karl Vorländer,

Band V,

(Philosophische Bibliothek, Band 46b, 1921)＝論文B

Band VI,

(Philosophische Bibliothek, Band 47I, 1913)＝論文A、C、E、G、I

(Philosophische Bibliothek, Band 47II, 1922) = 論文H

Band VIII,

(Philosophische Bibliothek, Band 50, 1922) = 論文D、F

＊　なお哲学文庫版については、論文A、B、E、Hを収める新版(Philosophische Bibliothek, Band 512, 1999)が刊行されている。ただしこの新版は、フォアレンダー版には拠らず新しく編集し直されたものである。

ヴァイシェーデル編、ズーアカンプ文庫版一二巻本カント著作集(W版)　*Immanuel Kant Werkausgabe in zwölf Bänden* (Herausgeber : Wilhelm Weischedel).

Band IX (Suhrkamp Taschenbuch Wissenschaft 191, 1968) = 論文F

Band XI (Suhrkamp Taschenbuch Wissenschaft 192, 1968) = 論文A、B、D、E、G、H、I

Band XII (Suhrkamp Taschenbuch Wissenschaft 193, 1968) = 論文C

三、本文中の(　)はカントによる挿入であり、〔　〕は訳者による補足である。また(原注)は、カント自身の付した脚注であり、論文ごとの括弧つきのアラビア数字は訳注を意味し、＊印は校訂注を表わしている。

四、原注は段落の後に挿入し、訳注および校訂注は巻末にまとめた。

五、カントの原文で強調されている箇所の、隔字体(ゲシュペルト)による部分は傍点(、)を付し、ボールド体による部分は太字で示した。

六、巻末には、人名および主要な事項を収録する索引を付した。

世界市民的（1）見地における普遍史の理念（原注）

福田喜一郎訳

Idee zu einer allgemeinen Geschichte in weltbürgerlicher Absicht (1784)

世界市民的見地における普遍史の理念

A版 第 8 巻 15-31 頁
C版 第 4 巻 149-166 頁
V版 第 6 巻 3-20 頁
W版 第 11 巻 31-50 頁

(原注)＊　本年『ゴータ学術新聞』第一二号に載っている簡単な報告のなかの一文は、旅行中のある学者と私との会話に基づい A15 V4 W33
たものであることに疑いはない(2)。それで私はやむをえずこの解説文を書くことにした。この解説文がなければあの箇所は理
解できないだろうからである。

意志の自由を形而上学的見地にたってどのように理解しようとも、意志の現象すなわち人間の行為は、他のあら A17 C151 V5
ゆる自然の出来事とまったく同じように、普遍的自然法則に従って規定されている。だがこうした現象の原因がど
れほど深く隠されていても、現象の叙述に従事する歴史から次のことを期待するのは許されている。すなわち、人
間の意志が自由に活動しているのを全体として考察すると、歴史はここに自由の規則正しい歩みを発見でき、また
同じ仕方によって、個々の主体には複雑で不規則なものと目に映るものが、人類全体としては、人間の根元的素質
が緩やかであっても常に継続して発展しているものとして認識されうる、と期待できる。確かに結婚、それに由来
する出産、死亡は、人間の自由意志に大きく影響されるので、それらの数をあらかじめ計算して決定することので
きる規則には支配されていないように見えるが、大国における結婚、出産、死亡の年間統計表(3)は、これらの現象が
天候と同様に、不変の自然法則に従って生じていることを立証している。天候の場合は個々の事象をあらかじめ測
定できないほど不安定だが、全体としては必ず、植物の生長、川の流れ、他の自然の配置が斉一的で連続して働く W34
のを維持している。個々の人間だけでなく国民全体でさえも、それぞれが自分の判断に従いしばしば他人と対立し
て自分自身の意図を追求しながらも、まだ知られていない自然(4)の意図をいつのまにか導きの糸として歩み続け、こ

の意図の促進に従事しているという事実を思い起こすことはあまりない。たとえ自然の意図は知られたとしても、彼らにはあまり大切なことではないからである。

人間は努めて何かをするとき、動物のように単に本能的に行動するだけではない。しかしまただからといって、理性的な世界市民のように申し合わせた計画に従って全体として行動することもないので、人間については(たとえば蜜蜂やビーバーにみられるように)[5]計画に沿った歴史は不可能と見えてしまう。われわれは人間の行状が世界の大舞台に乗せられるのを眺め、ところどころ思慮分別があるように思えることがあっても、最終的には全体としてすべてが、愚考や子供じみた虚栄心から、またしばしば幼稚な悪意や破壊の欲求から織りなされているとわかると、一定の憤懣を押さえがたくなる。その際われわれは、自分は優越しているとこれほど誇っている人類を、どう理解すべきかとうとうわからなくなる。そこで哲学者は、全体としての人間およびその活動において、けっして理性的な固有の意図を前提できないので、彼にとっての唯一の方策は、人間に関する事柄がもつこの矛盾した活動のなかに自然の意図を発見できないかどうか、また固有の計画に従って行動していない被造物に関してではあっても、自然の意図に基づいて、自然の特定の計画に沿った歴史が可能となるかどうかを試みることである。――われわれはこのような歴史に対して導きの糸を発見するのが成功するかどうかを見たいと思う。そしてそのあとで、この導きの糸に従って歴史を構想できる人間を生み出すのは、自然に任せるつもりである。実際自然は、惑星のもつ離心性の軌道を誰も予想できない仕方で一定の法則の支配下においた一人のケプラーと、この法則を普遍的な自然原因に基づいて説明した一人のニュートンを生み出したのではなかったか。

第一命題

被造物の自然素質はすべて、いつか完全かつ目的にかなって解きほどかれるよう定められている。(6) これはあらゆる動物において、外からの観察と、内からの観察つまり解剖観察によって正しいと認められている。使用されることのない器官、すなわち目的を達成していない配剤組織は、目的論的自然学にとって一つの矛盾である。なぜならこの原則から離れてゆくならば、われわれの自然はもはや合法則的ではなく、目的なしに活動する自然となり、絶望的な偶然が理性の導きの糸に取って代わることになるからである。

第二命題

(地上で唯一理性をもった被造物としての)人間において、(7) 理性の使用をめざす自然素質が完全に展開しうるのは、その類においてだけであって個体においてではないだろう。一人の被造物のなかにある理性は、自分の力すべてを使用する際の規則と意図を自然本能以上にはるかに拡張してゆく能力であり、自分の構想の限界を知らない。しかし理性自身は本能によって活動せず、少しずつ段階的に理解を深める目的でいろいろな試み、練習、教授を必要としている。したがって、個々の人間がすべての自然素質を完全に使用すべき方法を学ぶためには、途方もなく長生きなくてはならないだろう。もしくは、自然が人間の寿命をごく短く設定しているとするなら(これは現実に起きていること)、自然は、最終的に人類における自然の萌芽が自然の意図に完全に合致する発展の段階へ至るようにするために、一世代の人間が次世代に啓蒙を伝えてゆく子孫がおそらく果てしなく産まれてゆくことを必要とする。その最終段階の時代は、少なくとも人間の理念において自らの努力目標でなくてはならない。なぜなら、そうでなければ、自然素質はおおむね無駄で無目的とみなさざるをえなくなり、自然素質が無駄で無目的だとすると実践的原理はすべて無効にされ、そのために、本来自然の知恵は人間以外のあらゆる配置を判定する際の原則とならなくてはならないのに、自然は人間に関してだけは無邪気な戯れをしたという嫌疑がかけられることになるからである。

第三命題

自然は、人間が動物的存在としてもつ機械的配剤以上のことすべてをまったく自分自身で作り上げ、本能から自由に自分自身の理性によって自ら獲得した以外の幸福や完全性には与らないことを欲した。すなわち自然は何も不必要なことは行わず、自然の諸目的を実現するための手段を無駄に用いたりはしない。自然が人間に理性と理性に基づく意志の自由を与えたとき、それは人間の備えに関して自然の意図をすでにはっきりと告知していたのである。すなわち、人間は本能に導かれるのでも、生得の知識によって生活でき教えをほどこされるのでもなく、むしろすべてを自分自身で作り上げるべきなのだろう。食べるものや身にまとうものの考案、外部のものからの身の安全や防御の発明(このことのために自然は、人間に牛の角、ライオンの爪、犬の歯ではなく、両手だけを与えた)、生活

W36　C154　V8

を快適なものにしうる娯楽のすべて、さらに人間の知識や才知、その上温和な意志でさえも、まったくもって人間自身の所産であろう。自然はここで最大限の節約をしたことに満足し、動物的備えを生まれてまもないあいだ生きてゆくのに必要最大限ぎりぎりちょうどに計ったように思える。それはまるで自然が次のように欲したかのようにである。すなわち、人間がもっともひどい粗野な状態から抜け出て、いつしかこの上ない熟練能力をもち、思惟様式は内面的な完全性に至り、これによって(現世で可能な限り)幸福へと高まるよう努力したならば、その功績は一人だけのものであり、その人はこれをもっぱら自分だけによるものと考えてよい、と自然は欲したのである。これはいかにも自然が、健康で幸せである以上にむしろ人間の理性的な**自己尊重**をめざしたかのごとくである。というのは、人間が携わるべきこの業務の進行のなかに、人間を待ち受けている多くの労苦全体があるからである。だからといって自然にとって重要だったのは、人間が健康で幸せに生活を送ることではなく、自分の行動をとおして生きるに値し健康で幸せな生活にふさわしくなるようひたむきに努力することだった、と思える。この場合相変わらずいつも不可解なのは、第一に、前の世代が後の世代に一つの段階を準備して、自然が意図する建造物をもっと高くできるようにと、前者が後者のためにのみ労苦の多い仕事を押し進めているとしか見えないことであり、第二に、それにもかかわらず最後の世代だけは、祖先の長い系列が(それももちろん意図せずに)従事してきた建造物に住む幸運をつかむが、その祖先たちは自分で準備してきた幸運には与りえないということである[8]。しかしながら、これがどれほど不可解であっても、次のことを認めるならば同時に必然的となる。すなわち、ある動物の類は理性をもち、一人一人はすべて死んでも類は不死の理性的存在部類として、自分の素質を完全に展開させるに至るべきなのである。

W37　A20

第四命題

自然のあらゆる素質の発展を実現するために自然が用いる手段は、社会における自然素質の**敵対関係** Antagonism であり、しかもそれはこの関係が最終的に社会の合法則的秩序の原因となる限りでのことである。(9) 私がここで理解する敵対関係というのは、人間の非社交的社交性のこと、すなわち人間が社会のなかに入ってゆこうとする性癖であるが、同時にこれは社会を絶えず分断する恐れのある一般的抵抗と結びついている性癖のことでもある。明らかに人間の本性にはそうした素質がある。一方で人間には社会を作ろうとする傾向性がある。なぜなら、そうした状態のなかにいると、自分がよりいっそう人間としてあること、つまり自分の自然素質が発展してゆくのを感じるからである。しかしまた他方で、自分は一人でいたい(孤立したい)という人間の性癖も大きい。なぜなら人間は、すべてをまったく思いどおりにしたい非社交的性質を同時に自分のなかに発見し、そのために、他人に対する抵抗の傾向が自分にあると自覚しているのと同様に、他人の自分に対する抵抗がどこにもあると予想するからである。ところがこの抵抗こそは、人間のあらゆる力を呼び覚まし怠惰へと傾く気持を乗り越えさせ、確かに一緒にいるのはいやだがしかし放っておくこともできない仲間のもとで、功名心や支配欲や所有欲に駆り立てられ一つの地位を獲得するまでに人間をし向ける当のものである。このとき、粗野な状態から抜け出て、人間の社会的価値を本質とする文化的状態への本当の第一歩が生じ、またこのとき、あらゆる才能が少しずつ伸ばされ、趣味が形成され、また絶えざる啓蒙によって思惟様式の構築が始まる。この思惟様式というのは、道徳的善悪を見分けるのにまだが

A21 W38　V9　C155

さつな自然素質をしだいに明確な実践的原理へと変え、これによって、社会との生理的心理的に強制された一致状態を最終的には道徳的全体へと変えうるもののことである。誰でも利己的にうぬぼれていると必ず出くわさざるをえない抵抗があり、この抵抗を生じさせる非社交性の諸性質は、確かにそれ自身けっして好ましい特性ではないが、これを欠いて申し分ない協調・寡欲・相互愛のある牧歌的な羊飼いの生活を送るならば、才能はすべてその萌芽の状態でいつまでも隠されたままだろう。人間は放牧している羊のように温厚ならば、家畜がもつ以上の高い価値を自分の存在にあまり認めることはなく、人間の目的に照らしてみた創造行為の空白を理性的自然として充たしえないだろう。だから、仲違い、人を妬んで競争を好む虚栄心、飽くことを知らない所有欲もしくはさらに支配欲でさえも、自然が与えてくれたことに感謝しなくてはならない！　これらがなければ、人類にあるすぐれた自然素質は、すべて永久に発展されずにまどろんでいることだろう。人間は協調を欲するが、自然は人類にとって何が善であるかをもっとよく知っており、不和を欲している。人間はのんきに楽しく暮らしたがるが、自然が人間に求めているのは、だらだらとして怠惰な寡欲の状態から脱出し、仕事と労苦に身を投じることである。しかしそれを自然が求めるのは、また逆に人間がこの仕事と労苦を賢く免れる術を見つけだすためでもある。こうしたことを求める自然の動機、すなわち非社交性や一般的抵抗は、これほど多くの災禍が生まれてくる源であるが、同時に新たに人間の力を引き締め、したがって自然素質をさらに発展させるよう駆り立てている。だからそれは賢明な創造主の配剤をよく示すもので、まさか創造主のすぐれた配置にへたに手を出すかそれを妬んで堕落させてしまう悪霊の関与でもないだろう。

C156　V10　W39　A22

第五命題

自然が解決を迫っている人類最大の問題は、普遍的に法を司る**市民社会**を実現することである。社会においてのみ、自然の最高の意図すなわちあらゆる自然素質の発展は人類として達成されうる。しかもこの社会には最大の自由があり、それゆえこれは、その成員がどこでも敵対関係にありながらも他人の自由と共存しうるようにと、自由の限界をきわめて厳密に規定し保証する社会でなければならず、その際自然はまた、人類がこの自然の最高目的を自分で定めたあらゆる諸目的とともに独力で達成することを欲している。これらの理由からして、外的な法のもとにある自由が、誰も反抗できない力と最大限結びついて見出される社会、すなわち完全に法にかなった市民的体制こそ、人類にとって自然の最高の課題でなくてはならない。なぜなら、自然はこの課題を解決し実行して初めて、人類に関する自然の他の意図を達成できるからである。ふだん放縦な自由にはなはだとらわれている人間は、必要性に迫られてこうした拘束状態に入らざるをえなくなる。しかも何にもまして最大の必要性がそうさせる。すなわち、人間には放埒な自由状態ではもはや共存を不可能にする傾向性があり、人間は自分でこの必要性を互いに与えあっているのである。しかしながら、市民的結合をなしているような囲い地内では、まさにこの傾向性が後になって最良の効果を与えるようになる。それは、木々が拘束されず互いに勝手に思う存分大枝を伸ばした結果、不自由な身体で背を曲げ足腰を湾曲させるがごとく生長するのとは異なり、森の中で一本一本それぞれが他の木から空気と太陽の光を奪おうとするからこそ、互いに強いて空気と光を頭上に求めざるをえず、これによってまっすぐ立派

V 11　C 157
W 40

に生長するのと同じである。[10] 人類を飾っている文化と芸術およびもっともすぐれた社会的秩序は、すべて非社交性が実りを結んだものである。この非社交性は自己訓練を課し、その強制的なわざをとおして自然の萌芽を完全に発展させるようわれとわが身に強いるのである。

第六命題

A23

こうした問題はもっとも困難な問題であると同時に、人類によって最後に解決される問題でもある。この課題を単に思うだけですでにはっきりしている難しさは、人間は同類の他者のなかで生きてゆく場合に一人の支配者を必要とする動物だということである。なぜなら、人間はおそらく自分と同じ他の人間との関係において自由を濫用し、理性的被造物としてすべての人間の自由を制限する法を求めはしても、利己的な動物的傾向性に惑わされて、できうるならば自分自身を例外化するからである。それゆえに、その人固有の意志を砕き、各人が自由となりうる普遍妥当的意志に従うよう強制する一人の支配者を必要とする。しかし人間はこの支配者をどこから連れてくるのか。それは人類以外の何ものからでもない。しかしこの支配者もやはり同様に一人の支配者を必要とする動物である。したがって、人間が物事を思いどおりに開始するとしても、われわれはそれ自身で正当な公的正義の元首という立場を彼がいかに獲得しうるかを見きわめることはできない。また、彼がこの立場を個人の資格において求めようとも、または公的正義のために選ばれた多くの人たちからなる団体の資格において求めようとも、事態は変わらない。というのは彼らの誰もが、法に従って彼らに権力を行使してくる人間が自分の上にいない場合は、必ず自由を濫用

V12　C158
W41

するからである。しかし最高の元首はその人自身正義であり、しかも一人の人間でなければならない。したがって、この課題はあらゆる課題のなかでもっとも困難であり、それどころか遺漏なく解決するのは不可能である。人間をつくっているこれほど曲がった木材から、申し分なくまっすぐなものを築くことはできない。ただそうした理念への接近が、自然によってわれわれに課せられているにすぎない。(原注) この理念は最後に実現されるべきものだというのは、さらに次のことからも帰結する。この理念の実現のために要求されるのは、実現可能な体制の本性の正確な把握、世界のたくさんのできごとをとおして訓練された豊かな経験、そして何にも増してこの体制を引き受ける心構えのできた善意志なのだが、これら三者が同時に生じるのは非常に困難であり、たとえ実現したとしてもただはるか未来のこと、つまり多くの無益な試みがなされた後のことなのである。

(原注)　したがって、人間の役割は非常に手の込んだものである。われわれは、他の惑星の住人と彼らの本性がいかなるものであるかを知らない。しかし、もしわれわれが自然のこの命令を充分果たすならば、自分たちが宇宙の隣人のなかで低くない地位にあると主張してよいと自負できるであろう。ひょっとすると諸惑星の隣人は一人一人が生きているあいだに自分の使命を充分達成するかもしれない。だがわれわれ人間の事情は異なる。これを期待できるのは類としての人間だけである。

第七命題

完全な市民的体制を達成するという問題は合法則的な**対外的国家関係**という問題に左右されるので、この後者の問題を別にして解決されうるものではない。個々の人間のあいだにある合法則的市民体制すなわち一つの公共体の(11)

配置に従事すること、それは対外的国家関係においてどんな役に立つのか。人間に一つの公共体の規律に従事せざるをえなくさせた当の非社交性が再び原因となって、対外的関係にあるそれぞれの公共体すなわち他の諸国家と関係をもつ国家が放縦な自由状態となり、その結果国家が互いに予期せざるをえないのは、かつて個々の人間を締め付けて嫌々ながらも合法則的市民状態に入らざるをえなくさせた当の災禍が、今度は他の国家から加えられる、ということである。そこで自然は再度人間の非協調性を、そしてこの種の被造物からなる大きな社会や国家組織体でさえもっている非協調性を、彼らの避けることのできない敵対関係のなかに平和と安全状態を探し出す手段として用いた。すなわち自然は人間を、戦争をとおして、また戦争へ向けてのけっして縮小されない過度の軍備、さらにまったく平和状態にある国家でさえも結局はそれぞれ内心抱かざるをえない苦境をとおして、最初は不十分ながらいろいろな試みをさせるが、最終的には、多くの荒廃や国家の転覆を経て、さらに国力をことごとく内部から消耗させた後に、これほど多くの悲惨な経験をしなくとも理性ならば告げることのできたこと、つまり野蛮人の無法状態から抜け出して国際同盟を結ぶ方向へ追い込むのである。ここで国家はすべて、最小の国家でさえも、自国の軍隊や自国の法律上の判決からではなく、もっぱらこの大きな国際連盟(アンフィクチオン同盟[12] Foedus Amphictyonum)すなわち統一された権力と統一された意志の法に則った決断から、自国の安全と権利を期待することができる。この理念はどれほど空想的に見えようとも、またサン・ピエールの司祭[13]もしくはルソー[14]の場合に空想的だと嘲笑されていたとしても(彼らが嘲笑されたのはおそらくこの理念の実現が目前にあると考えたからであろう)、人間同士が陥る苦境の避けられない結末である。これは野蛮な人間が嫌々ながらもせざるをえなかったのとまったく同じ決断であり、(どれほど困難なものでも)今度は国家がやらざるをえないのである。すなわち自分の乱暴な自

V 13　C 159　W 42

由を放棄して、合法則的体制のなかに安寧秩序を求める決断である。——したがって戦争はすべて、国家間の新しい関係を実現し、破壊によって、少なくともすべての国家の解体によって新しい国家組織体を形成する(人間の意図ではないが、自然の意図のなかにある)試みにすぎない。しかし、この新しい国家組織体は自らを維持できず、または国家組織体相互間でも自分を維持できなくなると、似かよった革命を新たに受けなければならなくなる。そして最後にはいよいよ、市民公共体に近い状態が、国内では可能な限り最良の市民的体制を整えることによって、また対外的には共通の取り決めや立法を行うことによって、自己維持されうる一つの自動機械と同じように設立されるのである。

そこでわれわれは、第一に、作用原因がエピクロス的に凝集する(15)ということから、国家が物質の微粒子と同じように偶然の衝突をとおしてあらゆる類いの国家形成を試み、これが再度新たな攻撃で破壊されても、最後にはいよいよ自分の形を保ちうる国家形成が偶然うまくゆくのを期待すべきなのか(これは将来起こりそうもない幸運な偶然である!)。それともむしろわれわれは、第二に、自然がここで規則正しく歩み続け、徐々に人類を動物性の低い段階から人間性の最高の段階に至るまで、しかも人間から奪われている固有の技巧によって導き、見た目は野蛮な無秩序*のなかに人間のあの根源的素質をまったく規則的に発展させてゆく、ということを前提すべきなのか。もしくは第三にわれわれはいっそ、およそどこへ行っても人間のこのすべての働きかけや反応からは何も生まれず、少なくとも思慮あるものは生まれず、事態は以前からあったとおりのままだと主張するのか。それゆえにわれわれは次のようにも主張するのか。すなわち、ひょっとすると人類に自然に具わっている不和が、これほど文明化された状態そのものとこれまでのあらゆる文化上の進歩を野蛮な破壊によって再び無にし(これは、偶然の支配の根底で密かに知恵と結びついている自然の導きはないと考えるなら、法に拘束されない自由と事実上同一の盲目的偶然の支配下でわれわれが責任をもてない運命となる!)、最終的にはこの文明化された状態においてわれわれに災禍の地獄を準備などしていないとは予言できない、ということか。およそ以上の三者は、自然配置には部分的には合目的性があっても、全体としては無目的だと前提する方がやはり理性にかなっているのか、という問いに収斂する。未開人の無目的状態が果たしたのは、人類のあらゆる自然素質を抑制したことだが、無目的状態によって人類が巻き込まれてしまった災禍をとおして、人類が最後にこの状態から抜け出て、自然素質のあらゆる萌芽が発展されうる市民的体制に入らざるをえなくしたことである。すでに建設されている諸国家の野蛮な自由でさえもこれを果たす。すなわち、自然素質の十分な発展の進捗は、公共体の全勢力が互いに武装するための費用、戦争が引き起こす破壊、そしてこれら以上に常に戦争の準備を維持せざるをえない必要性によって阻まれるが、しかしその代りにまた、これらから災禍が生まれてくるので、並存する多くの国家間には彼ら国家の自由から生じるそれ自身で利益をもたらす抗争があっても、人類はこの抗争に対して力を均衡に保つ法を探し求めざるをえなくなる。そして人類は、この法に効力を与える統一的権力を、したがって国家の公的安全保証のある世界市民的状態を導入せざるをえなくなるのである。この状態にはまったく危険性がないわけではないが、これは人類がもっている力が眠り込んでしまわないようにするためのものである。しかしまたこの状態は、互いに滅ぼし合わないようにと相互の作用・反作用の均等性原理を欠くものではない。〔以上が、諸国家の野蛮な自由でさえもが果たすことである。〕人間本性は、その最後の歩み(すなわち国家間の結合)がなされる以前、したがってかろうじてその形成の半ばにおいて、当てにならない外見だけの福祉のもとで最も苦しい災禍を耐え忍ぶのである。人類がなお登攀しなくてはならないこの最後

C 161　V 15　A 26　W 44

の段階を考慮に入れないならば、ルソーが未開人の状態を好んだとしてもそれほどまちがっていたことにはならない。われわれは芸術学問によって高度な文化をもち、種々の社会的礼節や上品さにおいて煩わしいほど文明化されている。しかし、われわれがすでに道徳化されていると考えるためには、まだ非常に多くのものが欠けている。というのは、文化にはやはり道徳性の理念が属しているのに、この理念をもっぱら名誉心や外見的上品さという疑似道徳に帰着するよう用いるならば、この理念の使い方はただ文明化ということしか意味しなくなるからである。しかしわれわれは、国家が国力のすべてを無益で暴力的な領土拡張という目的に使用し、市民が思惟様式をゆっくり心のなかに苦労して形成するのをそのため絶えず阻止し、市民のこの目的を支持するものすべてを市民自身から奪っているあいだは、市民による思惟様式の形成についてはなにも期待できない。なぜなら、この目的のためには、それぞれの公共体が自らの市民を育成するという内面的な仕事に長期にわたって取り組む必要があるからである。しかし、道徳的に善なる心術に接ぎ木されていない善はすべて、まったくの見せかけで外面だけ輝いている悲惨以外の何ものでもない。おそらく人類は、混沌とした状況にある国際関係から私が語ってきたようなやり方で抜け出すまで、こうした状態のままであろう。

第八命題

人類の歴史全体は、自然がそのすべての素質を人類において完全に展開しうる唯一の状態として国家内部の体制を完全に実現し、**この目的のために**さらに対外的にもこれを完全に実現する自然の隠された計画の遂行とみなすこ

W45　A27 V16　C162

とができる。この命題は第七命題から帰結する。哲学も自分の千年王国説をもちうると理解されているが、これは哲学の理念が、もっぱらはるか彼方からとはいえ千年王国説実現を促進する力となりうる内容のもので、けっして夢想的な千年王国説ではない。重要なことは、経験がこうした自然の意図の経過について何かを発見するかどうかだけである。私は「わずかながら発見する」と主張する。わずかだというのは、この循環運行が終結するまでには非常に長い時間を必要とするように思われ、そのために、人類がこの意図においてこれまで歩んできたわずかな部分から、その道程の具体的な姿や部分の全体への関係を規定するのは不確実にすぎないからである。それは、太陽が巨大な恒星系のなかで衛星の大群とともにとっている運行を、これまでのあらゆる天体観測から定めるのが不確実にすぎないのと同じである。もっとも、宇宙の体系的状態という普遍的根拠と、これまで観測されてきたわずかな結果から、そのような循環運行の実際を推測するのには充分信頼をおくことができる。その一方で人間本性は人類が経験すべきもっとも遠い未来の歴史的時期についてでさえも、確実に予期されうるだけでこれに無関心ではいられなくなるのが必然である。特に現代のできごとに関しては、われわれ自身が理性的に手はずを整えておけば、それによって後世の人間に満足のゆく時期をより早く到来させることができると思われるから、ますます無関心ではいられなくなる。それゆえに、そうした時期が近づいてきたというわずかな兆候でさえもわれわれには非常に重要である。現在、国際関係は相互に作為的な状態にあるため、どの国家も自国の文化を放棄するなら、必ず他の国家に対する力と影響力を失う。したがって、進展がなくとも自然のこの目的の維持は、諸国家の野心的な動機によってでさえもかなり保証されている。なおその上、目下市民的自由が非常に侵害されるなら、必ずその不利益があらゆる事業特に商業において感じられ、またさらにこれによって、外国とかかわりをもつ国力が衰微してゆくように感じられる。しかしこの自由はしだいに進展してゆくものである。市民は福祉を自分自身の任意な仕方で求めるが、ただしこれは他の人の自由と共存できる仕方でのことであり、もし彼を妨害する者がいるなら、この者は一般の事業経営を妨げ、これによってまた国力全体をも阻害することになる。それゆえに、一人一人の行動の制限はますます撤回され、その後で宗教の一般的自由が与えられるようになる。こうして啓蒙は、妄想や気まぐれが紛れ込みながらもしだいに姿を現し、人類の支配者が彼ら固有の利益を理解しさえすれば、支配者の利己的な国家拡張の意図からでさえ求めざるをえないすぐれた善となる。しかしこの啓蒙だけでなく、啓蒙された人間が自分で充分理解している善に対して心底もたざるをえないある種の関心事でさえもが、しだいに王座の耳元にまで達して統治の原則にさえ影響を与えるはずである。たとえば現今の統治者たちには、将来の戦争に備えて予算すべてがあらかじめ計上されているために、目下公の教育施設さらに一般的に世界福祉[17]に関わるすべてのことに対する資金は残っていないとする。しかしそれでも統治者は、脆弱で緩慢であっても国民が自分なりに努力して啓蒙を促進するのを少なくとも妨害しないことこそ、統治者自身の利益だと理解するであろう。最後には、戦争でさえもしだいに作為的で、両陣営にとって結果に確信のもてない企てとなるだけでなく、国家が返済の見込みのつかないまま絶えず増えてゆく国債(これは新しい発明である)の重荷に覚える戦後の苦しみを経ると、戦争は躊躇すべき企てともなる。その際、産業をとおして深く結びついている大陸内の国家が受けるすべての打撃は、他のあらゆる国家に対して顕著な打撃を与える。そのために、これら諸国家は独特の危険状態を経験し、たとえ法律上の威厳を伴わずとも自分が仲裁裁判官になると申し出てくる。そこで、過去が実例を指し示しえないような未来の大国家組織体を実現しようとして、遠くからあらゆる手配を整えるのである。この国家組織体の構想はさしあたりまだまったく手つかずの状態だが、しかしいわばある一つの感情が、世界全体の維持が大切だと考えているすべての成員のあいだですでにわき起こり始めている。この感情によって、自然が最高の意図としている普遍的な世界市民的状態が、最終的に体制再編成のいくつもの革命がなされた後に、人類の根元的素質がすべて発展させられる母胎としていつの日か実現されると希望できるのである。

第九命題

普遍的世界史を人類における完全な市民的連合をめざす自然の計画に従って取り扱う哲学的試みは、可能であり、かつそれ自身この自然の意図を促進するものとみなさなくてはならない。世界の歩みが何らかの理性的諸目的にかなっていると前提し、世界が歩まなくてはならない理念に従って一つの歴史を構想するのは、確かに奇異であり見たところ馬鹿げた企てである。こうした意図のもとではただ一つの物語しか生まれないように見える。しかし、人間が自由に活動するときでさえも、自然は計画や最終目的なしに振る舞うことはないと前提してもよいなら、この理念はやはり有効なものとなりうるだろう。しかもまた、たとえわれわれが浅慮であるために自然の手はずの隠された機構を見通せなくとも、この理念はわれわれには、たいていは無計画な人間の行為の寄せ集めを少なくとも全体としては一つの体系として叙述する際、導きの糸の役割を果たすのではないだろうか。その理由は以下のとおりである。われわれは歴史をギリシア史から開始して――これによってギリシア以前の他の歴史および同時代史が失われずにすみ、少なくとも認証されなければならない[原注]――、ギリシア国家を呑み込んだローマ民族の国家組織体の

W48　A29 C164　V18

形成およびその失敗に対するギリシアの影響、またさらにローマの国家組織体を粉砕した野蛮人に対するローマ民族の影響を現代に至るまでたどるが、その際、他民族の国家の歴史を、その知識がこれらギリシアとローマの啓蒙された民族によって徐々にわかってくる程度に挿話的に付け加えるなら、われわれはこの大陸(この大陸がいつの日か他のすべての大陸に法則を与えるかもしれない)における国家体制が規則的に改善されてゆく過程を発見するだろう。〔こうしたことが、自然の意図を導きの糸とする理由である。〕さらにわれわれは、至るところで市民的体制とその法則および国家関係にのみ注意を払ってきた。ただし、市民的体制と法則および国家関係の両者は、内に含む善をとおして当分はその民族(とともにまた芸術と学問)を向上させ賞賛する役割を担い、他方でそれらに欠陥がつきまとっているために国民を没落させるのを促したが、しかしそれでも、いつも啓蒙の萌芽が残り、これが革命の起こるたびにより発展させられ、次にやってくるはるかに高い段階の改革を準備した限りのことであった。〔このように注意を払うことによって、〕私が信じるには、そこに一つの導きの糸が発見され、これが単に人間に関する事柄がもつ非常に混乱した活動を説明したり、国家の将来的変化の政治的予言術に使用されうるだけでなく(これは、人間の歴史を無秩序な自由の連関のない結果とみなしたとしても、すでに人間の歴史から引き出してきた利益である!)、さらにまた、未来へ向けての安堵の気持を与える展望も開かれるのである(これは自然の計画を前提として初めて正当に希望しうるものである)。ついには自然が人類のなかに蒔いたすべての萌芽が完全に展開され、人類の使命がこの地上で実現されうる状態に高まってゆくその姿は、このような展望においてははるか彼方に思い描かれるのである。以上のような自然概念の――より適切に言うならば摂理の――正当化は、世界考察の特定の観点を選ぶ動機としてけっして意味のないことではない。というのは、理性をもたない自然界における創造の栄

V 19　C 165　A 30　W 49　V 20

光と知恵を賞賛しこれを考察せよと薦めても、最高なる知恵の大舞台の一角――すなわち人類の歴史――は大舞台のすべての目的を含んでいるのに、逆にこれがいつまでも不断の異議を唱えるべきで、この異議を瞥見するとわれわれは仕方なくその大舞台から目を背け、将来ここで理性的意図の達成に出合う望みを失い、これをただ別の世界に期待せざるをえなくなるなら、この賞賛や考察が何の役に立つのかということになるからである。

(原注)　古い歴史を確認できるのは、その始まりから現在にまで絶えず続いてきた学者集団だけである。それ以上はすべて未知の領域 terra incognita である。この集団の外部にいた民族の歴史は、これがこの学者集団のなかに入ってきた時代からのみ始まりうる。これは聖書のギリシア語訳[18]をとおしてプトレマイオス王朝時代にユダヤ民族に生じたことである。この翻訳がなければ、彼らの他から孤立した報告にはほとんど信頼を寄せることはできないだろう。この時代から(この時代の始まりがまず正式に発見されたときから)彼らの物語を遡ってゆくことができるのである。(ヒューム[19]によれば)トゥキディデス[20]が書いた最初のページは、あらゆる真なる歴史の唯一の始まりとなっている。 A29 C164 V18 W48 V19

私はもっぱら経験的に構想された本来の歴史記述への取り組みを、いわばアプリオリな導きの糸をもったこうした世界史の理念によって排除したかったと解されるならば、それは私の意図を誤解していることになるだろう。私の意図は、哲学的頭脳が経験的記述とは別の視点に基づいて試みうるものについての考えにすぎない(それにしてもこの哲学的頭脳は歴史に精通していなければならないだろう)。その上さらに、己の時代の歴史を起草するときの詳細さは普通賞賛すべきものだが、この詳細さは当然ながら、はるか将来の子孫は数世紀後にわれわれが彼らに残すかもしれない歴史の重荷をどのようにとらえ始めるだろうかという疑問を、誰にも抱かせてしまう。確かに彼らは、史料がとうに消失しているかもしれない最古の時代の歴史を評価するとき、もっぱら自分の関心事の視点、すなわち民族や統治が世界市民的見地において遂行したものもしくは損なったものという視点でこれを行うであろ

A30 C165 V20 W49　C166 W50　A31

う。われわれは以上のことを考慮に入れ、そして同様に、もっとも未来の時代に名誉を追想させうる唯一の手段に国家元首やその従者を導く目的で、彼らの名誉心をも考慮にいれるなら、それによってさらに、こうした哲学的歴史を試みるわずかながらの動機が与えられうるのである。*

啓蒙とは何か

福田喜一郎訳

Beantwortung der Frage: Was ist Aufklärung?
(1784)

「啓蒙とは何か？」という問いへの答え

A版 第 8 巻　33-42 頁
C版 第 4 巻　167-176 頁
V版 第 5 巻　133-143 頁
W版 第 11 巻　51-61 頁

A35 C169 V135 W53 啓蒙とは人間が自ら招いた未成年状態から抜け出ることである。未成年状態とは、他人の指導なしには自分の悟性を用いる能力がないことである。この未成年状態の原因が悟性の欠如にではなく、他人の指導がなくとも自分の悟性を用いる決意と勇気の欠如にあるなら、未成年状態の責任は本人にある。したがって啓蒙の標語は、「あえて賢くあれ！ Sapere aude!(1)」「自分自身の悟性を用いる勇気をもて！」である。

自然はこれほど多くの人間を他人の指導からとっくに解放しているのに(naturaliter maiorennes 自然によって成年となっている人たち(2))、なぜ彼らは生涯をとおして未成年状態でいたいと思い、またなぜ他人が彼らの後見人を気取りやすいのか。怠惰と臆病こそがその原因である。未成年状態でいるのはそれほど気楽なことだ。私の代わりに悟性をそなえた書物があり、私の代わりに良心をもった司牧者、私の代わりに食事療法を判断してくれる医師などがいれば、私は実に自分で努力する必要はなくなる。彼らに謝礼金を払うことさえできれば、自分で考える必要はなくなり、他人が必ず自分に代わって面倒な仕事を引き受けてくれるだろう。人々の監督責任をごく親切にも引き受けた後見人たちが気を配って、大半の人間(ここには女性のすべてが含まれる)が成年状態への歩みは困難であるだけでなくたいへん危険でもあると考えるようにさせている。後見人はまず自分の家畜を愚鈍にしておいて、
W54 このおとなしい生き物が押し込められている歩行車(3)から外へあえて一歩も出ないよう注意深く防止している。その後で、彼らが一人で歩こうとするときになると、危険が襲ってくると教えているのである。ところで、実際この危
A36 V136 険はそれほど大きくはない。というのは、彼らは数回転べばきっと最後には歩くのを学ぶからである。しかし、危

険が襲ってくる実例を見ると尻込みしてしまい、たいていは、おどされてそれ以上の試みはすべてやめてしまうのである。

したがって、ほとんど自分の本性となっている未成年状態から抜け出ようと努めるのは、個々の人間にとっては困難である。それどころか各自が未成年状態を捨てがたく思っており、自分自身の悟性を用いるのは今のところ現実に不可能である。なぜなら、そうした試みは一度もさせてもらえなかったからだ。教会の法令や決まり文句、自分の才能を理性的に使用するかまたはむしろ濫用する際に習慣化したこの道具は、いつまでも変わらない未成年状態の足枷となっている。この足枷を脱する者がいても、自由な運動に慣れていないためごく小さな溝を跳び越すのでさえこの人には危険なだけでしかない。したがって、思慮分別を自分で育てることによって未成年状態から抜け出ながらも、しっかりと歩いてゆくことに成功した者はごくわずかである。

しかし、個々の人間ではなく公衆が自らを啓蒙することはむしろ可能であり、無論自由が与えられさえすればそれはほぼ避けがたくなる。というのは、大衆の後見を任せられた人たちのなかにも自分で考えることのできる者が常に数名はいて、彼らは自分で未成年状態という束縛を脱した後で、個々の人間がもっている価値と自分で考えるという使命に、理性的な敬意を払う精神を周囲に広めてゆくからである。その際注意すべきことがある。公衆はあらかじめ後見人たちによって束縛されているが、後になって、自分ではいかなる啓蒙の能力もない若干の後見人がいて、啓蒙されよと彼らに公衆がけしかけられると、今度は逆に公衆がその後見人たちを無理やり束縛状態にとどめておこうとするのである。先入観(4)を植え付けるのはそれほど有害である。なぜなら先入観は最後には、それを作り出した人間もしくはその先任者自身に報復してくるからである。したがって公衆が啓蒙に達するにはもっぱら時間がかかる。確かに、ひょっとすると革命によって個人の人格に対する専制と、貪欲なもしくは傲慢な圧制は瓦解するかもしれないが、しかし思惟様式の真の改革はけっして実現されず、古い先入観と並んで新しい先入観が何も考えない大衆の習歩紐[5]として使われるであろう。

こうした啓蒙を実現するために要求されるのは自由以外の何ものでもない。しかもこれは、およそ自由という名をもちうるもののなかでももっとも害の少ない自由である。すなわち、万事において自分の理性を公的に使用する自由である。ところで、あらゆる方面から「議論するな！」[6]と叫ばれるのを耳にする。将校は「議論しないで訓練せよ！」と、収税顧問官は「議論しないで支払え！」と、聖職者は「議論しないで信ぜよ！」と言っている。（ただこの世で一人の支配者[7]だけが、「君たちは好きなだけそして何に関しても議論せよ。しかし服従せよ！」と言っている。）この点で自由はどこでも制限されている。しかし、いかなる制限が啓蒙を妨げているのか。また、いかなる制限ならば啓蒙を妨げることなく、それどころかむしろ啓蒙を促進してゆくのか。――私は次のように答える。自分の理性の公的使用は常に自由でなければならず、これのみが人々のなかに啓蒙を実現できる。だが、その私的使用はしばしば極端に制限されることがあってもかまわない。だからといって啓蒙の進展が格別妨げられはしない、と。さて私は、自分自身の理性の公的使用を、ある人が読者世界の全公衆[8]を前にして学者として理性を使用することと解している。私が私的使用と名付けているのは、ある委託された市民としての地位もしくは官職において、自分に許される理性使用のことである。ところで、公共体の関心事となる業務では一定の機構を必要とするものがあり、これによって公共体の若干の成員はもっぱら受動的な態度をとらざるをえない。これは、彼らが政府による人為的合意を介して公の目的に向けられるか、少なくともその目的を損なわないようにするためである。もちろんこ

A 37　V 137
C 171

こで議論するのは許されず、服従しなければならない。しかし、機構のこの役割を担う同じ人が、同時に自らを公共体全体の成員、それればかりかさらに世界市民社会の成員とみなすかぎり、したがって書物をとおして本来の意味における公衆に語りかける学者の資格においてそうするならば、その人にはもちろん議論することは許される。だからといって、この人が受動的成員[9]としてその一部に配置されている業務が損なわれることはない。このようにして、もし上官に何かを命令された将校が、軍務についていながらその命令の合目的性または有用性について声を出して議論しようと欲したならば、それは組織をたいへん堕落させることになるだろう。彼は命令に従わなくてはならないのである。しかし、彼が軍務における失策を学者として批評し、この批評についての判定を自分の公衆に求めるのは、当然のことながら禁じられてはならない。市民は自分に課せられた税金の支払いを拒むことはできない。しかも、納付すべきときに好奇心で税金を非難するのは、(どこでも反抗的行動を誘発しうる)物議として罰せられうる。にもかかわらずこの同じ人が、学者として課税が不適当またはさらに不当であることに反対し、自分の考えを公に述べても、それは市民の義務に違反しない。それと同様に聖職者にも、教義問答の教育を受けている生徒や教区の信徒に対して、自分が仕えている教会の信条書[10]に従って講話を行う責務がある。というのは、この人はそうした条件で採用されているからである。しかしこの人には学者として、この信条書がもつ欠点について注意深く吟味した自分の好意的な考えのすべてを、そして宗教・教会組織のよりよい制度のための提案を公衆に伝える完全な自由がある。いやそれどころかその使命さえある。この場合でも良心の重荷となりうるものは一切ない。というのは、職務に従い教会から派遣された者として教えを説いている内容があり、これを自分自身の考えに基づいて教える自由な権限はこの人にはなく、彼は宗教上の規約に従って他の人の名において講じるよう任命された内容として

W56　V 138　A 38 C 172

これを教えているからである。その際彼は「われわれの教会はかくかくしかじかのことを教えています」「これは教会が用いている証明根拠です」と言うであろう。その次に彼は、自分自身では十分確信をもって是認できなくとも、自分にはそれを講じる責務があるとみなしうる教義のなかから、教区の人たちに実践的に役立つことをすべて取り出してくる。なぜなら、そこに真理が隠れている可能性がまったくないわけではなく、いずれにせよ少なくとも内面的宗教に矛盾するものがそこに何も見出されないからである。というのは、そこに矛盾があると思ったならば、彼は良心をもって自分の職務を遂行することはできず、辞任せざるをえなくなるからである。したがって、任命されている教師が教区の人たちを前にして自分の理性を使用するのは、単に私的使用にすぎない。なぜなら、彼らの集会は大きくても常に家庭的なものにすぎないからである。このように考えるならば、彼には司祭としての自由がないばかりか、他の人に委託された仕事を遂行しているのだからそうした自由は許されもしない。これとは逆に、書物をとおして本来の公衆、つまり世界に対して語りかける学者として、したがって自分の理性を公的に使用する聖職者は、自分自身の理性を用いて、本人自ら語る無制限の自由を享受する。というのは、(宗教上の事柄における)国民の後見人自身も未成年状態にあるべきだという考えは、結果として不合理なものを永遠化することになる不合理だからである。

しかし、ある聖職者の団体、たとえば教会会議もしくは(オランダ人の間での自らの呼称である)「神聖なる公会議Classis」[11]には、成員の一人一人を後見監督し、またこの成員を介して国民を絶えず後見監督し、その上この後見監督権を永続化する目的で、ある不変の教義を互いに守ってゆくと宣誓するような権限はないのではないか。私は、こうした権限はまったく不可能だと答えよう。人類がこれから行うすべての啓蒙を永久に妨げるよう締結されることの協定は、まったく無効である。それはたとえ最高権力、帝国議会、もっとも厳粛な平和条約によって承認されようとも同じである。次の時代が(とりわけ非常に差し迫った)知識を増し、誤謬を一掃し、総じて啓蒙をさらに促進するのに対して、前の時代が同盟を結んで宣誓し、啓蒙が不可能とならざるをえない状態にすることはできない。そのようなことをすれば、啓蒙の進展こそ根本使命である人間本性に対する犯罪となるだろう。したがって後の世代には、あのような決議を資格なく冒瀆的に取り決められたものとして却下する権限が十分ある。一つの国民に対して法律として定めうるものすべての試金石は、国民が本当にその法律をすすんで自らに課しうるか否か、という問いにある。ところでこの法律は、何らかの秩序を導入する目的で、いわばもっとすぐれた法律を期待しつつ一定の短い期間可能であろう。その際同時に、市民の誰にでも特に聖職者には、現今の制度がもっている欠陥について学者の資格で公的にすなわち書物をとおして、自分の意見を述べる自由が与えられるだろう。当分の間は、導入された秩序が相変わらず続いてゆくとしても、やがてその事態の特質の洞察は公に広く伝わり確証され、(たとえ全員ではないとしても)声が一つにまとまることによって、よりすぐれた洞察を自分で理解し宗教制度の改変で意見が一致していた教区の信者を保護する提案を王位の前に訴えることができるであろう。しかもこの訴えがあるからといって、古くからある宗教制度にとどまろうと欲する人たちが妨げられることはない。しかしながら、公には誰からも疑いを差し挟まれない堅固な宗教体制に一人の人間が一生のあいだ自分を合わせてゆくだけでも、人類がよりよいものへと進展する途上にある一時期をいわばだめにし、これを不毛なものとし、それゆえに後の世代にとってはまったくもって有害なものにしてしまう行為はけっして許されない。確かに、一人の人間が、自分で知らなければならない義務のあることにおいて、個人としてまたさらにわずかのあいだだけでも啓蒙を遅らせることはできる。しかし、個人にとってであれ、いやそれ以上に後の世代にとってであれ、この啓蒙を断念してしまうのは人類の神聖な権利を損ない踏みにじることを意味する。さらに、国民が自分自身についてすら決議できないことを、君主は自分の国民に対してなおさら決議できるものではない[12]。というのは、君主の立法上の威信は、まさしく国民の全意志を自分の意志のなかで取りまとめることに基づいているからである。君主は、真の改革および真の改革だと想定されたものすべてが市民的秩序と共存できるように取りはからいさえすれば、その他の点では、臣民が魂の救済のために行うのはやむをえないと思うことを臣民自身だけで実行するのを許してよいのである。これは君主には何の関係もないことだ。しかし、他の人が魂救済の使命と促進にもてる能力すべてを尽して取りかかっているのに、ある人が暴力的に妨害するならばこれを防ぐのが君主の任務である。君主は、臣民が自分の認識を整理しようと努めるのに用いる書物を、政府の監視すべきものとみなしてここに干渉する場合に、もしそれを自分独自の最高の認識によってなすなら、「皇帝でも文法家の上には立てない Caesar non est supra Grammaticos」という非難に曝されて自ら威厳を損ない、また国家の数人の専制主義者たちが自余の臣民に対して宗教上の独裁をなすのを支持するほどにまで自分の最高権力を蔑むなら、君主ははるかに威厳を損なうのである。

さてそこで、「われわれは現在啓蒙された時代に生きているのか」と問われるなら、「そうではない。しかしおそらく啓蒙の時代に生きているだろう」というのが答えである。現状のままで人間を全体として見ると、宗教上の事柄に関して他人の指導なしに自分自身の悟性を確実かつ十分に用いる状態にすでになっているためには、また単にそうした状況におかれうるためだけであっても、まだ非常に多くのことが欠けている。だが、今やこの方向に自由に着手する場は彼らに開かれ、啓蒙一般すなわち自ら招いた未成年状態から抜け出るのを邪魔する事物はしだいに少なくなってきた。これについてははっきりとした徴候がいくつかある。その点で、現代は啓蒙の時代すなわちフリードリヒの世紀である。

君主は、宗教上の事柄に関しては人々に何も指示せず、彼らに完全な自由を認めるのが義務だと思う、と語ったとしても自分の体面が損なわれるとはみなさず、寛容[13]という傲慢な名称を自ら拒否するならば、その人自身啓蒙されており、まず少なくとも統治の側から人類を未成年状態から脱却させて、良心に関する事柄すべてにおいて自分自身の理性を用いる自由を誰にでも認めた者として、当世および後世の人々によって感謝され賞賛されるにふさわしい人である。この君主のもとにいれば、尊敬すべき聖職者たちは自分の職責には関係なく、一般に承諾されている信条書とはところどころ異なった判断や認識を学者の資格において自由かつ公的に世の吟味に提示することができる。ましてや職務に少しも制約されていない他の人ならば誰でも言うにおよばない。この自由の精神は国外へと広まり、己を正しく理解していない政府の外的な妨害と戦わざるをえない国にあっても普及してゆく。というのは、自由があっても公共体の公安や統一を気遣う必要は少しもないという事例が、この政府に範を示してくれるからである。人間というものは、粗野な状態を意図的に保持しておこうと作為することさえなければ、自分で努力して少しずつそこから抜け出ようと努めるものである。

私は啓蒙の主眼点、すなわち人間が自らに招いた未成年状態から抜け出ることの主眼点を、特に宗教に関する事柄においてきた。なぜなら、われわれの支配者は、芸術と学問に関して臣民の後見人を演じることに関心を抱いていないからであり、さらにその上、宗教上の未成年状態は何にも増してもっとも有害なだけでなく、最大不名誉でもあるからだ。しかし、宗教上の啓蒙を促進する国家元首の思惟様式はさらに進み、臣民が立法に関してでさえも

C175 W60　A41　V142

自分自身の理性を公的に使用し、よりすぐれた法の起草上の考えを世界に向けて公に提示するのを許したとしても、しかもさらにこれが既存の法を率直に批判していても、そこには何ら危険はないと認識するのである。これについては輝かしい模範がわれわれにある。それを見れば、われわれが敬慕する君主を凌ぐ君主はまだ現れていないことがわかる。

しかしまた、自分自身で啓蒙され、影におびえず、しかも同時に公共の安寧を保証するためによく訓練された兵士を多数もつ軍隊を準備している者だけが、共和国でさえもあえて言ってはならないこと、すなわち「君たちは何に関しても好きなだけ議論してよい。ただし服従せよ！」と言うことができる。そうなるとここで、人間に関する事柄の不思議で予期できない経過が姿を現してくる。他のケースでも同じように、この経過を大局的に見守るならばほとんどすべてのことが逆説的である。市民の自由の度合が高まるとそれが国民の精神の自由にとっては有益だと見えるが、この自由には越えがたい制限が設けられるようになる。それとは逆に、自由の度合が低いと、精神が自分の能力すべてに応じて拡張してゆく余地がこの精神に与えられる。そこで自然が、自由というこの堅い総苞の下でごくやさしく世話をしている萌芽を、すなわち自由な思考へと向かう心の傾きと使命とをときほぐしたならば、その萌芽は徐々に国民の気質に遡及してゆき(これによって国民は行動する自由の能力をしだいに身につける)、しかもその影響は最後には統治の原則にまでも至る。このとき政府は、もはや機械以上である人間[14]をその品位に即して扱うのが政府自身にとって有益だとわかるのである。[原注]

一七八四年九月三〇日、プロイセン王国[15]、ケーニヒスベルク[16]*

(原注)　本日九月三〇日に、私は九月一三日付けの『ビュッシング週報[17]』で『ベルリン月報』今月号の広告を読んだ。そこに

W61　C176　A42 V143

は、まさに本稿と同じ問題に対するメンデルスゾーン氏の回答[18]が引用されている。私はまだそれを入手していない。もし入手していたならば、彼の論文のために私は本論文の掲載を差し控えたであろう。本論文は目下のところ、偶然がどれほど思想の一致をもたらしうるかを試すためだけでも『ベルリン月報』に掲載されてよいのである。

J・G・ヘルダー著『人類史の哲学考』についての論評

福田喜一郎訳

Recensionen von J. G. Herders Ideen zur Philosophie der Geschichte der Menschheit. Theil 1. 2. (1785)

J. G. ヘルダー著『人類史の哲学考』(第 1 部, 第 2 部)についての論評

A版	第 8 巻	43-66 頁
C版	第 4 巻	177-200 頁
V版	第 6 巻	21-46 頁
W版	第 12 巻	779-806 頁

I

「神があなたをどのような目的へと定め、そしてあなたが世界のどこにおかれているのかを、実際の行動をとおして学びなさい。Quem te deus esse iussit et humana qua parte locatus es in re disce.」(1) ヨーハン・ゴットフリート・ヘルダー著『人類史の哲学考』(2) 第一部、三一八頁からなる、四つ折判、ハルトクノッホ社、(3) リガおよびライプツィヒ、(4) 一七八四年。

聡明で雄弁な著者の精神は、すでに一般に認められている特徴をこの著書のなかで示している。したがってこの著書は、彼のペンから流れ出た他のいくつかの著作の場合と同じように、ありふれた尺度で評価されてはならないだろう。あたかも彼の天賦の才能は、学問・芸術の広大な領域から観念を集めて、ほかの人にも伝達可能な別の観念とともにこれを膨らませるだけでなく、(彼の表現を借りて言うならば)さらにこの観念をある同化作用の法則に従って彼に固有のやり方で独特の思惟様式へと変容させているかのようであり、そのためにこれらの観念は、彼以外の精神が滋養分をとり成長するのに必要な観念(二九二頁)* とははっきりと区別され、ますます他者に伝達できなくなっている。したがってやはり、人類史の哲学が彼にとって意味するものは、われわれが通常その名称で理解しているものとはまったく異なっていないだろうか。すなわちそこには、概念を規定する際の論理的綿密性も原則の細心な類別や実証もなく、一ヵ所に止まらず何もかも見渡している眺望と、類比の発見に長けた鋭敏さがあるのである。大胆な想像力は類比を用いるとき、いつも遠くにあって霞んでいる対象に感情と感覚をとおして人を魅了さ

A 45
C 179
V 23
W 781

せる熟練能力と結びついている。この感情と感覚は豊かな思想内容がもたらしたもの、もしくは多くを示唆している合図であり、まったく同じものにおいて冷静な判断では見出せないことを自然とわれわれに考えさせてくれる。〔これらが著者の人類史の哲学において他と異なっている点である。〕しかし、思想の自由(この著作で多く見出される自由)は想像力に富んだ頭脳によって行使され、それがものを考える材料をいつも与えているので、われわれは彼のさまざまな考えのなかからもっとも重要で彼独特のものをうまくゆく限り取り出すよう努め、しかもそれを彼固有の表現を用いて提示したい。しかし私は最後にその全体に対していくつかの論評を付け加えるつもりである。

われわれの著者は、太陽系内にある地球以外の惑星に住む者のなかで人間がどんな位置にあるかを指定するために、書き始めでその展望を拡大している。彼は人間が住む天体は中間に位置していて不利でないことから、まったく「中間的な地球的悟性と、さらにずっと曖昧な人間の徳」を推論する。「人間はこれらを頼りにせざるをえないが、しかし、――さまざまな思考や能力は明らかに地球上の有機組織体からのみ芽生え出てきて、これらはこのわれわれの創造行為が与えうる純粋さと繊細さを獲得するまで変化し変身しようと努めている。もし類比がわれわれの案内人になってもよいなら、こうした事態はほかの星においても異ならないのだから――われわれは地球的悟性と人間の徳から次のことを推測させられる。すなわち、人間はほかの星の住人とともに一つの目的地をもち[5]、最終的には二つ以上の天体の遊歩道を歩み始めるだけでなく、ひょっとするとこれほど多くて多様な姉妹世界のすでに成熟したすべての被造物と、おおいに交流できるようにもなるだろう。*」ここから彼の考察は、人間を生み出す行為に先行するさまざまな天地の革命[6]へと移ってゆく。「われわれの空気、われわれの水、われわれの土が産出される前に、種々の溶解し合い沈殿してゆく活力が必要であった。さまざまな種類の土や岩石や結晶体が、さらにさま

A 46　C 180　V 24
W 782

ざまな種類の有機組織体である貝や植物や動物そして最後に人間が生じ、これらは次から次へと繰り返される解体と革命をどれほど前提せざるをえなかったか。人間、あらゆる元素と実在の子供、その最高に選ばれた精髄、いわば大地の創造の花は、自然の最後の寵児以外ではありえなかった。この寵児を形成し受容するためには、多くの発展と革命が先行しなければならなかったのだ。*」

われわれの著者は地球が球形をしていることに、考えられうるあらゆる多様性にもかかわらず地球が生み出す統一性をめぐって一つの驚きの対象を見出している。「この形を今までに心に銘記したことのある者で誰が、他の人を哲学と宗教における言葉だけの信仰へと改心させたり、もしくはそうするために重々しくも聖なる情熱を抱いて人々の殺害に立ち向かっていっただろうか。」これと同様に、黄道の傾斜は彼に人間の規定を考察するきっかけを与えている。「斜めに進んでゆく太陽の下で、人間のすべての行動は一年周期となっている。」彼が大気圏に関するより詳しい知識、さらに大気圏に対する天体の影響でさえをもっと詳細に知るならば、この知識は彼の眼には人類の歴史に対して大きな影響を約束しているかのように映るのであろう。陸と海との配分を論じている章では、地球の構造は民族史の相違を説明する根拠としてあげられている。「アジアの風俗習慣は、大地が一つとなってずっと広がっているように非常に結びつきが強い。それとは反対に小さな紅海は風俗を隔てている。小さなペルシア湾はさらにそうである。しかし、アメリカの多くの湖、山脈、川および陸地が気候の温和な地帯にあれほど広がっているのには理由がないわけではない。新世界が自然によって配置されているのとは異なり、旧大陸の構造は人間の最初のすみかを意図して配置されているのである。*」その第二編は地上の有機組織体を扱っていて、花崗岩の話から始まっている。(7)光、温度、荒々しい空気、水が、花崗岩に作用し、ひょっとするとこれらによって珪土が石灰土へと変わるのが促進され、そこから最初の海の生物である甲殻動物が生まれてきたのかもしれない。そしてこれに引き続き植物が誕生した。——人間の発育と植物の生長が比較され、人間の性愛と草木の開花とが比較されている。人間との関係における植物界の有用性。そして動物界。風土に即しての動物と人間の変化。古い世界における動物は不完全である。「人間から離れれば離れるほど被造物の種類は拡大し、人間に近づけば近づくほどその種類は少なくなってゆく。——すべての被造物に、一つの主要な形態、すなわち一つの似かよった骨格がある。——これらの移行があるために、海の生物や植物それどころかひょっとしたら生命がないと言われている生物においても、限りなく粗雑で混沌としているにせよ有機体の一にして同一の素質が支配している、と推測できなくはない。万物を一つの連関において見る永遠の存在者の目には、ひょっとすると、生成しつつある氷粒子の形態やそこで形成されてゆく雪片の形態には、母胎内で胎児が形成されるのと類比的な関係が今なお存在しているのかもしれない。——人間は動物のなかで中間的被造物である。(8) すなわち、自分の周りにいるすべての類がもっているすべての特徴を全体としてもっとも精巧に集めた包括的な形態をしている。——私には、動物たちが空と海から、いわば高いところと深いところから人間のところへやってきて、一歩一歩その姿に近づいてゆくように見える。」この第二編の結びは、「ああ、人間よ、自分の位置を喜べ。自分の周りに生きているすべてのもののなかで高貴な中間的被造物である自分をよく研究せよ！」となっている。

第三編は、植物と動物の組織構造を人間の有機組織と比較している。著者は自然誌家の考察を自分の目的のために利用しているので、ここで彼の記述をたどってゆくことはできない。ただいくつかその結論だけを見てみよう。「被造物はあれやこれやの器官をとおして死んだ植物の生命から生き生きとした刺激を生み出し、その総和は精巧な水路によって洗練され、そこから感覚の媒体を生み出す。刺激の結果は衝動となり、感覚の結果は思考となり、すべての生ける被造物のなかに据えられた有機体的創造が永遠に続く。」著者は動物の場合と同じように植物の場合でも、その萌芽ではなく有機的な力を頼りに議論している。[(9)] 彼は次のように書いている。「植物自身が有機的な意味で生命であるのと同じように、ポリプもまた有機的な意味で生命である。したがって、植物生長の有機的な力、筋肉刺激の有機的な力、感覚の有機的な力というような多くの有機的な力が存在している。より多くより精巧な神経があり、脳が大きくなればなるほど、その類はものごとをより多く理解するようになる。動物の魂は、一有機体のなかで作用するあらゆる力の総体であり」、本能は特殊な自然力ではなく、自然が自らの温度によってこの力全体に与えた方向性である。われわれが、「(岩石において)現在形成しつつある」、「(植物において)現在発芽しつつある」、「現在感覚しつつある」、「現在技巧的に造りつつある」と呼ぶときの自然の有機的原理は、根本的にはただ一つで同一の有機的力にすぎず、この力がより多くの器官とさまざまな手足に割り当てられ、その箇所で固有の世界をもてばもつほど、——本能は姿を消し(たとえば人間におけるように)感官と手足の独自の自由な使用が始まる。著者は最後に、自然によって与えられた人間の本質的差異に至る。「人間が直立して歩くのは、人間に唯一自然なことである。いやそれどころか人類の全使命に向けての有機組織化であり、人間を他と区別する特徴である。」

人間は、理性所有を定められたがゆえに直立姿勢が割り当てられ理性に従って自分の手足を用いるようになったのではなく、逆に人間を単に直立で歩かせるのに必要とした配置の当然の結果として直立姿勢があり、人間はこの直立姿勢をとおして理性を獲得したのであった。「この聖なる芸術作品を、われわれ種族が人類となった恩恵を、しばらく感謝の眼差しと驚嘆の気持ちをもって考えてみよう。なぜなら、人類の直立姿勢からどんな力の新しい有機組織化が発動したのか、そしてどのようにして人間がこの直立姿勢だけで人間となったのかがわかるからである！」

著者殿は第四編でこの点をさらに詳しく述べている。「人間に似た被造物(猿)は、何が欠けているために人間にならなかったのか。」――人間は何によって人間となったか。それは、直立姿勢に向けて頭部を形成し、垂直の重心に対して内的にも外的にも器官形成をすることによってであった。――猿には人間がもっている脳のすべての構成要素があるが、頭蓋骨の形態に応じて背後に押し下げられた状態になっている。この状態を獲得したのは、猿の頭が人間とは異なった角度で形成され、直立歩行に適するようには造られなかったからである。その後直ちに、すべての有機的力が人間とは異なって作用したのである。――「おお人間よ、だから天空を眺めよ。世界創造主が直立姿勢というこれほど単純な原理に結びつけた計り知れないおまえの優越性を、畏敬の念をもって喜べ。――草木の生えた大地の上で支配しているのは、もはや嗅覚ではなく眼差しである。――人間は直立歩行によって技術をもった被造物となり、自由に技術を司る両手を獲得した。――そして直立歩行によって初めて人間の本当の言語が生じたのだ。[10]――理性は理論的にも実践的にも経験的に獲得されたもの[11]であり、人間が学んだ理念や力の均衡と方向性に他ならず、人間の有機組織と生活様式はこの均衡と方向性に向かって形成されたのだった。」その次に自由が登場する。「人間は創造行為において最初に自由を許された者であり、直立姿勢で立っている。」恥ずかしいと思う気持ち、「それは直立姿勢になってすぐに育ったはずだ。」人間の本性は特殊な変種に委ねられてはいない。「どうしてそうなのか。それは直立の姿勢によるもので、それ以外の何ものでもない。――人間は人間性へと向かうべく形成されているのである。穏やかさ、性愛、同情心、母性愛、これらは人間の直立姿勢が形成されるときに人間性

V28　W786　A49

という幹から分かれて出てきた枝である。――正義と真理の規則は人間自身の直立姿勢に基づき、この姿勢はさらに人間を礼儀正しさへと育てる。宗教は最高度の人間性である。身をかがめている動物にはおぼろげな感覚しかないが、神は人間を高めて、知らずとも欲せずとも人間が万物の原因を探り、万物の偉大な連関である汝を発見するようにさせたのだった。しかし宗教は不死の願いと信仰とを生み出す。」この最後のことについては第五編が語っている。「われわれは鉱石から結晶体へ、結晶体から金属へ、金属から植物の創造へ、植物から動物へ、最後には人間へと有機組織化が上昇してゆくのを見た。またこれに伴い、被造物のさまざまな力や衝動がより多種多様となり、人間形態が摑みうるかぎりのすべてのものが、ついにはその形態において統一されてゆくのを見た。――」

「われわれはこうした一連の存在者をとおして、ますます人間の姿へと近づいていったさまざまな主要形態には類似性があることに気づいた。――またこれだけでなく力や衝動も人間へ近づいてゆくのを見た。――どの被造物にあっても生存期間までもが、それが実現を促進しなくてはならない自然の目的に即して調整されていた。――被造物は有機組織化されていればいるほど、その構造は劣った自然領域から構成されている。人間は世界の大要なのである。すなわち、石灰、土、塩、酸、油と水、植物の生長の力、刺激や感覚の力は、人間において有機的に統一されているのである。――われわれはこうした見方につき動かされて、目に見える創造の領域とまったく同じ連関と移り変わりをしている、力の見えざる領域をも想定し、また見えざる力が連綿と高まってゆく姿を想定せざるをえなくなる。――魂の不死のためにはこれで十分である。それだけでなく、世界創造の生き生きとした活動の力すべてが永続してゆくのにも十分である。手段が破壊されても、力が消え去ることはありえない。すべてに生命を与えるものが生かしめているもの、これこそが生命あるものであり、働きかけるもの、これこそが自分の永遠の連関

V 29　W787　A 50　C 184

において永遠に働きかけている。」これらの諸原理はこと細かに説明されてはいない。「なぜなら本書はそうする場所ではないからである。」しかしながら「われわれは物質のなかに精神に類似した力が多くあるのを目にするので、精神と物質という、とにかく非常に異なった二つの存在が完全に対立し相容れないということを、たとえそれ自身矛盾しなくとも、少なくとも証明できることとはとても思えない。」――「前成されている胎児[12]を実際に見た者はいない。人々は後成説[13]について論ずるとき、事実に反してまるで手足が外部からくっついたかのように語る。だがそこにあるのは形成(genesis)であり、内的な諸力の結果である。すなわち、自然は内的な力に質料を準備し、この力は姿を外部から見ることができるようにと質料を自分自身に付加しながら形成するのである。身体を形成したのは理性をもった私たちの魂ではなく、神のみ手であり、有機的な力である。」それから次のように書かれている。「一、なるほど力と器官とはごく密接に結びついているが、一つにして同一のものではない。二、力はそれぞれ自分の器官に対して調和的に作用する。というのは、力は存在を明示するために器官を自分に付加しながら形成し、これに同化するにすぎないからである。三、力は力を包むものが抜け落ちても依然として存続する。力はこの覆いに先だって、劣った状態でしかも同じく有機的状態であったが、すでに存在していたのである。」著者は右のように書いた上で、唯物論者に対して次のように述べている。「われわれの魂は物質、刺激、運動、生命のあらゆる力と根元的に同一であり、単により高度に、すなわちより発達した繊細な有機組織体において作用しているにすぎない、としてみたまえ。その場合われわれは、運動と刺激の力がたった一つでも姿を消してゆくのをこれまで見たことがあるのか。この低い力は力の器官と一つで同一のものであろうか。」著者はこの連関について、これが進歩でしかありえないと述べている。「われわれは人類を低次の有機的な諸力が大きく合体したものとみなすことができ、この諸力は人類において人間性の形成へと芽生えてゆくであろう。」

人間という有機組織体が精神的な力の領域で生まれてくることは、次のように示されている。「〔一、〕思想は、感覚器官が有機組織体に供給するものとはまったく異なったものである。人間という有機組織体の根元にかかわる経験はすべてある存在が作用している証拠であり、この存在は確かに有機的だが、しかし独自の力から成り立っていて、精神的な結合法則に従って作用している。二、肉体が食事によるのと同じように、精神は理念によって成長する。いかにもわれわれは、精神にはまさに同化と成長と産出の法則があることに気づいているではないか。簡単に言えば、固有の本性をもち身体を単に道具としてのみ必要とする内的で精神的な人間が、われわれのなかで形成されるのである。――他の存在よりも明確な意識をもっていること、人間の魂のこの高い優越性、これは精神的な仕方で人間性によって初めて魂に付与形成されたのである。云々。*」要するに、著者の言葉を正しく理解するならば、魂は精神的な力が次々と付け加わって初めて生まれたのである。――「われわれの人間性は予行練習の段階であり、将来花となる蕾にすぎない。自然は一歩一歩低劣なものを退け、その代わりに精神的なものを植え付け、繊細なものをさらに繊細なものへと仕上げてゆく。こうしてわれわれが自然の芸術家の手に期待しうるのは、われわれの予行練習の段階にある人間性の蕾もまた、本来あるべき真実で神的な人間の姿をして現れてくることである。*」

次の文は締めくくりとなっている。「人間の現在の状態は、おそらく二つの世界を結びつける中間項であろう。――もし人間が地球の有機組織体の連鎖を最高のそして最後の項として完結するならば、人間はまさにそれゆえに自分より高い被造物の類の連鎖をそのもっとも低い項として開始する。したがって人間は、創造におけるおそらく互いにかみ合う二つの体系の中心にある輪である。――人間はわれわれに二つの世界を同時に表現し、このために人間存在は外見上二重になっている。――生命は闘争であり、純粋で不死の人間性という花は苦労して戦いとられる王冠である。――したがって、より高い段階にあるわれわれの同胞は、おそらくわれわれが彼らを愛し求めうる以上にわれわれを愛してくれているだろう。というのは、彼らはわれわれの状態をわれわれ以上にはっきりと見ているからであり、――またひょっとすると彼らはわれわれを彼らの幸福に与るように育ててくれるかもしれないからである。――未来の状態にある者が現在の状態にある者に何かを伝達するのは、人間における獣性が好んで信じるようにまったく不可能だ、とは考えがたい。――だから言語と最初の知識は、より高みにある者の導きがなければ説明不可能だと思える。――その後の時代になっても、地上における最大の活動は説明できない状況によって生起したのであり、――病気でさえも、地上の生活のありふれた範囲内にあって人間の身体器官が不要となった場合に、その最大の活動が生起するための道具であることがしばしばであった。したがって、ひょっとすると休みなく働く内的な力が、外から妨げを受けないような有機組織体にはありえない印象を受けるのも、当然だと思われる。――だが、人間は未来における自分の状態をのぞき込むべきではなく、自らを未来のなかに信じるべきである。」(しかし、人間がひとたび自分をのぞき込めると信じるなら、われわれはどのようにして人間が折りに触れてこの能力を使用しようとするのを拒みうるのか。)――「人間のそれぞれの力には無限性がある、ということまでは確実だ。全宇宙の力でさえも魂のなかに隠されているように見える。魂がこの力を活動させ訓練させうるためには、一つの有機組織体もしくは連続したいくつかの有機組織体を必要とするだけである。――だから、草花がたたずみ、これがまだ生命をもたない地下の創造の領域をまっすぐの姿勢で塞いでしまったのと同じように、――今度は人間が大地に身をかがめているすべてのもの(動物)の上に直立姿勢で立っている。人間は超然とした眼差しで両手をあ

A52　V31

げて立ち、一家の息子として父親が呼ぶのを待っているのである。」

補　遺*

この第一部(見たところ、何巻にもわたることをめざしている作品の第一部)の理念と究極意図は次のことにある。人間の魂の精神的本性、完全性におけるその持続性と進歩は、すべての形而上学的探求を回避し、主に有機組織体における物質の自然形成との類比に基づいて証明されるべきだということにある。この目的にとっては、物質が単に構成材料をなしているにすぎない精神的な力、すなわちある眼に見えない創造の領域が前提されている。この領域はすべてを有機組織化して生命を与える力を含まなくてはならず、しかもその上、この有機組織化が完成されたときの図式は人間でなければならない。地上の被造物はすべて、もっとも低い段階から始まって人間へと近づこうとし、そしてついには、とりわけ動物の直立歩行[14]が条件となって完成された有機組織化によってこそ人間が生まれたのであった。人間の死はもはや、あらゆる種類の被造物にあってすでにあらかじめ細かく示されている有機組織体の前進と向上を終結させることはできず、むしろこの死によって、自然は一段と洗練された働きをなす方向へ超越するよう期待される。そしてこれによって自然は、この超越を未来の遥かに高貴な生の段階へとしかも今後無限に促進し高めてゆく。論評者は、自然の被造物のあの連続的段階説を、その規則とともにつまり人間への接近規則とともに容認したいが、著者による自然の類比に基づいた推論の結論はよく理解できないと告白しなければならない。というのは、人間よりも遥かに完全な有機組織の種々の段階を占めている異なった存在者が現にいるからであ

W790　C187　V32　A53

る。したがってこの類比によって、人間を超えその次に高い段階の有機組織を保持する被造物が、どこか別の場所たとえば別の惑星にさらに存在するかもしれない(15)、とだけは推論できるが、しかし同一の個体がそこまで達するとは推論できないであろう。蛆虫や毛虫から発達した飛翔動物には、この地球上では自然の通常の働きとは異なったまったく独自の配置がある。しかしこの場合においても原形発生(16)は、死の後ではなく蛹期に続いて生じるにすぎない。これに反して、灰と化す人間に関してもはっきりさらに完全な有機組織体が発生することを類比に従って推論できるためには、動物が腐朽したり焼却された後でも、自然が動物をその灰から種的により完全な有機組織をもったものとして高める、ということを示さなくてはならなくなるだろう。*

　したがって、まったく同一の人間が別の生においてもっと完全な有機組織体へと段階を高めてゆくことと、自然界にあるまったく異なった種や個体のもとに考えられうる生長段階との間には、ごくわずかの類似性もない。自然が一方でわれわれに示しているのは、自然は個体を完全な破壊へと打ち捨てその種だけを保存するということに他ならないが、しかし他方で、われわれは人間の個体も地上で破壊から生き延びてゆくかどうかを知りたいと思っている。しかしこれは、ひょっとすると道徳的根拠に基づくか、または求めるなら形而上学的根拠に基づいて推論されうるのであって、断じて目に見える生命の産出の何らかの類比に従って推論されうるものではない。ところで著者は、活動的で独立した力の目に見えない領域に関して、その存在を有機的産出に基づいて確実に推論できると考えたが、その後になってなぜ、人間における思考するという原理を有機組織体の構築物をとおして混沌のなかから取り出さずに、この原理を純粋に精神的な自然として直接この目に見えない領域へと移行させなかったのか、この理由を見きわめることはできない。これは、著者がこの精神的な力を人間の精神とはまったく異なるものとみなし、特殊な実体ではなく、物質に働きかけそれに生命を与える、不可視であまねく存在している自然の結果とのみみなすならば別であろうが、われわれはそうした考えが彼にあるとすることには当然ながら躊躇する。しかしわれわれは、不可視で有機組織体を生む力の存在の仮説について一般にどう考えるべきか、したがってまた、理解されていないものを、さらに理解度の劣るものから説明しようとするもくろみについてどう考えるべきか。もっともわれわれは前者については、その原因はわからないままだが、少なくともその法則を経験によって知ることができる。しかし後者に関しては、経験でさえもすべてわれわれから奪われているのである。ところでこの哲学者はここで自分の申し立てを正当化するに際し、解明を自然の何らかの知識のなかに見出すことにはただ絶望し、この知識を詩作の力の実り豊かな領野に求めるという無理やりの決断以外に何を引き合いに出せるのか。これもまた常に形而上学である。しかもこれは、この著述家が世の流行が求めるようにどんなに形而上学を自ら拒絶していても、非常に独断的な形而上学である。

しかしながら、有機組織体の段階に関しては、これがこの世界を遥かに超えてゆく著者の意図にはどうしても十分でなかったとしても、それを彼の責にして非難してはならない。というのは、段階をこの地球における自然界に適用しても、これは世界を超えた目的についてとまったく同様に何ものにも行き着かないからである。類を相互の類似性に従って互いに合わせてゆくときその相違点がわずかになるのは、類がたいへんな多様性をなしているときに、まさにこの多様性から必然的に帰結することである。ただし、類における近縁関係は、ある類が別の類から生まれ、そしてすべての類が唯一の類原形から生まれたか、またはひょっとすると子を産む唯一つの母胎内から生まれたとすると、理性を背後にひるませるようなものすごい理念を導くであろう。[17] われわれはこうした理念を著者に帰してはならない。それは必ず不当なことになる。あらゆる動物の類から下って植物へ至るまでを扱う比較解剖学に対する著者の寄与に関して言うならば、それらの自然記述に従事する人たちは、著者がここで新しい観察に対して与えている教示が自分たちにどれほど役に立ちうるのか、そしてこれがやはり一般的に何らかの根拠があるかどうか、自分で判断すればよいのである。しかし、有機的な力の統一性(一四一頁)は、あらゆる有機的被造物の多様性に関して自己形成的であり、この有機的機関の多様性に即してそのなかで異なった仕方で作用しながら、いろいろな種や属の相違全体を構成しているもので、観察的自然学の領域の完全な外にあって純粋に思弁的な哲学に属する理念である。その際、この理念が思弁哲学のなかに受け入れられたとしても、すでに認められているさまざまな概念にたいへんな荒廃状態をもたらすことであろう。しかしながら、外的にはその格好において、内的にはその脳に関して、いかなる頭部の有機組織体が、直立歩行を行う素質と必然的に結びつくのであろうか。さらに問われるのは、この目的にのみ方向を定められた有機組織体は、動物がそれによって与る理性能力の根拠をいかにして含むのかである。これらの問題を規定しようと欲するのは、生理学に手引きされて手探りで歩こうとも、形而上学に手引きされて飛翔してゆこうとも、明らかにあらゆる人間理性の力を超えている。

しかしこのように批評されたからといって、豊かな思想をそなえたこの作品のすべての功績が奪い取られるべきではない。本書が秀でているのは(ここで私は、高貴に偽りなく考えられるだけでなく美しくも語られている多くの省察のことを述べているのではない)、著者の勇気のためである。この勇気によって著者は、理性は自分だけでどこまで達しうるかという単なる試みという観点ではあらゆる哲学をしばしば狭隘にしているという、彼と同じ身分にある人間が抱いている疑惑を排除することができたのであり、われわれはここに彼の後継者が多く登場することを願う。その上さらに、自然自身は自然の有機組織体の営みと自然の被造物の分類割り当てを神秘的な曖昧さのなかに包み込んでいて、この曖昧さが哲学的な人類史のこの第一部に付着して離れない曖昧さと不確実性の責任の一部を負っている。この第一部は、人類史のもっとも遠い端つまり人類史が始まった時点と、地球歴史の彼方に無限に人類史が失われてゆく時点とを可能なかぎり相互に結合するよう構想されたのである。なるほどこの試みは大胆だが、しかしわれわれの理性の探求心にとっては自然なことで、遂行が完全にうまくゆかなくとも恥ずべき試みではない。しかし、それだけにますます望まれるのは、才知に富んだ著者は、作品の進展においてしっかりとした基盤を眼前に見出したとき、想像力旺盛な天賦の才能に何らかの強制を課すことである。そして、こんもりとした若枝の生長というよりはむしろ刈り込みをこととする処置を行う哲学が、企図の完成に向けて著者を導くとき、暗示ではなく確固とした概念と、臆測的法則ではなく観察をとおして得られた法則によって、形而上学であろうと感情であろうと飛翔してゆく想像力ではなく、構想においては広範にわたるがその実行においては慎重な理性によってほしいということである。

Ⅱ

ヘルダー著『人類史の哲学考』に対する論評に向けて書かれた記事（『ドイツ・メルクーア』二月号）について、論評者による注意（『アルゲマイネ・リテラトゥア・ツァイトゥング』第四号および補遺）。

V 35　C 190　W 794　A 56

『ドイツ・メルクーア』誌二月号一四八頁に、攻撃だと誤解された『アルゲマイネ・リテラトゥア・ツァイトゥング』における私の論評に対して、ヘルダー氏の著書の擁護者が牧師を名乗って登場している[18]。尊敬されている著者の名前を、論評者とその論評批判者との論争のなかにともに巻き込むのは不当であろう。したがってここでわれわれは、右記の作品を世に知らせこれを批評するわれわれのやり方を、慎重、公平、節度という本誌が方針とする格率に従っているものとして弁明するだけにしたい。牧師が自分の記事のなかで論争している相手は、牧師の空想上の形而上学者である。彼がイメージしているところでは、この相手は経験的方法によるどんな知識にもまったく不向きな形而上学者である。もしくはこの方法が事態を完遂させないときでも自然の類比に従った推論にはまったく不向きで、すべてをスコラ的で不毛な抽象の自分の靴型に合わせたがる形而上学者である。さて、論評者は牧師のこの論争をまったくもって甘受できる。というのは、論評者はこの点では牧師とまったく同じ意見だからであり、論評自身がこのことをもっともよく立証している。しかし、論評者は自分で人間学のための資料をかなり知っていると信じ、また同様に人類史を人類の使命全体において企てる目的でこの資料の使用方法をいくばくかわきまえていると信じているので、この資料を形而上学のなかで探し出す必要も、博物標本室で人間の頭蓋骨を他の動物種のものと比較することによって探し出す必要もないと確信している。また論評者の確信によれば、この比較はけっして別の世界に対する人間の使命を導くことはなく、資料はもっぱら人間が自分の性格を顕わす行為のなかに見出されうるだけである。やはりまた論評者が納得しているところによれば、ヘルダー氏は彼の作品の第一部(この部門は、一般的自然体系における動物としての人間の位置づけだけを、したがって将来の構想の前駆的徴候を含んでいるだけである)で、けっして人類史のために実際の資料を提供しようと意図していたのではなく、生理学者の注意を喚起できる考えを抱いていたにすぎない。すなわち生理学者が共通して動物の身体構造の機械的意図にしか方向を定めていない探求を可能なかぎり押し進めて、さらにこの被造物における理性使用にとって合目的的な有機組織に至るまでそれを拡張させようという考えである。もっとも彼はこの点に関して、実際獲得しうる以上の重要性を生理学者の探求に認めていた。また、この重要性を認める者は、有機組織体が異なった形態をとったときでも人間理性は単に可能となることを(牧師が一六一頁で要求しているように)証明する必要はないのである。なぜならこのことの洞察は、理性の存在が現在の形態においてのみ可能であるのを洞察できないのとまったく同様に不可能だからである。経験を理性的に利用するのにも限界がある。なるほど経験は何かがこれこれしかじかの状態にあるのを教えうるが、けっして他ではありえないことはまったく示しえない。またさらに、いかなる類比でも、偶然的なものと必然的なもののあいだにある計り知れないこの空隙を満たしえない。論評では次のように書かれていた。「類を相互の類似性に従って互いに合わせてゆくときその相違点がわずかになるのは、類がたいへんな多様性をなしているときに、まさにこの多様性から必然的に帰結することである。ただし、類における近縁関係は、ある類が別の類から生まれたか、またはすべての類が唯一の類原形から、そしてひょっとすると子を産む唯一つの母胎内から生まれたとすると、理性を背後にひるませるようなものすごい理念を導くであろう。われわれはこうした理念を著者に帰してはならない。それは必ず不当なことになる。」牧師はこれらの言葉に惑わされて、この作品の論評には形而上学的正当信仰が、したがって不寛容があるかのように信じてしまった。彼は「自らの自由へと委ねられた健全な理性はいかなる理念を前にしても背後にひるまない」と付け加えている。しかし、彼が妄想しているいかなるものも恐れるに足らない。それは単に普遍的人間理性の空虚の恐怖 Horror vacui にすぎない。すなわち、何も思惟で*

きないい理念にぶちあたったとき背後にひるんでいるのである。この点で、存在論に関する法典は神学的法典に対して公認教理として、しかもまさに寛容性ゆえに役立つかもしれない。その上さらに牧師は、あの著書に捧げられた思想の自由という功績を、これほど有名な著述家にはあまりにも平凡すぎると考えている。確かに、牧師は論評の同じ箇所で外的自由が語られていると思っているが、この自由は場所と時間に左右されるから実際には何ら功績ではない。しかし私の論評は、あの内的自由をはっきりと念頭に置いていたのである。これは習慣と化した概念や思惟様式という足枷、一般的意見によって強化された概念や思惟様式という足枷からの自由であり、この自由はけっして平凡ではなく、もっぱら哲学を信奉すると表明する者でさえも、まれにしかこの自由を獲得するよう向上努力できなかった。牧師が論評に対して、「論評は結論を表現している箇所を取りあげているが、結論を準備している箇所を同時に取りあげてはいない」と非難しているのは、著述業全体にとっては不可避の弊害かもしれない。しかし、あれやこれやの箇所を取りあげてもっぱら総体的に賞賛するか非難するよりも、この方がやはりまともである。この作品に関して下された批評には、あらゆる正当な敬意、その名声に伴う共感、しかも将来の名声にはさらなる共感が伴うが、それには何ら変化はない。したがってこの批評は、牧師が一六一頁で（あまり良心的にではなく）著者になすりつけていること、つまり本書はそのタイトルが約束したことを遂行していないとしたこととはまったく異なった内容となっている。というのは、単に生理学の一般的な予備練習を含んでいるだけの第一巻にかぎれば、そのタイトルはこれに続く巻（これは、一般に判断しうるかぎり本来の人間学を含むであろう）に期待される内容を実行する約束は少しもしておらず、また後に続く巻では大目に見てもよい自由があるが、これは第一巻では制限しなければならないという注意は無駄ではなかったからである。さらに、タイトルが約束したことを実行するのは、

V 38　A 58

目下もっぱら著者自身の問題である。そこでわれわれはこれをやはり著者の才能や学識に期待して当然である。 W797

Ⅲ

ヨーハン・ゴットフリート・ヘルダー著『人類史の哲学考』第二部、ハルトクノッホ社（リガおよびライプツィヒ）、三四四頁からなる、八つ折判、一七八五年。 C193

第一〇編まで及ぶこの第二部は、まず第六編の六つの章において、北極近辺とアジアの山かげ周辺に住む民族の有機組織、りっぱな骨格をした民族が住む地帯やアフリカ諸国民の有機組織、熱帯地方の島々の人間やアメリカ原住民の有機組織を記述している。著者はこれらの記述を閉じるにあたって、諸民族を描いた新しい写生画の蒐集を欲している。それはニーブーア[19]、パーキンソン[20]、クック[21]、ヘスト[22]、ゲオルギ[23]、その他の人たちがすでにその端緒を与えていたものだった。「われわれ人類の相違を忠実に描いた絵画があちこちに分散しているが、能力のある人が蒐集し、これを用いて人類を語る自然学と観相学を基礎づけたなら、それはすばらしい贈り物となるだろう。この技術がもっと哲学的に応用される可能性は困難であろうし、ツィマーマン[24]が動物学的地図を試みたのと同じ人間学的地図があるなら、そこでは人類の多様性が何であるかだけがそれとなく示されるであろう。しかもこの多様性はあらゆる現象およびあらゆる点で示されるだろう。そんな地図があるなら、これは博愛主義的な作品という栄冠を戴くことになろう。」 A59

第七編は、まず次の命題を考察している。人類は非常に異なった外形をしているのに、どこにおいてもただ一つの類だということ、またこの一つの種族が地球上のどこにおいても自分を風土に適合させていること。これらの命題の次に、風土が人間の身体と魂の形成に与えている影響が明らかにされている。明敏にも著者は、われわれが生理学的＝感受的風土論*に達しうるまでには、まだずっと多くの準備作業が欠けていると述べている。ましてや、人間のあらゆる思考能力および感覚能力の風土論についてはなおさらであり、原因と結果の混沌状態は、ある地域の地形の高低、これとその地域の生産品の特性、食べ物と飲み物、生活様式、仕事、衣服、さらに習慣化した振る舞い方、娯楽と技芸が、その他の状況と並んで同時に形づくっているもので、この混沌状態を、すべての事物とすべての個々の地域に自らの権利が生じ、いかなる権利の獲得するものも過多にも過少にもならないような一つの世界へと秩序づけるのは不可能である。このように述べる著者は明敏である。したがって著者はまたりっぱに分をわきまえて、九九頁以下に述べられる全体にかかわる注解を、九二頁ではもっぱら課題として報告しているだけである。その一般的注解は次の主要命題にまとめられている。一、地球上ではあらゆる種類の原因によって、生物の生活に属する風土的生活共同体が促進される。二、地球上で住むことのできる土地は、たいていの生物が自分にもっとも適切な形態で活動する地域に集中していて、現にある大陸の位置が彼らのすべての風土に影響を与えている。三、山地へと向かう地上の構造によって、非常に多種多様な生物にとって山地の風土が無数の変化を被っただけでなく、これによって人類の分散*は可能なかぎり抑止されもした。第七編の第四章で著者は、生成的力は地上のあらゆる形成の母で、そこに風土はただ親しげにまたは敵意をもって作用するだけだと主張し、生成と風土の軋轢に関する若干の注をもってこの章を閉じている。彼はここで特に風土と時間によるわれわれ人間種族の系統や変異の自然＝地

V 39　W 798　C 194

理学的歴史をも願望している。

第八編においてヘルダー氏は、人間の感官の使用、想像力、実践的悟性、衝動と幸福を研究し、さまざまな国民 A60 V40
の実例をとおして伝統、意見、訓練、習慣の影響を解明している。

第九編が扱っているのは、人間が能力を展開するときの他者への依存、人間形成の手段としての言語、模倣と理
性と言語による芸術学問の発明、たいてい受け継がれてゆく伝統に基づいた、人間のあいだで確定された秩序とし W799
ての統治であり、最後は宗教と最古の伝統についての所見で終わっている。

第一〇編は大部分において、著者がすでに別の箇所で述べた考えの結論を含んでいる。というのは、これは人間の最初の居住地についての考察と、大地と人類の創造に関するアジア的伝統についての考察の他に、モーセの『創世記』に関する仮説のもっとも主要な点を著作『人類最古の史料』に基づいて繰り返しているからである。

この退屈な報告は本書のこの部分でももっぱら内容の報告にすぎず、この作品の精神の叙述を意図するものではない。これはこの作品を読むように読者を引きつけるが、この作品を読む代わりとはならず、その読書を不要にしようとするものでもない。

第六編と第七編は、ほぼ全体において民族誌からの抜粋だけを含んでいる。もちろんこれは手際よく選び探し出
されたもので、扱い方は見事であり、ヘルダー氏自身のよく考え抜かれた評価が至るところで付け加えられている。 C195
しかしまさにその分だけ細心の抜粋をしかねている。詩的雄弁さに満たされた多くのすばらしい箇所、これは感受性豊かなあらゆる読者に自己吹聴している箇所であり、これを取り出して分析するのはわれわれの意図ではない。しかしまた同様に、われわれは次の問題を探求するつもりはない。表現に生命を与えている詩的精神が、ときおり

著者の哲学のなかに入り込んでいないかどうか。あちこちで同義語が説明とみなされ、比喩が真理とみなされていないかどうか。隣り合わせた内容のものが哲学的な言葉の領域から詩的な言葉の範囲へ移行する代わりに、ときおり両者の限界と領地はまったくずれていないかどうか。大胆な隠喩、詩的描写、神話的暗示が織り成され、多くの箇所でこの織物が、思想という身体を半透明の衣にくるんで心地よくほのかに輝き出させるかのようにというよりは、むしろそれをファジンゲール[25]のなかに隠すかのように役立っていないかどうか。これらの問題は探求しない。またわれわれは次のいくつかの問題を、美しい哲学的書き方の批評家もしくは著者自身の最終仕上げに委ねておく。たとえば「単に昼と夜、交互にめぐる四季の輪舞が風土を変化させるだけでなく」(九九頁)と表現するより、「単に昼と夜、季節の交代が風土を変化させるだけでなく」と表現する方がよいのではないかどうか。一〇〇頁において、こうした風土の変化についての自然史的記述に、次の陶酔的頌歌の形式による確かに美しい描写はうまく結びつくかどうか。「ジュピターの王座のまわりで(大地の)女神ホーラたち[26]が輪舞を踊っている。万物が雑多な事物の結合の上に築かれているのだから、彼女らの足下に形成されるものは確かに不完全な完全性にすぎないかもしれない。しかし真の愛情と相互の結婚によって至るところで自然の子供が生まれ、感性の規則正しさと美が現れる。」もしくはさまざまな民族の有機組織や風土に関する旅行記作者の言葉から始まり、それから取り出される一般的諸命題の蒐集へと移行するのに、第八編の冒頭にある次の言い回しは叙事詩的すぎないかどうか。「私は海の波間から大空へと向かって船旅をする人のようだ。今私は、人類の諸形態とその自然に具わった力を探求した後に人類の精神へと至り、この精神の移ろいやすい特性を、われわれの広い地球上で、あえて外国の不十分でときには不確実な報告に基づいて研究するつもりだからである。」さらにまたわれわれは、流暢な雄弁さがあちこちで彼を矛盾に巻き

V 41　A 61 W800　C 196

込んでいないかどうかも探求しない。たとえば二四八頁で、発明家はしばしば自分自身のために発見した以上に、
自分の発見の有用性を後世の人々に委ねなくてはならない、と申し立てられている。ここで、自分の理性の使用に
かかわる人間の自然素質は、類においてのみで個人においては完全に展開させられることはない、という命題を確
認する新しい実例はないのかどうか。〔この問題は探求しない。〕しかし二〇六頁において著者は、この自然素質の V42
命題だけでなく、さらに、著者によって必ずしも正しく把握されていないが、この命題から出てくるいくつかの命
題に対して、ほとんど自然崇高性の侮辱(他の人たちはこれを散文形式で神の冒瀆と名付けている)の責任を負わせ
る方向に傾いているが、われわれはここで定められている範囲を配慮して、この問題についてはすべて触れずにお W801
かなくてはならない。

論評者は、われわれの著者に対しても、また人間の普遍的自然史を哲学的に企てている他のすべての人に対して
も、ある一つのことを願ったであろう。すなわち、歴史的＝批判的精神をもつ人[27]が、彼らのためにまとめて下準備
を終え、計り知れない量の諸民族の記述や旅行記、および人間の自然に属すると推測されるすべての報告のなかか A62
ら、特に相互に矛盾するものを取り出して、これらを並べておいてほしかったのである(ただし、語り手それぞれ
の信憑性のために注意が添えられておく必要がある)。というのはそうなっていれば、前もって他人の報告の重要
度を正確に測っておくことなしに、不完全な報告をあれほど思い切って頼りにすることもないだろうからである。
しかし現在もし望むならば、土地に関する大量の記述に基づいて、アメリカ原住民、チベット人、他の純粋モンゴ
ル民族が髭を生やしていないことを証明できるが、反対に彼らは総じて自然に髭が生えてくるが、ただそれをむし
り取ってしまうだけだというのも、その方を好む人に証明することができるのである。またアメリカ原住民と黒人

は人類の他の成員間で知的素質において劣った種族であると証明できるが、しかし他方で、外見上まったく同じある別の報告によって、彼らは自然素質に関してはあらゆる他の世界住民と同等に評価されるべきだと証明できる。したがって哲学者には、生まれながらにしてある相違を前提したいか、それともまったく自分流に tout comme chez nous という原則に従って判断したいか、という選択が残される。このために、これほど不安定な土台の上に築かれる哲学者の諸体系は、すべて倒壊寸前の仮説という外観を帯びるはずである。著者はさまざまな種族への人類の分類には好意を抱いていない。特に遺伝的な皮膚の色に基づいた分類には好意を抱いていない。おそらくそれは、彼において種族の概念がまだ明確に規定されていないからであろう。第七編の第三章で著者は、人間が風土によって異なる原因を生成的力と呼んでいる。論評者は、著者が考えるこの表現の意味を次のように理解する。著者は一方で展開説(28)の体系を、また他方で外的原因の純粋に機械的な影響を、役に立たない説明根拠として退けたいと考え、外的状況の相違に応じてこの状況に適合するよう内的に自分自身を変える生命原理を想定し、これを相違の原因としている。この点で論評者は著者と完全に同意見であるが、ただ次の点は留保しておく。内側から有機形成してゆく原因が、その本性によって、被造物が発達形成されるときの一定の数と度合いの相違にのみ限定されているなら(この発達形成が遂行された後では、その原因には、環境が変わって別の類型に従って形成を行う自由はもはやなくなるだろう)、形成的自然の本性的規定はやはり萌芽(29)もしくは根源的素質と名付けられうるだろう。だからといって、相違は(展開説の体系におけるように)最初から組み込まれていたものとも、または単に折にふれて広げられてゆく機械装置や幼芽ともみなされず、自らを形成する能力の、単なる制限であり、さらに説明不可能でもある制限とみなされる。しかし、われわれがこの能力を説明することも理解することもできないのは、この相違についてできないのと同じである。これが留保点である。

第八編とともに新しい思考過程が始まり、これがこの部分の結論に至るまで続く。この思考過程は、理性的で道徳的な被造物としての人間形成の根源、したがってあらゆる文化の始まりについての考察を含んでいる。著者の考えに従えば、この文化の始まりは人類に固有な能力のなかにではなく、まったくその能力の外、人間とは異なった自然による教示と指導のなかに求めなくてはならない。この教示と指導から始まる文化上のあらゆる進歩は、これを後世へと伝え、もともとある伝統とともに偶然に増殖することに他ならず、人間は知恵への接近のすべての源をこの伝統に帰すべきであって、人間自身にそれを帰すべきではない、と言われている。ここで論評者は自然の外へ出て理性的認識の通路から一歩外へ出るなら、自分ではもはやどうすることもできなくなってしまう。論評者は学術的言語研究や古い文献についての知識や評価には少しも精通していないので、この分野で話された事実、またその事実をとおして同時に確証される事実を哲学的に利用する力をもたない。それゆえに論評者はここでは何も判断しないことに自ら甘んじる。しかしながらわれわれは、著者の広範囲の読書による知識と、分散している資料を一つの観点においてとらえる特殊な才能から、おそらくあらかじめ次のように考えてよいだろう。われわれは少なくとも人間的できごとの経過についての文献から、これが人類の性格と、できることなら人類がもついくつかの典型的な相違とを、より詳しく知るのに役立つかぎりは、多くのすばらしい事実を読めるであろうし、このすばらしい事実は人間のあらゆる文化の第一起源について異なった考えを抱いている人にとっても教訓的となりうる、と。著者は自分の考えの基盤（三二八―三二九頁、注解も含む）を要約的に表現している。[30]「この（モーセの）説教話が語っているところによれば、最初に創造された人間たちは教示をたれる神々エロヒムと話を交わしていた。人間は彼らの指導のもとで、動物に関する知識を介して言語と支配的理性とを獲得した。そして人間は、禁じられたやり方によってさえも神々と同等に悪を認識したいと欲するので、この認識を人間は痛手を負いながらも獲得し、それ以後は別の住処を奪取し以前よりも自然から離れた新しい生活方式を開始した、と語られている。したがって、人間が理性と予見とを働かせてゆくのを神が欲したのなら、神は理性と予見に関しても人間の面倒を見なくてはならなかったのである。――ところで、神々エロヒムは、いかに人間の面倒を見たのか。すなわち、いかに人間に教えを下し、警告を発し、教授したのか。このように問う方がこれに答えるほど別段大胆でないなら、伝統自身が別の箇所でわれわれにそれを説明すべきである。」

人跡未踏の荒れ地では、一人の思索者に対してさながら旅行者のように随意に自分の道を選ぶ自由がなくてはならない。われわれは、この思索者が首尾よくやり、目的地に到達した後は無事に帰宅するかどうか、すなわち理性の住処にしかるべき時間に到着し、さらに後継者も続いて現れるのをこの人が期待しうるかどうか、辛抱強く待たなくてはならない。それゆえ論評者には、著者によって拓かれた独特な思考の道について何も言うべきことはない。ただ論評者は、この道で著者によって自分に異議を唱えられた命題を弁護する権限が自分にあると信じる。なぜなら自分の進路のアウトラインを描く自由は、当然論評者にもあるはずだからである。つまり二六〇頁で次のように書かれているのである。「人間は支配者を必要とし、この支配者からかもしくは支配者との結びつきから自分の究極使命の幸運を期待する動物である、という主張は、人類史の哲学にとって確かに容易な原則だが悪しき原則であろう。」この原則はあらゆる時代の経験がしかもあらゆる民族において確証しているので容易かもしれないが、しかしこれが悪しきものなのか。二〇五頁では次のように言われている。「寛大にも摂理は、大きな社会の人為的な

V 45　C 199　W 804　A 64

究極目的よりも個々の人間のより容易な幸福[31]を優先し、あの金のかかる国家組織をできうるかぎり時代に対して節約した、と考えた。」まったくそのとおりである。しかし最初に一匹の動物の幸福があり、その次に一人の子供の幸福や一人の若者の幸福が、そして最後に一人の大人の幸福がある。人類のあらゆる時期において、ならびにまた同じ時代のあらゆる立場において、被造物が生まれ育った環境とのかかわりにおけるまさに被造物の概念および習慣にふさわしい幸福が生じている。いやその上、この点に関しては幸福の度合いを比較することも、ある人間の部類やある世代が他よりも優れていると申し立てることもけっしてできない。摂理の本来の目的が、幸福に関して各人が自分で作り出すこのような影絵ではなく、これらをとおして動かされ常に前進成長してゆく活動と文化であるならば、どうであろうか。この活動と文化が最大限に高まったものが、人権概念に従って秩序づけられた国家体制の産物に他ならず、したがってこれが人間の事業そのものになりうるならば、どうであろうか。そこで二〇六頁によれば、「個々の人間は誰でも、自分の幸福の尺度を自分でもち」、この幸福の享受において後続の成員の誰にも劣ることはないだろうが、しかし彼らが現実に存在し、彼らの幸福状態の価値ではなく彼らの存在自身の価値が問題となるとき、すなわち本来何のために存在しているのかという理由が問題となるとき、ここで初めて賢明な意図の全体が姿を現すであろう。実際、著者氏は次のように考えているのだろうか。タヒチの幸福な住民たちは文明国民の訪問を一度も受けたことがなく、数千世紀ものあいだ静かで怠惰に生活し続けるよう定められているとするなら、いったい彼らは何のために存在しているのかという問いに対しても満足のゆく回答を与えうるし、この島が幸福な羊と牛でいっぱいになっているのは享楽するだけの幸福な人間でいっぱいになっている状態と同様良かったのではないか、という問いに対してもわれわれは満足する回答を与えうるだろう、と。したがって、さきの原則は著者が

W805　A65

考えているほど悪しきものではない。――これを述べた人は悪しき人間だったかもしれないが。――弁護すべき第二の命題は次のように書かれている。二一二頁によれば、「もし誰かが、個々の人間ではなく人類が教育されていると言ったならば、この人は私に対して訳のわからないことを言っていることになる。というのは、類と種は個々の存在者のなかに現存しないかぎり、普遍的な概念にすぎないからである。――それはまるで私が動物性、石性、金属性を普遍的に語っているかのようであり、またこの上なくりっぱなものでもそれぞれの個体において相互に矛盾する属性があり、これによって概念を飾り立てているかのようである！――こうしたアヴェロエス哲学[33]の道をわれわれの歴史哲学はさすらうべきではない。」もちろん、ここで「たった一匹の馬にも角が生えていなくとも、馬の類には角が生えている」と言ったならば、この人はひどい矛盾を述べていることになる。というのはここでの類は、まさに個体のすべてが互いに一致しなくてはならない徴表以上のものはなにも意味しないからである。しかし人類という言葉が果てしなく(定めなく)子孫を産む連続の全体を意味し(この意味はまったく通常のものである)、この連続は使命というその脇を走っている直線に絶えず近づくものと前提されるならば、この連続はそのあらゆる部分においてこの直線に漸近的ではあっても全体としては一致する、と言っても矛盾ではない。言い換えれば、人類のあらゆる世代のいかなる成員でもなく、ただその類だけがこの使命を十分達成する、と言っても矛盾ではないのである。数学者はこれについて説明できるが、哲学者ならば、全体としての人類の使命は不断に進歩することであり、この使命の完成は目標についての単なる理念であるが、あらゆる見地においてすこぶる有用な理念であり、われわれはここに摂理の意図に従ってわれわれの努力の方向を定めなくてはならない、と言うであろう。しかしながら、引用された論争的箇所における著者の誤りはとるに足らないものである。より重要なのはその結論である。

「こうしたアヴェロエス哲学（著者のいう）の道をわれわれの歴史哲学はさすらうべきではない。」この表現から推測できるのは、著者にとってこれまで哲学だと主張されてきたもののすべてがしばしば不快だったのであり、彼はいずれにせよ、実りのない語義の説明ではなく、哲学する真実のあり方の手本をこの詳細な作品をとおして行動と実例によって世に提示するだろう、ということである。

A66

人種の概念の規定

望月俊孝訳

Bestimmung des Begriffs einer Menschenrace (1785)

人種の概念の規定

A版	第 8 巻	89-106 頁
C版	第 4 巻	223-240 頁
V版	第 8 巻	109-127 頁
W版	第 11 巻	63-82 頁

近年の数々の旅行によって、人類の多様性については多くのことが知られるようになってきたが、こうした知識の拡大の恩恵にあずかった悟性は、これまでのところ、満足を覚えるよりも、この点についての研究にせきたてられている。ところで、観察によってある概念を解明しようとする場合には、その概念を自分でまずあらかじめ十分に規定しておき、そのうえで自分のために経験に問い合わせるようにすることが、きわめて重要である。というのも、必要とされているものが経験のうちに見出されるのは、求められているものが何なのかが、あらかじめ知られている場合にかぎられるからである。さまざまな人種について、じつに多くのことが語られている。ある人たちにいわせれば、人種とは人間のさまざまな種にほかならない。(1) これにたいし、他の人たちはこれをもっと狭い意味に限定してみるものの、人種の差異を、人間たちが身体に彩色したり衣類を着たりすることによって作りだす差異ほどにいちじるしいものとは認めていないようである。いま私が意図しているのは、人類のうちに種族というものがあるとした場合に、この概念を正確に規定することだけである。これにたいし、この呼び名がふさわしいとされている現生種族の起源を説明することは、自分の気が向いたときに従事できるような副次的な仕事にすぎない。ところが、その他の点では明敏な人たちも、数年前にまさにあの概念規定を意図して私の語ったもの(原注)の判定にさいして、この副次的な事柄のほうにしか注目してくれなかったようだ。彼らは原理の仮説的な適用にだけ注目し、すべては原理にかかっているのにもかかわらず、原理そのものには軽く触れるだけですませてしまった。このような運命は、原理にたちかえる多くの研究にふりかかってくるものだから、思弁的な事柄においては、あらゆる争いごとや正当

A91
C225
V111
W65

化を思いとどまるように助言し、むしろ誤解が生じている物事をより詳細に規定し解明することに専念するように推奨することができるのであり、またそのようにしたほうが得策である。

（原注）エンゲルの『世界のための哲学者』第二部一二五頁以下を参照されたい。(2)

I　ある動物の類において遺伝するものだけが、その類のクラス区分を正当化しうる。

モール人(3)（モーリタニア人）は、その祖国の空気と太陽によって褐色に焼かれており、皮膚の色において、ドイツ人やスウェーデン人とは大いに異なっている。また、西インド諸島に住むフランス系やイギリス系のクレオールは、(4)病気がほとんど快癒していないかのように青白く疲れきってみえる。しかし、だからといってモール人とクレオールを、人類の別々のクラスに数えいれることができるというわけではない。それはちょうどラ・マンチャのスペイン人農夫の場合とまったく同じことである。じっさいその農夫は、この地方の羊が総じて黒毛であるために、自分も学校教師風の黒衣を着て悠然と歩いているのだが、だからといってこの農夫が人類の別のクラスに属するというわけではない。そしてまたモール人が室内で育った場合、あるいはクレオールがヨーロッパで育った場合、この両者はわれわれの大陸の住人たちと区別がつかないのである。

宣教師ドゥマネーは、(5)しばらくのあいだセネガンビア(6)に滞在していたが、そのことを理由にして、まるで自分だけがニグロ(7)の黒色について正しく判断できるのであるかのように気取り、彼の同国人であるフランス人たちに、こ

A 92

C 226
V 112
W 66

の点に関する判断の権利をまったく認めていない。これにたいして私は主張する。フランスにはニグロが長く滞在してきたのだし、さらに好都合なことには、多くのニグロがそこで生まれてもいるのだから、皮膚の色という点で、ニグロと他の人間たちとのクラス区分を規定しようとするかぎりは、この黒人たちの祖国よりもフランスでのほうが、ニグロの色に関して、はるかに正しく判断することができるのである。というのもフランスでは、アフリカの地で太陽がニグロの肌に刻印したもの、その意味でニグロにとって偶然的なものが剝がれおち、生まれによって彼の一部となり次世代にも伝わっていく黒色だけが、そこに残ることになるのであり、この黒色こそがクラス区分のために使用されうるからである。南洋諸島の人たちの元来の色については、これまでに得られているすべての記述に照らしてみても、確実な概念を得ることは、いまだできていない。じっさい、彼らのうちの若干の者にはマホガニー材の色が帰せられているが、この褐色のうち、どれだけの部分が太陽と空気による単なる着色作用に帰せられるべきであり、またどれだけの部分が生まれに帰せられるべきであるかが、私にはまったく分からない。おそらくは、そうした色の男女がヨーロッパで設けた子供だけが、自然によってこの男女にそなわっている元来の皮膚の色を、何一つ曖昧な点なく、明らかにしてくれることだろう。カータレットの旅行記[8](たしかに彼は航海のあいだほとんど上陸しなかったが、それでも小舟に乗ったさまざまな島民たちを目撃した)のある箇所に基づいて、私は、これらおおかたの島の住民たちは白人にちがいないと結論する。じっさい、カータレットの述べているところでは、彼はフレヴィル・アイランド(インド洋上の島々の近く)で初めて、インド系の肌の色である真正の黄色を見たのであった[9]。マリコロ人[10]の頭部の形成は自然に帰せられるべきか、人工に帰せられるべきか、あるいはカフィル人[11]の自然な皮膚の色はニグロの色とどれだけ異なるのか、さらにそれ以外の数多くの特徴的な性質に関して、それが遺伝的であって誕生のときにも自然によって刻印されていたのか、それとも単に偶然的に刻印されているにすぎないのか、といった点については、それゆえ今のところまだ当分のあいだ、決定的な仕方で決着をつけることができないだろう。

II　皮膚の色に関して、人間に四つのクラス区分を想定することができる。

皮膚の色の遺伝的な区分は、われわれが確実に知っているものとしては、白色人、黄色インド人、ニグロ、赤銅色アメリカ人だけである。注目すべきことに、これらの特徴[12]は、人類のクラス分類にきわめて適しているようにみえるが、その理由はまず第一に、これらのクラスが、いずれも居住地の点でかなり孤立している(他のクラスから分離されていて、しかもそれ自体は統一されている)という点にある。白色人のクラスは、フィニステレ岬[13]から、ノルト岬、オビ河、小ブハラ地方、ペルシア、幸福のアラビア、アビシニア、サハラ砂漠北限をへて、アフリカのブラン岬やセネガル河口におよぶ。黒色人のクラスは、そこから始まってネグロ岬[14]にまでおよび、カフィル人をのぞけばアビシニアのほうへ戻ってゆく。黄色人のクラスはヒンドスタンを本来の居住地として、コモリン岬[15]にまでおよんでいる(そしてその半数はインドのもう一つの半島や、近傍のいくつかの島々にいる)。赤銅色人のクラスは完全に孤立した大陸、アメリカにいる。色の区分は多くの人にとって曖昧なものに思われるだろう。しかしそれにもかかわらず、この特徴がクラス分類にとりわけ適しているとされる第二の理由がある。人間という被造物は——あり

A93　V114　W68

とあらゆる風土・地域に置かれ、空気と太陽によって非常に多様な仕方で触発されているけれども――しかもそのなかでこの被造物には、人為技術の必要性を最小限に抑えたかたちでの存続が求められている。そのかぎりにおいて、蒸散による分泌[16]というものは、自然のあらかじめの配慮のなかでももっとも重要な部分であるにちがいない。そして皮膚というものは、そのような分泌の器官としてみた場合、こうした多様な自然の特徴の痕跡を自分の身にまとっており、その痕跡によって人類を明確に異なるいくつかのクラスに分類することが正当化されるのである。――ところで、ここにお願いしておきたいことがある。皮膚の色の遺伝的な区分をめぐって、ときおり論争がなされているけれども、この区分の正しさを立証するための機会が最終的に見出されるまでのあいだは、論争中の区分を容認していただきたいのである。同じくまた、こうした自然の装いに関して、遺伝的な民族特徴は先にあげた四つ以上は存在しないと想定することを、お許しいただきたい。ただし、このように想定するのも、あの数までは証明されているが、それ以外のものは確実な仕方で証明されてはいないから、という理由に基づいてのことにすぎない。

C 228　A 94

Ⅲ　白人のクラスにおいては、人類一般に属しているもの以外の、他のいかなる特徴的性質も必然的に遺伝的であるわけではない。そしてこの点は他のクラスにおいても同様である。

われわれ白人には、人類の特徴に属さないような多くの遺伝的な性質があり、その性質において家族が相互に区別され、さらに民族が相互に区別されている。しかしながら、それら遺伝的性質はどれ一つとして不可避的に受け継がれるわけではなく、その性質をそなえている人たちが、白人のクラスに属する他の人たちと結びつくことによって、こうした区別を形づくる性質をもたない子を生み出すこともある。だからデンマークではブロンドという相異点が大勢を占め、これにたいしスペインでは(さらにはアジアでも白人に数えられる諸民族のもとで)ブルネットの皮膚の色が大勢を占めている(それにともなって眼や髪の色もブルネットである)。しかもこのブルネット色は、ある孤立した民族のなかでは例外なく遺伝しうる(たとえば中国人。中国人が青い眼をしていたら滑稽に見える)。じっさいスペイン人のなかには、ブロンド色の人で、しかも自分の色を生殖へともたらしうるような人は見当たらない。しかし、これらブルネットのスペイン人のなかで、ある男性がブロンドの妻をもった場合、この男性はブルネットの子を生み出し、あるいはまたブロンドの子を生み出すことにもなるのだが、どちらになるかは、子供たちが父方に傾くか母方に傾くかによって決まる。また、逆の場合も同様である。ある特定の家族には、遺伝性の結核や斜頸や狂気などが見られる。これら遺伝性の病気は数かぎりなくあるが、いずれも不可避的に遺伝するものではない。たしかに結婚にさいしては、家族の品種〔遺伝型〕にいくらか注意をはらって、そのような結合を慎重に避けるようにしたほうが望ましいだろう。しかし、これは私自身が何度も見聞きしたことだが、健康な男性が結核の女性とのあいだに、あらゆる点で父親似の健康な子を設け、そのほかにもう一人、母親と同じく結核を病む母親似の子を設けたということもある。同様にまた、ある理性的な男性とある女性との結婚において、この女性が単に狂気の遺伝する家の出身というだけで、彼女自身は理性的である場合に、幾人かの利口な子たちにまじって、ただ一人だけ狂気の子がいるのを私は見たことがある。ここに見られるのは、相似形成[17]という事象だが、この事象は、両親が互いに異なった性質をもつ場合には、不可避的なものとはならない。――この同じ規則は、白人以外のクラスの場合にも、確信をもって、その根底にすえることができる。ニグロやインド人やアメリカ人にも、それぞれに個人的、家族的、地域的な相違がある。しかしながらそれらの相違は、同じクラスに属する他の性質との混血において、どれ一つとして、それぞれの特性を不可避的に生殖をつうじて生み出し繁殖させてゆくということはないだろう。

A 95

Ⅳ　上述のあの四つのクラスが相互に混血した場合、各クラスの特徴は不可避的に受け継がれる。

白人男性がニグロの女性と結ばれたとき、あるいは逆の場合も、ムラット[18]が生まれ、白人男性がインド系の女性と結ばれると黄色人が生まれ、白人がアメリカ人と結ばれると赤色のメスティソ[19]が生まれる。また、アメリカ人がニグロと結ばれると黒色のカリブ人が生まれ、逆も同様である。（インド人とニグロとの混血はまだ試みられていない。）これらのクラスの特徴は、別のクラスとの混血において不可避的に受け継がれ、しかもここに例外はない。ただし例外が申し立てられる場合もあるが、その場合は根本的な誤解がある。たとえば、アルビノないしカーケラク[20]（両者ともに奇形）を白人とみなす誤解である。ところで、こうした形質継承はつねに両親双方からのものであって、同一の子供が一方の親の性質だけを受け継ぐということはけっしてない。白人である父親は自分のクラスの特徴を子供に刻印し、黒人である母親はこの子に彼女の特徴を刻印する。それゆえ、つねに必然的に中間品種または

V 116
W 70

雑種が生じることになる。こうした混血種は、ある同一のクラスとの生殖が何代もつづくうちに、多かれ少なかれしだいに消滅してゆくだろう。しかし、その生殖が同じ混血種とのあいだに限定された場合、この混血種は例外なく次々と繁殖してゆき、不朽のものとなるだろう。

V　必然的な雑種的生殖の法則に関する考察

きわめて注目すべき現象だといつも思うのだが、人類には、部分的に重要な特徴で、しかも家系的に遺伝するような特徴がじつに多く存在しているのに、ただ皮膚の色のみによって特徴づけられた人間のクラスの内部では、次世代に必然的に遺伝するような特徴は何一つとしてない。これにたいし、皮膚の色という特徴がたとえどれほど取るに足りないものに見えようとも、この特徴はこのクラスの内部でも、これと他の三クラスのうちの一つとの混血がなされる場合でも、普遍的かつ不可避的に受け継がれるのである。おそらくこの不可思議な現象に基づいて、何がしかのことが推測できるだろう。すなわち、これらの性質は人類に本質的に属するわけではないのに不可避的なのだが、このような事情からだけでも、そうした性質が〔遺伝形質として〕受け継がれることの原因について、ある程度のことを推測することができるだろう。

まず第一に、類の本質に属さないものがそもそも遺伝しうるということについていえば、このことに寄与するものが何なのかをアプリオリに決着しようとするのは、好ましくない試みである。じっさい、認識源泉がこのように不明瞭である場合には、仮説を立てる自由は無制限だから、そのようなところで各人が自分の考えに従って他の見解の反駁に取り組んだりすれば、それはあらゆる努力と労働の損失にしかならない。このようなときに私自身としては、特殊な理性の格率だけに注意を傾ける。[21]すなわち、誰もが出発点とする格率で、しかも皆がともにその格率に従うことによって、各人それぞれの仮説を支持する諸事実もなんとか調達できるようになるような、そうした理性の格率である。それにつづいて私は、私自身の格率を探しだす。この格率に依拠して私は、それらの仮説によるすべての説明にたいして不信をいだく。しかも、それにたいする反対理由をいまだ自分で明らかにする術《すべ》を心得ていないうちでも、不信をいだくことができる。さて、私の見るところ私の格率が信頼できるものであり、自然学における理性使用にきちんと適合したものであり、一貫した思考法にのみ役立つものであると認められるとき、私はこの格率に従う。しかもこのときに私は、人々が申し立てているあの諸事実のことは気にとめない。というのも、それらの事実が信憑性をもち、想定された仮説を支える力をもつのだとしても、その信憑性と支持力は、ほとんどひたすら、そこに選びとられたあの格率から借用されているものなのだし、いずれにせよ、それらの事実にたいしては、それに対立する別の事実を、労せずに、いくらでも挙げることができるからである。妊婦の構想力の作用による遺伝ということが言われ、あるいはまた王侯厩舎の牝馬の構想力の作用による遺伝さえ言われている。また、すべての部族の髭を引き抜いたり、イギリス産の馬の尾を切り詰めたりすると、もともと自然はその産物を産出するように有機的に組織されていたのにもかかわらず、しだいにその産物を自然の生殖作用から排除してゆくように強いられるようになる、とも言われている。あるいはぺしゃんこの鼻も、最初は両親が新生児に細工したものが、やがてそのうち自然の生殖力に取り込まれるようになったのだ、と言われている。これらの説明根拠や他のいろいろな説明根拠は、それのためにさまざまな事実が引き合いに出されてはいるものの、これらの事実によって信用を得ることは明らかに困難だろう。じっさい、これらの事実にたいしては、それよりもはるかに信頼のおける事実が対置できるし、そもそもこれらの説明根拠は、ほかの点でつねにまったく正しい理性の格率から、推薦状をもらっていないのである。さて、ここにいう理性の格率とは以下のとおりである。すなわち、なによりもまずは所与の諸現象に基づいて、あえて推測のすべてを尽くさなければならず、そのあとで初めて、それらの現象のために特殊な第一の自然力や生得の素質といったものを想定することが許される、という格率である(ちなみにこの格率は、「原理を必要以上に増加させてはならない principia praeter necessitatem non sunt multiplicanda」という原則[22]に従っている)。しかし私にはこれに対立するもう一つの格率があり、この格率によって、不必要な原理の節約を求める先の格率に制限が加えられる。その格率はいう。全体的な有機的自然においては、個々の被造物がいかに変化しようとも、それらの種は変化せず保存される[23]、と(この格率は、「いかなる自然も自己保存的である quaelibet natura est conservatrix sui」という学校定式に従っている)。さて、すでに明らかなように、構想の魔力とか、動物身体に加えられる人間の技巧といったものに一定の能力が帰せられ、それが生殖力そのものを改変したり、自然の元来のモデルを変形させたり、あるいはそこにいろんなものをつけ加えて不格好にしたりするのであって、しかもその付加物は、その後もそれ以降の生殖においてそのまま保存されるのだ、ということになると、いかなる原型から自然が出発したのか、あるいはまた、その原型の改変はどの程度まで進行しうるのかという点が、もはやまったく分からなくなってしまうし、そもそも人間は構想の限界というものをわきまえていないのだから、類や種が最終的にどこまで異様な形状へと荒廃してゆくのかも分からなくなってしまうだろう。以上の点を考慮して、私は次のことを自分の原則として採用する。すなわち、構想力が自然の生殖作業の縄張りをおかして影響をおよぼすなどという考えは、けっして承認しないこと。また、人間の能力が外的な技巧によって、類や種に古くからそなわっていた原型に改変をもたらし、この改変を生殖力に結びつけて遺伝的なものにするという考えも、けっして承認しないことである。じっさい、かりに私がこの手の考えをただ一つでも容認したならば、まるで私が、ただ一つだけにせよ、幽霊話や魔術を認めてしまっているかのようなことになってしまうだろう。このとき、理性の制限がひとたび破られると、その間隙をついて幾千もの妄想が押し寄せてくる。それにひきかえ、私があのように決意して、現実のさまざまな経験にあえて盲目となり、同様にまた、それらを頑として信用しないようになったとしても、そこに何の危険もない。というのも、これら怪奇な見聞には、すべてに共通してそれ自体に一定の特徴が認められるのであって、これらの見聞はいかなる実験をも許さず、ただひたすら偶然的な知覚を要領よくつかまえることによって、自分の証明にしようとするのである。ところで、実験が十分にできる事柄であるにもかかわらず、ただ一つの実験にも我慢できず、ありとあらゆる言いわけをして、たえず実験を逃がれているようなものがあるとすれば、それは単なる妄想や虚構であるにちがいない。こうした理由から私としては、魔術にかたむく狂信的な性癖を根本から助長する説明方式には賛意を表しかねる。これにたいし、魔術にとっては、あらゆるごまかしが、ごくささいなものにせよ好都合である。そしてその説明方式によれば、形質継承というものは、かならずしもつねに成功するわけではないような偶然的なものもふくめて、その類そのもののうちにある萌芽や素質とは別の原因によって、かつてもたらされた結果なのかもしれないということになる。しかし、私はこれに賛成できない。

もちろん、偶然的な刻印に基づいて生じ、そのうえで遺伝的となった諸特徴というものを、私も容認したいとは思う。しかし、あらゆる遺伝的な特徴のうちでも、あの四つの色の区別だけが不可避的に受け継がれる唯一の特徴であるのはどうしてなのか、という問題は、それによっては説明できない。このことの原因は、むしろ以下の点以外にはありえないのではないか。つまり、これら四つの色の区別は、われわれに未知なる人類の根源的根幹のさまざまな萌芽のうちに自然の素質としてあったのにちがいなく、しかもそれらの自然素質は、少なくとも人類の繁殖の第一期には、人類の保存に必然的に属していたのであって、それゆえにその後の生殖においても、不可避的に発現することになったのではなかろうか。

それゆえわれわれは、以下のように想定せざるをえない。すなわち、人間には以前からいくつかの相異なる根幹があったのであり、それらの根幹は、それらがおおよそ現在そこに見出される居住地に存在していた。しかもそれらの根幹は、人類の自己保存のためにそれぞれ異なる地域にうまく適合するように、ということはつまり、それぞれに異なる仕方で、自然によって有機的に組織されたのである。あの四種の皮膚の色は、そのことの外的な徴表となっている。ところでこれらの色は、それぞれの根幹の居住地でそれぞれ必然的に遺伝する。しかし単にそれだけでなく、人類がすでに十分に強化された場合には(単に類としての完全な展開がしだいに実現されてきたというのであれ、あるいはまた理性使用の漸増によって人為技術が自然を援助できるようになったというのであれ)、他のいかなる地域においても、同一のクラス内のあらゆる生殖のうちで、少しも色あせることなく保存されるのである。じっさい、この特徴は生殖力に必然的に結びついているのであって、それというのも、こうした特徴が種の保存のために必要だったからである。——しかしながら、かりにこれらの根幹が根源的なものだったのだとすると、以下の点について、説明も理解もまったくできなくなってしまうだろう。そもそも、これらの根幹が相互に混血した場合、相異なるこれらの特徴はまったく不可避的に受け継がれるのであって、このことはたしかに現実に起こっているのだが、これは一体どうしてなのか。じっさい、自然がそれぞれの根幹にそれぞれの特徴を与えたのであり、しかもその特徴は、それぞれの気候との関係のもとに、その気候に適合するかたちで根源的に与えられたのである。それゆえ、ある一つの根幹の有機的組織は、他の根幹の有機的組織とはまったく別の目的をもっている。それにもかかわらず、この二つの根幹の生殖力は、それぞれを特徴づける相違点において互いに適合しあうようになっており、じっさいにそこからは中間品種が発生してくる。しかも、その中間品種は単に発生しうるというだけでなく、不可避的に生じざるをえないのである。しかしこのようなことは、いくつかの相異なる根源的な根幹があったとする想定のもとでは、まったく理解できない。むしろただ一つの第一の根幹があって、そこから芽生えてくるいくつかの萌芽のうちに、これらのクラスを分かつすべての相違の素質が必然的に存在していたのにちがいない。そしてこの第一根幹は、そのような素質をもつことによって、相異なる世界の地域へと、しだいに植民することができたのだと想定しよう。また、このように想定してこそ、次の点も理解可能になる。すなわち、これらの素質が何かのおりに地域に適った仕方で多様に展開したとき、相異なる人間のクラスが生じたのであり、しかもそれらのクラスは、それぞれに一定の特徴をそれ以後も必然的に、他のすべてのクラスとの生殖のうちにもたらさなければならないのだが、それはなぜかといえば、そもそもこうした特徴は、それらクラス自身の生存の可能性に必要なものであり、したがってまた種の繁殖の可能性にも必要なものであり、しかも類の根幹のうちにあった第一の必然的な素質に由来するものだったから、なのである。それゆえ、そのようにして不可避的に遺伝し、しかも他のクラスとの混血にさいしても雑種というかたちで遺伝するこれらの性質については、これらがある一つの根幹に由来するのだということが結論されなければならないのであって、それというのも、こうした根幹がなかったとすると、それらの

V 120　A 99　W 74

形質継承の必然性は理解できなくなってしまうからである。

VI　人類のクラス分類上の差異のうちで不可避的に遺伝するものだけが、特別に、人種という名前を獲得する資格をもつことができる。

類そのものに本質的に属している性質で、しかもそのようなものとして、ありとあらゆる人間に共通な性質は、たしかに不可避的に遺伝的である。しかしながら、それらの性質のうちには人間相互の区別がないのだから、種族を分類する場合には、それらの性質は考慮されない。自然的な特徴のなかでも(人間を他の類から区別するものではなく)、それによって人間が相互に区別されるような自然的特徴であって、しかも遺伝的であるような特徴だけが考慮されるのであり(第Ⅲ節参照)、人類はそのような特徴に基づいて、いくつかのクラスに分類される。しかし、これらのクラスがさらに種族と呼ばれうる場合があるとすれば、それは、それらの特徴が不可避的に(同一のクラス内でも、他のすべてのクラスとの混血においても)受け継がれる場合にかぎられる。それゆえ種族の概念は、まず第一に、一つの共通の根幹という概念を含意しており、第二に、その根幹の子孫たちを相互にクラス区分するための必然的に遺伝的な諸特徴を含んでいる。この第二の点によって、確実な区分根拠が確立されるのであり、われわれはこれに従って人類をいくつかのクラスに分類することができるのだが、このときにそれらのクラスは、あの第一の要件のゆえに、つまりそれらの根幹が一つだということのために、けっして種と呼ばれてはならず、むしろただ種族と呼ばれなければならないのである。白人のクラスは、人類のなかで特別の種をなすものとして、黒人のクラスと区分されるのではない。そもそも、人間の多様な種などというものはない。そのようなものがあるとしたら、それらのクラスがそこから生じえたあの根幹の統一性も否定されてしまうことになる。しかし、それぞれのクラスの特徴が不可避的に遺伝するという点に基づいて、すでに証明されているように、そのような種の想定には何の根拠もないし、それどころか、それに反対する重要な根拠が存在するのである。[原注]

(原注)　まず最初に、単に比較によって(似ているか似ていないかという点で)諸特徴をはっきりさせただけの場合、ある一つの類のもとに、被造物たちのいくつかのクラスが得られる。そしてさらに、それらの血統に注目したときに、それらのクラスが、まさにそれだけの多様な種なのか、それとも単に種族なのかが明らかになってくるはずである。オオカミ、キツネ、ジャッカル、ハイエナ、イヌは、それだけの数〔五つ〕の四足動物のクラスである。そして、これらのクラスのそれぞれに特別の血統が必要だったのだと想定するならば、それらはそれだけの数〔五つ〕の種であることになる。しかし、それらがある一つの根幹から生じることもできたのだと認められるとするならば、それらは単にその根幹の種族であるにすぎない。種と類は、**自然史**においては(ここでは生殖と血統だけが問題になる)、それ自体としては区別されない。これにたいし**自然記述**ではメルクマールの比較だけが問題になっており、それゆえにこの区別は、ここだけで成り立つ。そして、自然記述で種といわれているものも、自然史では多くの場合、単に種族と呼ばれなければならない[24]。

それゆえに、種族という概念は、同一の根幹をもつ動物のクラス区分であって、しかもそれが不可避的に遺伝的である場合にかぎられる。

これが、この論文で私がもともと意図していた規定である。他の点については、付随的な意図に属するもの、あるいは単なる付加物とみなして、それを採用するなり否認するなりしていただいて差し支えない。しかし、この規定だけは証明されたものと私は考えているし、それどころかこの規定は、自然史の研究のために、原理として活用できるものだと考えている。というのも、この規定については実験が可能だからである。じっさい、種族という概念の適用は、実験によってこそ確実な道へと導かれるのであり、実験を欠いた場合には、あの概念も不安定で不確実なものとなってしまうことだろう。——相異なる仕方で形成された人間たちが相互に混血する状況におかれたとき、その生殖が雑種的だとするならば、それらの人間は相異なる種族に属しているのではないかということが、すでに強く推測される。そのうえでさらに、それらの混血がもたらすこの産物がつねに雑種的だとしたら、あの推測は確信にまでいたる。これにたいして、たった一つの生殖であれ、中間品種が生じないケースがあったならば、この同じ類に属する両親は、たとえ彼らがどれほど異なって見えたとしても、じっさいには同じ種族に属しているのだと確信できるのである。

私は人類に、ただ四つの種族のみを想定した。しかし、それ以上の種族の痕跡はどこにもないと強く確信しているわけではないし、私がそう確信しているかのように思わないでいただきたい。むしろ私があのように想定したのは、私が種族の特徴として要求している雑種的な生殖が、これら四つの種族においてのみ確定的であり、他の人間のクラスにおいては、それが十分に証明されていないからである。じっさい、パラス氏[25]のモンゴル諸部族に関する記述によれば、ロシア人男性と、モンゴルの一部族に属する女性(ブリヤート人女性)[26]とのあいだの初めての生殖によって、ただちに美しい子供たちがすでに得られた、とのことである。しかしながらパラス氏は、その子たちにカルムイク人[27]起源の痕跡がまったく見られなかったかどうかという点についてコメントしていない。モンゴル人とヨーロッパ人との交雑によって、モンゴル人に特徴的な顔だちが完全に消えさってしまうのだとすると、それは奇妙なことである。というのもモンゴル人の顔だちは、南方の諸部族（おそらくインド人）との交雑の場合には、中国人やアヴァ人[28]やマレー人などにおいて、多かれ少なかれ今もなお認められるからである。とはいえモンゴル系の性質は、本来は形状にかかわるのであって色にかかわるものではない。そしてこれまでの経験からは、色についてのみ、種族の特徴としての不可避的な形質継承が知られているだけである。また、パプア人[29]や、それに似た太平洋上のさまざまな島民たちにみられるカフィル人風の形状についても、それがはたしてある特別の種族を告知するものなのかどうかという点について、確信をもって決めることはできない。というのも、彼らと白人との混血による産物は、いまだに知られていないからである。ただし彼らは、毛深くて、しかも縮れた髭をもつことによって、ニグロからは十分に区別されるのである。

注　解

上述の理論が想定するところでは、もともといくつかの根源的な萌芽が、人間の第一の共通根幹のうちに設置されており、それらの萌芽が、現存する種族の差異をもたらすのだと考えられる。この理論は、まったくもってそれら種族間の差異の形質継承の**不可避性**に依拠しており、この不可避性は、先に挙げた四つの種族に関しては、あらゆる経験をつうじて立証されている。こうした説明根拠は自然史のなかで原理を不必要に増やすものだと考える人もあるだろう。その人の信じるところでは、そのような種族ごとの自然素質などというものは無くてもかまわないのであって、むしろ第一の親となる根幹は白人だと想定すれば、その他の種族といわれているものも、その後の経過のなかで、空気と太陽による刻印が後の子孫たちのうえに押されたものとして説明できる、ということになるだろう。この人はさらに、他の多くの性質も、単にある民族が同一の地域に長らく住みつくことによって、ついに遺伝的なものとなったのであり、それがこの民族の自然的な特徴となっているのだと申し立てることだろう。しかしそのとき、この人はいまだ何も証明していない。この人にぜひとも求められるのは、それらの性質の形質継承の不可避性を示す実例を挙げることである。そしてその実例は、同一民族内のものではなく、むしろ他のいかなる民族(当該の性質においてあの民族と異なっている民族)との混血にさいしても、その生殖が例外なく雑種的となることを示すような実例でなければならない。しかしながらこの人は、そのようなことができる立場にない。というのも、われわれが言及してきた特徴以外のものについては、そうしたことに役立つ実例は見出されないし、しかもあの特徴は、あらゆる歴史のはるか以前に始まっているからである。反対に、もしもこの人が、それらの遺伝的特徴をそなえた相異なるいくつかの第一の人間根幹を想定しようとした場合はどうだろうか。この場合、**まず第一に**、そうしたところで哲学上の好結果はあまり望めないだろう。というのも、このとき哲学は、相異なる被造物たちを逃げ道にしなければならず、たとえそこに逃げ込んだとしても、今度は類の統一性をつねに見失ってしまうことになるからである。じっさい、動物たちのあいだの相違はきわめて大きく、それらが現実存在するためには、ちょうど同じだけの相異なる創造行為が必要だったかのように思われるほどだし、それゆえに動物たちは、ある名目的な類に属することはできても(そしてそれらの動物は、いくつかの類似点に従ってクラス分けされる)、一つの実在的な類に属することはけっしてありえないのである。というのも実在的な類には、ただ一組のペアーに由来する血統が少なくとも可能であるということが、ぜひとも要求されるからである。とはいえ、こうした実在的な類を見出すことは、本来は自然史の仕事であって、自然記述者には名目的な類で十分に足りる。しかし、そうだとしても**第二に**、二つの異なる類の生殖力のあいだに、奇妙な合致がつねに想定される。つまりその二つの類は、それぞれの源泉がまったく異質であるのに、それでも相手と性交して実り豊かな果実をもたらすとされるのだが、このような想定はまったく無益だろうし、自然がそれを非常に好むからという理由のほかに、この想定の根拠は見当たらない。こうした自然の好みを証明するために、動物たちの事例をもちだして、それらの第一根幹が相異なるにもかかわらず、これらの動物においてはこういうことが起こっているのだと言い張るくらいなら、誰もがむしろ、あの前提のほうを否定するだろうし、まさにそのような実り豊かな混血が生じているという事実から、根幹の統一性のほうを結論づけるだろう。ちょうど、イヌやキツネなどの混血からそのような結論が導き出されているように。それゆえ、両親双方の性質の不可避的な形質継承が、その両親それぞれの種族の相違を実証する唯一の真正にして十分な試金石であるとともに、また、その両親がそこから出てきた根幹の統一性を証明するものなのである。すなわち、この根幹のなかにいくつかの萌芽が根源的に置かれており、以後の生殖の経過のなかで、それらが自己展開してきたということの証明なのであって、このような萌芽がなかったならば、ああした遺伝的多様性も生じなかっただろうし、そもそもそれは必然的に遺伝的なものとはなりえなかっただろう。

有機的組織における合目的なものはやはり普遍的な根拠であり、これを根拠とする推論においてわれわれは、ある被造物の自然本性のうちに、それを意図して根源的に据えつけられた装備を求め、あるいはこの目的があとになって初めて達成されうるものである場合には、そこに生得のものとして付与された萌芽を求める。ところで、こうした合目的なものは、他の人種の性質においてよりも、ニグロ人種の場合にもっとも明瞭なかたちで証明できる。とはいえ、ニグロ人種だけから取り出された実例に基づいて、少なくともこの人種との類比に従って、他の人種についてもまったく同様のことを推測する権利が、われわれにもたらされる。たとえば現在までの知見によると、人間の血液は、それにフロギストン[30]が負荷されることによってのみ黒くなる(その様子は凝血塊の下側に見られる)。ところでニグロの匂いは清潔にしていても避けがたく強烈なものだが、すでにこのことから、以下のように推測される。つまりニグロの皮膚は非常に多くのフロギストンを血液から排出しており、その皮膚は自然によってそのように有機的に組織されたのにちがいないのであって、じっさい、自然のそうした有機的組織のおかげで、ニグロにおいては、われわれ白人よりもかなり大きな割合で、血液が皮膚をとおしてフロギストン排出を行いうるのであり、これにたいしてわれわれ白人の場合には、フロギストン排出は大部分が肺の仕事である。ところが純正のニグロは、鬱蒼とした森林と湿地植物の繁茂する一帯のせいで空気中のフロギストン含有量がかなり多い地域にも居住しているのだが、リンドの報告[31]によると、そのような地域はイギリス人水夫にとって、ガンビア川を溯上して肉を買いにゆくたった一日の航行にも、死の危険がともなうほどである。それゆえ、これはきわめて賢明に講じられた自然の措置だったわけだが、自然はニグロの皮膚をうまく有機的に組織して、肺によるフロギストン排出だけでは、まだかなり不十分であるために、われわれ白人の場合よりもはるかに強力な仕方で、血液が皮膚をとおしてフロギストンを排出できるようにしたのであった。それゆえ、ニグロの血液は動脈の末端にきわめて多くのフロギストンを搬出しており、したがって身体の内部では血液が十分に赤いのに、皮膚直下のこの場所では多くのフロギストンの負荷をうけて、黒く透けて見えるのにちがいない。そのほかにも、ニグロとわれわれ白人とのあいだの皮膚の有機的組織の違いは、触覚の感受性という点で、すでに顕著である。——しかし、ニグロ以外の種族の有機的組織の合目的性に関しては、それが色から推論されるかぎりでは、たしかにこれをニグロの場合と同程度の確からしさで説明

することができない。けれども、それらの皮膚の色を説明する根拠がまったくないというわけではなく、その合目
的性に関する上述の推測は、そこに下支えを求めることができる。僧院長フォンターナ師がランドリアーニ騎士侯 W80
に反論して述べているところによると、(32)息を吐くたびに肺からおしだされる固定空気は、大気から沈殿してきたの
ではなく、むしろ血液そのものから出てきたとのことであるが、この主張が正しいとすれば、ある人種においては
血液が酸化空気(33)によってかなりの負荷をうけており、この酸化空気を肺だけでは運搬できず、さらに独自の仕方で
皮膚の血管がこれに寄与しなければならない、ということもあるかもしれない(このとき酸化空気はもちろん気体
の形をとるのではなく、むしろ蒸散した別の元素と結合しているだろう)。そうだとすると上述の酸化空気は、血
液中の鉄粒子に赤みがかった錆の色を与えることになるだろう。この色によって、アメリカ人の皮膚が識別される。 A104
では、こうした皮膚の性質の形質継承は、どのようにして必然的なものとなりえたのか。それは、この大陸の現在
の住人たちが、アジアの北東部から、ただひたすら海岸づたいに、おそらく北氷洋の氷上を渡ることによってのみ、
現在の彼らの居住地にまで到達できたという事情に基づくのだろう。ところでこの海洋の水は、その連続的な凍結
のさなか、かなり大量の固定空気をやはり連続的に放出しているはずであり、それゆえに、ここの大気はおそらく
どこよりも大量の固定空気の負荷をうけているものと推測される。だから、その大量の固定空気を除去できるよう
に(吸い込まれた大気の固定空気は肺からは十分に排出されないので)自然があらかじめ配慮して、皮膚を有機的に
組織しておいたのかもしれない。じっさい、先住アメリカ人の皮膚の感受性がかなり乏しいということも認められ
ているが、このことも、あの有機的組織化の帰結なのかもしれない。そしてその帰結は、自己展開してひとたび種 C239 V126
族の相違点となったあとは、比較的温暖な気候のなかでも保持されつづけるのである。とはいえこの気候でも、あ

の有機的組織が仕事を遂行するための素材は事欠かない。じっさい、あらゆる食糧は大量の固定空気を含有しており、それが血液をとおして摂取されると、さきに述べた経路をとおって除去されることになるのである。――揮発性アルカリ(34)というものがあり、これもまた自然が血液から除去しなければならないもう一つの物質成分である。自然はこの場合も同様に、この成分を分泌することをめざして、皮膚の特殊な有機的組織のための特定の萌芽をしつらえ、これを第一根幹の子孫たちのなかでも、とりわけ人類の人口拡張の第一期に乾燥酷暑の地域に滞在地を見出すことになる子孫たちのために用意したのだろう。じっさい、この地域に居住したために、彼らの血液は主としてあの物質成分を過剰に産出しうることとなった。インド人の手は汗ばんでいるのに冷たい(35)。このことは、われわれ白人のものとは異なる有機的組織がそこにあることを立証しているように思われる。――もちろん、さまざまな仮説を立てていじくりまわしてみても、哲学にとっては何の慰めにもならない。とはいえ、これらの仮説が役にたつこともある。たとえば、反対論者が主要命題にたいしてきちんとした反論をなす術がないところで文句をつけて勝ちほこり、こうした原理を想定しても諸現象の可能性が少しも理解できるようにならないと言いつのってくる場合には、――彼の仮説遊びにたいして、少なくとも同程度に本当らしくみえる同様の仮説遊びでもって、返礼してみせることができるのである。

とはいえ、どのような体系が想定されるにせよ、ただ一つ確信できることがある。現在見られるさまざまな種族は、それら相互の混血がことごとく回避されるのであれば、もはや消滅しえないだろう。このことを明確に証明してくれるものがある。それは、われわれのところに見られるツィゴイネル(36)である。彼らが血統のうえでインド人であることは実証されている。ツィゴイネルのヨーロッパ滞在の跡をたどると、それは三百年を優に越えているが、彼らはいまだに祖先たちの姿形を少しも退化させていない。ガンビアでニグロに退化したとされているポルトガル人は、黒人と交雑した白人の子孫である。[37] じっさい、最初にそこにやってきたポルトガル人男性たちが、まったく同数の白人女性を同伴したなどということ、また彼女たちもみな十分に長生きしたし、そうでないとしても、他の白人女性がそこに補充され、その結果、あの異郷の大陸に白人の純粋な血統が創設されたなどというようなことが、いったいどこに報告されているのだろうか。それはまた、どれほどありそうなことなのか。むしろ反対に、もっと好都合な報告がいくつかある。王ジョアン二世(在位一四八一―一四九五年)[38]は、セント・トーマス島に派遣した植民者たちがすべて死に絶えたため、洗礼を受けた(ポルトガル的キリスト教的な良心をもつ)ユダヤ人の子供たちだけをこの島に住まわせた。そして知られているかぎりでは、同島の現在の白人たちはそれに由来する。北アメリカのニグロ系クレオールやジャワのオランダ人は、自分の種族の特徴を忠実にとどめている。彼らの皮膚には太陽が化粧をほどこし、比較的冷たい空気がふたたびその化粧を取り去っているが、そうした化粧の色を、種族に固有の色と混同してはならないし、そのような混同さえしなければ、そのことは明らかになるだろう。じっさい、あの化粧の色はけっして遺伝しない。さまざまな種族を産み出すためのさまざまな萌芽が、人類の根幹のうちに根源的に据えつけられていたのだが、それらの萌芽は、それゆえ、すでに太古の時代に滞在が長く続いた時点で、気候の必要に応じて自己展開したのにちがいない。そして、ある民族において、これらの素質のうちの一つが展開したあと、残りのすべての素質は完全に消滅したのである。したがってまた、相異なる種族を一定の比率で混血させることによって、今でもまだ人間根幹の形態を新たに作り上げることができる、という想定も不可能である。さもなければ、こうした異種族間の性交から生まれる雑種の子は、今でもなお(かつての第一根幹がそうであったように)相異なる

V127　C240　W82

気候に移植された場合には、その生殖をつうじておのずとふたたび、彼らの元来の色へと分岐してゆくことになるだろう。しかし、このように推測するだけの権利は、これまでの経験からも得られていない。じっさい、これらの雑種生殖はすべて、その雑種自身のそれ以降の繁殖においても変わらずに保持されているのであって、その恒常不変性は、それらの混血からこれら雑種が生まれてきた元来の種族の場合と、まったく同様である。それゆえ、人間の第一根幹の形態が(皮膚の色の点で)どのようなものであったのかを言い当てることは、いまや不可能である。そして白人の特徴も、あの第一根幹のうちに他の素質とならんで存在していた一つの根源的な素質が展開したものにすぎないのである。*

人間の歴史の臆測的始元[1]

望月俊孝訳

Muthmaßlicher
Anfang der Menschengeschichte
(1786)

人間の歴史の臆測的始元

A版 第 8 巻 107-123 頁
C版 第 4 巻 325-342 頁
V版 第 6 巻 47-64 頁
W版 第 11 巻 83-102 頁

歴史の進行のうちに臆測を挿入して知識情報の欠陥を埋めることは、十分に許されたことである。じっさい、先行する遠因と後続の結果からは、かなり確実な手引きが得られ、中間原因を発見することができるし、これによってその経過がよく理解できるようになるからである。しかし、歴史を全面的に臆測だけで成立させるとしたら、それは小説を構想するのと大差ないことのように思われる。そのような歴史は、おそらく臆測的歴史を名のることさえできず、単なる作り話と呼ばれるだけだろう。――しかし、人間的行為の歴史の進行過程では試みることが許されないことでも、その歴史の第一の始元に関しては、自然がこの端緒を開くのであるかぎり、あえてこれを試みてもかまわない。じっさい、この始まりを架構することは許されないにしても、それを経験から取り出してくることはできるし、現在われわれが出会っている経験にくらべて、第一の始元における経験が良くも悪くもなかったのだと前提されるならば、たしかにそのようにできるのである。しかもこの前提は自然の類比に適っているし、思い切った想定をいささかも含んでいない。それゆえ、人間の自然本性にそなわる自由の根源的な素質から自由が初めて展開してくるさいの歴史は、自由の進行過程における歴史とはまったく別物なのであって、後者のほうは、知識情報にしか基礎を置くことができない。

ともあれ、臆測は同意を過度に要求してはならない。臆測はせいぜいのところ、理性をともなう構想力にゆるされた心の健康と気晴らしのための運動であり、けっしてまじめな仕事ではないということが、まずは告知されなければならない。それゆえに臆測は、同じ出来事に関する現実的な知識情報として提示され信じられている歴史に、

A 109
C 327
V 49
W 85

比肩しうるものではないのであって、後者のような歴史は、純粋な自然哲学とはまったく別の根拠に基づいて吟味されるのである。まさにそれゆえに、そしてまた私のここでの試みは単なる遊覧旅行でしかないので、私は好都合にも、次のように期待することができる。すなわち、この遊覧旅行のために、私は聖なる史料[2]を地図として用いて差し支えないし、同時にまた、構想力の翼にのって私のたどる道筋、とはいえそれは理性によって経験に結びつけられた導きの糸を欠くわけではないのであるが、そうした私の道筋が、あの聖なる史料に歴史物語としてあらかじめ描き出されている線と、完全に合致するかのごとくに思い込んでもよいのである。読者は、あの史料（モーセ第一書の第二章から第六章）のページをめくり、概念に従って哲学がたどる道と、あの歴史物語[3]の知らせる道とが一致するかどうかを、一歩ずつ調べていただきたい。

　臆測に熱中したりしないようにと願うならば、先行する自然原因からの導出が人間理性に不可能なものを始元としなければならない。それゆえ、人間の現実存在から始めなければならない。しかもこの人間は、母親の援助を必要としてはならないのだから、すでに十分に成長した大きさをもっていなければならない。また、種の増殖のために、彼は夫婦になっていなければならない。しかも、人間たちが近くに居合わせていながら互いに疎遠であると、ただちに戦争が生じてしまうだろうから、そうした戦争が生じたりしないように、それはただ一対の夫婦でなければならない。そのように想定するのには、他にも理由がある。つまり、自然は相異なる血統を設けることによって、人間の使命の最大の目的である社交性のための、最適の準備措置を怠ったのだ、などと言って、自然を責めたりしないようにするためである。じっさい、あらゆる人間がただ一つの家族に由来するということは、まぎれもなく社交性のための最善の配剤であった。私はこの夫婦を、猛獣の襲撃から護られていて、暮らしの糧のすべてが自然によって豊かに提供されているような場所に置くことにしよう。いわば、つねに温暖な地の園である。そのうえでさらに私は、この夫婦が自分のさまざまな力を用いる熟練の点で、すでに大きな一歩を踏み出したあとの状態だけを考察することにする。つまり、その自然本性が完全に未開な状態を始元とはしない。その未開状態はおそらく長大な期間を占めるだろうし、私がこの間隙を埋めようとしたら、読者には少しばかり臆測が過多となり、蓋然性が過小となってしまうからである。それゆえ、最初の人間は直立して歩行することができたし、話すことができたし(モーセ第一書、第二章、第二〇節)[原注][4]、それどころか論じること、すなわち関連しあう諸概念に従って話すこともできた(第二三節)[5]。つまり、考えることができたのである。ただし熟練だけは、最初の人間がすべて自分で獲得しなければならなかった(というのも、かりにそれらの熟練が生得のものとして付与されたのだとすると、それらは遺伝することにもなるが、これは経験に反しているからである)。しかしここで私は、これらの熟練がすでに人間に提供されているものと想定しておく。あの熟練を必然的に前提する人間の行状のうちで、道徳的なもの[6]が展開していくさまを、ひたすら注視することにしたいからである。

C329 V51 W87　A111

(原注)　自分の思うことを伝達しようとする衝動は、まだ独りでいる最初の人間をうごかして、彼の外にいる生きた存在者、とりわけ声を発する存在者で、しかも彼がその声をまねることができ、その声を名前として活用できるような存在者たちにたいして、まず最初に、自分の存在を告知するようにしむけたのにちがいない。こうした衝動にも似た働きは、子供や無思慮な人々にも見られる。じっさいこの人たちは、がさつな声を出したり、大声をあげたり、口笛をふいたり、歌ったり、そのほかにも騒がしくおしゃべりしたりして(またしばしば騒々しく祈禱して)、同じ公共体に属して物事を考えている人々の邪魔をする。彼らをそのようにしむけている動因は、自分の周りの人々に、自分の存在を幅広く知らしめようとする意志のほかには見当たらない。

A110 C328 V50　A111 C329 V51

あらゆる動物は本能という神の声に服従しており、あの新入りも、最初は本能だけに導かれていたにちがいない。彼は本能によって、あるものを食糧とすることを許され、他のものを禁じられた（第三章、第二、三節）。[7]——とはいえ、今はもう失われた特別の本能を、このために想定する必要はない。嗅覚の感官があり、それと味覚器官とのあいだに親和性があり、しかもよく知られているように、味覚は消化器官と共感しており、したがって、ある食物が賞味に適しているか否かをあらかじめ感覚する能力があったというだけでよいし、そのような知覚は、今でも存在している。しかもあの最初の夫婦において、この感官が今よりも鋭敏だったと想定する必要もない。というのも、単に自分の感官だけに従事している人と、それにくわえて思想にも従事し、そのことによって自分の感覚から遠ざかっている人とのあいだには、知覚能力に関していかなる相違がみられるか、という点は十分に周知のことだからである。

あの経験未熟な人間がこうした自然の呼び声に服従しているかぎりは、彼の状態も良好だった。しかし、ただちに理性が活動を開始した。そして理性は、すでに別の機会に賞味したことのある食べ物と比較しつつ、本能に縛られた感官とは別の感官、たとえば視覚の感官が、あの食べ物に似かよったものとして提示してきた物を把握することによって、食糧に関する人間の知識を、本能の限界を超えて拡張しようと試みるのである（第三章、第六節）。[8]この試みは、本能が勧めたわけではないにせよ、本能がそれに異議を唱えさえしなければ、偶然的にであれ、十分に好結果をもたらしたことだろう。しかし理性には、構想力の助力によって欲望を作り上げることができるという性質がある。しかも理性は、それに向かう自然の衝動がないところで欲望を作り上げるというだけでなく、さらには自然の衝動に反するような欲望をも作り上げる。こうした欲望は、さしあたりまずは渇望と名づけられる。しかし

W88
C330
V52

この渇望をとおしてしだいに、不必要かつ自然に反する傾向性の大群が孵化しはじめ、奢侈という名前を与えられることになる。自然の衝動から離反することになるきっかけは、ほんのささいなことでよかった。しかし、あの第一の試みが成功し、すべての動物を繋ぎとめている制限を越えて広がりうる能力として、自分の理性を自覚するにいたったことは、きわめて重大だし、生き方のうえで決定的なものだった。それゆえ、そこにただ一つの果実があり、その見た目が、かつて食べたことのある別の好ましい果実に似ていることによって、あの試みが誘発されるだけでもよかったのである。しかしながら、そこへさらに、この果実を食することが自然本性に適った一匹の動物の事例が加わった。これにたいして人間には、この果実を食べることは有害であり、それを阻止する自然の本能もあったのだが、そのときにはすでに上述のことが、理性にとって第一の誘因たりえたのである。これによって理性は、自然の声に邪魔だてするようになり(第三章、第一節)[9]、その反対をおしきって、一つの自由な選択を初めて試みた。ただしこれは最初の試みということもあって、おそらく期待どおりの結果にはいたらなかった。ごくわずかな損害もあった。しかし、この点について人間の眼は開かれた(第七節)[10]。人間は自分のなかに一つの能力を発見した。自分自身で生き方を選び出し、他の動物たちと同じように一つの生き方だけに縛られたりしない能力。ここに認められた卓越性のゆえに、人間は満足を覚えたことだろう。しかし、その一瞬の満足につづいて、ただちに不安と憂慮が生じたにちがいない。人間は、物の隠された性質や、そこにもたらされることになる結果について何も知らなかった。そのような人間が、新たに見出された自分の能力を、いったいどのように活用したらよいというのか。人間は、いわば深淵の縁に立たされた。これまで彼の欲望の対象は本能によって個々に指示されてきたが、いまやその対象からは無限の欲望が開示されており、彼はまだ、自分の思いどおりの選択を行う術《すべ》を心得ていない。とはいえ、ここでひとたび味わった自由の状態から、(本能の支配下にある)隷属状態に再度逆戻りすることも、いまや彼には不可能である。

摂食の本能によって自然は各個体を保存するのだが、これに次ぐもっとも卓越した本能は性の本能であり、自然はこれによって各々の種の保存に配慮する。さて、理性がひとたび活動し始めると、その影響はただちにこの本能にも現れた。まもなく人間は気づいた。動物たちの場合、性の刺激はたいてい周期的におとずれる一時的な衝動に基づいているだけなのに、人間の場合は、構想力によって性の刺激を長引かせたり増大させたりすることができるのである。つまり構想力は、対象が感官から遠ざかるにつれて、よりいっそうの節度をもちつつも、しかし同時に、よりいっそう持続的に一定の調子で自分の仕事にあたり、このことによって、単に動物的な欲望の充足につきものの、あの倦怠感が防止されるのだ。それゆえ、無花果《いちじく》の葉は(第七節)、理性の発達の第一段階に示されたものよりも、はるかに偉大な理性の表出の産物である。というのも、傾向性の対象を感官から遠ざけることによって、その傾向性をよりいっそう内発的で持続的なものにすることのうちには、理性が衝動を支配するという意識が、すでにいくらか認められるからである。これにたいし、あの第一歩において、理性はまだ大なり小なり、傾向性に奉仕する能力にすぎなかった。この拒絶は、手品のような技術であった。すなわち、単に感覚的な刺激から観念的な刺激に移行し、単に動物的な欲望からしだいに愛に移行し、この愛によって、単に快適の感情から美を愛でる趣味へと移行し、[11]しかも最初は人間の美を愛でるだけだったのが、やがては自然にも美を見出すようになる、という芸当であった。礼節とは、よい作法(軽蔑の念を引き起こしかねないものの秘匿)によって、われわれにたいする尊敬の念を他の人々に抱かせようとする傾向性であり、あらゆる真の社交性の本来的な基盤である。なによりもこうした礼節が、人間を道徳的な被造物として育成するための第一の示唆を与えた。――それは小さな始元ではある。しかしこれは、まったく新しい方向性を思惟様式に与えることによって、時代を画するものであり、その重要性は、それにつづいて展開される文化の果てしない拡大の全系列にもまさるものである。

第一の直接的に感覚された必要性に理性が介入したあとで、理性の第三の歩みが刻まれた。それは、将来的なものへの熟慮された期待である。単に現在の生の瞬間を享受するだけでなく、来たるべき時、しかもしばしば遥か先のことを現下に思いみる能力、この能力は、人間の利点をしめす決定的な徴表である。つまり人間は、自分の使命に即して、遠い将来の目的のために準備を整えるという点ですぐれている。――しかしながら同時にそれは、不確実な将来が引き起こす懸念と憂慮の、汲めども尽きぬ源泉である。これにたいし、あらゆる動物はそのような懸念と憂慮を免除されている(第一三―一九節)[12]。男〔アダム〕は、自分と妻と将来の子供たちを養わなければならない。彼は自分の労働の苦しみがつねに増大していくのを予見した。女〔エバ〕は、自然がこの性に課した苦労や、自分よりも力の強いあの男が自分に強いるかもしれない苦痛を予見した。二人は、苦労の多い生活のあとにやってくるさらなる難事を、絵の背景のなかに予見して恐れた。それはあらゆる動物を避けがたくおそうものだが、動物はそれを憂慮することがない。その難事とは、死である。二人は、こうしたすべての災悪を自分たちにもたらした理性の使用を自ら禁じ、これを罪悪としたようである。おそらく、自分たちの子孫のもとで生活することが、彼らを慰め元気づける唯一の展望であった。子孫はたぶん彼らよりもよい暮らしをすることになるだろうし、あるいはまた家族の一員として、彼らの難儀を軽減してくれるかもしれない(第一六―二〇節)[13]。

第四の最後の歩みにおいて、理性は人間を、動物たちとの仲間づきあいを完全に超えた高みに置く。ここで人間は(ただおぼろげながら)理解した。まさに人間こそが自然の目的なのであり、地上に生きるもののなかには、この点で人間の競争相手になりうるものはいないのだ。人間は羊にむかって言った。おまえが身につけている毛皮は自然がおまえに与えたものだが、それはおまえのためにでなく、私のためにである、と。こう言って人間は羊から毛皮を剝ぎ取り、身にまとった(第二一節)[14]。人間は、このとき初めて特権に気づいた。人間はその自然本性のゆえに、あらゆる動物を超えた特権をもっている。いまや人間は動物たちのことを、自分と対等の仲間として創造されたものとはみなさず、むしろ自分の任意の意図を達成するための手段ないし道具として、自分の意志に委ねられているものとみなすようになった。このような見方は(やはりおぼろげながら)次のような反対命題の考えを含んでいる。すなわち、人間はそのようなことを人間にむかって言ってはならず、むしろ人間は人間を、自然の贈り物を平等に分かちあう者とみなさなければならない、という考えである[15]。この考えは、はるか先を見越しての準備である。この準備のもと、理性は将来的に、同胞たちに関して、意志にさまざまな制限を課することになる。そして社会の建設のためには、愛着や愛情にもまして、このような準備のほうが必要なのである。

かくして人間は、あらゆる理性的存在者との平等(彼らがいかなる地位にあるにせよ)に達した(第三章、第二二節)[16]。つまり、自己自身が目的であり、他のすべての者から目的として尊重され、誰によっても、単に他の目的のための手段としてのみ使用されることがないという権利要求、この権利要求に関する平等である。人間がより高次の存在者たちとさえも無制限に平等であることの根拠は、まさにこの点〔道徳的=実践理性の観点〕にあるのであって、単に多くの傾向性を満足させるための道具としか見られないような理性〔技術的=実践理性〕のうちにあるわけではない。もちろん、これら高次の存在者たちは、その他の自然資質に関しては、比較を絶して人間を凌駕してい

W91　V 55　C 333

るのかもしれない。だからといって、かかる存在者のうちの誰一人として、人間をまったくほしいままに操縦したり、処理したりする権利をもってはいない。したがって、この歩みは同時に、自然という母の懐からの人間の解放と結びついている。この変化は、たしかに名誉なものである。しかし同時に、はなはだ危険の多いものでもある。自然は、幼児保育の無害安全な状態としての、人間が苦労することのないように配慮された園ともいうべきところから人間を放逐し(第二三節)[17]、おびただしい懸念や苦労や知られざる災悪の待ちかまえる広大な世界へと突き放した。人間は将来、生活の苦労の多さから、しばしば楽園《パラダイス》を期待するようになるだろう。これは人間の構想力の創造物である。ここで人間は、静穏なる無為と恒常的な平和のもと、自己の生存を夢うつつに過ごしたり、浪費したりすることになる。しかし、あのように構想された歓喜の場所と人間とのあいだには理性が横たわっており、人間にそなわった諸能力の発展にむけて、あらがいがたくたゆまず駆り立てている。未開で素朴な状態から人間を連れ出した理性は、人間がそこに戻ることを許さない(第二四節)[18]。人間は理性に駆り立てられて、苦労を厭うにもかかわらず、忍耐強くそれを担うようになり、虚飾の産物を侮蔑しつつも追い求め、恐ろしいはずの死のことも忘れて、それらすべての瑣末事に夢中になり、それらを失うことのほうを恐れるようになる。

A115　W92

注解

人間の歴史の第一期に関する上記の叙述から明らかなように、人類の最初の滞在地として理性が人間に提示した楽園から、人間が外に出たことは、単なる動物的な被造物の未開性から人間性への移行であり、本能の歩行器から理性の指導への移行であり、一言でいえば、自然の後見から自由の状態への移行にほかならなかった[19]。この変化によって人間は得をしたのか、損をしたのか。類としての人間の使命[20]に注目するとき、この点はもはや問題になりえない。人類の使命は完全性にむかう進歩のうちにこそあり、この目標に到達しようとする試みは、人類の成員たちの長い連鎖のなかで、相次いで繰り広げられてゆくのであって、その試みが最初の段階でうまくいかなかったとしても、それは問題ではない。――ただし、この道程が人類にとって悪い状態からより善い状態への進歩なのだとしても、個人にとっては、必ずしもそうだとはかぎらない。理性が目覚めていないころには、命令や禁止はまだなかったし、したがって違反もなかった。しかし理性が自分の仕事を開始し、その理性がいかに脆弱ではあれ、理性にあらがう動物性との全力をつくした格闘に入ったとき、そこには災悪が発生せざるをえなかったし、理性がよりいっそう文化的に陶冶された場合には[21]、さらにひどいことに悪徳が生じざるをえなかったのである。これは、無知と無垢の状態にはまったく見られなかったものである。それゆえ、この無垢の状態から外に出る第一歩は、道徳的側面からみれば、堕落であった。また自然的な側面からみれば、ここに初めて知ることになった生活上の夥しい災悪は、かかる堕落の結果としてもたらされる刑罰なのであった。かくして、自然の歴史は善から始まる。なぜならそれは神の作品であるから。しかし、自由の歴史は悪から始まる。なぜならそれは人間の作品だから[22]。自分の自由を使用するさいに、個人は自分自身だけに注目する。そうした個人にとってみれば、あのような変化は損失だった。しかし、自然は人間に関する自然の目的を類にむけて方向づけており、そうした自然にとって、あの変化は利得だった。それゆえ、個人の被るすべての災悪と、個人の行うすべての悪事とを、個人が自分自身の責任に帰することには理由がある。しかし、同時にまた個人は(類という)全体の一員であり、そのかぎりにおいて、かかる配剤の知恵と合目的性を[23]、個人が讃嘆し賞讃するいわれもある。――有名なJ・J・ルソー[24]の主張はしばしば誤解され、一

見したところ互いに矛盾しているようにみえるけれども、そうした彼の主張も、このようにすれば相互に調和させ、
理性と一致させることができる。ルソーは学問の影響についての著作と、人間の不平等についての著作のなかで、
まったく正当にも、文化と人類の自然本性とのあいだの不可避的な対立抗争を指摘している。ここで人類とは、一
つの自然的な類のことであり、この類のなかで各個人は、自分の使命を完全に達成することを求められている。こ
れにたいし、『エミール』や『社会契約論』やその他の著作のなかで、ルソーはより難解な問題の解決をふたたび
試みている。すなわち、道徳的な類としての人類の素質を、この類の使命に適合したかたちで展開させ、道徳的類
としての人類がもはや自然的類としての人類と対立しないようにするためには、文化はどのように進行しなければ V57
ならないのか、という難問である。そのような対立があるとき(人間と同時に市民を育成する教育の真の原理に従
った文化的陶冶は、おそらくまだ本当には始まっていないし、まして完成などしていないのだから)、そこからは、
あらゆる真性の災悪と悪徳が生じ、これによって人間の生活は、圧迫され、汚される。(原注) こうしたわけで、これら災 C335 W94
悪や悪徳へと促すものを人は責めたりする。しかし、この促しそれ自体は善いものだし、自然素質としては合目 A117
的である。ただし、これらの素質は単なる自然状態のうえに据えられたものだから、進行する文化によって毀損さ C336
れたり、逆に文化を毀損したりする。この状態は、完全な技術がふたたび自然となるまでつづく。そしてこのこと A118
こそが、人類の道徳的な使命の最終目標なのである。(25)

(原注)　一方に、道徳的使命をめざす人類の努力があり、他方には、未開の動物的状態のために人類の自然本性のうちに据え A116 C335
られた諸法則の不断の遵守があり、そのあいだに対立がある。こうした対立の事例として、以下に数点だけ挙げておく。
成人に達する時期、すなわち自分の種《しゅ》を生み出す衝動と能力がそなわる時期を、自然はおよそ一六歳から一七歳という年

齢に定めた。未開の自然状態では、これは青年が文字どおりの意味で男性となる年齢である。というのも、このとき彼は、自分の能力によって自己自身を維持保存し、自分の種を生み出し、子と妻をともに維持保存することができるからである。必要となる物が簡素であることによって、このことが彼には容易になっている。これにたいして文化のすすんだ状態では、そのためにさらに、熟練の点でも、恵まれた外的境遇という点でも、多くの生計の手段が必要となる。したがって、市民として成人する時期は、少なくとも平均して一〇年ほど延期される。ところが自然は、人間が成熟する時点を、社会的な洗練の進展に合わせて変更するのではなく、人類を動物の類として維持保存するための自然法則をかたくなに遵守する。このことから不可避的に、自然目的が道徳によって毀損され、道徳が自然目的によって毀損されるという事態が生じる。というのも、自然人としては一定の年齢ですでに男性なのに、その同じ人間(もちろん彼が自然人でなくなるというわけではない)が、市民としては青年であるにすぎず、それどころか子供にすぎないということにもなるからである。じっさい、その年齢で(市民状態において)自分自身を維持保存できず、まして自分の種を維持保存することのできない者は、子供と呼んでも差し支えない。とはいえ、このとき彼は、すでに自分の種を生み出す衝動と能力をもち、そうした自然の呼び声を聞いている。じっさい自然は、生ける被造物たちに本能や能力を据えつけるにあたって、その本能や能力が、彼らによって克服されたり抑圧されたりすることのないようにしておいたのである。それゆえ、彼らのもつこれらの素質は、道徳的に開化した状態[26]をめざして据えられたものでは断じてなく、単に動物の類として人類を維持保存することをめざして据えられたものである。したがって、文明的市民的に開化した状態[27]は、これら自然の本能や能力との不可避的な対立に陥る。この対立を取り除くことができるのは、完全な市民的体制(文化の究極の目標)だけであろう。そして目下のところ、あの過渡的空間はたいていの場合、悪徳や、悪徳の結果としてもたらされるさまざまな人間的悲惨によって占拠されている。

われわれのうちなる自然は、異なる二つの目的のために、動物の類としての人類の素質と、道徳的な類としての人類の素質という、二つの素質を創設した。この命題の真理性を証明するもう一つの実例は、あのヒポクラテスの言葉である。いわく、「技術は長く、人生は短い Ars longa, vita brevis」[28]。学問や技術にお誂え向きの一個の頭脳が、長期の修練と知識の獲得によって、判断の真の成熟にひとたび到達したならば、学問と技術は、この頭脳によって遥かかなたにまで進展し、それは学者たちが全世代をつうじてしだいに成し遂げるものをも凌駕することだろう。ただしそれは、あの頭脳がいつまでも若々しい精神の力を保持し、これら全世代に貸与された期間を生きながらえるものと、仮定した場合にかぎる。ところが、明らかに自然は、学問の促進という視点とは異なる視点から、人間の生命の長さを定める決心をした。じっさい、このうえない幸運にめぐまれた頭脳が、その熟練と経験の蓄積から期待しうる最大の発見をなしとげた矢先に、老齢が訪れる。この頭脳は鈍感になり、次の世代(彼らはふたたびＡＢＣから始めて、あの頭脳がすでにたどってきた全行程をもう一度遍歴しなければならない)が、さらにわずかばかりの文化の進歩を加えるのに委ねなければならない。それゆえ、人類が自らの全使命の達成をめざす道程はたえず中断し、かつての未開状態に逆もどりする危険性をつねにはらんでいるようにさえみえる。だから、あのギリシアの哲学者[29]の次のような嘆きも、根拠がないわけではない。残念なことに人は、自分が本来いかに生きるべきであったのかを洞察し始めたちょうどそのときに、死ななければならない。

三番目の例は、人間の不平等にみられるだろう。しかも、自然の賜物や幸運の財に関する不平等ではなく、人々の普遍的人権に関する不平等である。ルソーはこの不平等について嘆いている。そしてここには、多大の真理がある。しかし、いわば文化が無計画に進行するかぎり(このことは長期にわたってやはり避け難いことだが)、この不平等は文化から切り離せない。そして、自然がこの不平等にむけて人間を定めたわけではないことは、たしかである[30]。なぜなら、自然は人間に自由を与えるとともに、理性を与えたのであり、ほかならぬ理性自身の普遍的で外的な合法則性、つまり市民法と呼ばれる合法則性によって、この自由は制限されるからである。人間は、自分の自然素質の未開状態を自力で脱出するように求められた。しかも人間は、この未開状態を乗り越えながらも、自分の自然素質を侵犯しないように注意することを求められた。こうした熟練は、度重なる試行錯誤ののちに、ようやく期待しうるものである。それまでの過渡期のあいだ、人類は災悪の重圧のもとに呻吟するのだが、この災悪は、人類が経験不足のゆえに自分自身に自ら加えているものである。

A118

この歴史の終わり

それにつづく時代の始まりとともに、人間は安楽と平和の時期から、労働と不和の時期に移行した。この時期は、社会の統一の前奏曲である。われわれはここでふたたび大きく飛躍して、人間を一挙に、動物や植物の所有へと移動させなければならない。すなわち、人間は動物を飼い慣らし、種まきや植えつけによって植物を自分で増やし、これを自分の食糧とすることができるようになった(第四章、第二節)[31]。しかし、野性的な狩猟生活から第一の〔家畜所有の〕状態に移行し、根っこ掘りや果実採集の不安定な生活から第二の〔植物栽培の〕状態に移行するには、本当は十分な時間がゆっくりと経過しただろう。それはともかく、それまで平和共存して生活してきた人々のあいだにも、ここにいたって反目が起こったにちがいない。そしてこの反目の結果、異なった生活様式ごとに人々が分裂し、彼らは地上に分散していったのである[32]。牧畜生活は安楽なものだし、人の住まぬ広大な土地にいれば飼料にも事欠かないから、これはもっとも安定した生計を提供してくれる。これにたいして農耕や植えつけはきわめて苦労が多く、変わりやすい天候状態に依存しているため不安定だし、そのうえ定住と土地所有と、この土地を防衛するために十分な威力を必要とする。ところが牧人は、こうした土地所有を嫌悪する。土地所有は、牧草地に暮らす牧人の自由を制限するからである。生活形態に関していえば、農夫は自分よりも牧人のほうが天に恵まれていると思い、牧人をうらやんだかもしれない(第四節)[33]。しかし実際問題として、農夫の近隣に逗留している牧人は、農夫には非常に邪魔な存在となった。草を食む家畜は、農夫の栽培地を大事にしないからである。牧人の方はといえば、彼がこうした損害を引き起こしたあとで、畜群を引き連れて遠ざかり、損害賠償を何もしないですましたとしても、このことは牧人にとってごく些細なことである。じっさい牧人は、必ずしもいたるところでふたたび同様に良いものが見出されるとはかぎらない場合、これを何ひとつ残していかないものである。そして牧人は、こうした侵害が許されないものだとは思っていなかった。そのようなわけで、きっと農夫のほうが、この侵害に対抗して、実力を行使したにちがいない。そして(そのきっかけになるようなことが完全になくなるわけもなかったから)、農夫が長期の勤勉の成果を失いたくないと思えば、農夫は最終的には、牧畜生活に従事する人たちから、できるだけ遠くに離れてゆかなければならなかっただろう(第一六節[34])。こうした分裂が、第三の時代を形成する。

土地を耕し(とくに樹木を)植えつけることに生計がかかっている場合、その土地では定住が要求される。また、あらゆる侵犯から土地を守るためには、互いに助けあう人間の集団が必要である。それゆえ、こうした生活様式をとる人々は、もはや家族ごとに分散しているわけにいかず、むしろ団結して、村落(比喩的に都市と呼ばれる)を創設しなければならなかった。彼らはそうすることによって、野性的な狩猟者たちや放浪する牧人の群れから、自分たちの所有物を守ろうとした。生活必需品を調達するのには多様な生活様式が求められるが(第二〇節[35])、いまや、基本的な必需品を相互に交換できるようになった。ここから文化が生じたのにちがいない。技術の始まりである。気晴らしの技術と、勤勉の技術(第二一、二二節)。だが、何よりも重要な点は、市民的体制と公的正義への準備も、いくらかなされたということである。もちろんそれは当初、凶悪な暴力活動に関するものにとどまった。しかし、いまや暴力活動にたいする報復は、もはや野性状態のときのように個々人に委ねられるのではなく、むしろ全体を取りまとめる合法的な権力に委ねられることになった。つまり一種の統治機関であり、この統治機関そのものについては、いかなる暴力の行使も生じなかった(第二三、二四節[36])。――この第一の未開の素質から、あらゆる人間的

C 338
V 60
W97

な技術が、しだいしだいに展開してくることができたのだが、そのなかでも、社交性と市民的安全の技術がもっとも有益なものだった。人類は、こうして数を増やすことができた。そして、すでに教育形成された集落住民をいたるところに送り出すことによって、いわば蜜蜂の巣箱のごとく、中心点から広がってゆくことができたのである。人間のあいだの不平等も、この時代に始まった。これは、非常に多くの悪を生み出す豊かな源泉であり、それとともにあらゆる善の源泉でもあるが、こうした不平等がそれ以後増大していった。

遊牧民族は神だけを主人と認め、都市住民や農民は一人の人間(お上)を主人とする(第六章、第四節)(原注)(37)。遊牧民族が依然として後者の周囲に群がり、あらゆる土地所有の断固たる敵となって、後者に敵対し、その憎しみの対象となっているかぎり、両者のあいだにはたしかに不断の戦争があったし、少なくとも戦争の絶えざる危機があった。そしてそれゆえにこの二つの民族は、少なくともそれぞれの内部では自由という貴重な善を享受できた。——(じっさい、今日でもやはり戦争の危機は専制を抑制する唯一のものである。というのも今日、国家が一つの権力であるためには富が必要であり、富を産出できる活動的な状態は、自由がなければ生じないからである。貧しい民族においては、富の代わりに、この公共体の維持をともに気にかける強い関心が見出されなければならない。そしてその民族がそこに自由を感じていなければ、この共通関心も不可能である。)——ところが、都市住民がだんだんと贅沢になってゆき、とりわけ人を喜ばせる技術があらわれてくると、都市の婦人たちはこの技術によって、荒野の汚れた少女たちの輝きを曇らせてしまったが、そのような贅沢はしだいに、あの牧人たちを強く引き寄せる餌となっていったにちがいない(第二節)(38)。これによって牧人たちは都市住民たちと交わり、うわべを飾り立てた都市の生活に入っていくように仕向けられた。かつて互いに敵対していた二つの民族の融合によって、あらゆる戦争の危機は終結し、それと同時に、あらゆる自由も終結した。つまり、一方には権力をもった独裁者たちの専制がうまれ、他方では、いまだ文化が始まったばかりのところで、この上なくいまわしい奴隷状態のもとに魂を失った奢侈がうまれ、未開状態のあらゆる悪徳と混ざり合った。このようにして人類は、自然によって人類にあらかじめ指示されていた進路、つまり人類の素質を善なるものに向けて展開形成するための進路から、いやおうなく逸脱せざるをえなかった。人類はこのことによって、現実存在するに値しないものとなった。すなわち、地上を支配し、動物のように享受せず、奴隷のように仕えたりしないように定められた類としての、自己の現実存在に値しないものとなってしまった（第一七節）(39)。

C 338 V 60 W 97
（原注）　アラビアのベドウィン人は、(40) 今でもまだ自分たちのことを、その一族の創始者たるかつての首長（ベニ Beni とかハレド Haled などという）の子供たちだと自称している。この首長は、けっして彼らの上に立つ主人ではなく、彼らにたいして自分の思いどおりに実力行使することができない。じっさい牧人の民族においては、誰も不動産をもたず、不動産を子孫に遺しておく必要もないので、W 98 どの家族も、何か気に入らないことがあれば、非常にたやすく一族から離れ、別の一族に加わることができるのである。

C 339 V 61
結びの注解

もの思う人間は、悲しみを覚える。その悲しみは道徳の頽廃ともなりかねないものだが、考えることのない人は、W 99 この悲しみについて何も知らない。災悪は人類に重くのしかかり、そこに改善の見込みはない（ように見える）。こうした災悪を見積るとき、もの思う人は、世界運行の全体を統御する摂理に不満を覚える。しかし（たとえ摂理に A 121 よってわれわれが、この地上世界で非常に苦労の多い道をゆくように指図されたとしても）、摂理に満足することはきわめて重要である。それは、艱難辛苦にたえながら、つねに勇気を奮い起こすためでもある。また、これらすべての災悪を運命のせいにすることによって、それにたいするわれわれ自身の罪から眼をそらしたりすることがないようにするためでもある。むしろ、おそらくわれわれ自身の罪が、これらすべての災悪の唯一の原因なのだから、われわれは自己改善につとめ、災悪に対抗するための援助を怠ってはならない。

道徳的に開化した諸民族を圧迫する最大の災悪を、われわれは戦争から被っている。このことは認めなければならない。しかもその災悪は、現にある戦争や過去にあった戦争に由来するだけでなく、それよりもむしろ、将来の戦争のための準備に由来している。こうした戦争準備はけっして軽減されることがなく、それどころか絶えず増大してゆく。国家は全力を尽くして戦争準備にあたり、その国の文化が実らせたすべての果実が、戦争準備に投下される。これらの果実を、もっと偉大な文化のために利用することもできたはずなのに。非常に多くの場所で、自由が著しく阻害されている。母なる国家は、個々の成員たちの将来をあらかじめ配慮して、容赦なく過酷な要求をつきつけてくる。しかも国家はこの要求を、外的な危険にたいする憂慮によっても正当化する。しかしながら、つねに心配の種になっているあの戦争そのものが、人間性にたいするこうした尊敬を国々の元首たちに強要するのでないとしたら、はたしてこのような文化は見出されるだろうか。あるいは、公共体のさまざまな身分の人々が、幸福を相互に促進しあうために緊密に結びつくなどということが、はたしてあるだろうか。そもそも、人々が集まって住んでいながら、それでいて一定程度の自由が、ひどく制限の厳しい法律のもとにあってなお、そこに残っているなどということがあるだろうか。中国(41)を見るだけでよい。中国はその位置からいって、いつか不測の襲撃を受けるという恐れはあったにせよ、強力な敵を恐れる必要はなかった。そしてそれゆえに中国では、自由のあらゆる痕跡が根絶されてしまった。――かくして、人類がいまなおとどまっている文化のこの段階において、戦争は、文化をさらに進展させるための不可欠の手段である[42]。そして、文化が完成されたあとで初めて(それがいつのことかは神のみぞ知る)、永続する平和が[43]、われわれを癒してくれることだろう。また、あの完成された文化によってこそ、永続する平和は可能だろう。それゆえ、この点に関して、あの災悪の責任はわれわれ自身にある。われわれは、そうした災悪について悲痛なる不平の声をあげている。しかし、あの聖なる史料はまったく正しい。そこに描かれているように、文化がまだようやく始まったばかりのときに、諸民族を一つの社会に融合し、外的な危険から完全に解放してしまうと、かえってそれ以後の文化の進展をことごとく妨げ、癒しがたい頽廃に陥らせることになってしまうのである。

　人々が自然の秩序にたいしていだく第二の不満は、人生の短さに関するものである。現実の人生がさらに長く続くようにと望む人があったとしたら、それは、その人の人生の価値の評価の仕方がまずいというだけのことであるはずである。というのも、ただひたすら労苦と戦いつづける戯れが長引くだけのことだろうから。しかし、子供じみた判断力の持ち主が人生を愛することなく死を恐れ、まずまずの満足を感じる日々の自分の生存を送ることが難しくなりつつあるときに、それにもかかわらず、こうした難儀を繰り返す日数に不足を覚えているような場合、このことで気を悪くするような人はおそらくいないだろう。とはいえ、このように短い人生を過ごすための手段をめぐって、どれだけ多くの心配事がわれわれを苦しめていることか。また、将来の束の間の享楽を望むことによって、いかに多くの不正が行われていることか。この点を考慮にいれるとき、理性を持ち合わせている人ならば、以下のことを確信するはずである。すなわち、かりに人間たちが八〇〇年あまりの寿命を見通すことができたのだとすると、父は息子を前にし、兄弟は兄弟を前にし、友は友を脇において、もはや自分の生命の安全に自信をもてないだろう。そして、かくも長く生きる人類によって悪徳が高く積み上げられることになり、こうして人間たちは、一面の大地をおおいつくす洪水のなかで根絶される運命にのみ値する、ということになるだろう(第一二、一三節)[44]。

第三の願望、願望というより、むしろ空しい憧れなのだが(じっさい、望まれていることが決してわれわれに与えられえないことは自覚されている)、それは詩人たちが大いに賛美してきた黄金時代[45]の幻想である。ここでわれわれは、奢侈のゆえに背負い込むことになると思われるすべての必要物から解放される、と言われている。つまり、単に自然が必要とするものだけで満足する状態、人間の徹底的な平等、そして人々のあいだに永続する平和があり、一言でいえば、心配もなく、怠惰に夢みつつ、子供遊びに興じる生活の純粋な喜びが、そこにあるとされる。――こうした憧れによって、ロビンソン・クルーソーの物語[46]や南海の島々への旅も、大いに魅惑的なものになっている。とはいえこの憧れは、もの思う人間が、文明的市民的に開化した生活に倦怠を感じていることを証示している。享楽のうちにのみ人生の価値を求めつつも、怠惰に釣り合う重みを勘定にいれ、行為によって人生に価値を与えることに気づくように理性から促されたとき、もの思う人間は倦怠を感じる。純真無垢のあの時代に戻ることを夢みるこの願望が空しいものであることは、十分に示されている。この根源的状態に関して述べてきたことからも分かるように、人間はこの状態にとどまることはできない。それというのも、人間はこの状態に満足しないからである。ましてや、人間がいつかふたたびこの状態に戻ろうという気になることはない。したがって人間は、苦労の多い現在の状態の責任を、つねに自分自身と、自分の行った選択に帰すのでなければならない。

それゆえ、このような人間の歴史の叙述は有益であり、教訓として役立ち、人間の改善を促すものである。この叙述は人間に教えている。自分の上に災悪がのしかかってくるからといって、人間はそれを理由に、摂理を責めたりしてはならない。また、自分自身の違反行為を、人間の始祖たち〔アダムとエバ〕の根源的犯罪のせいにするのも正当ではない。この原罪によって、類似の違反への性癖が子孫に遺伝するようになったわけではない(じっさい、選択意志による行為が遺伝的なものをともなうということはありえない)。(47) むしろ人間は、まったく当然のことながら、自分の違反から生じたことを、自分自身の行ったこととして承認しなければならないし、自分の理性の誤用から生じたすべての災悪の責任を、丸ごと自分自身に帰して債務を負わなければならない。じっさい、これは人間が十分によく自覚しうることだが、かりに同じ状態におかれたならば、自分もまったく同じように振る舞い、理性を(自然の指示にさえ反して)誤用するという仕方で、理性の第一の使用を行ったことであろう。道徳的災悪に関する上述の責任の点を修正し負債を清算した場合には、本来の自然的災悪が収入と債務の照合計算で黒字をあげて、われわれの利益になるなどということは、ほとんどありえないだろう。

哲学によって試みられた人間の最古の歴史は、このようにして決着する。摂理に満足し、人事の道程の全体に満足すること。この道程は、善に始まって悪に進みゆくのではなく、むしろより悪しきものからより善きものへと、しだいに進展していく。そして、各自の分に応じて力のおよぶかぎり、この進展に寄与するという使命を、誰もが自然そのものから授かっているのである。*

哲学における目的論的原理の使用について

望月俊孝訳

Über den
Gebrauch teleologischer Principien
in der Philosophie
(1788)

哲学における目的論的原理の使用について

A版 第8巻 157-184頁
C版 第4巻 487-516頁
V版 第8巻 129-160頁
W版 第9巻 137-170頁

自然とは、法則に規定されて現実存在するすべてのものの総体であり、世界(本来これが自然と呼ばれる)とその最高原因をとりまとめたものであるとしよう。このとき、自然研究(第一の場合は自然学、第二の場合は形而上学と呼ばれる)の試みとしては、二つの道がありうる。すなわち、単に理論的な道か目的論的な道かのいずれかである。後者の道をとるとき、自然学としては、経験によってわれわれが知ることのできる諸目的だけを自らの意図のために用いることができる。これにたいし形而上学としては、その職務に合わせて、ただ純粋理性によって確立される一つの目的だけを用いることができる。別のところで示しておいたように、形而上学において理性は、理論的な自然の道によっては(神の認識という点で)意図したすべてのものを望みどおりに達成することができず、[2] それゆえ理性には目的論的な道しか残されていない。しかもここでは、経験の証明根拠のみに基づく自然目的ではなく、純粋実践理性によってアプリオリに規定されて与えられた目的(最高善の理念における目的)だけが、不十分な理論の欠陥を補完するのでなくてはならない。[3] 同様に、理論がわれわれを見捨てるところでは目的論的原理から出発する権限があり、あるいはむしろその必要性があるということを、私は人種についての短い試論[4]のなかで証明しようとしたことがある。ところで、この両方のケースにはある要求が含まれており、悟性はこの要求をやむをえず受け入れるのだが、この要求は誤解を十分に誘発しうるものである。

あらゆる自然研究にさいしては、まず始めに理論を呼びよせ、そのあとで初めて目的規定を呼びよせるのが、理性の正しいやり方である。理論の欠陥を、目的論や実践的合目的性で埋め合わせることはできない。われわれは作

A159
C489
V131
W139

用因についてどこまでも無知のままであり、自然の目的因であれ、われわれの意志の目的因であれ、ただ単に目的因とわれわれの前提とが適合することを、以前よりも明瞭にしうるというだけのことである。こうした不平の訴えには根拠があるように思われる。とりわけ(あの形而上学の場合のように)実践的法則が先行しなければならず、そのあとで初めて目的を申し立てることができるという場合にはそうなのであって、その目的のために私は原因の概念を規定しようとするのだが、この種の原因の概念は対象の自然本性について何も告げず、単にわれわれ自身の意図と必要性にのみ関係するもののように思われるのである。

相互に制限しあう二つの関心が理性にある場合、原理において意見の一致をみることは、つねに難かしいようである。しかもこの種の原理については、その扱いに慣れるだけでも困難がともなう。というのも、それらの原理は客観の規定に先立って、思考の方法にのみ関係するものだからであり、互いに対立しあう理性の権利要求のために視点が二重のものとなり、この二重の視点から対象を考察しなければならないからである。いま手に取られているこの雑誌のなかで、私の二つの試論[5]、しかも大いに異なる二つの対象についてのもので、重要性の点でも大いに異なる二つの試論が、ある鋭い吟味にさらされた。このうち一方の試論では、私は予期に反して理解してもらえなかった。しかしもう一方の試論では、期待をはるかにこえて十分に理解してもらった。ともに、卓越した才能と、若い力と、隆々たる名声をそなえた人たちによるものである。あの論文で私は、自然学的な自然研究の問いに宗教の史料によって答えようとしているのではないか、との嫌疑をかけられた。これにたいしもう一方の論文では、形而上学的な自然研究の不十分さを証明することによって、宗教に損害を与えようとしているのではないか、という嫌疑を免れた[6]。この両者に関して理解を得るのが難しかったのは、目的論的原理を使用する権限とその制限について、

A160　C490　V132
W140

いまだ十分に明らかにされていないからである。理論的な認識源泉だけで十分でない場合には、目的論的原理を用いてよい。しかしこの権限には、目的論的原理の使用の制限がともなう。つまり、理論的＝思弁的な探求に優先権を確保し、まず始めにこの探求能力のかぎりを尽くさなければならない（その場合、形而上学的探求においては純粋理性について、以下のことが正当に要求される。すなわち純粋理性は、この優先権と、そもそも何かあることについて決定を下すという自分の思い上がりとを、前もって正当化しなければならず、しかもそのさいに純粋理性は信用を得るために、自分の能力の状態を完全にさらけださなければならないのである）。しかもその探求の進行過程においては、こうした自由がつねに理性の手から奪われることなく残されていなければならない。ここでの意見の不一致は、大部分が、理性使用の自由をおびやかすような損害への懸念に基づいている。それゆえ、こうした懸念が取り除かれれば、意見の一致を妨げているものも容易に取り除きうるだろう。私はそう信じている。

一七八五年一一月の『ベルリン月報』に掲載された論文で私は、人種の概念と起源についてずっと以前に表明した私見(7)に解説をほどこしたが、これに対して、枢密顧問官、ゲオルク・フォルスター氏(8)は、一七八六年一〇月と一一月の『ドイツ・メルクーア』誌で反論を述べている。しかしこの反論は、私が出発点にすえた原理に関する誤解に基づくものにすぎないように思われる。じっさい、この高名な人は、自然研究者の探求と観察をも導くべき原理を、あらかじめ確定することに最初から失敗している。とりわけ彼は、単なる自然記述ではなく、観察によって促進されるべき自然史へと観察を方向づける原理を看過しており(9)、そればかりか、この区別そのものを余計なものだと考えている。しかしながら、このような意見の不一致は容易に取り除かれる。

第一の問題点についていえば、探求を導く指導原理を欠いたまま、経験の世界を不器用にあちこち歩き回るだけ

A161　C491　V133　W141

では、合目的的なものは何も見出されないだろう。このことはおそらく疑いもなく確実である。じっさい、経験を方法的に遂行することこそが、観察するということなのである。単に経験的な旅行者に私は感謝しているし、彼が物語ることをありがたく思う。とりわけ、あるまとまった認識が問題となり、それに基づいて、ある理論のために何かをなすように理性が求められているときには、なおさらである。何かについて尋ねられたとき、旅行者はたいてい次のように答える。その点について尋ねられることが分かっていたら、もっとそこに注目してくることもできたのだが、と。ところでフォルスター氏自身もやはり、植物の受精器官の特徴の不変性というリンネの原理[10]の導きに従っている。この原理がなかったら、植物界の体系的な自然記述が、これほど見事に秩序づけられ、拡張されることもなかっただろう。多くの人が、観察のなかに自分の諸理念をかなり不注意な仕方で持ちこんでいる(そして偉大な自然学者にもしばしば見られることだが、あの特徴の類似性を示すいくつかの事例に基づいて、まったく不注意にも、それら植物の力の類似性が示されているとみなしてしまうこともある)。このことは残念ながらまったくの事実である。講義されたことは、軽率な詭弁家たちの目には、まったく十分に根拠づけられたものとなってしまう(おそらくわれわれ二人には、軽率な詭弁家という嫌疑は少しもかからないだろう)。しかしこのような誤用によって、規則の妥当性が帳消しになるということはありえない。

ところで、自然記述と自然史の区別についていえば、フォルスター氏はこの区別を疑っているだけでなく、まったく受け入れがたいものとして拒否している。かりに自然史というものが、人間理性の手の届かぬ自然の出来事についての物語であり、たとえば植物や動物の最初の成立のようなものを意味するのだとしたら、たしかにそのようなものはフォルスター氏の言うとおり、そこに居合わせた神々や自ら創始者だった神々にとっての学問であり、人間にとっての学問ではないということになるだろう。しかし、自然物に現在そなわっている一定の諸性質と、比較的古い時代におけるその原因との連関を、作用法則に従って追跡するというだけであるとしても、われわれがその作用法則をでっちあげるのでなく、われわれにいま提示されている自然の諸力から導き出すというのであるならば、そしてまたそのような作用法則にしたがって、あの連関をただ類比の許される範囲にまで溯って追跡するということであるのなら、そのようなものも自然史だといえるだろう。しかもそのような自然史は、ただ単に可能だというだけでなく、たとえば地球理論においてそうであるように(あの有名なリンネの地球理論[11]もここに位置している)、徹底した自然研究者たちによって、これまでにもしばしば十分に試みられてきたところである。ただし、その試みの成否のほどは不問に付すことにしよう。ニグロ[12]の第一の起源に関するフォルスター氏自身の推測にしても、それが自然記述ではなく自然史にのみ属することは確実である。こうした区別は事柄の性質に起因するものであるし、この区別によって私は、何か新しいことを要求しているわけではなく、単に一方の仕事を他方から注意深く分離するように要求しているだけである。じっさい、この二つの仕事は互いにまったく異質であり、一方(自然記述)が学問として一つの偉大な体系の威容をもって立ち現れているのにたいし、もう一方(自然史)が提示しうるのは、単なる断片や、ぐらぐらと動揺するいくつかの仮説だけである。このように両者を分離し、後者をある独自の学問として、とはいえ目下のところ(そしてまたおそらくどこまでも)作品というよりも、投影図のかたちでのみ遂行可能な学問(そこでは大多数の問いにたいして「解答なし」の指示がなされているのが認められるだろう)として描き出すとき、このことによって私が望んでいるのは、一方の学問についての誤った洞察によって、本来は他方の学問にのみ帰属する事柄を、ほしいままにすることのないようにするということであり、自然史における現実的な認識の範囲(じっさいその若干のものはすでに所有されている)と、同時にまた、理性そのもののうちにある自然史的認識の限界と、この認識を最善のかたちで拡張するための諸原理とを、よりいっそう明確な仕方でわきまえるようにする、ということである。こうして細々と述べ立てたりしても、その点はどうか大目に見ていただきたい。じっさい、学問間の境界をいいかげんに設定する不注意から、きわめて多くの害悪が生じてくるのであるが、別の折りに私の経験してきたその害悪について、私は誰もが満足できるかたちで告知したことがなかった。しかも、そのさいに私は深く確信するにいたったのだが、それまでひとまとめに考えられてきた異質のものどうしを分離するだけで、それらの学問には多くの場合、まったく新たな光がさしてくる。しかも、それまでは異質な知識の陰に身を隠すことのできた多くの欠損部分が露呈し、さらにはまったく思いもかけなかったところで、認識の真の源泉が少なからず開示されてくるのである。これが誤って革新だとみなされたりするのであるが、そこに最大の困難があるとすれば、それは単に名前の問題にすぎない。ゲシヒテ Geschichte という言葉は、ギリシア語のヒストリア Historia(物語、記述)と同じ意味の表現として、すでにかなり長く頻繁に用いられている。それゆえ、この言葉には歴史という意味とは別の意味があり、ものの起源に関する自然研究を名指すことができるのであって、このことは容易に承認していただけることと思う。しかも、この言葉に代えて、そのような意味をもつ別の適当な術語的表現を見つけることには、困難がともなう。[原注] とはいえ、言葉で区別するのが困難だからといって、事柄としての区別を帳消しにすることはできない。おそらくこれとまったく同じように、種族[13]という概念の場合にも、やむをえず古典的な表現を逸脱したことにともなう見解の不一致があり、それが原因となって、事柄そのものについての不和が生じたのだろう。ここでわれわれが出くわしたことは、スターン[14]がある観相学上の論争にかこつけて述べたことに相当する。彼の軽妙な着想によれば、その論争によってシュトラースブルク大学の全学部は大混乱に陥ったとのことだが、そこでスターンはこう述べている。論理学者たちも、定義というものに遭遇することさえなかったら、事柄に関する決定をくだしていたことであろう、と。種族とは何か。種族という言葉は、自然記述の体系のうちに位置を占めるものではないし、それゆえにまたおそらくは、そもそも種族という物そのものが自然のうちにあるわけではないだろう。しかしながら、この表現が表示している概念はやはり、自然を観察するすべての者の理性のうちに存在している。じっさい、混血的に生殖する多様な動物たちが一つの遺伝的特性をもち、しかもその特性がそれら動物の類[15]の概念のうちに見当たらないとき、そのような特性にたいして、原因を共有する一つの集団が想定され、しかもその原因は類そのものの根幹のうちに根源的に据えられているのだと観察者が考える場合、種族の概念は、まさに十分な根拠をもって、彼の理性のうちに存在しているのである。この言葉は自然記述には登場しない(代わりに変様種[16]という言葉が用いられる)。だからといってしかし、観察者が自然史を意図する場合に、この言葉を必要とすることに妨げがあるわけではない。ただし、このために彼は、この言葉の意味を明確に規定しなければならない。このことをわれわれはここで試みることにしよう。

(原注)　私ならば、自然記述には「フィジオグラフィー」、自然史には「フィジオゴニー」という言葉を当てるように提案するところである。[17]

ある共通の血統[18]を指し示す根源的な特性があって、そこに同時に、多くの恒常不変で遺伝的な根源的特徴が認められ、しかもそれらの特徴が同じ動物の類の特徴というだけでなく、同じ根幹の特徴でもあるという場合、あの根源的特性を種族と名づけるならば、この呼び名は不適切な思いつきによるものではない。私なら、この名称を変種

C494　V136　V135　V136

Abartung(progenies *classifica* 子孫のクラス分化)と訳して、種族というものを、退化 Ausartung(degeneratio 変性、あるいは progenies *specifica* 特殊な子孫産出)[原注]から区別できるようにするだろう。[19] ただし、退化というものは容認されがたいものである。というのも、それは自然の法則(自然の種は変わらぬ形態をもって保存されるという法則)[20]に反しているからである。プローゲニエース progenies という言葉から明らかなように、種族とは、同じ類に属する種として位置づけられる多くの根幹をとおして分け与えられた根源的な特徴ではなく、むしろ度重なる生殖の経過のなかで初めて自己展開してくる特徴であり、したがってそれは、さまざまな種ではなく変種であり、そうでありながら一定で恒常不変なものであり、それゆえにそこには、一つのクラス区分が正当化されることになるのである。

(原注) 綱 class と目 ordo という名称が単に論理的な分離を表現していることは、しごく明らかであり、この論理的分離は、単なる比較のために、理性によって理性概念のもとで行われている。これにたいして類 genus と種 species は、自然的な分離をも意味しうる。そして自然的分離とは、自然そのものが自然の生殖に関して、自然の被造物のもとで行う分離のことである。それゆえ、種族の特徴に従って被造物をクラス分類することは十分に可能であるが、種族の特徴に基づいて一つの特殊な種を形成することはできない。じっさい特殊な種というと、奇妙な血統を意味することにもなるが、われわれはこのようなものを種族という名称のもとに理解しようとは思わない。おのずと明らかなことだが、ここでわれわれはクラス Klasse という言葉の意味を、リンネの体系で理解されているものよりも広い意味で受け取っているわけではない。ただし、われわれはこの言葉を、まったく別の意図をもった分類のためにも用いるのである。[21]

諸概念のこのような先行規定にしたがって、人類(その普遍的な徴表によって自然記述において理解された人類)は、自然史の体系では、**根幹**(または諸根幹)、**諸種族**ないし諸変種(progenies classificae 子孫のクラス分化)、さ

A164　W145　A163　A164

まざまな**人間品種**[22](varietates nativae 自然な変様種)へと分類することができるだろう。このなかで最後のものは、法則といえるものに従って遺伝するような不可避的な徴表を含んでおらず、それゆえにまた、一つのクラスとして分類されるに足るようなものではない。ところで、これらすべては種についての単なる理念であり、生殖における最大の多様性と血統の最大の統一とが理性によって統合されうる、というほどのことを想定したものである。人類のなかにそのような血縁関係が現実に存在するのかどうかという点については、血統の統一性を告げる数々の観察によって決定されなければならない。そしてここに明らかなように、ただ単に観察するということのためにも、一定の原理を導き手としなければならないのである。すなわち、単に特徴の類似性を示唆するだけでなく、血統を示唆するものに注目するためには、指導原理が不可欠である。というのも、このときわれわれが従事しなければならないのは自然史の課題なのであって、自然記述や、単に方法的な命名[23]ではないからである。誰かがあの原理に従わないで調査を行ったとしよう。そのとき彼は、もう一度探索しなければならない。というのも、この被造物のあいだには実在的な血縁関係があるのか、それとも単に名目上の血縁関係があるだけなのか、という問題に決着をつけるために必要とされるものが、彼の前にひとりでに現れてくることはないからである。

根源的な根幹が相異なる多様なものであることをしめす確実な徴表は、次の点以外にはありえない。すなわち、遺伝的に相異なる二つの人間部門の混合から繁殖力のある子孫を得ることができないということ、これがその徴表である。これにたいし、そのような子孫がうまく得られた場合には、その形態の相違がかなり大きくとも、あの二つの部門が一つの共通な血統をもつのだと考えることは、少なくとも可能であり、そこに何の妨げもない。じっさいあの二部門が、このような相違にもかかわらず、生殖をとおして両方の特徴をもつ一つの産物へと合一しうるのである以上、それらは一つの根幹に由来していたのであり、その根幹のなかに両方の特徴へと展開する素質が根源的に潜んでいたのであって、そこから生殖をとおして、あの二つの種族に分化することができたのである。理性は、自分が一つの原理でやっていけるときに、必要もなく二つの原理を出発点にすることはないだろう[24]。ところで、いくつかの遺伝的な諸特性は、まさにそれだけの数の種族のメルクマールとなっている。その確実な徴表については、すでに述べたところである[25]。ここでは、さまざまな人間品種（家族品種または民族品種）の命名の機会を与える遺伝的な変様種について、いくつかの注意をしておこう。

変様種とは、クラスをかたちづくることのない遺伝的特性である。というのも、この特性は不可避的に子孫に伝わるわけではないからである。じっさい、単に自然記述にとってであれ、クラス分類の権利を確保するためには、遺伝的特徴がそのように恒常不変であることが必要である。繁殖にさいして、もっとも近い親たちの形態的特徴がただときおり再生産されるだけであり、しかもたいていの場合に、その一方の特徴だけが（父親似または母親似というかたちで）再生産されるという場合、その形態は、それによってその両親の血統を知ることができるメルクマールとはならない。たとえばそれによって、ブロンドの人とブルネットの人の区別を知ることはできない。同様にして、種族ないし変種というものは、不可避的に遺伝する特性であり、しかもそれによってクラス分類の権利が得られるのだが、しかしこの特性は種をかたちづくるものではない。というのも、不可避的に雑種となるかたちで相似形成するということがある場合（それゆえ両親の区別をしめす特徴が融合する場合）、以下のことは少なくとも不可能だとは判断されないからである。すなわち、その両親の遺伝的な相違は、それらの根幹のうちにも初めからあって、単なる素質という形をとってそこで合一していたのであり、それが単に繁殖のさいに次第に展開して分化し

C 496　W147　V 138

たのだとみなすことができるのである。じっさい、ある動物の一族が他の一族とともに同じ自然の生殖体系に属するとき、その動物の一族を一つの特殊な種とすることはできない。それゆえ自然史では、類と種は同じものということになるだろう。つまりそれらはともに、一つの共通の血統とは相いれない遺伝的特性を意味するだろう。これにたいし、共通血統と両立しうる特性は、必然的に遺伝的であるか否かのいずれかであるが、前者の場合が種族の特徴となり、後者の場合が変様種の特徴となるのである。

さて、人類のなかで変様種と呼びうるものについて、ここでは、次のことを注意しておこう。自然はこれに関しても、完全な自由のもとで形成しているのではなく、種族のさまざまな特徴の場合とまったく同様に、ただ自己展開しつつあるのであって、根源的な素質により、これにむけて前もって規定されているのだとみなされなければならない。じっさいこれにおいても、合目的性と、それにかなった精確さが見出されるのであって、このようなものは偶然の産物ではありえない。すでにシャフツベリー卿(26)が言及しているように、どの人の顔にも一定の独自性(いわば現実の意図)が見出されるのであって、個人はこの独自性によって、他の人々に共有されない特殊な目的へと規定された者として、特別の記号を付与されている。ただし、これらの記号を解読することは、われわれの能力を超えている。さて、上述のことは、自分の技術について考える肖像画家であれば、誰もが証言できることである。生き写しに描かれていて、しかも表現のゆきとどいた絵画には、真理が認められる。つまり、それが想像から取ってこられたものでないことが認められる。ところで、この真理はどこに成立するのか。疑いもなく、一定のプロポーションにおいてである。顔の多くの部分のなかで、一つの部分は他のすべての部分とのあいだに一定のプロポーションをもっており、そのプロポーションによって個人の特徴が表現され、そこに含有される目的がぼんやりと映し出される。その顔のある部分がわれわれには不均整に見えたとしても、絵の中で、他の部分をそのままにしておいて当該部分だけを変えたならば、見る眼をもった人には、たとえ彼が実物の顔を見ていなくとも、自然のままを模写した肖像と比較しさえすれば、二つの肖像のうち、どちらが偽りのない自然を含み、どちらが虚構を含むかは、必ずやただちに識別できることだろう。同一の種族に属する人たちのあいだに見られる変様種は、あらゆる蓋然性からいって、根源的な根幹のうちに合目的的に据えつけられていたのであり、これによって、この上ない多様性が、無限に多様な諸目的のために根拠づけられるのである。そしてこのことはちょうど、種族の差異が根源的根幹のうちに合目的的に据えつけられており、そのことによって、より本質的で少ない目的にたいする有用性が根拠づけられて、以後の経過のなかでそれが展開してくるのと、まったく同様である。ただしそこには違いもある。さまざまな種族の素質の場合、それがひとたび展開してしまえば(そしてこれはすでに太古に起こっていたにちがいない)、そこにこのたぐいの新たな形態がさらに成立したり、あるいはまた古い形態が消滅したりするということはない。これにたいして変様種の素質の場合には、少なくともわれわれの知るかぎり、新たな特徴(外的特徴および内的特徴)を生み出すという点で自然が無尽蔵だということが、そこに示唆されているように思われるのである。

　変様種に関して、自然は融合を避けているように見える。というのも融合は、特徴の多様性という自然の目的に反しているからである。これにたいし、種族どうしの差異についていえば、自然はそれ(つまり融合)を促進することはないにせよ、少なくとも許容している。というのも融合によってこの被造物は、より多くの気候に適したものとなるからである。もっとも、そのうちの一つの気候にたいする適合度は、その気候に合わせてなされた最初の適応形成のときよりも減退する。じっさい、通常一般の考え方によれば、子供は(われわれ白人のクラスにおいて)、

V 140　A 167　C 497

変様種に属する徴表(体格、顔つき、皮膚の色、そしてまた多くの内的・外的疾患)を、両親から半分ずつ遺伝的に受け継ぐものだとされているが(この子はこの部分を父親から受け継ぎ、あの部分を母親から受け継いだ、という言い方がなされる)、もっと細心の注意をはらって家族品種を見てみると、この考え方には賛成できなくなる。子供たちは、父親か母親のどちらかに似るということはないにしても、父方か母方のどちらかの家族のなかで他方と交わることがなければ、一方に同化していくのである。ところで、あまりに近い血縁の者どうしの性交は忌み嫌われている。このことは大部分が道徳的な理由によるものだし、そのような性交の不毛性が十分に証明されているわけでもない。しかし、かかる禁忌は未開の諸民族にいたるまで広くゆきわたっているので、これを契機にして、以下のような推測が成り立つ。すなわち、この禁忌の根拠をはるかかなたにまで探ってみると、それは自然そのもののなかに据えられていたのではないか。そして自然は、古い諸形態がつねにくりかえし再生産されることを望まずに、むしろあらゆる多様性が引き出されてくるように望んだのであって、そうした多様性のすべてを、自然は人間根幹の根源的な萌芽のうちに据えつけていたのではないか、と推測されるのである。家族品種や、さらに民族品種にも、ある程度の同型性が見出される。しかしこの同型性も、それらの諸特徴の雑種的な形質継承に帰せられてはならない(私の見解では、変様種というものに関して、このようなことは起こらない)。じっさい、結婚した両人のうちの一方または他方の生殖力が優勢であるために、ときおり、ほとんどすべての子が父方の一族の品種に同化したり、ほとんどすべてが母方の一族の品種に同化したりするということが起こるのであって、こうしたことにより、最初は非常に多様な特徴が見られていたのに、作用と反作用をとおして、一方の親譲りの相似形成が他方に比べてつねに稀となることによって多様性が減少し、一定の同型性(それは他人の目にしか見えない)が生み出されるということもありうるのである。とはいえ、私はこの見解をここでついでに述べたにすぎず、その当否については読者の自由な判断にまかせたいと思う。もっと重要なことは、他の動物では、変様種と呼びたくなるようなもの（たとえば大きさとか、皮膚の性質とか）のほとんどすべてが、雑種的に受け継がれるという点である。人間を（繁殖という点で）動物との類比に従って観察することが正当だとするならば、種族と変様種を区別する私の見解に対する反論が、あの事態のうちには含まれているように思われる。この点について判断するためには、こうした自然の設備を説明できる一段高次の立場をすでにとっていなければならない。すなわち、理性をもたぬ動物たちの現実存在は、単に手段としての価値をもちうるだけであり、そのために、この動物たちはさまざまな使用にたいして、すでにその素質のうちにさまざまな装備を施されていなければならなかったのだが（たとえばビュフォン[27]によれば、さまざまなイヌの種族はシェパードという共通の根幹から派生しえたのである）、これにたいして人類においては、目的の一致のほうがよりいっそう大きなものとなっているため、受け継がれる自然形態はさほど多様なものとなる必要がなかったし、必然的に受け継がれる自然形態は、相互に著しく異なるわずか二三の気候において、種の保存だけにねらいを定めて装備されればよかったのだ、と説明する立場である。とはいえ、私はただ種族の概念を弁護しようとしただけなのだから、変様種の説明根拠まで請け合う必要はない。

原理における不一致というよりも、むしろ言葉をめぐるこうした不一致が、仲たがいのもとになるケースが多い。しかし、この不一致が取り除かれたあとでは、私の説明様式を主張するのに、さしたる障害もないのではないかと期待する。フォルスター氏は、以下の点で私と一致している。人間のさまざまな形態のなかで、少なくともある遺伝的な特性、すなわちニグロとそれ以外の人たちの遺伝的特性は、単なる自然の戯れや、偶然的な染付けの結果で

A168　V141
W150

あるとみなすことのできないほどに重大なものだとフォルスター氏は考え、その遺伝的特性のためには、根幹のうちに根源的に組み入れられた素質と、独特《スペツィフィッシュ》な自然設備がなければならないと考えた。われわれの考えがこの点で一致しているということは、それだけですでに重要なことであり、これによって双方の説明原理に関する接近も可能になる。これにひきかえ、通常一般の浅薄な見方をする人たちは、われわれ人類にみられる相違のすべてを偶然という同一の足場に帰着させ、しかもそれらの相違はつねに外的な状況の定めるがままに生成消滅するのだと考えており、それゆえに彼らは、このたぐいの研究は余計だし、こうした合目的的な形態を種が恒常不変にもちつづけていることなど、取るに足りないことだとさえ言い切る。ただし、私とフォルスター氏とのあいだにも、見解の食い違いが、まだ二点だけ残っている。しかし、われわれの見解は互いにさほどかけ離れたものではないので、必ずしもそこから調停不能な不和が生じてくることはない。さて、まず**第一の**相違点だが、〔フォルスター氏によれば〕上述の遺伝的特性、つまりニグロと他のすべての人間とを区別する遺伝的特性だけが、根源的に植えつけられた特性だとみなされるのに値する、とのことである。これにたいして私は、もっと多くの遺伝的特性（白人の遺伝的特性に、インド人やアメリカ人の遺伝的特性も加えて）を、完全なクラス分類*のために同じように用いるのが正当だと判断する。つぎに**第二の**相違点は、観察（自然記述）よりも、むしろ想定されるべき理論（自然史）にかかわるものだが、フォルスター氏は、これらの特徴を説明するためには、二つの根源的な根幹が必要だと考えている。これにたいして私は（フォルスター氏と同じくそれらを根源的な特徴だとみなしはするものの）、それらの特徴を、一つの根幹に植えつけられた合目的的ないくつかの第一の素質が展開したものだとみなすことが可能だし、そうしたほうが哲学的な説明様式としても、よりいっそう適切だと考えている。とはいえ、これもさほど大きな争点ではな

A169　V142　W151　C499

いので、理性はこの点についても先ほどと同様、和解の手をさしのべることになる。とりわけ有機的な存在者の自然的な第一の起源についていえば、これはわれわれ両人にとって、いやそもそも人間理性にとって、どこまでも探求しがたいものとしてとどまっており、その不可解さは、有機的存在者の繁殖における雑種的な形質継承の場合とまったく同様なのだが、このことを考え合わせるならば、和解はますます望まれるのである。じっさいのところ、ほぼ初めから切り離されていた萌芽が二つの根幹のなかで隔離されていたのに、あらかじめ分離されていたそれら根幹どうしが混血するのにともなって、あの二つの萌芽もあとでふたたび一つに融合するのだと想定する体系のほうが、理性による理解を少しでも容易にしてくれるというわけではないし、それにくらべて、同一の根幹のうちに多様な萌芽が根源的に植えつけられていて、それらの萌芽が最初の普遍的な植民にとって合目的的な仕方で次第に自己展開してゆくのだとする体系のほうが、少しでも劣っているというわけでもない。いやむしろ第二の仮説のほうが、さまざまな局所的創造などというものを考えないですむという点で優れている。いずれにしても、目的論的な説明根拠を省いて、物理自然学的な説明根拠に置き換えるなどということは、有機的に組織された存在者の場合、この存在者の種の保存という点に関連して、およそ考えられないことであり、それゆえ第二の説明方式は、自然研究に新たな重荷を課すものではない。むしろそこに課されるのは、自然研究がけっして放免されることのできない重荷であり、ここで自然研究は目的の原理だけに従わなければならないという重荷であるにすぎない。くわえて、そもそもフォルスター氏にしても、彼の友人であり有名な哲学的解剖学者であるゼンメリング氏(28)の発見に規定されて、ニグロと他の人間との区別*のほうが重要だと考えたにすぎない。たしかにこのような考えは、とかくあらゆる遺伝的な特徴をごちゃまぜにしがちな人で、それらの特徴はただ単に偶然に生じた濃淡の差なのだとみなそうとする人には、気に入るかもしれない。しかし、あのすぐれた人は、ニグロ的形成がその母国に関して完全な合目的性を備えていることに賛成している。(原注) ただ、頭蓋骨の構造の場合、皮膚の有機的組織という、血液から運び去られるべきものすべてを分泌するこの重大な道具の場合にくらべて、土地*にたいする適合性として理解できるものがなかなか見つからない。――それゆえにゼンメリング氏は、ニグロを形成するすべての目立った自然設備のなかで、他のなによりもこの自然設備のことを考えているように見えるし(ニグロの自然設備のなかでも皮膚の状態は重要な部分である)、あの自然設備については、単に解剖学者にとって、ニグロの明確な目印になるものとして挙げられているにすぎないのである。以上のことから、そのほかにも、これと同様につねに変わることなく遺伝する特性で、しかも気候の段階的な差異に応じて相互に流動的でなく、むしろ鋭く切り離されているような特性が、わずかな数でも存在することが証明された場合、たとえそれらの特性が解剖術の専門分野に関係したものでなくても、――それらの特性についても同じように、特別な根源的萌芽が合目的的な仕方で根幹に植えつけられていたことを権利要求してよいのであって、このことをフォルスター氏は喜んで認めてくれることであろう。ところで、それらの特性のために複数の根幹のうえに複数の萌芽を想定する必要があるのか、それともただ一つの共通根幹を想定するだけでよいのか、という問題が残る。しかしこの点については、究極的には、われわれのあいだに見解の一致がありうることを期待するものである。

(原注)　ゼンメリング『ニグロとヨーロッパ人の身体的相違について』七九頁。「ニグロの身体構造には、ニグロをその気候にたいしてもっとも完全な被造物とし、おそらくはヨーロッパ人よりも完全な被造物たらしめるような諸性質が見出される。」このすぐれた人は(同書、第四四節で)、ニグロの皮膚が有害物質をよりよく排出するのにいっそう適した仕方で有機

A170 V143
C501 W153
A169 C500 W152

的に組織されているとするＤ・ショット[29]の見解に、疑念をいだいている。しかしながら、リンドの(ヨーロッパ人の疾病に関する)報告[30]によれば、ガンビア川流域の空気は湿地の密林によってフロギストン化されていて有害であり、イギリス人水夫たちにはたちまち致命的なものとなるのだが、ニグロたちはその空気を自分の本領として生活しているのであって、こうした報告と結びつくと、ショットのあの見解もかなりの真実味を帯びてくるのである。

それゆえ、私の見解にたいするフォルスター氏の賛同を妨げている難点が取り除かれさえすればよいのではないだろうか。しかも彼は、原理に関してというよりも、むしろあらゆる適用ケースに原理をしかるべく適合させる困難との関連で、私の見解への賛同をためらっているだけである。フォルスター氏は、一七八六年一〇月の彼の論文の第一章七〇頁で、皮膚の色の階梯について論じている。それは北ヨーロッパの住人からスペイン、エジプト、アラビア、アビシニアをへて赤道にいたり、そこからふたたび逆の段階をたどって南の温暖な地帯に移り、カフィル人[31]やホッテントット人[32]の国々をへて、(彼の見解によれば)その国々の気候にみごとに比例した濃度の順*に褐色から黒色にいたって、ふたたび元にもどるという階梯である(そのさいに彼は何の証明もないのだが、ニジェールに源を発する諸コロニーがアフリカの先端あたりまで伸びていて、それが単に気候の作用によって、しだいにカフィル人やホッテントット人に変化したのだと想定している)。フォルスター氏は、このようにみごとな比例をもつ階梯が見逃されるなどということが、どうしてこれまでありえたのか、と不思議がっている。しかし、そこにはもっと不思議に思って当然のことがある。不可避的な雑種的生殖というものこそが決定的であるとみなしうるような、十分に明確で根拠ある徴表があり、しかもここでは、すべてがその不可避的な雑種的生殖にかかっているというのに、どうしてこれまで、そのような生殖の徴表が見逃されてきたのか、という点である。じっさい、ヨーロッパ最北部の人間がスペインの血統の人たちと混血した場合も、モーリタニア人やアラビア人（そしてまたおそらくアラビア人と近い血縁にあるアビシニア人）がチェルケス人女性たちと混血した場合も、少しもこの法則に従っていない。[33]また、彼らの国の太陽が後者の各個人に染付けた部分を度外視したうえで、彼らの色は、白人の人間品種のなかにブルネットの女性がみられるのと、さしたる違いはないのだと判断する理由はない。これにたいして、カフィル人がニグロに似かよっているのに、同じ地域に住むホッテントット人はそれほどでもないのであって、これらはおそらく雑種的生殖の実験に耐えうるだろうが、この点に関していえば、これらはあるニグロの民族と、かなり昔からこの海岸地方を訪れていたアラビア人たちとの雑種生殖にほかならない、というのがもっともありうることであろう。じっさい、言われているような色の階梯は、どうしてこのアフリカ西海岸にも見出されないのか。むしろこの辺りで自然は、あらかじめカフィル人という中間道を経由することなく、ブルネットのアラビア人やモーリタニア人から、セネガル辺りのもっとも黒いニグロへと、唐突に飛躍しているのである。この点とともに、七四頁で持ち出されている吟味案も廃止となる。その吟味案は、私の原理が却下されるべきものであることを証明するものとして、あらかじめ設定されているのだが、その吟味案によれば、黒褐色のアビシニア人男性がカフィル人女性と混血した場合、両者の色は一様であり黒褐色なのだから、そこでは色に関して中間品種は得られないだろう、と想定される。じっさい、フォルスター氏の想定するところでは、アビシニア人男性の褐色は、カフィル人の褐色と同じく深層の色であって、彼に生まれつきのものであり、彼と白人女性との混血的生殖にさいしては、必然的に中間色を生じるはずのものである。さて、かりにそのように想定されるとすれば、たしかにこの実験は、フォルスター氏の望んでいるとおりの結果におちつくだろう。しかし彼は、私にたいして何も反証したことにはならない。とい

V 145　C 502　W154

うのも、種族のあいだの相違は、それらにおいて一様のものによってではなく、相異なるものによって判定されるからである。ここで言えることがあるとすれば、せいぜいのところ、深い褐色の肌の種族であっても、別のメルクマール（たとえば骨格）においてはニグロやその血統と異なっているような、そういう種族も存在するだろう、ということだけである。じっさい、そのような種族に関して、生殖は雑種の子をもたらすだけだろうし、私の色のリストも、一つだけ増えるにすぎないだろう。しかしながら、自国で育ったアビシニア人に備わるこの深い色が遺伝によるものでなく、たとえば、その同じ国に小さいころから育ったスペイン人の深い色のようなものにすぎないのだとしたら、アビシニア人の自然の色は疑いもなく、カフィル人のそれとともに、生殖の中間品種をもたらすことであろう。ただし、太陽による偶然的な色の上塗りが付け加わるので、この中間品種は覆い隠され、（色に関しては）同じ品種だと見えるだろう。それゆえ、ここに企画された実験によってもたらされるのは、必然的に遺伝する皮膚の色が種族の区別のために役立つことに対する反証ではなく、むしろ色の規定にまつわる困難の証明にすぎない。すなわち、太陽が偶然的な化粧によって生まれつきの皮膚の色を覆い隠すところでは、その生まれつきの色を正しく規定しうることには困難がともなうのであって、ここではその困難が証明されているだけなのである。そして、こうした色の規定のためには、同じ両親からの外国での生殖のほうを優先するように私は要求したのであるが、この要求の正当性がここに立証されるのである。

さて、最後の点に関して、一つの決定的な事例がある。インド的な皮膚の色をもつ部族が、わが北方の国々で数百年来繁殖してきた。ツィゴイネル[34]のことである。彼らがインド民族であることは、その皮膚の色に関係なく、彼らの言葉によって証明されている。とはいえ自然は、この皮膚の色をきわめて執拗に保持しつづけてきたので、ヨーロッパでの彼らの存在は一二世代前まで溯れるにもかかわらず、その皮膚の色は今なお完全なかたちで発現しており、彼らがもしインドで成長したなら、彼らとインド原住民のあいだにはきっと、いかなる差異も見出されないだろうと思われるほどである。ここでかりに、彼らの遺伝的な色*が北方の空気によって完全に漂白されるまでには、これからまだ一二世代を一二回くりかえすまで待たなければならないだろう、などと言うとしたら、それはその場しのぎの答えで研究者の気をひき、時間をかせぎ、言い逃れをしようとするのにすぎないだろう。しかし、彼らの色は単なる変様種にすぎず、たとえばデンマーク人にたいするブルネットのスペイン人の色と同じようなものだと申し立てるなら、それは自然の刻印に疑いを抱くのに等しい。じっさい、ツィゴイネルはわれわれ北方の昔の原住民とのあいだで、不可避的に雑種的な子供を産み出している。これにたいして白人の種族の場合、その特徴的な変様種のどれをとってみても、このような法則に従ってはいない。

　ところで、一五五頁から一五六頁に最も重要な反対論証が登場する。それが根拠あるものだとすると、この反対論証によって以下のことが証明されることになるだろう。すなわち、たとえ私のいう根源的な素質というものが容認されるとしても、地球表面に人間が広がっていくさいの、それぞれの母国にたいする適合性は、そうした根源的素質によって成立しうるわけではない、ということになるだろう。フォルスター氏によれば、私にまだ自己弁護の可能性が残されているとしても、それはせいぜいのところ以下のようなものでしかない。すなわち、ちょうどその素質がこの気候に適しているような人間が、摂理の賢明なる配剤によってここに生まれ、素質があの気候に適している人間があそこに生まれてくるのだろう、という弁明である。これにたいし、フォルスター氏はさらにつづけて言う。ならば、どうしてまたこの摂理は、第二の移植のことを考えないほどにひどく近視眼だったのだろうか。

V146　W156

じっさい、たった一つの気候にしか役立たないような萌芽は、第二の移植のさいには、まったく目的を欠いたものになってしまうだろう、と。

最初の点に関して、思い出していただきたいことがある。私は、あの第一の素質をさまざまな人間のあいだに分配されたものとして想定したのではなく――というのも、そうでなければそれだけの数のさまざまな根幹が生じたことになってしまうだろう――、むしろそれを第一の人間ペアーのもとに統一されたものとして想定したのであった。それゆえこの想定によれば、その子孫たちのもとには、将来のあらゆる変異にたいする根源的な素質の全体が、依然として分離されぬままにあったのであり、そのような子孫たちはあらゆる気候に(潜在的に)適合していたのである。つまり、彼らや彼らのごく初期の後継者たちが移動してゆくことになる地域に適合できるようにする萌芽があって、その萌芽がそこで自己展開したのではないだろうか。それゆえ、素質の適合するような場所に彼らを連れてゆく賢明な配剤というものが、ことさらに必要だったわけではない。むしろ彼らが偶然にやってきた場所で、長期にわたって世代を重ねていったら、この地域のために彼らの有機的組織のうちに備わっていた萌芽が、彼らをその気候に適合させるように自己展開した、ということなのだろう。素質の展開がそれぞれの場所に応じて方向づけられたのであって、フォルスター氏が誤解しているように、すでに展開している素質にみあった場所を探し求めなければならなかったというわけではない。ただし、これらすべては明らかに太古の時代にかぎってのことである。もっとも、その太古の時代は(人間がしだいに地球上に植民していくまでに)十分に長く続いたのかもしれない。そしてそのあとで初めて、一定の居留地を得た一つの民族にたいして、その居留地に適する民族の素質の展開に必要な気候や土地からの影響が及ぼされたのだろう。これにたいして、フォルスター氏が引きつづき述べるところでは、

V 147　C 504　A 173

悟性は、どの国々とどの萌芽とが合致することになるのかを、ここではきわめて正しく計算しておきながら（先に述べたところでは、むしろそれらはいつも合致しなければならなかったのだし、ぜひにと言われるのであれば、悟性ではなく、むしろ単に自然がこの動物の有機的組織をかくも徹底的に合目的的な仕方で内的に整えるとともに、その同じ自然がさらにこの動物の保存のために、同じくかなり念入りな仕方で外的装備を施したのだ、というのでもよい）、どうしてまた同じ悟性がいきなりひどく近視眼になって、第二の移植という事態さえも予見しなかったのか。ある一つの気候にだけ役立つ生得的な特性は、第二の移植によって目的をまったく失ってしまうのに云々、とのことである。

さて、この第二点の異議に関してであるが、あの悟性、あるいはその方がお好みとあらば、おのずと合目的的に働く自然ということにしよう。その自然が、すでに萌芽が展開したあとにくる移植のことを、じっさいにまったく顧慮していなかったということは私も認める。だからといって、自然の無知や近視眼がとがめられる必要はない。むしろ自然は、気候にたいする自然の適合性を準備することによって、気候の取り違え、とりわけ温暖な気候と寒冷な気候との取り違えを防止したのである。じっさい、古い地域の住人たちの自然本性がすでにその気候に適合する形質の継承を始めている場合、新しい地域はその自然本性に合わないのだが、こうした不適合のおかげで、この住人たちはおのずと、気候の取り違えをせずにすむのである。インド人やニグロが北方地帯に広がっていこうとしたことが、いったいどこにあっただろうか。——むしろ彼らは、そこに追いやられたのである。そしてこの場合、彼らの子孫（たとえばクレオール[35]のニグロや、ツィゴイネルと呼ばれるインド人）に、定住的な土地耕作や肉体労働に向いた品種が現れることは、けっしてなかったのである。[原注]

(原注)　最後に注釈した点は、ここで証明のために引き合いにだされたわけではないが、取るに足らぬことというわけでもない。シュプレンゲル氏[36]の寄稿論文集の第五部、二八七頁から二九二頁*には、すべての黒人奴隷が自由な労働者として用いられることを希望するラムゼーの見解に対する反論がみられる。すなわち、ある専門家の申し立てによれば、アメリカやイギリスにいる幾千もの解放されたニグロのうちで、誰一人として、まさしく労働と呼べる仕事に従事しているような事例は知らないし、むしろ彼らは自由になったとたんに、かつて奴隷だったときに強制的に従事させられていた軽い手仕事をやめてしまい、そのかわりに露店商人や粗末な店の主人になったり、おかかえの召使になったり、漁や狩猟に出かけたり、一言でいえば流浪の民となっている、とのことである。まったく同じことが、われわれのところにいるツィゴイネルについてもいえる。同じ著者はそこで、たとえば北方の気候のせいで彼らが労働に不向きな者になったわけではない、と注記している。じっさい彼らは、主人の車の後ろで待っていたり、(イギリスの)苛酷な冬の夜に冷たい劇場の入口で待っていたりしなければならないのだとしても、脱穀や土掘りや荷役などをするよりは、好んでそれに耐え忍ぶ、とのことである。以上のことから次のように結論することはできないだろうか。労働の能力のほかにも、一切の誘因とは無関係に直接的に活動(とくに仕事熱心と呼ばれるような持続的活動)を求める衝動というものがあって、しかもその衝動はある特定の自然素質と特別の仕方で絡み合っているのではないだろうか。そして[あの]インド人にしてもニグロにしても、こうした衝動を別の気候帯に持参し、そこで代々受け継いでいるのであるが、その衝動の量は、かつての母国での自己保存に必要なものとして自然から受け取っただけの量にすぎず、この内的な素質は、目に見える外的な素質と同じく少しも消滅しないのではないか。しかしあの国々で必要な物はきわめてわずかであるし、これを調達するために求められる労力もわずかなものであるから、そこに求められる活動の素質も、さほど大きなものとはならないのである。――ここでさらに、スマトラにかんするマースデン[37]の非常に丹念な記述から、いくつか引用しておきたいと思う(シュプレンゲルの寄稿論文集の第六部、一九八頁から一九九頁を参照)。「彼ら(レヤング[38])の皮膚の色は、そこに赤色が混入しなければ通常は黄色であって、赤色が混ざると銅色を呈する。彼らはほとんど例外なく、インドの他の地方に住むメスティソ[39]よりもいくらか明るい色をしている。」――スマトラの住人たちの色は、同じ地域に住む他の諸民族と比べて白い。これを確たる証拠として、その皮膚の色がけっして直接的に気候に

依存しているわけではないことが証明されると、私は考えている。（マースデンはまったく同じことを、スマトラで生まれたヨーロッパ人やニグロの第二世代の子たちについて述べ、ここに長らく滞在したヨーロッパ人の黒っぽい色は、そこに頻発する胆汁病の結果であって、そこではすべての人がこの危険にさらされているのだ、と推測している。）――「ここでさらに注意しておかなければならないことがある。原住民やメスティソの手は、その暑い気候にもかかわらず通常は冷たい。（これは重要な事態である。ここに示唆されているように、この皮膚の特異な性質は、表面の外的な原因に起因するものではないだろう。）

ところが、私の原理に反する克服しがたい困難だとフォルスター氏の考えているものが、そっくりそのままある一定の適用において、この上なく有利な光をこの同じ私の原理のうえに投げかけてくれる。そして、他の理論ではどうすることもできないさまざまな困難を解決してくれる。私は次のように想定する。人類の始元の時代から、人類のなかにあった素質がしだいに展開して、一つの気候に即した完全な適応形成にたどりつくまでには、きわめて多くの世代が必要だっただろう。それにくわえて、人類はほとんどの場合、自然の激烈な変革に強いられて、地球のかなりの部分に広がっていったのだが、こうした人類の拡張は、種のわずかな増加によって起こりえただろう。さて、こうした原因によってであれ、古い世界の部族が南方から北方へと追い立てられたとき、適応形成――ただし南方に適合するための適応形成はおそらくまだ完成していなかった――はしだいに停止状態に入り、反対に逆方向の北の気候に見合った素質の展開に場所を譲ったにちがいない。この人間品種がかりに北東の方角に向かい、アメリカのほうにずっと移住していったとしたら――率直に言ってこれはかなり蓋然性の高い見解である――、この品種はこの大陸でふたたびかなり南方にまで広がることができたのであるが、この品種の自然素質は、すでに南下に先立って可能なかぎりの展開を済ましており、この展開が完了していたために、新たな気候に合わせたそれ以上

W159　C506 C505 V149　C506 A175

の適応形成は、いっさい不可能だったにちがいない。かくしてここに一つの種族が創り出されたのだが、この種族が南方に移動してゆくとき、彼らはすべての気候にいつも同じように適合し、それゆえ実際はとくにどの気候にも適合していないのである。というのも、彼らの南方での適応形成は、その出発とともに展開の半ばで中断し、それにかわって北方の気候に合わせた適応形成が展開を始め、そのようにしてこの人間の群れの定常状態が創り出されたからである。事実、ドン・ウリョア[40](彼は両半球のアメリカの住人のことを知るきわめて重要な証人だった)は、この地域の住人を特徴づける形態が、どこでもきわめて似かよったものだったことを請け合っている(色に関していえば、私は今その人の確かな名前を挙げることができないのだが、とにかく最近の航海者のうちの一人が、彼らは油まみれの鉄の赤錆のような色だと記述している)。これにたいして、彼らの自然本性がある一つの気候に完全に適合するまでにいたっていないことは、以下の点からも見てとれる。すなわち、どうしてこの種族が重労働にあまりにも弱く、たゆまぬ労働にたいしてあまりにも無関心であり、あらゆる文化的陶冶の十分な実例と励ましが身近にあるのに、彼らにはどうして文化的な能力がないのかということ、また、われわれが種族の多様な種類として挙げた階層のうちで、ニグロは他のすべてを下まわる最下層にあるのだが、どうして彼らは、そのニグロよりもずっと下に位置しているのか、ということに関して、それ以外の理由を挙げることは難しいのである。

さて、他のすべての可能な仮説を、この現象に照らし合わせてみよう！　すでにフォルスター氏が提案しているニグロの特別な創造に、第二の創造としてアメリカ人の創造をつけ加えたくないのであれば、残された答えは次のようなものだけである。すなわち、ニグロや黄色インド人という変種をいつの日にか産み出すためには、アメリカはあまりにも寒いし、あるいは植民後のきわめて短い期間のなかでそれらの変種を産み出したとするには、アメリ

W160　A176 C507 V150

カはあまりにも新しい、という解答法である。第一の主張は、この地方の暑い気候に関連して、今や十分に反駁されている。第二の主張、つまり、あと数千年ほど待っている忍耐力さえ持ちあわせるならば、しだいに太陽に影響されて(少なくとも遺伝的な皮膚の色に関して)、きっといつかはここにもニグロが姿を現わしてくるだろう、との主張についていえば、太陽と空気がそのような接ぎ木を行いうることが、まずもって確信されなければならないし、そのように確信してこそ、かなり遠い将来のこととされ、しかもつねに思いのままに先のばしできる成果を推測するだけで、反論に対する自己弁護を行うことができる。しかし、そのような確信そのものが今なおきわめて疑わしいものである以上、単なる思いつきにすぎない推測で、事実に対抗できるわけがないのである！

人間の根幹のなかには、種の保存のためのさまざまな素質が根源的かつ合目的的にまとまって存在しており、それら素質の展開によって、不可避的に遺伝的な相違が派生してくる。このことを確証する重要な事実がある。根幹から展開したさまざまな人種は、まばらに(同じ気候のあらゆる地方に同じ仕方で)広がるのではなく、それぞれひとまとまりの群れをなし間隔をおいて広がっており、それぞれの群れは各々が育まれることのできた土地の境界線の内部に分かれている。だから黄色人の純粋な血統はヒンドスタンの境界内部にかぎられているし、アラビアはそこからさほど遠くなく、ほぼ同様の風土をもちあわせているのに、アラビアにはこの血統がまったく見られない。しかし、ヒンドスタンにもアラビアにもニグロはいない。ニグロはただアフリカにいて、しかもセネガルとネグロ岬[41]のあいだ(そしてさらにこの地方の内陸部)にだけ見出される。しかしながら、アメリカ全体を見わたしても黄色人もニグロもいないし、そもそも旧世界の人種の特徴もまったく見られない(エスキモー[42]は例外である。エスキモーは、その形態や才能から取り出されるさまざまな特徴からして、旧世界の一地方から遅れてやってきた人々だと思われる)。これらの人種は、いわばそれぞれ孤立している。しかもこれらの人種は同じ気候にあっても、それぞれの生殖能力に切り離しがたく付随した特徴によって互いに異なっている。それゆえ、それら人種がもともと気候の諸結果として*発出してきたのだとする見解は、まずもって信じがたいものとなり、それとは逆に一定の確証をもって、血統の統一による生殖の徹底的な血縁関係が推測されるし、同時にまた、それら人種のクラス分類上の差異の原因は人種そのもののうちにあり、単に気候のうちにあるのではないだろうという推測も成り立つ。ちなみに、そうした差異が繁殖場所に適した効果を発揮するまでには、長い時間が必要だったにちがいないし、こうした効果がひとたび現れたあとでは、その種族を移動させても、新たな変異が生じることは、もはや不可能になるだろう。じっさい、こうした種族間の差異の原因は、根幹のうちに据えられた根源的な素質以外には考えられないのであって、この素質が徐々に合目的的に自己展開してゆき、空気の影響の主たる相違に従って、一定数に制限されるのである。パプア[43]という人種によって、この証明根拠は毀損されるように見える。南アジアの島々や、さらにその東方の太平洋の島々に散らばっているパプアの人種を、私は、フォレスター船長[44]にならってカフィル人と呼んだ(パプア人をニグロと呼ばない理由をフォレスター船長はおそらく、皮膚の色に見出したり頭髪や髭に見出したりしたのだろう。じっさい、その頭髪や髭は、ニグロの性質に逆らって、かなりの長さまで梳くことができる)。しかしながら驚くべきことに、そこにはパプア人だけでなく、さらに別のいくつかの人種が散在している。たとえばハラフォラ人や、純粋なインドの血統に酷似した特定の人々であるが、このことによって、事態はふたたび好転する。というのも、人種の遺伝的性質にたいする気候の影響を支持する証明のほうも弱められてしまうからである。じっさい彼らの遺伝的性質は、同一の風土にあって、しかも非常に不均質なものとなっている。それゆえにまた、彼らは原住民ではなく、確たる原因はわからないものの、何らかの原因によって(おそらくは西から東へと作用したにちがいないと思われる強大な大地の変革によって)自分の居場所から追われた異邦人だ(たとえばあのパプア人はマダガスカルから来た)とすることには、十分な根拠があるし、そのほうが真実に近いように思われるだろう。フレヴィル・アイランドの住人たちについてのカータレットの報告[45]を私は記憶に頼って(おそらく不正確に)引用したけれども、そのようなしだいであるから、その住人たちがどのような性質をもっていようと問題にならない。むしろ、人種の根幹の居住地と推測される場所で人種の差異が展開するということを証明するための手掛かりは、大陸に求めなければならず、島々に求めてはならないだろう。あらゆる点からみて、自然の影響が完了してかなりたってから、ようやく島々の植民が始まったのだから。

以上私は、一つの同じ自然的な類に属する有機的被造物の、遺伝的多様性の派生に関する自分の考えを弁護してきた。ここで、自然的な類(その有機的被造物たちが生殖能力をとおして結合しており、しかもそれらが一つの根幹から萌え出た[原注]ということが可能であるかぎりでの自然的な種 species naturalis)は、学校的な類(その有機的被造物たちが、単なる比較のうえで共通なメルクマールのもとにあるというかぎりでの人為的な種 species artificialis)から区別される。このうち、自然的な類は自然史に属し、学校的な類は自然記述に属している。ここでさらに、こうした区別の起源に関するフォルスター氏自身の体系について、少しばかり述べておこう。われわれ両人が一致して考えているように、自然学において、すべてのものは自然的に説明されなければならないのであって、さもなければそれらはこの学問に属さないことになってしまうだろう。私はこの原則にきわめて注意ぶかく従ってきたので、ある鋭敏な人(私の上述の論文を批評した宗教局首席評定官ビュッシング氏[46])も、自然の意図や知恵やあらかじめの配慮といった表現のゆえに、ある独自のあり方でのと言い添えつつも、私のことをナチュラリストだとしたのである。じっさい私は、純粋な自然の知識と、それが及ぶかぎりのものに関して討議するさいには(目的論的な表現法 C510 がきわめて適切な場合であっても)、神学的な言葉をもちだすことは得策でないし、各認識様式には、それぞれの限界を十分綿密に示しておく必要がある、と思っている。

(原注)　一つの同じ根幹に属するといっても、それはただちに、唯一の根源的なペアーから生まれたということを意味するわ V152 W162 けではない。ここで言おうとしているのは、現在、ある特定の動物の類のうちに多様性が見出されるとしても、だからといってこれを、そっくりそのまま根源的な相違とみなすようなことがあってはならない、ということだけである。ところで、第一の人間根幹が、かなり多くの人々(両性を含む)で、しかも全員が同種の人々から成り立っていたのだとすれば、私は、現在の人間たちを多くのペアーから導出することもできるし、同様にまた唯一のペアーから導出することもできる。[47] フォルスター氏は私のことを誤解して、私が唯一のペアーを事実とし、しかもある権威に依拠してそう主張しようとしているとの嫌疑をかけている。しかし唯一のペアーとは、理論からごく自然に帰結してくる一つの理念にすぎない。もっとも、人類が唯一のペアーから始まったのだとすると、人類の安全は猛獣たちのせいでおびやかされていたのではないか、という難点がある。けれども、この点についていえば、人類にとって猛獣はさほど心配の種にはなりえない。じっさい大地は、すべての人類を生み出すにあたって、猛獣を人間よりもあとで産出したのかもしれない。

自然学においてはすべてが自然的に説明されなければならない。しかしながら、この同じ原則は同時に、自然学 V153 W163 の限界を示している。A179 じっさい、あらゆる説明根拠のなかでも最後のもので、しかも依然として経験によって実証されうるような説明根拠を用いるとき、ひとは自然学の限界の極限にまで達している。これらの説明根拠がとだえたところで、これまで聞いたこともなく、証拠となるものを示すこともできないような法則に従って働く物質の力を自分で考えだし、そのような物質力によって説明を始めなければならなくなったとき、ひとはすでに自然学を超え出ており、そこで原因として挙げられているものが依然として自然物なのだとしても、同時にそれらの自然物には、その現実存在が何によっても証明されず、いやそれどころか、その可能性が理性と一致しがたいような力が付与されているのである。有機的に組織された存在者という概念には、すでに以下のことが必然的に付随している。すなわち、この存在者は一つの物質であって、しかもそのなかにあるすべてのものが交互に目的となり手段となるという仕方で関係しあっているような物質であるということ、しかもこのようなものは、目的因の体系として以外には考えられないということ、したがってこの存在者の可能性に関しては、目的論的な説明様式が残されているだけであって、少なくとも人間の理性には、けっして自然学的で機械的な説明様式は残されていないということ(48)、である。このようなしだいであるから、そもそも総じて有機的組織化そのものは根源的にどこからやってきたのかという問いは、自然学のなかでは問えない。この問いに解答があるとしたら、そしてそもそもその解答がわれわれに到達可能なものだとするならば、その解答は明らかに自然学の外にあって、形而上学のうちに横たわっているだろう。私自身としては、すべての有機的組織を有機的存在者から(生殖をつうじて)導出し、(この種の自然物の)後発の形態は、漸次的展開の法則に従って、もろもろの根源的素質から導出する(そのような後発形態は植物の移植のさいにしばしば見出される)。こうした根源的素質は、それら後発形態の根幹の有機的組織のうちに見出すことができた。しかし、この根幹そのものはどのようにして生成したのかという課題は、人間に可能なあらゆる自然学の限界を完全に超え出ており、私自身はその限界内にとどまらなければならないと思ったのである。

それゆえ私は、フォルスター氏の体系のために、異端審問を微塵も恐れていない(というのも、この体系において異端審問がなされたとしたら、その裁判所は自分の管轄領域をこえたところで裁判権を僭称するのも同然だから

V 154
W164

である）。またその必要があれば、自然研究者だけによる哲学的な審査委員会（一六六頁）にも賛成する。けれども、こうした審査委員会を請求することが、フォルスター氏にとって有利な結果になるだろうとは思わない。「産みの陣痛のさなかにある大地は（八〇頁）、動物や植物をそれと同じものから生み出すのではなく、海の泥土によって受胎した柔らかな母なる大地の胎内から発生させた。こうした大地に基礎をおく、さまざまな有機的類の、地方ごとの生殖。つまり、アフリカはアフリカの人間（ニグロ）を産出し、アジアはアジアの人間（ニグロ以外のすべて）を産出した（一五八頁）。そこから導出された、あらゆるものの血縁関係、すなわち、目に見えない階層をなして人間からクジラにまでいたり（七七頁）、そこからさらに下降してゆく（おそらくそれは蘚苔植物や地衣類にまでいたる。しかもそれは単に比較の体系においてのことではなく、共通の根幹からの産出の体系においてのことである）、有機的存在者たちのあらゆる自然連鎖（原注）の血縁関係」――これらの言葉に自然研究者が接しても、何か不気味なもの（七五頁）でも見たかのように、恐ろしさにあとずさりする、ということにはならないだろう（というのもこれは戯れだからである。多くの人が、一度はこの戯れを楽しんだことがある。しかし、そうしていても何の成果もないので、ひとはこれをふたたび断念したのであった）。しかしながら自然研究者の場合は、観察によってその戯れから追い返されるであろう。じっさいこの戯れをとおして、知らず知らずのうちに自然研究の肥沃な土壌から逸脱し、形而上学の荒野へと迷いこんでしまう恐れがあるからである。これにくわえて、私はもう一つ、男らしからぬ恐怖というのではけっしてない（七五頁）恐怖というものを知っている。すなわち、理性をその第一原則から遠ざけたり、際限のない想像のうちにさまよい歩くことを理性に許したりするものすべてを前にして、それを恐れてあとずさりする恐怖のことである。おそらくフォルスター氏にしても、こうした戯れの発言によって、誰かある過激な形而上学者(じっさい、基礎概念も知らず、これを軽視するという態度さえ見せながら、英雄気どりで征服に出かける形而上学者たちがいる)に好意を示し、その空想力《ファンタジー》に材料をあたえ、そのうえで、このことをからかってみようとしただけなのだろう。

(原注)　とくにボネ[50]をつうじて非常に好まれるようになったこの理念については、ブルーメンバッハ教授[51]の回想(『自然史のハンドブック』一七七九年、序文第七節)が、読むのに値する。この洞察に富んだ人は、形成衝動 Bildungstrieb というものによって、生殖に関する学説に多くの光明を投げかけてくれたが、彼はこの形成衝動を、非有機的な物質にではなく、有機的な存在者の構成成分にのみ付与している。

真の形而上学というものは人間理性の限界を知っており、人間理性の遺伝的な欠陥のなかでも、とりわけ次のような遺伝的欠陥のことをわきまえている。理性は、この欠陥があることを否認できない。すなわち、人間理性は根本力[52]をけっしてアプリオリに虚構できないし、また、そうしてはならない(そのようなことをしても、理性は空虚な概念を捏造することになるだけだろう)。むしろ、人間理性にできることはせいぜい、経験が自分に教えてくれるかぎりのものを(それらが外見上異なっているだけで、根本的には同一のものであるかぎりにおいて)できるだけ最小数にまで還元し、それに帰属する根本力を、自然学に関しては世界の内に求め、形而上学に関しては(つまり、もはや何ものにも依存することのないような根本力をもちだす場合には)おそらく世界の外に求める、ということだけである。しかし、根本力というものについて、われわれは(われわれが根本力のことを知るのは原因と作用結果の関係をとおしてのみであるから)作用結果から取り出された概念で、まさにこの関係のみを表現するような概念しか提供できないし、根本力の名称として、それ以外のものを見出すこともできないのである。(原注)ところで、有機的に組織された存在者という概念は、それが物質的存在者であって、しかもその中に含まれているすべてのものが、相互に目的と手段として関係しあうことによってのみ可能であるような存在者だ、ということを意味する概念である(じっさいにどの解剖学者も、自然生理学者(53)としては、このような概念から出発している)。それゆえ、有機的組織という作用結果をもたらす根本力は、目的に向かう作用因だと考えなければならない。しかも、そのさいにこの目的は、その作用の可能性の根底に置かれていなければならない。ところでわれわれは、このようにして目的に向かって働く力というものを、その規定根拠に関して、経験をとおして知っている。ただし、そのようにしてわれわれに知られているのは、われわれ自身の内なる力だけである。つまりわれわれの悟性と意志、すなわち、ひたすら目的に向けて設《しつら》えられた一定の産物の可能性の原因、いいかえれば技術作品の可能性の原因としての悟性と意志だけに、その力が見られる。悟性と意志は、われわれにそなわる二つの根本力であり、このなかでも、悟性によって規定されているかぎりでの意志は、目的と呼ばれる一つの理念に従って何かあるものを産出する能力である。ところでわれわれは、あらゆる経験をはなれて新たな根本力を虚構するようなことをしてはならない。しかるに、ある存在者のうちで合目的的に作用するような力でありながら、規定根拠を理念のうちにもたないような力などというものは、まさにそのような虚構だろう。それゆえ、ある存在者が、その存在者*もしくはそれにそなわる原因のうちにあるはずの目的や意図がないのにもかかわらず、自分自身から合目的的に作用するのだと考えられる場合、このような存在者の能力の概念は——その事例が経験によって与えられない特異な根本力として——完全に虚構されたものであり空虚である。つまり、そもそもこの根本力に何らかの対象が対応しうるという保証は皆無である。それゆえ、有機的に組織された存在者の原因が世界の中に見出されようとも、あるいは世界の外に見出されようとも、われわれ

A182　V157　W167　C513　V156　W166

はその原因を規定することをすべて断念しなければならない。また、かりにそれが断念できないというのであれば、知性的存在者を自分でこれに付加して考えるのでなければならない。ただしこのとき、そのような作用結果は他の原因からは不可能だと、われわれが洞察しているかのごとくに思ってはならない(ところが故メンデルスゾーン(54)は、他の人々とともに、そのように信じていた)。むしろ、目的因を排除して他の原因を根底に据えようとすると、われわれは根本力を虚構しなければならなくなってしまうのであり、だからこそ、知性的存在者をここに付加して考えるというのにすぎない。理性は根本力を虚構する権限をまったくもっていない。じっさい、もしもそのような権限が理性にあるのだとすれば、理性は何の苦労もなく、自分が欲するすべてのものを、欲するとおりに、説明できることになるだろう。

(原注)　たとえば、人間における構想(想像)は心の一つの作用であり、われわれはこれを、他のさまざまな作用と同じものとしては認識しない。それゆえ、構想に関係する力は(根本力としての)構想力としか呼びようがない。同様にして、運動力というタイトルのもとには、斥力と引力という根本力がある。何人かの人たちが、実体の統一性のためには、ただ一つの根本力を想定しなければならないと信じてきたし、さまざまな根本力の共通タイトルを名指しただけで、その唯一の根本力を認識したことになるのだと考えてきた。たとえば、魂の唯一の根本力は世界表象力だ、と言われる。また、反発と牽引がともに運動という共通概念のもとにあることから、物質の唯一の根本力は運動力だと、私が述べているかのようにみなされている。するとまた、反発や牽引を運動から導出できるのかどうかも知りたくなるが、それは不可能である。じっさい、これら下位概念は、それが有する相違点に関して、この上位概念からはけっして導出されえない。また、実体の統一性ということに関していえば、すでにその概念のなかには、根本力の統一というものが分かちがたく随伴しているようにも見えるが、これは力の不正確な定義に起因する錯覚である。というのも、力というものは、もろもろの属性の現実性の根拠を含むものにすぎず、(つまり実体)のことではなく、むしろ単に実体がそれら属性の現実性の根拠を含むかぎりでの、属性にたいする実体の関係

V 156　A 181 A 180
W 166 C 512
V 155
W 165

のことである。そして実体には(その統一を損なわずに)さまざまな関係が首尾よく付与されうるのである。

＊　＊　＊

さて、以上全体を要約してみよう！　目的は理性に直接関係する。ここに理性とは、異質な理性であろうと、われわれ自身の理性であろうとかまわないが、ただし、異質な理性の中にも目的を措定しようとする場合には、われわれ自身の目的を、少なくともその類似物《アナロゴン》として根底に置かなければならない。じっさい、異質な理性の目的など、われわれの目的なしには、まったく表象できない。ところで目的とは、自然の目的か自由の目的かのいずれかである。自然のうちに目的が存在しなければならないということを、人間はアプリオリに洞察できない。これにたいし、自然のうちに原因と結果の結合が存在しなければならないということを、人間はまったくアプリオリに洞察できる。したがって、自然に関する目的論的原理の使用は、つねに経験的に制約されることになる。自由の目的の場合はどうか。もしも自由の規定根拠として、意欲の対象が自然によって(必要性や傾向性において)あらかじめ与えられていなければならず、単にこれらの対象を相互に比較したり、あるいはそれをその総体と比較したりすることによって、われわれが自分の目的とすべきものを理性によって決定するのだとすると、その場合には、自由の目的についても自然の目的と事情は同じだろう。しかしながら『実践理性批判』において示されているとおり、純粋な実践的原理というものがあって、理性はそれによってアプリオリに規定されるのであり、この原理はそれゆえに、理性の目的をアプリオリに申し立てているのである。それゆえ、自然の説明のために目的論的原理を使用する場合、この原理は経験的な諸条件に制限されているため、合目的的な結合の根源的根拠を完全な仕方で、あらゆる目的にたい

W168　C514

A182 C513 V157 W167

して、十分に規定的に申し立てることは、けっしてできない。そしてそうである以上、このことはむしろ純粋な目的論(それは自由の目的論でしかありえない)に期待しなければならない。この目的論のアプリオリな原理は、あらゆる目的全体にたいする理性一般の関係を含んでおり、実践的なものでしかありえない。ところで、純粋な実践的目的論すなわち道徳は、その目的を世界のうちで実現するように使命づけられている。それゆえ道徳は、世界におけるその目的の可能性をなおざりにしてはならない。そしてそれは、世界のうちで与えられた目的因に関しても、そしてまた最高の世界原因が作用結果としてのあらゆる目的全体にたいして有する適合性に関しても、いえることである。つまり道徳は、自然的な目的論をなおざりにすることも、自然一般の可能性すなわち超越論的哲学をなおざりすることもなく、遂行における客観の可能性を意図し、道徳が世界での実現を命じている目的の可能性を目指して、実践的で純粋な目的論に客観的実在性を確保するように努めなければならない。

さて、これら両方の点で、『カント哲学に関する書簡』の著者は[55]、自分の才能と、洞察と、それらを普遍的必然的な目的に役立つように適用する賞讃に値する思惟様式とを、見事に発揮した。当雑誌のすぐれた編集者に[56]、慎みを欠いた無理な要求をすることになるとは思うが、彼にはぜひともお許しいただき、この著者の功績を私が承認する旨を、彼の雑誌に掲載してもらいたいと思う。私も、あの『書簡』の匿名の著者の名前をつい最近まで知らなかったが、私がこれまで寄与しようと努めてきた共通の事柄、つまり、確固たる原則に従って導かれる思弁的で実践的な理性の事柄のために、この著者が貢献しているということを*、私はここに承認する。無味乾燥で抽象的な学説を明快かつ優雅に叙述し、しかもその徹底性を損なうことがないという才能は、(少なくともこの年齢の者が授かった才能としては)きわめて稀有なものであり、きわめて有益なものである。それゆえ、単に彼を推薦するだけでなく、むしろ彼の洞察と理解力と、それに結びつく確信とを明らかにするためにも言いたいと思う。――こうした理解のしやすさを、私は自分の著作に施すことができなかったが、それをこのように補完してくれた人物にたいして、私は感謝の念を公表すべきだと感じたしだいである、と。

この機会を利用して、もう少しだけ、かなりの範囲からいただいた非難に言及しておきたい。人々は一つの作品について、その全体を十分に把握しないうちから、その作品に数々の矛盾を発見したと非難している。しかしこうした矛盾は、それを他の箇所と結びつけて考察するならば、すべておのずと消滅するものである。『ライプツィヒ学術新聞』一七八七年第九四号で申し立てられているところでは[57]、『批判』一七八七年版の序論第三頁七行目のくだりは、直後の第五頁一行目から二行目に見られるくだりと、真っ向から矛盾しているとのことである。じっさい、最初の箇所で私は、アプリオリな認識のなかでも、経験的なものが何も混入していない認識が純粋と言われると述べ、それに反する事例として、「変化するものはすべて原因をもつ」という命題を挙げた。これにたいし、第五頁で私は同じこの命題を、アプリオリで純粋な認識、つまり経験的なものにまったく依存しない認識の事例として持ち出している。――純粋という言葉には二種類の意味があり、私がこの著作全体においてかかわりをもったのは、後者のほうの意味だけである。もちろん、前者の種類の命題、たとえば「偶然的なものはすべて原因をもつ」という命題を例として挙げておけば、あのような誤解を避けることができたかもしれない。じっさい、この命題には経験的なものがまったく混入していない。とはいえ、誤解のきっかけとなるもの全部を、いったい誰が自覚しているというのだろうか。――まったく同じことは、私の『自然科学の形而上学的原理』の序文のXVI頁からXVII頁の注についてもいえる[58]。私はそこでカテゴリーの演繹に関して、それは重要だがどうしても必要というわけではない、と述べている。これにたいして『批判』では、私はその必要性を努めて主張した。しかし、容易にわかるように、前者においてカテゴリーの演繹は、単に消極的な観点のもとに考察されているにすぎない。つまりここでは、単に演繹を介するだけで(感性的直観を欠いたままで)は、物の認識はまったく成立しない、ということを証明するために、カテゴリーの演繹が持ち出されているにすぎない。しかもそのようなことは、カテゴリーの(単に客観一般に適用された論理的諸機能としての)**解説**を手にするだけで、すでに明らかになることである。とはいえ、われわれはカテゴリーを使用しており、その使用においてカテゴリーは(経験の)客観の認識に現実に属している。それゆえにやはり、そのようなアプリオリな概念の客観的妥当性の可能性が、ことさらに経験的なものとの関係において、証明されなければならなかったのである。また、こうした証明があってこそ、カテゴリーはまったく意味のないものであるとか、あるいはまた、それは経験に由来するものである、などという判断もなくなることであろう。そしてこれが積極的な観点であった。演繹はこの観点に関して、まちがいなく必要不可欠である。

たったいま私に知らされたところでは、上述の『書簡』の著者は、顧問官ラインホルト氏であり、彼はすこし前からイェーナの哲学教授である、とのことである。この著名なる大学にとって、彼を手に入れたことは必ずや大きな利益となることであろう。

I・カント

V 160　C 516

理論と実践

北尾宏之訳

Über den Gemeinspruch : Das mag in der Theorie richtig sein, taugt aber nicht für die Praxis
(1793)

理論では正しいかもしれないが実践の役には立たない，という通説について

A版 第 8 巻 273-313 頁
C版 第 6 巻 355-398 頁
V版 第 6 巻 67-113 頁
W版 第 11 巻 125-172 頁

目次

ある一群の規則が何らかの普遍性をもった原理であると考えられ、さまざまな条件については、その規則の実行に対して必然的に影響をおよぼすような条件であっても考慮しないという場合には、それらの規則の全体は理論と呼ばれる。その場合、それが実践的な規則であるとしても、やはり理論である。逆にまた、どんな活動であれ、それが活動であるからといって、すべて実践と呼ばれるわけでもない。実践と呼ばれるのは、何らかの普遍的に表象された原理に従ったやり方でなされると考えられるような目的実現行為だけである。

たとえ理論が、それがめざしているとおり完全なものであるとしても、理論と実践とのあいだには、両者を結合し、一方から他方へと橋渡しをするもう一つの媒介項が必要であるのは明白である。それというのも、悟性概念のなかには規則が含まれてはいるけれども、それだけでは不十分であって、そこに判断力のはたらきが付け加わらなければならないからである。実践にさいして、あることが規則にあてはまるかどうかは、この判断力のはたらきによって見分けられるのである。そして、この判断力に対してもその見分けをおこなうための規則がさらに与えられうるというふうにはかならずしもいえないから(なぜなら、〔もしそうした見分けの規則が与えられるなら、今度はその見分けの規則がこの場合にあてはまるかどうかを見分けるための規則が問題になり、規則の規則、そのまた規則、というように〕かぎりなく続くことになってしまうだろうから)、判断力が欠けているために生活においてまったく実践的になることのできないような理論家というものもいるかもしれない。たとえば、学業はきちんと修めはしたものの、実際に助言を与えねばならないときにどうしてよいかわからないような医者や法律家がそうである。

A275
C357
V69
W127

——しかしまた、このような判断力という自然の能力をもっている場合でも、まだ前提が足りないという場合がありうる。すなわち、理論が不完全であって、おそらくはまだこれからやってみなければならない実験や経験をとおしてしかそれを補完することができないであろうというような場合がそうである。学校を卒業して世間に出てきた医者や農業技術者や財政学者は、そういった実験や経験から新たな規則を引き出してきて、自らの理論を完全なものにすることができるのであり、またそうすべきなのである。彼らの理論がまだあまり実践の役に立たなかったのは、その理論〔そのもの〕に原因があるのではなく、そもそも十分な理論をもちあわせていなかったからである。その人は、十分な理論をすでに経験から学びとっておくべきだったのだ。そして、そういう理論は、たしかに彼が自分で提示することができず、また教師として普遍的な命題のかたちで体系的に講述することもできないのであって、それゆえ彼は理論的な医者や理論的な農業技術者等々を名乗ることを要求できないのではあるが、それでもやはり真なる理論なのである。——それゆえ、自分は一つの学問に実践的に精通していると称しながら、それでいて理論を軽視するというようなことはできない。そんなことをすれば、自分が自分の専門において無知であると認めていることになるだけだ。なぜなら、そういう人は、何らかの原理（われわれが理論と呼んでいるものはもともとこうした原理からできている）を集積することをせず、そして自分の仕事について一つの全体（きちんとしたやり方に従ってなされるときに体系と呼ばれるのは、この全体のことである）を考えることもせず、実験や経験をしながら手探りで進むことによって、理論がもたらしてくれる以上のところにまで到達できるのだと思い込んでいるのだから。

しかし、そうはいっても、無知な人が単なる活動を実践だと思いちがいして「理論は不必要であって、なしですますこともできる」と称しているのは、まだ許せる。むしろ許せないのは、利口な連中が、理論とその価値とを学校に対しては(たとえば単に頭脳の訓練のためだけに)認めていながら、同時に「実践においては事情は別だ」だとか「学校を卒業して世間に出てみたら、それまで自分が空虚な理想や哲学的な夢物語を追求していたことに気づいた」だとか、ひとことで言えば「理論では十分うなずけることが実践には全然あてはまらない」などと主張することである(最後のことはしばしば「一般的テーゼとしてはin thesi妥当だが仮に設けた個々の具体的場面にはin hypothesi あてはまらないような命題がある」というふうにも表現される)。したがって、「その理論は、経験を頼みとする機械工たちが一般力学について、あるいは砲手たちが弾道に関する数学理論について、たしかに細かいところまできちんと考えつくされてはいるが、実践においては全然あてはまらない。なぜなら、実行してみると、経験が与える結果はその理論と全然ちがっているから」とけなすとしたら、彼らはかえって嘲笑の種になるだけだろう(というのも、もしも一般力学にさらに摩擦の理論が付け加わり、弾道に関する数学理論に空気抵抗の理論が付け加わるなら、それゆえ一般にさらに多くの理論が付け加わりさえするならば、それらの理論は経験とぴったりと一致するだろうから)。しかし、そうはいっても、直観の対象にかかわる理論と、概念だけによって対象が表象されるような理論とでは(それゆえ数学の対象の場合と哲学の対象の場合とでは)事情はまったくちがっている。すなわち、哲学の対象は、おそらく欠けるところなく完全に(理性の側から)思惟されうるであろうが、しかしひょっとするとけっして与えられえないものであって、単なる空虚な理念にとどまることもあるだろう。そして、空虚な理念は、実践においてはまったく使い物にならないか、あるいは使うとかえって実践にとって不利益なことがもたらされることになるだろう。したがって、先に見た通説は、このような場合には、やはり十分に正当であるといえるかもしれない。

W129

C 359
V 71

しかし、義務の概念に基づく理論の場合には、この概念が空虚な観念なのではないかということから生じる心配はまったくない。というのも、われわれの意志の結果は経験(それがすでに完結したものと考えられるにせよ、あるいはたえず完結へと接近しつつあるものと考えられるにせよ)において可能でないかもしれないが、たとえそうだとしても、われわれの意志作用の何らかの結果をめざすことが義務なのではないだろうからである。そして、本論文が取り扱うのは、ほかでもないこの種の理論である。それというのも、この種の理論についてこそ、「理論においては正しいかもしれないが、実践にはあてはまらない」ということにかこつけて哲学の悪い噂を流すということがしょっちゅうおこなわれているからである。しかもそれは、高いところから見下ろすような口調でなされ、理性を、それが面目をかけてもっともたいせつにしているものについてさえも、経験によって改造しようというまったく思いあがった態度であり、経験に釘付けにされたモグラの目によって、直立して大空を眺めるように創造された存在者に与えられた目によるよりももっと遠くまで、そしてもっとはっきりと見ることができるのだなどという自惚れた態度なのである。

ところで、言葉ばかり多くして実行がともなわない今の時代においてひじょうによく聞かれるようになったこの箴言は、それが道徳的なもの(徳義務と法義務)にかかわるときには、このうえない災いをひき起こす。というのも、道徳にかかわるときには、(実践)理性の規準が問題なのだから。つまり、道徳にかかわるときには、実践の価値は、それの基礎となる理論に適合しているかどうかに全面的にかかっているのであって、もしも法則を実行するための経験的な、それゆえ偶然的な条件が法則そのものの条件とされてしまい、その結果、これまでの経験からいって起こりそうな結果をあてにするような実践に権限を与えて、それ自身で存立する理論を支配させるならば、すべては

A 277

台無しになってしまうからである。

私は、この論文を、観点のちがいに対応させて三つの章に分ける。その観点とは、理論や体系に対して大胆にも否定的態度をとる高名な人[1]がその対象を判定する場合の観点としてよく見られる三つの観点であり、それゆえ、(一)私人ではあるが実業家として、(二)政治家として、(三)国際人(あるいは世界市民一般)として、という三つの資格である。ところで、これら三種類の人々は、学校人を執拗に攻撃するという点で一致している。学校人は、これらの人々すべてに対して彼らのためになるようにと理論をつくりあげるのだが、これらの人々は、自分たちのほうがもっとよく理解していると思い込んでいるので、学校人は自分の学校へ帰れ(「むこうの宮殿の中で威張っておれ[2]! illa se iactet in aula!」)と命じるのである。彼らから見ると、学校人は、実践にとっては役に立たず、かえって彼らの経験的な智恵にとって邪魔になるだけの杓子定規の存在なのである。

それゆえ、以下では理論と実践との関係を三つの演目で上演することにしよう。すなわち、まず第一に道徳一般において(ひとりひとりの人間の福利に関して)、第二に政治において(国家の福利に関して)、そして第三に世界市民的考察において(人類全体の福利に関して、しかもそれが、子供も孫も、そして将来のすべての時代にまでわたっての福利に向かって前進しつづけるという意味で理解されるかぎりにおいて)。——ただし、その演目のタイトルは、この論文そのものに由来する理由から、道徳における理論と実践の関係、国法における理論と実践の関係、国際法における理論と実践の関係、と表現されることになる。

W130　C 360 V 72　A 278

I　道徳一般における理論と実践の関係について

（ガルヴェ教授(原注)からのいくつかの申し立てに答えて）

もともとの論点は、同一の概念が使用されるときにそれが単に理論にだけあてはまるのか、それとも実践にだけあてはまるのか、ということである。しかし、その論点に入るまえに、理論とはどのようなものであるかについて、私が他の場所で示したことを、ガルヴェ氏が示す考えと突き合わせておかなければならない。それは、われわれ二人がただ自分の主張をしているだけではなく、互いに相手のことを理解しているのかどうかをまず確かめておくためである。

(原注)　Ch・ガルヴェ著『道徳と文学から得られるさまざまな対象についての試論』[3]第一部一一一頁―一一六頁。私は、この立派な人物が私の諸命題に対して投げかけた反論を、攻撃ではなく申し立てと呼んでおく。すなわち、彼は、(私もそう望んでいるのだが)私と同意見でありたいと願っている事柄に対して申し立てをおこなっているのであって、私の命題を否定するような主張、したがって私の自己弁護を誘うことになるような攻撃をおこなっているのではないとしておく。ここはそのような弁護をおこなうべき場所ではないし、私にそのような弁護をしたいという気もない。

A　かつて私はさしあたりの説明として、道徳とは、われわれはいかにして幸福になるかを教えるのではなく、われわれはいかにして幸福に値するようになるかを教える学問の序論になるものだと述べた(原注)。そのさい私は、次のような注釈を付け加えることを忘れなかった。すなわち、そのように述べたからといって、義務の遵守が問題にな

V73　W131　W131 W130　V74 C361

るときには幸福という目的を放棄すべきだ、などと要求されるわけではない。というのも、幸福というのは人間が
自然にもつ目的であって、それを放棄するなどということは、人間にはできないから。これは、有限な理性的存在
者一般についていえることである。私が要求したのは、そうではなくて、義務の命令が問題になるときには幸福へ
の配慮を全面的に議論の外へおくこと、そして幸福への配慮をけっして理性が人間に命じる法則の遵守が可能にな A279
るための条件にしないこと、いやそれどころか、幸福への配慮に由来するいっさいの動機を義務の規定のなかに気
づかぬうちに混ぜ入れることがないようにできるかぎり意識しようと努めることである。このことは、次のように
して実現される。すなわち、義務を思い浮かべるときに、それを遵守した結果われわれに得られる利益と結びつけ
るのではなく、むしろそれを遵守するため(すなわち徳のため)に必要とされる犠牲と結びつけ、そうすることによ
って義務の命令をその完全な姿において、すなわち無条件的な服従を要求し、他のいかなる影響も必要とせずそれ
自身だけで十分であるという完全な姿において思い浮かべるのである。

(原注)　幸福であるに値すること、これは、主体それ自らの意志に基づくという点において人格がもつ特質である。この特質
に適合するならば、(自然および自由意志に対して)普遍的に立法する理性は、この人格の全目的と合致するだろう。したが
って、幸福であるに値することは、幸福を手に入れるための熟練技術とはまったく別のものである。というのも、もしも彼 A278 V73
の意志が、理性の普遍的立法に唯一適合する意志と合致しえず、またそうした意志に含まれえないような意志(すなわち道
徳性と衝突するような意志)であるならば、彼は、そもそもこうした熟練技術ですらもつに値しないし、幸福になるために
自然が与えてくれた才能ですらもつに値しないからである。

a　さて、ガルヴェ氏はどうかというと、私が以上に示した命題を次のように表現している。すなわち、「私の A279 V74 W132
かつての主張では、幸福をまったく配慮することなく道徳法則を遵守することが、人間にとっての唯一の究極目的

であり、そして創造主の唯一の目的とみなさなければならない。」(私の理論に従うならば、人間の道徳性がそれだけで創造主の唯一の目的なのではないし、幸福がそれだけで創造主の唯一の目的なのでもない。創造主の唯一の目的は、この世界において可能な最高善、すなわち道徳性と幸福とが調和して一体となることという意味での最高善である。)

B　さらに私は次のようにも述べた。すなわち、この義務概念は、そのための基礎として何か特別の目的を必要とするわけではなく、むしろこの義務概念が、人間の意志に対して新たな目的を生み出すのだ。その目的とは、この世界において可能な最高善(世界全体においてもっとも純粋な道徳性と結びついてもおり、しかもその道徳性に見合うような普遍的幸福)を手に入れるよう全力をあげて努力することである。この目的は、理性に対して、道徳上の世界支配者と来世との信仰を実践的見地において強要する。なぜなら、最高善はたしかに道徳性の側からいうとわれわれの力のうちにあるのだが、道徳性と幸福の両側をあわせるとなるとわれわれの力のうちにはないからである。しかし、だからといって、普遍的義務概念は、道徳上の世界支配者と来世とを前提するときにのみ「堅固な支え」すなわち確固たる根拠と必要不可欠の強い動機とを手に入れるのではない。そうではなくて、普遍的義務概念がこれらを前提することによって同時に手に入れる対象は、純粋理性の理想である最高善だけである。(原注) というのも、義務とは、それだけをとってみるならば、採用された格率によって普遍的立法が可能となるようにという条件へ意志を制限することにほかならず、その場合、意志の対象や目的はどんなものでもありうる(それゆえ幸福でもありうる)のであって、そうした意志の対象や目的、そしてさらにおよそわれわれがもつことがありうるすべての目的は、完全に考慮の外へおかれるからである。それゆえ、道徳の原理を問う場合には、道徳によって規定され道

V76　A280 C363 W133　V75　C362

徳法則に適合する意志の究極目的としての最高善についての理説は、(単なる挿話として)完全に無視してしまってよい。以下においても示すように、もともとの論点が主題になるときには、最高善はまったく顧慮せず、ただ普遍的道徳だけを顧慮するのである。

(原注)　われわれのはたらきも加わることによってこの世界において可能になる最高善、これこそが万物の究極目的であると考えなければならない。このように考えなければならないのは、われわれに道徳的動機が欠けているからではない。目的それ自体(道徳的究極目的)としての対象を道徳的動機に見合うだけ産み出されるというようにわれわれの外的状況がなっていないからである。じっさい、何一つ目的がないならば、そもそも意志は存在しえないのである。もちろん、行為を法則どおりに強制することだけが問題である場合には、目的は考慮の外におかねばならず、ただ法則だけが意志の規定根拠をなすのではあるが。しかしまた、すべての目的が道徳的であるわけでもない(たとえば自分自身の幸福という目的は道徳的な目的ではない)。むしろ道徳的な目的は非利己的でなければならない。そして、純粋理性によって課せられ、すべての目的の全体を一つの原理のもとに包括する究極目的(われわれのはたらきも加わることによって可能になる最高善としての世界)の要求は、形式的法則の遵守をこえてさらに一つの対象(最高善)の産出にまで広がる非利己的な意志の要求なのである。――これは、特別な種類の意志規定、すなわちすべての目的の全体という理念による意志規定である。なぜなら、もしもわれわれがこの世界における諸事物と何らかの道徳的関係のうちに立つのであるならば、われわれはいついかなる場合にも道徳法則に服従しなければならないというだけでなく、さらに、そのような関係(道徳的最高目的に適合した世界)が現に存在している状態を全力をあげて実現せよという義務が付け加わってくるからである。この場合、人間は神性との類比によって考えられる。すなわち、たしかに神性は主観的にはいかなる外物をも必要としないのだが、しかしそれにもかかわらず、神性がそれ自身のうちに閉じこもっているというふうに考えることはできないのであって、むしろ神性は自分の外に最高善を産出するように規定されているのだと考えることができる。しかも、神性はそれ自身だけですっかり充足していると意識しているにもかかわらず、その意識によってそのように規定されていると考えられる。最高存在者におけるこのような必然性は(人

A 279 C 362 V 75 W132　A 280　W133

間の場合だと義務であるわけであって)、われわれがそれを思い浮かべる場合には、道徳的要求というかたちでのみ立ち現れてくる。それゆえ、人間についても、人間のはたらきも加わることによってこの世界で可能になる最高善という理念のなかに動機がある場合、その動機とは、そのさいに意図される自分自身の幸福などではやはりない。この理念は目的そのものであり、したがってこの理念の追求は義務なのであって、そういうものとしての理念およびその追求だけが動機である。というのも、この理念には、幸福の見込みそのものが含まれているのではなくて、どんな主体であれ彼の幸福とそれに値する動機とが釣り合っているということだけしか含まれていないのだから。そして、以上のような条件へと自己を制限する意志規定、そしてこのような全体の一員でありたいという意図を以上のような条件に制限する意志規定は、けっして利己的ではない。 C 363

b　ガルヴェ氏は以上の諸命題を次のように表現しなおしている。すなわち、「有徳な人は(自分自身の幸福という)あの観点をけっして無視することはできないし、また無視する必要もない。――なぜなら、この理論に従うならば神の存在と魂の不死との確信は道徳的体系*に堅固な支えを与えるためにどうしても必要なものであるにもかかわらず、もしもその観点を無視すると、見えない世界への移行、つまりこれらの確信への移行がまったくできなくなるであろうから。」そして彼は、彼が言うところの私の主張の全体の適切かつ簡潔なまとめだとして、次のようにしめくくっている。すなわち、「有徳な人は、先に述べた原理に従って、幸福に値することを求めて一瞬たりとて手を抜くことなく努力しつづける。しかし、彼が本当に有徳であるかぎりにおいて、彼はけっして幸福であることを求めはしないのだ。」(この場合「かぎりにおいて」という語は二つの意味にとれるあいまいな表現であるので、まずそのあいまいさを取り除いておかなければならない。まず一つには、「彼が有徳な人として自分の義務に従うその行為において」ということだけを意味するという場合がありうる。この場合、先の文は私の理論と完全に合致

V 76　A 281　W 134

する。あるいは、もう一つには、「およそ彼がただただ有徳であるならば、そしてそれゆえ義務が問題にならないときや義務と衝突しないときでも、それでもやはりこの有徳な人はまったく幸福を気にかけないだろう」ということを意味する場合がありうる。この場合は、私の主張と完全に対立する。）

　それゆえ、これらの申し立ては誤解にほかならない（誤解だと言ったのは、それを曲解とはみなしたくないからである）。このような誤解が起こりうるからといって、けっして意外だと感じるにはおよばない。なぜなら、人間には、他人の思考を判定するときにも自分がいったん慣れてしまった思考パターンに従ってしまい、その結果他人の思考の中に自分の思考をもちこみやすいという傾向があるのであって、この傾向がそうした誤解の現象を十分に説明してくれるであろうから。

　さて、このようにガルヴェ氏は論戦を挑むというやり方で先の道徳原理を論じたわけだが、それに続いて彼は、この原理に反対する独断論的な主張をなすにいたった。すなわち、彼は分析的な仕方で次のように結論している。「さまざまな概念を秩序づけるにあたっては、それらのあいだで一つを選ぶことよりも、それゆえあらかじめある目的を決めておくことよりも、まず先にそれらそれぞれがどのような状態にあるのかのちがいがわかっていなければならない。それによって、一方を他方より優先することが可能になる。ところで、自分自身を意識でき、自分の状態を意識できる者が、いま現にある状態をわかったうえで、その状態を他のあり方よりも優先するのであるならば、その状態はよい状態である。そして、このようなよい状態が続くということこそが、幸福という語で表現されるもっとも一般的な概念である。」――さらに彼は、次のようにも述べている。「法則は動機を前提とする。しかし、動機というものは、よりよい状態とよりわるい状態とのちがいがあらかじめわかっていることを前提とする。このようにちがいがわかっているということは、幸福概念の構成要素である、云々。」さらにまた「すべての努力への動機は、もっとも一般的な意味での幸福から生まれる。それゆえ、道徳法則を遵守することへの動機もそこから生まれてくる。私は、道徳的義務の履行が善の一項目に含まれるかどうかを問いうるに先立って、そもそもまずはじめに、あるものについて、それがよいということを知っているのでなければならない。人間は、自分の行動がめざすことになる目標を設定できるに先立って、まずその行動をはじめるための動機をもっているのでなければならない。(原注)」

(原注)　このことは、まさしく私が主張していることである。とはいえ、目標(目的)が設定されるに先立って人間があらかじめもつことができる動機は、やはりどう見ても法則そのもの以外にはありえない。というのも、選択意志の形式という観点で見られる法則は、じっさい私が選択意志の実質(ガルヴェ氏が言うところの目標)を考慮の外においたときになお残っている唯一のものなのだから。法則は、(われわれがどんな目的をもつにせよ、またその法則の遵守によってどんな目的が達成できるにせよ)われわれに尊敬の念を抱かせることをとおして動機となるのである。

この論証は、善という語が二義的であることを利用した戯れにすぎない。すなわち、善という語が、一方ではそれ自身において無制約的によいものとして用いられ、他方ではつねに単に制約された仕方でよいものとして、よりわるい善やよりよい善と比較されている。最初の場合の善はそれ自体において悪であるものの反対物であるが、後の場合に選ばれた状態は、単に比較のうえでよりよい状態でありうるにすぎず、それ自体として見るならば悪であるかもしれない。――いかなる目的が根底におかれようともそうした目的にはいっさいかまうことなく、自由な選択意志に対して定言的に命令を発する法則(すなわち義務)を無条件に遵守するという格率、この格率は、ある一定

A 282　C 365　V 78

の行為様式のための動機として自然本性上われわれの根底に存する目的（一般には幸福と呼ばれるもの）を追求する格率などとは、本質的に、すなわち種類のうえで異なっている。というのも、前者の格率はそれ自体において善であるが、後者の格率はけっしてそれ自体において善ではなく、義務と衝突する場合にははなはだしい悪でもありうるから。これに対して、何らかの目的が根底におかれるなら、それゆえ法則が（その目的を条件としてのみ命じるのであって）無条件に命じるのでないならば、正反対の二つの行為がどちらも条件つきでよいということがありうる。その場合、一方の行為がよいといえるのは、もう一方の行為と比べてよいというだけである（したがってもう一方の行為は比較のうえでわるいといわれるだろう）。というのも、その二つの行為は種類のうえでは区別されず程度のうえで区別されるだけだから。そして、理性の無条件的法則（義務）を動機とせず、われわれが好きなように立てる目的を動機とするような行為すべてについても事情は同じである。というのも、われわれが好きなように立てる目的は全目的の総体の一部をなすものであって、その総体を達成することが幸福と呼ばれるのだから、ある行為は私の幸福により多く貢献し、またある行為は私の幸福により少なく貢献するということがありうるし、それゆえある行為がまた別の行為よりよかったりわるかったりということがありうるからである。――その一方で、意志規定の状態に関して、ある状態を他の状態より優先するという営為は、もっぱら自由の行為（法律家が言うところの「純粋に権限に属する事柄 res merae facultatis」）なのであって、この行為においては、これ（この意志規定）がそれ自体として善であるか悪であるかはまったく考慮されることはなく、それゆえそれ自体として善であろうが悪であろうがどうでもよいのである。

ある何らかの与えられた目的と結びついた一つの状態が同じ種類のあらゆる他の状態よりも優先される場合、この状態は他と比べてよい状態なのであって、いいかえると幸福の領域のなかにある(このとき理性は、われわれが幸福に値しているかぎりという条件つきでしかないけれども、幸福を善であると承認する)。これに対して、私の何らかの目的が義務の道徳法則と衝突するときには義務のほうを優先するということを私が意識している場合、その状態は、単に他と比べてよい状態なのではなく、それ自体だけですでに善である状態である。いいかえれば、それは、幸福とはまったく別の領域から生じる善である。この領域では、私の目の前に現れるかもしれない目的(それゆえそれらの目的の総体である幸福)はまったく顧慮されることがない。そして、選択意志の実質(選択意志の根底におかれる対象)が選択意志の規定根拠となるのではなく、選択意志の格率が普遍的法則と合致するという形式だけが選択意志の規定根拠となる。——それゆえ、私が他のどのあり方より優先するような状態であるからといって、そういう状態ならどれもみな幸福に数え入れられるなどということはけっしてできない。というのも、私は自分の義務に反した行動をしてはいないということをまず最初に確信しているのでなければならず、そのあとではじめて、私の(自然的にではなく)道徳的によい状態と一致させることができる範囲内で幸福を探し求めることが許されるからである。(原注)

(原注)　幸福には自然がわれわれに与えてくれるものすべてが含まれる(そしてそれ以上のものは何も含まれない)のに対して、徳には人間が自分で与えたり受け取ったりするしかないものが含まれている。これに反対して、次のように言いたいかもしれない。すなわち、でも人間は、徳からはずれることによって、少なくとも他人から非難を受けたり、純粋に自分を道徳的に責めたりし、それゆえ自分の身に不満足を招き、したがって自分を不幸にすることがありうるのではないか、と。これはこれで認めてよいだろう。しかし、(この純粋な道徳的不満足は、行為が彼にとって不利益な結果をもたらしたために生じるのではなく、行為が法則に反しているということそのものから生じるのであって、)この不満足を感じることができるの

は、有徳な人だけ、あるいは有徳になりつつある人だけである。したがって、その不満足は、彼が有徳であることの原因ではなく、その結果にすぎない。そして、(もしも徳からはずれた行為の結果として生じた苦痛を不幸と呼びたいならの話ではあるが、) 有徳であるように人間を突き動かす原因は、そうした不幸に由来するものではありえないであろう。

もちろん、意志が動機をもたなければならないことはいうまでもない。しかし、自然的感情にかかわる何らかの対象を目的として前提してそれを動機としなければならないというわけではない。そうではなくて、意志が動機としなければならないのは、無条件の法則そのものだけである。意志は自分がこうした無条件の強制としての法則のもとにあると感じており、意志が法則に対していだくこのような感じは道徳的感情と呼ばれる。それゆえ、道徳的感情は意志規定の原因ではなく結果なのであって、もしもまずはじめにわれわれのうちに法則による強制がなかったならば、そうした道徳的感情がわれわれの心をとらえることはまったくなかったであろう。このことから、昔からある歌には「この感情が、それゆえわれわれが目的とする快が意志規定の第一原因をなすのであり、したがってやはり(快を要素として含む)幸福が行為のあらゆる客観的必然性の根拠をなし、それゆえあらゆる義務の根拠をなすのだ」とあるけれども、これは詭弁のもてあそびだと言わねばならない。すなわち、ある結果に対してその原因をあげる場合に、さらにそのまた原因を問うのをやめることができないので、とうとういつのまにかその結果を原因にしてしまっているのである。

こうしていま、もともとこの論文でとりあげることになっていた論点にたどりついた。すなわち、哲学において理論の関心と実践の関心とが互いに衝突しあうと思い込んでいる人々がいるわけだが、そうした衝突があることを例を用いて確認し、吟味するのである。ガルヴェ氏は、その衝突がもっともよくあらわれている例を、先にあげた彼の論文で示している。まずはじめに彼は、(われわれはいかにして幸福になるかという教説と、われわれはいかにして幸福であるに値するようになるかという教説とのあいだにはちがいがあることを私が見出したことをとりあげて)次のように言う。「私自身のことを告白すると、私はこの二つの理念をこのように区別することを頭では十分に理解しているのだが、心では幸福でありたいという願望と幸福であるに値するよう努力することとのこうした区別はわからないし、それどころか、幸福それ自体を求める気持ちをきれいさっぱり切り離してまったく利己心なく義務を遂行したなどとどうやって意識できるようになるのか理解できない。」

まずはじめに、彼の告白の後半部分に答えよう。すなわち、まったく利己心なく自分の義務を遂行したとまちがいなく意識できる人などいないだろうということ、このことは私もすすんで認めよう。というのも、このことは内的経験に属することであって、自分の魂がこのような状態であると意識できるためには、想像力や習慣や心の傾向によって義務概念に付け加わってくるすべての付随的表象や配慮を一つのこらず明晰に思い浮かべることが必要だが、そんなことはまったく無理な要求なのであって、そしてそのうえ、そもそも何かが存在しないということは(それゆえ、ひそかに考えられている利益が存在しないということも)経験の対象とはなりえないからである。しかし、人間はまったく利己心なく自分の義務を遂行すべきであるということ、そしてまったく混じりっけなしに義務概念をもつためには幸福を求める気持ちを義務概念から完全に切り離さなければならないということ、このことはこれ以上なくはっきりと人間は意識している。あるいは、もしもそんなことはないと考えている人がいたら、その人に対しては、できるかぎりそのようにせよと要求することができる。なぜなら、まさしくこの純粋さにおいてこそ、道徳性の本当の価値が見出されうるのだから。そしてそれゆえにこそ、彼にはそれができるにちがいないので

V 80

ある。ひょっとすると、自分で認識し、思いを寄せもした義務を、まったく利己心なしに(他の動機が混入することなしに)遂行できた人は、これまでひとりもいなかったかもしれない。また、ひょっとすると、最大限の努力をもってしても、そこまで到達する人は、これからもひとりもいないかもしれない。しかし、自分自身を入念に調べてみて、混入してくる他の動機が何一つないだけでなく、義務の理念に対立する多くの動機に関しては自らそれを否定しており、それゆえいま述べたような純粋さに向かって努力するという格率をもっていると意識することが自分にできるのがわかったなら、このことは義務の遵守にとってもすでに十分である。これに対して、人間の自然本性はそんな純粋さなど許しはしないのだと言いわけして(とはいえこんなことを確信をもって主張することなどやはりできないのだが)、混入してくる他の動機からの影響を優遇することを自分の格率とするならば、それはすべての道徳性の死滅である。

さて、ガルヴェ氏の告白の前半部分、すなわち幸福でありたいという願望と幸福であるに値するよう努力することとの区別(本来なら分離というべきであろうが)が心ではわからないという告白に関しては、私は何のためらいもなく、そのように自分を非難している点において彼に真っ向から反対し、彼の心を彼の頭から守ってあげようと思う。彼はきちんとした人物であって、実際にいつもそうした区別を心で(意志規定において)わかっていた。ただ、思弁のために、そして理解できないこと(説明のつかないこと)を理解するために、すなわち定言命法(義務の命法とはこのようなものである)がどうして可能なのかを理解するために、その区別をこれまで慣れ親しんできたさまざまな心理学的説明原理(それらはどれも自然必然性のメカニズムを根底においている)と頭でつじつまを合わせようとしたのだが、どうしてもうまくいかなかっただけなのである。(原注)

(原注)　ガルヴェ教授は(キケロの『義務について』についての注釈書(一七八三年出版)[4]の六九頁で)、「彼が心底からいだいている確信にしたがえば、自由はいつまでも解明されないままであるだろうし、けっして説明されえないだろう」と告白している。この告白は、鋭い洞察力を用いただけの値うちがある重要な告白である。自由が現実に存在することの証明は、直接的経験のなかにも間接的経験のなかにも絶対に見つからない。そして、いかなる証明も存在しないならば、自由を想定することもやはりできなくなる。ところで、自由が現実に存在することの証明は、単なる理論的根拠から導き出すことはできない(というのも、理論的根拠は経験において求められなければならないから)。それゆえ、その証明は、実践的な理性命題からのみ導き出されることになるのだが、しかしまた技術的＝実践的な理性命題から導き出すこともできない(というのも、技術的＝実践的な理性命題もまた経験の根拠を必要とするだろうから)。したがって、その証明は、道徳的＝実践的な理性命題からのみ導き出されうることになる。そういうわけだから、せめて定言命法の可能性を救い出すためだけでも自由概念を頼みとすればよかったのに、なぜガルヴェ氏がそうしなかったのか、不可解に思わざるをえない。

ガルヴェ氏は、最後に次のように述べている。「幸福でありたいという願望と幸福であるに値するよう努力することという二つの理念のあいだのこのような微妙な区別は、個々の対象について考察してみるだけでもすでにあいまいなものとなっているのであるが、行為が問題となるときには、欲求や意図に適用されることになって、完全に消えてなくなってしまう。動機の考察から現実の行為へと移っていく歩みが、簡単であれば簡単であるほど、そしてすばやければすばやいほど、そしてはっきりと自覚されないならばされないほど、その分だけ、その歩みを他のようにではなくそのように導く動機のそれぞれが与えた重みを正確かつ確実に認識することはできにくくなる。」しかし、この点については、私は公然と、そして力をこめて彼に反論しなければならない。

完全に純粋な義務概念は、幸福から取ってこられる動機、あるいは幸福が混入したり幸福への顧慮が混入した動機よりも、比較の余地なくはるかに単純で、はっきりしており、実践の場面で使うにあたって誰にもわかりやすく、自然である。(これに対して、幸福に基づく動機は、いつでも多くの技術と考察とを必要とする。)それだけではない。きわめて平凡な人間理性が下す判断においてさえ、義務概念がもたらされさえすれば、しかも幸福に基づく動機と区別され、それどころか対決するものとして人間の意志にもたらされさえすれば、幸福に基づく利己的原理から借りてこられる運動原因すべてよりも、はるかに強力、切実であり、結果も期待できる。――たとえば、次の場合はどうだろう。ある人が他人から信頼を受けて財宝(depositum 寄託物)を預かっていて、その所有者が死んでしまったとしよう。そして、その財宝の相続人はそのことを何も知らず、また今後も知ることがありえないとしよう。この話を八歳か九歳ぐらいの子供に聞かせるとしよう。そして、さらに次のことも聞かせるとしよう。この寄託物を預かっている人は、ちょうどそのとき(自分に落ち度はないのに)不幸のどん底に突き落とされており、妻や子供たち家族が貧困のために気を滅入らせ、悲しんでいるのを目にしている。もしもこの寄託物を着服したら、彼はすぐにでもこの窮地から逃れることができるだろう。そしてまた、彼は博愛家で慈悲深いのに対して、相続人のほうは金持ちで思いやりがなく、おまけにたいへんぜいたくで浪費好きである。だから、相続人の資産にこの財宝を追加するのは、どぶに捨てるのと同じことである。さて、子供に質問してみよう。この状況では、この寄託物を着服することは許されると考えてよいだろうか。質問を受けた子供は、まちがいなく「だめだ」と答えるだろう。そして、どんな理由をもちだすまでもなく、ただ単に「それは正しくない、つまり義務に反している」と述べることができるだろう。これほど明らかなことはない。しかし、寄託物を着服してはならないのは、寄託物を返すことによって自分の幸福を増やすためなのかといわれれば、断じてそうではない。というのも、もしもその人が自分の決心を定めるよりどころを自分の幸福という意図に求めるならば、その人はたとえば次のように考えることができるだろうから。すなわち、「もしも君が、君の手もとにある他人の財宝を、要求されているわけでもないのに本当の所有者に引き渡すならば、その所有者はおそらくその正直さに対して君に謝礼を与えるだろう。あるいは、もし謝礼を得られなかったとしても、君は世間から広く名声を得るだろうし、そのことは君にとって大いに得になる話だ。しかし、こういったことは、すべて非常に不確実である。もちろん、逆に財宝を引き渡さない場合にも、いろいろ憂慮すべきことが生じる。すなわち、もしも君が一気に苦境から抜け出すためにその寄託物を着服しようと思い、その寄託物をすぐに使ったとしたら、どうやってそんなに早く状況を改善できたのかという嫌疑を招くことになるだろう。そうかといってゆっくり事を進めようと思うなら、そうしているあいだにも困窮はますますひどくなり、もはやまったく手の打ちようがなくなってしまうだろう。」——したがって、幸福の格率に従う意志は、さまざまな動機のあいだで、どのように決心すべきか揺れ動くことになる。というのも、彼が気にかけているのは行為の結果であるが、その結果は非常に不確実なのであって、賛成理由と反対理由との板挟みから抜け出して、まちがわないように損得の差し引き計算をするためには、すぐれた頭脳が必要だからである。これに対して、もしも彼が、ここでは何が義務なのかと問うとしたら、どうだろう。彼は、自分自身にどんな答えを与えたらよいのか決して困惑することはなく、何をなすべきかをただちに確信する。いや、それだけではない。もしも彼にとって義務の概念がいくらかでも重要であるなら、彼は、この場合でもまだ行為の選択が可能であるかのように、義務に違反することによって生じるかもしれない利益の見積りばかりしていることに対して、嫌悪を感じるのである。

したがって、幸福でありたいという願望と幸福であるに値するよう努力することとの区別は行為が問題となるときには完全に消えてなくなってしまうとガルヴェ氏は述べたけれども、そんなことは彼自身の経験にさえ反している(そもそもこの区別は、たったいま示したように、ガルヴェ氏が考えていたほど微妙な区別ではなく、きわめて大きな読みやすい文字で人間の心の中に書き込まれているのだ)。といっても、もちろん、これら二つの原理のどちらかから生み出された格率の歴史が示すような経験に矛盾するというのではない。というのも、その場合に歴史は、残念ではあるが、たいていの格率は前者の原理(自己利益の原理)に由来していることを証明するから。そうではなくて、ここでいう経験とは、ただ心の中にだけしかありえないような経験のことである。すなわち、義務を何よりも尊重し、人生における数限りない災いと格闘し、それどころかこのうえなく強力な誘惑とも格闘しながらも、それでもなおその災いや誘惑に勝利する(人間にはこれが可能であると想定してかまわない)純粋な道徳的心術、まさしくこうした心術の理念ほど人間の心を高揚させ、熱狂にいたるまで活気づける理念はない、という経験である。人間は、このことをなすべきである。だから、人間は自分にこのことができると意識している。この意識は、人間の中にある神的素質の深さを示している。こうした神的素質があるがゆえに、人間は、自分の真の使命の偉大さと崇高さとについていわば聖なる身震いを感じるのである。そして、義務を遵守することによって得られるたくさんの有益な戦利品すべてを徳という荷台からすっかり荷下ろしして、徳を完全に純粋なかたちで思い浮かべること、このことにもしも人間がくりかえし注意を払うようになり、このことが習慣になったとしたら、どうだろう。そしてまた、いつもたえず徳を用いること(これは義務を肝に銘じさせておく方法であるが、ほとんどいつもなおざりにされてしまっている)が公教育でも私教育でも原則になるとしたら、どうだろう。そのときには、人間の道徳性は、いとも簡単にもっとよいものになるにちがいないだろう。徳についての教えにはすぐれた成果があるのに、このことを示すような経験は、これまでの歴史のなかではなかなか見つからない。それは、たぶん、ほかでもない次のようなまちがったことを、はじめから決めてかかってきたからだろう。すなわち、義務の理念そのものから導き出される動機は、あまりにも繊細なので一般には理解されにくいということ、これに対して、(動機として法則を気にかけなくても)法則を遵守しておけばこの世で、いやおそらくはあの世においても期待できる何らかの利益から導き出される露骨な動機は、より強力に心に働きかけるだろうというまちがいである。そしてその結果、理性が最優先条件とするものよりも、つまり幸福であるに値することよりも、むしろ幸福追求を優先することが、これまでの教育や説教の原則にされてきたのである。では、なぜこれがまちがっているのかというと、どうすれば幸福になれるか、あるいは少なくともどうすれば自分の不利益を防げるかを示す指図は、命令ではなく、誰をも絶対的に拘束することはないのであって、したがってわれわれは、警告を受けたあとであっても、自分にふりかかる災いに苦しむのは仕方ないことだと受け入れるならば、自分がよいと思う道を選んでもかまわないからである。与えられた助言に従わないと、あとでおそらく災いが生じることになるだろう。しかし、その災いを罰であると考える理由はない。というのも、自然や傾向性は、自由に対して法則を与えることはできないのであるが、罰というものは、自由だけれども法則に反するような意志に対してしか科されないからである。ところが、義務の理念については、事情はまったくちがっている。義務に対する違反は、そのことから彼に生じる不利益にかかわりなく、直接に心に働きかけてくるのであって、義務に違反した者は、自分は非難すべきもの、罰すべきものであると自分自身の目で見てとるのである。

さて、ここにこそ、道徳においては理論のうえで正しいことはすべて実践においてもあてはまらなければならないということの明らかな証拠がある。——人間には、自分自身の理性によって何らかの義務に服従する存在者であ

W143　V85　C372

るという特質がある。それゆえ、すべての人は、この点で実業家である。とはいっても人間であるかぎり、知恵の習得を卒業することはけっしてない。それだから、人間とは何であり、人間に何を要求することができるかについては経験をとおして自分のほうがよく学び知っていると思いちがいして、高慢にも理論の信奉者を軽蔑して学校へ追い返すなどということはけっしてできない。というのも、そうした経験は、どれ一つとして理論の指図から逃れるのにまったく役立たないから。むしろ、そうした経験が役立つのは、せいぜいのところ、理論の指図を自分の原則の中へ取り入れたときに、どうすればよりうまく、より一般的に実行に移せるかを教えてくれることぐらいしかない。しかし、ここで問題にしているのは、そのような実用上の熟練技術ではなく、ただ原則だけなのである。

II　国法における理論と実践の関係について

(ホッブズへの反論)

多くの人間を一つの社会へと結びつける契約(pactum sociale 社会契約)にはいろいろあるが、そのなかでも、人々のあいだに市民的体制を創設する契約(pactum unionis civilis)は、独特の性質をもっている。すなわち、遂行に関しては、(共同して促進すべき何らかの任意の目的をめざしている)他のすべての契約と多くの点で共通しているとしても、契約を樹立する原理(constitutionis civilis 市民法〔の原理〕)に関しては、他のすべての契約と本質的にちがっているのである。多くの人々が(彼ら全員がもっている)何らかの(共通の)目的のために結合するということなら、どんな社会契約においても見られる。しかし、結合すること自体が(ひとりひとりすべての人がもつべ

A289　V86　W144

き)目的であるような結合、それゆえたがいに影響を与えあうことが避けられない存在である人間のあらゆる外的関係全般において無条件的で最初の義務であるような結合、これは、市民的状態にあるかぎりでの社会、いいかえれば公共体を形成するかぎりでの社会においてしか見出されない。では、このような外的関係においてそれ自体が義務であるような目的、それどころか他のあらゆる外的義務に対して形式のうえで枠をはめる最高条件(conditio sine qua non 不可欠条件)でさえあるような目的とは何か。それは、公的な強制法のもとでの人間の権利である。この公的な強制法によって、各人に対して何がその人のものであるかを規定することができ、他人からのどんな侵害に対しても安全を保障することができるのである。

しかし、そもそも外的な権利規定としての法の概念は、人間の外的相互関係における自由の概念に全面的に基づいており、すべての人間が自然ながらにもっている目的(すなわち幸福への意図)やそれに到達するための手段の指図とは何の関係もない。したがってまた、そうした目的が公的強制法のなかにその規定根拠として混入するなどということは、断じてあってはならない。権利規定としての法とは、各人の自由がすべての人の自由と調和するようにという条件へと各人の自由を制限するもの、とはいえただしその調和が普遍的法則に従って可能となるような仕方で制限するものである。そして、公的権利規定としての公法とは、このようなすべての人にわたる調和を可能にする外的な法の総体である。ところで、自由が他人の選択意志によって制限されることはすべて強制と呼ばれるのであるから、市民的体制とは、(他人との結合の全体においては自由であるといえるけれども)それでもやはり強制法のもとにあるような自由な人間の関係である。彼らが強制法のもとにあるのはなぜかというと、それは、彼らの理性自らがそのようにあることを欲するからである。しかも、その理性は、いかなる経験的な目的(それらはすべ

W145　A290　V87　C373

て幸福という一般的名称でひとくくりにされる)であれ配慮することなく、アプリオリに立法する純粋理性である。経験的な目的に関しては、そして各人が何を経験的な目的として立てようとするかについては、人々の考えはそれぞれまったく別々なのだから、人々の意志を共通の原理のもとへもたらすことはできないし、それゆえすべての人の自由と調和するような外的な法のもとへもたらすこともできない。

したがって市民的状態は、法的状態としてだけ見るならば、次のようなアプリオリな原理に基づいている。

一、社会の構成員各人が人間として自由であるということ

二、社会の構成員各人が臣民として他のすべての構成員と平等であるということ

三、公共体の構成員各人が市民として独立自存しているということ

これらの原理は、すでに創設されている国家が与えるような法ではない。むしろ逆で、そもそもこれら三つの原理が示す法に従ってのみ、人間の外的権利一般の純粋理性原理にかなった国家の創設が可能になるのである。

一、人間としての自由。公共体を創設するためのこの原理を、私は以下のような定式で表現する。いかなる人といえども、私に対して強制的に(その人が他の人の幸福をどのようなものと考えるかという)その人のやり方で幸福にすることなどできない。各人は、自分がよいと思うやり方で幸福を追求してよい。ただ、自分と同じような目的を追求する他の人の自由が可能的な普遍的法則に従ってすべての人の自由と両立しうるときには、そうした他人の自由(目的を追求する権利)を侵害しさえしなければよいのである。——父親が自分の子供に対しておこなうのと同じように恩恵の原理に基づいて国民に対しておこなわれる支配は、パターナリスティックな支配(imperium paternale)と呼ばれる。それゆえ、そういう支配のもとでは、臣民は、何が自分にとって本当に有益であり何が本当に

有害であるかを見きわめられない未熟な子供のように、ただただ受動的な態度をとるように強いられる。このとき臣民は、自分たちがどのようなあり方で幸福であるべきかは国家元首の判断を待つしかなく、自分たちの幸福をも国家元首が欲してくれることは彼の善良さに期待するしかない。このような支配は、考えられるかぎりもっとも強力な専制政治(5)(臣民のすべての自由を破棄し、その結果臣民はいっさいの権利をもたないことになる体制)である。権利をもつことのできる存在である人間にとって、同時に支配者からの恩恵が関与する支配として考えられるのは、パターナリスティックな支配ではなく、祖国的な支配(imperium non paternale, sed patrioticum)だけである。祖国的とは、次のような考え方をいう。すなわち、(国家元首も含めて)国家におけるすべての人が、公共体は母なる懐、国土は父なる大地であって、自分はそこから生まれ出、またそこに生まれ落ちており、さらにそれをかけがえのない担保のようなものとして子孫に残さなければならないのだとみなしているとき、しかもそのようにみなすのは、ただただ各人の権利を共同意志の法によって保護するためだけなのであって、公共体や国土を何の制限もなしに自分の好きなように利用できるように支配する権限が自分に与えられているなどとはみなさないとき、そうした考え方を祖国的というのである。——公共体の構成員である各人にこうした自由の権利が与えられるのは、彼が人間であるからであり、人間とはそもそも権利をもつ資格のある存在であるからなのである。

二、臣民としての平等。これは、次のように定式化できる。公共体の構成員はひとりひとりみな、他のすべての構成員に対して強制の権利をもつ。ただし、公共体の元首だけは別である(なぜなら、元首は公共体の構成員ではなく、公共体の創設者ないし守護者だから)。元首だけは、自分自身は強制法に服従することなく、他の人々を強制する権限をもつ。しかし、法のもとにある者はすべて、国家においては臣民であり、それゆえ公共体における他のすべての構成員と平等に強制権に服従する。ただ一人(自然的あるいは道徳的な一人格)、国家元首だけが例外である。すべての法的強制は、ただ彼をとおすことによってのみ遂行可能になる。なぜただ一人の国家元首だけが例外であるのかというと、もしも国家元首もまた強制されるとするならば、彼は国家元首ではなくなってしまい、服従の序列は無限にさかのぼっていくことになるだろうから。他方また、もしも国家元首が二人いる(強制を受けない人格が二人いる)とするならば、二人とも強制法のもとにはなく、二人のあいだには不法行為自体がありえないということになるが、そんなことはあるはずがないからである。

ところで、このように国家における人間の誰もが国家の臣民として平等であるとしても、このことは、彼らが所有物の量と程度のうえでいちじるしく不平等であることと、*十分に両立する。その不平等とは、たとえば他の人よりも身体的にすぐれていたり、知力のうえですぐれていたりという点に見られることもあれば、自分の力を越えた運に左右される財産に関して見られることもあるし、また他人に対する諸権利一般(諸権利一般としてはさまざまの権利がありうる)に関して見られることもある。その結果、ある人の幸福が他の人の意志に大いに左右される(貧者の幸福が富者の意志に左右される)だとか、ある人が他の人に服従しなければならない(たとえば子供は親に服従しなければならず、妻は夫に服従しなければならないというように)だとか、ある人に他の人が命令するだとか、ある人が(日雇労働者として)他の人に奉仕して彼から賃金を受け取るだとかいうことが生じる。しかし、それでもなお、権利そのもの(これは、普遍的意志のあらわれであるからして、ただ一つしかありえず、また、私のもつ権利の実質や対象にかかわるのではなく権利づけの形式に関係する)のうえでは、人間は臣民としてみな互いに平等である。なぜなら、いかなる人といえども、公法(およびその執行者である国家元首)によることなく他人を強制することはできず、しかしまた彼に対しては他のすべての人がこの公法によって同じように抵抗するのであって、誰もこの強制権限(それゆえ他人に対して権利をもつ権限)を、自分の犯した罪のせいでもなしに失ったり、自分から放棄したりすることはできないからである。いいかえれば、いかなる人といえども、契約によって、それゆえ法的行為によって、自分は義務だけを有しいっさいの権利を有しないなどという事態を生み出すことはできないのである。というのも、そんなことをすれば、彼は契約を結ぶ権利さえも自分から奪い取ることになるのであって、それゆえその契約そのものが無効になってしまうからである。

ところで、人間は公共体において臣民として平等であるという理念からは、次の定式も生じる。すなわち、公共体のすべての構成員は、その公共体におけるどの身分階層にでも(ただし臣民にふさわしいかぎりでの身分階層に)達することが許されているのでなければならない、という定式である。公共体のすべての構成員は、才能と勤勉と幸運とがあれば、どの身分階層にでも到達できる。彼とその子孫とを永遠に同じ身分におさえつけておこうとして、ともに同じ臣民である他の人が(何らかの身分に対する特権保有者として)世襲的特権によって彼の行く手をさえぎることは、許されないのである。

その理由を示そう。およそ権利規定としての法というものはすべて、他のすべての人の自由を、普遍的法則に従って自分の自由と共存できるようにという条件へと制限することを本質とする。そして、(公共体における)公的権利規定としての公法とは、この原理に合致し、しかも権力と結びついて現実に法が立てられた状態にほかならない。この立法によって、およそ臣民として国民の一員である者はみな、そもそもからして法的状態(status iuridicus)にあることになる。いいかえれば、自由の普遍的法則に従って互いに制限しあう選択意志の作用と反作用とが等し

C 376
V 90
W 148

い状態(これを市民的状態という)にある。したがって、この状態においては、相手の自由の行使が自分の自由と調和するという限界の中にいつも相手がとどまってくれるように他のすべての人を強制する権限に関しては、すべての人の生得の権利(いいかえれば、すべての人がいっさいの法的行為に先立ってもつ権利)は全面的に平等なのである。ところで、出生というのは、生まれてきたその人自身がなす行為ではない。それゆえ、出生そのものによってその人が法的状態の不平等をこうむることはないし、また唯一の最高立法権力の臣民として他のすべての人と共有している法以外の強制法に服従させられることもない。したがって、公共体のある構成員が、ともに同じ臣民であるにもかかわらず他の構成員に優先して生得の特権をもつということはできない。そしてまた、いかなる人といえども、自分が公共体において占めている身分にそなわる特権を自分の子孫に相続させることもできない。それゆえ、あたかも自分には出生そのものによって支配者の身分への資格が与えられているかのように、他の構成員たちが自分たち自身の功績によって高位の階層に達しようとするのを強制的に妨げることもできない。なお、ここでいう高位の階層とは、(一方が支配者 imperans で他方が服従者 subiectus であるというような区分によるのではなく、服従者のなかでの高位者 superior と低位者 inferior という)小区分における高位の階層である。他のものなら何であれ、つまり物件であって(したがって人格ではなくて)所有物として獲得したり譲渡したりできるもの、こういうものなら何であれ相続させてもかまわない。したがって、子々孫々に受け継がれていくうちに、公共体の構成員たち(たとえば雇われ人や借地人、地主、農奴など)のあいだで資産状況においていちじるしい不平等が生み出されることもあるだろう。ただし、公共体の構成員たちは、自分たちの才能や勤勉や幸運によって可能であるならば平等な状況にまで昇りつめる権限をもつのであって、このことまで妨げることはできないだろう。というのも、もしもそれを妨げてもよいというのなら、自分は他人から強制を受ける可能性なしに他人を強制してよいということになり、ともに同じ臣民である階層を越え出ることになるだろうから。——公共体の法的状態の中で生きる人間なら誰であれ、自分自身が犯罪行為をなすのでないかぎり、以上のような意味での平等性からこぼれおちることはありえない。契約によってこぼれおちることもないし、戦争の暴力(occupatio bellica 戦時占有)によってこぼれおちることもない。というのも、(自分自身の行為であれ他人の行為であれ)いかなる法的行為をもってしても、人間は自分自身の所有者であることをやめて家畜の部類の一員になることなどできないからである。家畜というのは、何であれわれわれのさせたい労役のために使用されるし、しかも、肢体を損ねたり死なせたりしないという制限はつくものの(この制限は、インド人の場合のように、宗教によって認可されることもある)、われわれの望むかぎりいつまでも承諾もなしにその状態におかれるような存在である。ある人が、自分が他の人と同じ階層にまで到達していないときに、それは自分自身(自分の能力および真剣な意志)のため、あるいは他人のせいにすることのできない境遇のためであって、抵抗を許さない意志を他人がふりかざしているからではないのだということにさえ気づいているならば、その人はどんな状態においても幸福であるとみなすことができる。というのも、他の人は、ともに同じ臣民として、権利に関しては何らその人より優位に立つわけではないからである。(原注)

(原注)　もしも「慈悲深い」という語(単なる「善良な」だとか「親切な」だとか「庇護的な」などのような語とは区別される)に一定の概念を結びつけたいと思うのなら、いかなる強制をも権利として差し向けられることがないような人、そういう人だけがこの語にふさわしいといえる。それゆえ、ただ国家行政の元首だけが、いかなる強制をも権利として差し向けられることがない唯一の者として、「慈悲深い支配者」という称号を受けることができる。公法に従って可能となる善事すべ

てを生み出して与えるのが、国家行政の元首である。(なぜ国家行政の元首だけがそうであって公法を制定する主権者がそうではないのかというと、公法を制定する主権者は、いわば目に見えない存在であって、法を生み出す主体というより人格化された法そのものだからである。)したがって、たとえばヴェネツィアのような貴族制国家においてさえ、元老院だけが唯一の慈悲深い支配者である。元老院を構成する貴族たちは、総督でさえ例外でなく(というのも大参事会だけが主権者なのだから)、すべて臣民であり、権利の行使に関しては他のすべての臣民と平等である。いいかえれば、いかなる貴族に対しても強制を差し向ける権利が臣民に与えられているのである。ところで、王子(すなわち統治権を世襲によって受けつぐ人物)もまた、将来は統治者になることが見込まれるという点において、そしてまたその統治権のゆえに、たしかに(宮廷儀礼上 par courtoisie)慈悲深い支配者と呼ばれはする。しかし、その統治権の占有状態からいうならば、やはり同じく臣民なのであって、その僕《しもべ》たちのうちのもっとも卑しい者にも、国家元首を媒介にして王子に対して強制を差し向ける権利が与えられるのでなければならないのである。そういうわけで、国家においては、慈悲深い支配者はただ一人だけしか存在しえないのである。ところで、慈悲深い婦人という表現(もともとは貴婦人と言われていた)に関していうと、彼女たちには、その性別を含めた身分のゆえに(したがって男性に対してもつ身分だけからして)、このような称号をもつ資格があるとみなすことができる。そして、このことは、(紳士的態度と呼ばれるような)礼儀作法の洗練によって可能となっている。つまり、男性は、美しい性である女性に優位を許し、そのことによって、かえっていっそう自分を名誉に思うのである。

三、公共体の構成員が市民として、すなわちともに同じ立法者として独立自存しているということ(sibisufficientia)。立法そのものという点で見た場合には、すでに現に存在する公法のもとで自由かつ平等であるとしても、この法を制定する権利に関してその人たちすべてが平等であるとみなすことはできない。法を制定する権利をもつことができない人々もいるのであって、彼らはそれにもかかわらず公共体の構成員として、この法を守るよう服従させられ、そしてそうすることによって、この法に従って庇護を受けるという恩恵にあずかる。ただしそれは市民としてではなく、庇護の享受者としてである。――すなわち、次のことがいえる。すべての権利は法に依存する。ところが、何が法的に許され何が法的に許されないかをすべての人に対して規定する公的な法は、公的な意志のはたらきである。したがって、すべての権利はこの公的な意志に由来する。そういうわけだから、この公的な意志それ自身は、いかなる人に対しても不正をなすことがありえないようなものでなければならない。だが、こうしたことが可能になるには、(全員が全員のことを決定し、それゆえ各人ひとりひとりが自分自身のことを決定するのであるから)国民一同の意志によるしかない。というのも、どんな人でも自分自身に対してだけは不正をなすことがありえないからである。ところが、もしもある人のことをその人とは別の人が決定するのだとしたらどうだろう。その人とは別の人の意志がひとり勝手に、その人のことについて、ことごとく不正なことばかり決定するかもしれない。したがって、そういう人が制定する法は、その立法を制限するような法をさらにもう一つ別に必要とするだろう。したがって、いかなる特殊意志も、公共体に対して立法的であることはできないといえる。(もとはといえば、この立法という概念を構成するために結びつけられるのは、外的自由と平等とすべての人の意志の統一という三つの概念である。そして、外的自由と平等とが結びつけられるときに投票が必要となるのに対して、すべての人の意志の統一にさいして条件となるのが独立自存性なのである)。(統一された)普遍的な国民意志からのみ生じうるこの根本法は、根源的契約と呼ばれる。

ところで、このような立法において投票権をもつ人々は、市民と呼ばれる(ただし、それは都市住民 bourgeois という意味ではなく、国家市民 citoyen という意味である)。市民と呼ばれるために必要な資格は、自然的な資格(子供ではないこと、女性ではないこと)を除けば、ただ次の一点だけである。すなわちそれは、自分が自分自身の支配者であるということ(sui iuris)、したがって生計を立てるための何らかの財産(そこにはあらゆる技術、職人芸、芸術、学問を数え入れることもできる)をもっているということである。いいかえれば、自分が生きるために他の人から何かを入手しなければならない場合には、自分の諸能力を他人が使用するのを認めることをとおしてそれを入手するのではなく、自分の所有物を譲渡する(原注)ことをとおしてのみそれを入手するということ、したがって、公共体は別として、それ以外の誰に対しても、ことばのもともとの意味での奉仕をしたりしないということである。

さて、この点においては、技術者一族に生まれた者も大地主(あるいは小地主)も、みな互いに平等である。すなわち、各人ひとりひとりがただ一票だけの投票権をもつ。その理由を示そう。地主に関しては、いろいろ問題がある。そもそもある人が自分で利用しきれないほど多くの土地を所有するなどということが、いったいどうして当然のごとくなされたのだろうか(というのも戦争による占領をとおしての取得は最初の取得ではないから)。そしてまた、このことを経て、本来ならば多くの人がみな永続的な財産を獲得できたであろうのに、彼らは生きていけるということのためだけにその地主に奉仕することになってしまったわけだが、これはいったいどうしてなのか。この二つの問題をまったく考慮に入れないとしても、まだ問題がある。もしも法律が地主たちに対して身分上の特権を与えるとしたらどうだろう。その結果、彼らの子孫たちが、譲渡することも、相続によって分割することも、そしてそれゆえ国民のより多くの人々が利用することも許さずに、ずっと(封土の)大地主でありつづけるとしたらどうだろう。それともあるいは、分割を許すとしても、自分が好き勝手に指定した階級に属する人以外にはその土地のいささかをも取得できないようにするとしたらどうだろう。もうそのことだけで、先に述べた平等原則との衝突が生じるだろう。すなわち、大地主は、本来ならばその土地を占有することができたであろうはずの無力の所有者の人数分だけ投票権を無効にしてしまうのだ。それゆえ、大地主は、彼ら無力の人々を代表して投票するわけではなく、したがってただ一票しかもたない。——それゆえ、ひとりひとりすべての人がいつかあるとき土地の一部分を取得し、そして全部の人をあわせるとその全体が取得されることになるわけだが、それは公共体の各構成員の能力と勤勉と幸運とだけによって決まるのでなければならず、しかしその大小の差異を普遍的立法において考慮にもちこむことはできない。そういうわけだから、立法への投票の有権者数は、所有する土地の広さで判定するのではなく、土地をもつ人の頭数で判定しなければならないのである。

A295 C379 V93 W151 (原注)　作品 opus を製作する人は、あたかもその作品が自分の所有物であるかのように、それを譲渡することによって他人のもとに移動させることができる。これに対して、労働の提供 praestatio operae は、譲渡ではない。家や店に仕える奉公人、日雇労働者、それどころか理髪師でさえも、(ことばを広い意味にとったとしても)職人 artifices であるとはいえず、単なる下働き operarii なのであって、国家構成員ではなく、したがってまた市民の資格をもつということもできない。私の手渡した薪をくべてくれる奉公人と、私の手渡した布地で衣服を作ってくれる仕立屋とは、たとえ私に対する関係という点では完全に同じであるかのように見えるとしても、しかし二人は異なっている。それはちょうど、(たとえ私がかつら職人にかつらを作るために髪の毛を与えることがあるとしても)理髪師がかつら職人と異なっており、それゆえ日雇労働者が技術者や職人と異なっているのと同じことである。技術者や職人が製作した作品は、彼に代価の支払いがなされないかぎり彼のものである。したがって、仕立屋が、営業をおこなう者として、自分の所有物を他の何かと交換する([これは] opus 活動[である])のに対して、奉公人は、自分の諸能力を他の人が使用することを認めて、それを他の何かと交換する(operam 労働)。——ただし、自分自身の支配者としての人間の身分を主張できるために何が必要であるのかを明確に定めることは、正直に言って少々むずかしい。

A296 C380 V94 W152 他方で、もう一つ必要なことがある。それは、公的な正義を示すことになるこの法に対して、いま述べたような投票権をもつ人全員が同意するということである。というのも、もしも全員の同意がないとすると、同意する人としない人とのあいだに権利の衝突が生じ、その衝突に決着をつけるために、さらにもう一つの上位の法原理が必要になるだろうから。それゆえ、もしも国民全体による同意が期待できない場合、したがって、到達できると見込めるのがせいぜいのところ単に投票における多数である場合、しかも(国民の大部分が)直接に投票をおこなったうえでの多数ではなくて単に国民の代表者として投票を委任された人々のうちでの多数でしかないような場合、そういう場合もあるだろうけれども、そういう場合でもやはり、このような多数のほうを満足させよという原則それ自体が、普遍的同意をともなって受け入れられたものとして、それゆえ契約によって受け入れられたものとして、市民的体制を創設するさいの最高根拠となるのでなければならないだろう。

以上のことからの帰結

さて、こうしてここに根源的契約が存在する。人々のあいだの市民的体制、したがってすみずみまで法がいきわたった体制がその基礎とすることができるのは、この根源的契約以外にはありえないし、また、公共体は、この根源的契約に基づいてのみ創設されうる。――この契約(これは原初契約 contractus originarius あるいは社会契約 pactum sociale とも呼ばれる)は、一つの国民においてひとりひとり別々で私的な意志を、共通の公的な意志へと結びつけるものである(そしてそれは、ただ立法を正義にかなったものとするためにほかならない)。しかし、こうした契約が事実として存在することを前提する必要はまったくない(それどころか、事実として存在することは不可能である)。別の言い方をしよう。はたして、われわれの先祖となるある一つの国民がかつて*実際にこのような

C 381　V 95　A 297　W 153

作業をおこない、そしてそれを示す確実な通知あるいは文書をわれわれに対して口頭あるいは書面で残しておいたにちがいなく、その結果としてわれわれは自分が既存の市民的体制に結びつけられているとみなし、そうしてその国民の権利および義務の諸関係の中に加わったのだろうか。そのようなことがまず最初にあらかじめ歴史に基づいて証明されるのでなければならないかのように考える必要など、まったくない。ひとりひとりすべての立法者に対して、彼が法を制定するにあたって、その法が国民全体の一つになった意志に基づいて生じえたかのような仕方で制定するよう義務づけること、そして、市民であろうとするかぎりでのひとりひとりすべての臣民を、あたかも彼がこのような意志に同意したかのごとくにみなすこと、このことは単なる理性の理念である。とはいえ、この理念は疑う余地のない(実践的な)リアリティをもっている。というのも、それはあらゆる公法の正当性の試金石なのだから。いいかえれば、国民全体がそれに同意することが不可能であるような公法(たとえば臣民の中のある階級が世襲的に支配者の身分の特典をもつというような公法)は不当である。これに対して、国民がそれに同意することが可能でありさえするのならば、その法を正当なものとみなすことは義務である。たとえ国民が現時点において、もしも賛否を問われたらおそらく同意を拒むであろうような心の状態や気分にあるとしても、それは関係がない。(原注)

(原注)　たとえば、すべての臣民に対してそれぞれに見合った戦時特別税を徴収することが通告されたとしてみよう。その場合、その負担が重いからといって、たとえばその戦争は自分たちの考えでは不必要であるがゆえにその徴税は不当である、などと述べることは彼らにはできない。というのも、彼らにはそのことを判定する権限がないのだから。そうではなくて、それでもやはりその戦争が不可避的でありその徴税が不可欠であるということは可能なのだから、その徴税は臣民の判断において正当であるとみなされなければならない。しかし、もしもこのような戦争においてある地主たちには納税が督促され、他方で同じ身分の別の人たちには免除されるとしたらどうだろう。国民全体がこのような法に同意することが不可能である

A298　W154

のは一目瞭然である。彼らはこのような法に対して少なくとも異議を申し立てる権限をもつ。なぜなら、このような不平等な負担配分は正当とみなすことができないからである。

しかし、このような制限は、いうまでもなく立法者としての判断に対してだけあてはまるのであって、臣民としての判断に対してはあてはまらない。だとすれば、もしも国民が、いま現になされている何らかの立法のもとでは自分の幸福を失う公算がきわめて高いと判断したとしたら、そのとき国民は何をなすべきだろう。国民は反抗して当然ではないだろうか。その答えは一つしかない。国民がなすべきことは、ただ服従することだけである。というのも、ここで問題になっているのは、公共体を樹立したり運営したりすることから臣民が期待できる幸福ではなくて、何よりもまず、公共体の樹立や運営をとおしてひとりひとりすべての人に対して確保されることになる権利なのだから。これこそが最高原理である。公共体にかかわるすべての格率はこの原理から出発するのでなければならないし、またこの原理は他の何によっても制限されない。前者(すなわち幸福)に関しては、法に対する普遍妥当的な原則はまったくありえない。というのも、時勢だけでなく幸福観もまた、すべての確固たる原則を不可能にしてしまうのであり、それだけでは立法のための原理としては役立たないものにしてしまうからである。すなわち、何をもって幸福とみなすかという幸福観は、互いに衝突しあうし、またたえず変化しうる(そして、何をもって幸福とみなしたらよいかを指図できる人などいない)のである。「公共の福利は最上位の国法である Salus publica suprema civitatis lex est」という命題[6]は、たしかに、いささかも価値と威信とを減らすことなく、いまも存立する。しかし、何よりもまず考慮に入れなければならない公共の福利とは、法によってひとりひとりすべての人に対して自由を保証するような法的体制である。その場合、普遍的法則にかなった自由を侵害することさえなければ、したがって、ともに同じ臣民である他の人たちの権利を侵害することさえなければ、自分にとって最善と思われるそれぞれの仕方で自分の幸福を追求することは、各人の自由裁量に任されているのである。

最高権力が何よりもまず(市民の裕福や人口の増加などのような)幸福をめざした法律を制定する場合もあるが、そういったことがなされるのは、それが、市民的体制を創設する目的だとみなされてのことではなく、法的状態を確保するための、とりわけ国民を外敵から守るための単なる手段とみなされてのことである。この点に関していうと、公共体の強固さと安定性とを内部的にも外敵に対しても確保するためには公共体の繁栄が必要であるから、国家元首には、そういった措置が公共体の繁栄のために必要であるかどうかを自分だけで判断する権限がそなわっているのでなければならない。したがって、公共体の繁栄が必要なのは、国民の意志に反するかのようではあるが、国民を幸福にするためではない。そうではなくて、国民が現実に公共体として存在するようにすること、ただそれだけのためなのである。(原注)ところで、そういう方策を採用したことが利口なことであったかどうかを判定する場合についていえば、たしかに立法者がまちがいを犯していることはありうる。しかし、その法律がさらに法の原理とも合致しているかどうかを立法者が自問して判定する場合には、立法者がまちがいを犯すことはありえない。それというのも、この場合には、立法者は根源的契約の理念を絶対にまちがいのない尺度として、しかもアプリオリにもっているからである(それゆえ、幸福原理の場合のように経験を待つ必要はない。他方、それが手段として有用であるかどうかを立法者に教えてくれるのは、何よりもまず経験であるにちがいない)。じっさい、たとえこのような法律が国民全体にとってどんなにつらいものであっても、国民全体がこの法律に同意することが自己矛盾ではないという条件さえみたすならば、その法律は正義にかなっているのである。ところが、もしもある公法が正義にかなっており、したがって権利に関して申し分のない(非難の余地がない)ものであるならば、その公法には強制の権限もまた結びついている。別の面からいうと、その公法には、立法者の意志に対して暴力的に反抗してはならないという禁止が結びついている。すなわち、法律に効力を与える国家権力は、反抗を許さない(抵抗の余地がない)ものでもある。そして、国内のすべての反抗をうちのめすこのような権力をもたずしては、法的に存立する公共体が現実に存在することはない。なぜなら、そうした反抗を生み出す格率がそこらじゅうで採用されるとなると、すべての市民的体制は壊滅してしまい、そもそも人々が権利を所有できる唯一の状況が根底から破壊されてしまうであろうから。 W156

(原注)　ある種の輸入禁止令も、そういった措置の一つである。それは、外国人に対して利益をもたらしたり勤勉であることを奨励したりするためではなく、臣民に対して生計の手段がもっともうまく促進されるためである。なぜなら、国民が裕福でないような国家は、外敵に抵抗するに足るだけの、あるいは公共体として自らを維持するに足るだけの力をもたないであろうから。 C382 V96 W155

したがって、最高の立法権力に対するすべての反抗、臣民たちの不満を暴力行為へと転化させるためのすべての煽動、暴動の発生をもたらすすべての蜂起、これらは公共体においてこれ以上ない犯罪行為であり、もっとも罰すべき犯罪行為である。なぜなら、それらは公共体の基盤を破壊してしまうから。そして、これらの行為の禁止令は無制約的である。つまり、最高の立法権力あるいはそれの代理人である国家元首が統治機関に全権を委任し、とことん暴力的に(専制的に)ふるまうことまで許すとしたら、それは根源的契約に対する違反であり、臣民の考えからいくと、このことによって国家元首は立法者たる権利を失ってしまっているのではあるが、たとえそうだとしても、 C383 V97 W156

それでもなお臣民には対抗暴力というかたちでの反抗は許されていないのである。その根拠を述べよう。すでに存在している市民的体制においては、もはや国民は、この体制がいかに運営されるべきかを規定するにふさわしい確固たる判断をもたない。というのも、かりに国民がそのような判断をもつとし、しかもその判断が現に存在する国家元首の判断に反するものであったとしたら、どちらの側が正しいのかをいったい誰が決定すればよいのだろう。自分自身にかかわる事柄については、どちらの側も裁判官として決定することはできない。したがって、その元首をこえて、その元首と国民との間で決定を下すもう一人の元首が存在するのでなければならないだろう。しかし、こうしたことは自己矛盾なのである。――あるいはまた、たとえば緊急権(ius in casu necessitatis)というのはどうだろう。これは、(物理的に)どうしてもやむをえない緊急の場合に不正をなす権利〔つまり不正をなす正当性〕ということが考えられているわけだから、それだけでもすでに矛盾したものである。(原注) こうしたものをここに登場させて、国民の私的な権力を制限する遮断機の棒をはねあげるための鍵を手渡す役割をさせることもやはり無理である。それというのも、一方で国家元首は国家元首で、臣民たちに対する自分の苛酷なふるまいを、彼らが頑として反抗的であるからという理由で正当だと考え、他方また臣民たちは臣民たちで、自分たちの反乱を、自分たちが不当な苦しみを受けていることの元首への訴えなのだからという理由で正当だと考えるということが可能になるのであって、そうなると、ここではいったい誰が決定を下せばよいのか。最上位の公的司法機能をもつのは、いったい誰なのか。それこそが、まさしく国家元首である。国家元首だけがそれをもつことができる。それの所有をめぐって国家元首と争う権利をもつことのできる者など、公共体のなかに誰一人として存在しないのである。

(原注)　どうしてもやむをえない場合 Casus necessitatis というのは、義務と義務とが、すなわち無制約的な義務と(たしか

W157 におそらく重要ではあるのだが、それでもやはり）制約された義務とが衝突する場合だけである。たとえば、ある人の裏切り行為から生じる国家の災難を回避することが問題になっており、その人には親子同然の関係にある人がいるというような場合がそうである。国家の災いを回避することは無制約的な義務である。これに対して、その人の不幸を回避することは単に制約された義務（すなわちその人が国家に対する犯罪をおこなわなかったというかぎりにおいて果たすべき義務）にすぎない。彼と親子同然の関係にある人が彼の裏切りの企てを当局に届け出るとしたら、おそらくそれは不本意きわまりないことであろうけれども、しかしそれは（道徳的に）やむをえないがゆえになされるのである。――これに対して、海難事故にあったときに自分の命をながらえるために他の人をその人がもっている板から突き放すような人について、(7)（物理的に）やむをえなかったのだから彼にはそのようにする権利があるのだと述べるとしたら、これは完全にまちがっている。というのも、私の命を守ることは単に制約された義務（犯罪なしになされうるときにのみ果たすべき義務）であるすぎないのに対して、私を傷つけているのではない人、いやそれどころかけっして命を失う危険へと私を陥れているのではない人、そういう人の命を奪わないことは無制約的な義務だからである。それにもかかわらず、一般的市民法の教師たちは、まったく一貫して、このような緊急避難に対して法的な権限を容認している。それというのも、当局は、これを禁止する法令に刑罰を結びつけることができないからである。なぜなら、もし刑罰を結びつけるとしたら、それは死刑でなければならないだろうが、ある人が自分の意に反して死の危機に瀕した状況に追い込まれているときに、死刑をちらつかせてその人を脅すなどというのは、まったくばかげた法律なのだから。

A301 C385 V99

それにもかかわらず、ある一定の状況のもとでは臣民は元首に対して対抗暴力を用いる権限をもっていると主張する注目すべき人たちがいる。ここでは、そういう人たちのうち、自然権を説くに際してひじょうに慎重で限定的で控えめなアッヘンヴァル(8)だけを引用することにしたい。(原注) 彼は次のように述べている。「元首の不正にこれ以上耐え忍ぶことによって公共体に差しせまってくる危機のほうが、元首に対して武器をとることによって憂慮される危機よりも大きいなら、そのときには国民は元首に反抗し、この権利のために服従契約を破棄し、その元首を専制者 W158

だとして退位させてよいだろう。」そして彼は、次のように結論する。「このような仕方で国民は自然状態へと（あるいはかつての支配者のもとへと)帰っていくだろう。」

(原注)『自然法』第五版、後編第二〇三―二〇六節。[9]

私としては、アッヘンヴァルにしても、この問題に関して彼と同じ理屈を述べ立てていた立派な人たちの誰かにしても、何か事態が発生したときに、こんなにも危険な企てに助言や同意を与えはしなかっただろうと思いたい。さらにまた、次のこともほとんど疑いの余地はない。スイスやオランダ連邦共和国、さらにはイギリス連合王国が、ひじょうに幸福だと賞賛されているそれらの現在の体制を獲得したのは反乱をとおしてのことではあったけれども、もしもその反乱が失敗していたとしたら、それらの反乱の歴史を読む人たちは、現在こんなに称揚されているその首謀者が処刑されるに際しても、重大な国事犯に相応の刑罰がなされていると見るだけだろう。というのも、われわれが権利根拠を判定する場合、通例その判定のなかには結果が混入されているからである。結果は確定的ではなかったが、権利根拠は確定的である。それにもかかわらず、こうした混入がなされるのが通例なのである。しかし、権利根拠に関していうならば、――(国民とのあいだで実際に結ばれた根源的契約としての悦ばしき入都[10] joyeuse entrée に違反した)領主がこのような反乱によって何ら不当な目にあわなかったということがたとえ認められるとしても――それでも、このようなやり方で権利を追求することによって臣民がこれ以上ない不法行為をなしたということは明らかである。なぜなら、このようなやり方は、(格率として採用されると)すべての法的体制を不安定にし、完全な無法状態(status naturalis 自然状態)、すなわち、すべての法が少なくとも効果をもたなくなっているような状態を生み出してしまうからである。――ただ、熟慮を重ねたたいへん多くの著者たちがこのように(自分自身の破滅に向かっている)国民の肩をもちたがるという傾向に関しては、次のことは述べておきたい。そうした傾向が生じるのは、まず一つには、よくある思いちがい、すなわち法の原理が問題になっているときに幸福の原理を判断の根底にもぐりこませてしまうという思いちがいのせいである。もう一つには、現実に公共体に対して提示され、公共体の元首によって受け入れられ、さらにこの両者によって公認された契約の文書が見つからない場合でも、彼らは、理性においてつねに根底に存している理念としての根源的契約を、現実に締結されたにちがいないものと想定し、したがって、重大な違反だと国民が判定した場合には、国民には自分の考えに従ってその契約を破棄する権限がつねに与えられていると考えたためである。(原注)

(原注)　たとえ国民と元首とのあいだで現実に結ばれた契約に対する違反があったとしても、それでもやはりその場合、国民はただちに公共体として反対行動に出ることができるわけではなく、反対行動に出るためには暴徒となるしかない。たしかにこれまで存在してきた体制は国民によってずたずたにされてしまうけれども、しかしそのあとではじめて新しい公共体に向けての組織化がおこなわれることになるから、というのである。いまやここに登場するのは無政府状態である。そこには、少なくともこの状態をとおして可能であるようなあらゆる残虐行為がともなっている。そしてその場合、ここで生じる不法行為は、国民におけるいずれの党派も他の党派に対して与えるというような不法行為である。このことは、先にあげた(「悦ばしき入都」の)例からも明らかである。あの国で反乱を起こした臣民たちは、結局のところ、彼らが捨て去った体制よりもはるかに圧政的な体制を暴力によって互いにおしつけようとした。すなわち、臣民たちは、かつては、すべての人を支配する元首のもとで国家に対する負担のより平等な配分を期待することができたのに、いまやそれもできずに聖職者や貴族たちによって食いつくされてしまったのである。

ここにおいて、道徳の場合と同じように国法の場合にも幸福の原理(もともと幸福は明確な原理にはなりえないのだが)がどのような悪をもたらすかが明らかに見てとれる。その悪は、幸福原理を説く者の意図がどんなに善であったとしても生じてしまう不可避的な悪である。主権者は、国民を自分の考えに従って幸福にしようとして、独裁者となる。国民は、自分の幸福の要求というすべての人間がもつ要求にあくまでも固執して、反逆者となる。もしも、何が正しいのかという問いが第一の問いとして立てられるなら(この場合には、アプリオリな原理が確定しており、経験主義者はそこに口出しすることはできない)、社会契約の理念は、反論の余地を許さない威信を保つであろう。しかし、それは(ダントンが望んでいるように)[11]事実としてあるわけではない(ちなみにダントンは、もしもそうした事実がないならば、現存する市民的体制のうちにあるすべての権利とすべての所有権は無効であると V 101 明言している)。そうではなくて、すべての公的な法的体制一般を判定するための理性原理としてであるにすぎない。さらに、これもまた理解してもらえるだろうが、普遍的意志が現に存在しないうちは、国民は自分を支配する者に対していかなる強制権ももたない。なぜなら、国民は普遍的意志をとおしてしか法的に強制することはできないから。では、普遍的意志が現に存在する場合はどうかというと、この場合もやはり同じく、国民が支配者に対し C 387 W 160 て行使してよい強制は存在しない。なぜなら、そんなものが存在するなら、国民自らが最高支配者であることになるから。そういうわけで、国民は国家元首に対する強制権(ことばにおいてあるいは行動においての反抗)をもつのが当然だなどとは断じていえないのである。

A 303 この理論もまた、実践において十分に立証されていることがわかる。イギリス連合王国では、まるでその憲法が全世界の模範であるかのように国民は自慢しているが、しかしその体制を見てみると、万一にも君主が一六八八年の契約[12]に違反した場合に国民に当然与えられるべき権限についてその憲法はまったく何も語っておらず、それゆえ君主が憲法に違反しようとしたときに国民が君主に対して反乱を起こす余地を、それについて定めた法律が現に存在しないのであるから、ひそかに留保していることがわかる。なぜそのような法律が現に存在しないのかというと、個々の法律はすべて現存する体制に由来するにもかかわらず、このような場合に憲法が(たとえ契約違反があったとしても)現存する体制を転覆させる権限を与えるような法律を含んでいるというのは、明らかな矛盾だからである。なぜ矛盾なのかというと、もしもそういう法律を含むとしたら、憲法は公的に創設された対抗権力(原注)をも含むのでなければならなくなり、それゆえ、最初の国家元首から国民の権利を守るような第二の国家元首がさらに存在するのでなければならなくなり、ところがそうすると、この二つの国家元首のあいだで、どちらが正しいのかを決定する第三の国家元首がさらに存在しなければならなくなってしまうからである。――さらにまた、イギリス連合王国のあの国民指導者たち(あるいは国民後見人たちといってもよいだろう)は、自分たちの企てが失敗に終わった場合にこのような非難を受けるのではないかと心配し、君主を罷免する権利が自分たちにあるのだと厚かましくでしゃばると体制を明らかな自己矛盾へと陥らせることになるので、そのようにでしゃばるよりもむしろ、震えあがった君主が自らすすんで統治を放棄したのだという話をでっちあげたのである。

(原注)　国家における権利を、ひそかに留保するというやり方で、つまりいってみれば狡猾なやり方で、隠しておくことはできない。なかでもとりわけ国民が厚かましくも憲法の一部分だと申し立てる権利の場合はそうである。なぜなら、憲法が含むすべての法律は、公的な意志から生じたものと考えねばならないから。それゆえ、もしも憲法が反乱を許すのであるなら、憲法は反乱の権利を公言し、そしてどのようなやり方でその権利を行使してよいのかを公言しなければならないだろう。

ところで、私が以上のような主張をするときに、国民が法を犯してはならないとすることによって君主たちに媚びすぎているではないかという非難を受けることはけっしてないだろうが、だとするならば、同様に、国民には国

V102　V101　C388 V102 W161

家元首に対して強制権ではありえないとしても断じて喪失することのない権利もあると私が言うときに、国民の肩をもちすぎた主張だという非難も受けずにすむことを願いたい。

ホッブズはこれとは正反対の考え方をしている。彼によれば(『市民について *de Cive*』第七章第一四節)[13]、国家元首は契約によって国民に対して何の義務も負うことはなく、したがって(市民をどのように扱おうとも)市民に対して不正をなすということはありえない。——この命題は、不正という語を、それをなした者に対する強制権を被害者に認めるような侵害という意味で用いるのなら、まったく正しいといえるだろうが、しかしまあ、一般的にいうならば、おそろしい命題である。

反抗的でない臣民は、自分の元首は不正をなすことを欲してはいないと想定できているのにちがいない。ところでまた、ひとりひとりすべての人間は、断じて喪失することのない自分の権利をもっている。その権利は、たとえ本人が望んだとしてもけっして放棄することができないのであり、またその権利について判断を下す権限はその人自身にある。さて、ある人が自分に不正がふりかかっていると思っているとしよう。そうした不正が生じるのはなぜか。元首は不正をなすことを欲してはいないという想定に従うならば、その不正が生じたのは、最高権力が制定した法律の帰結のどこかについて考えちがいがあったか無知であったかのためとしか考えられない。以上のことから、次のことが帰結する。国家市民には、元首が思いのままにおこなうことがらのうち公共体に対する不正であると思われるものについて自分の考えを公表する権限が、当然のこととして、しかも元首自身からの恩恵として、与えられるのでなければならない。というのも、もしも元首は考えちがいをすることも事情に無知であることも全くありえないなどと想定するとしたら、元首は神的な霊感に恵まれ人間性を超越した存在だとみなしていることになるだろうからである。それゆえ、言論の自由は、国民の権利の唯一の守護神である——ただし、われわれは体制の中に生きているのであって、言論の自由は、臣民のリベラルな考え方(これもまた体制が臣民に注ぎ込むものなのだが)によって、その体制に対する尊重と愛という限界を越えることはない(そして、言論自身もまた、その自由を失うことがないように、互いにその限界のなかへと自ら制限する)——。というのも、こうした言論の自由をすら国民に認めずにおこうとすることは、(ホッブズのいうように)国民から最高命令者に関するすべての権利要求を奪い取ることに等しいというだけでなく、最高命令者から知識を奪い取り、最高命令者を自己矛盾に陥らせることにもなるからである。つまり、最高命令者の意志は、ただ普遍的な国民意志を代表するということによってのみ、市民としての臣民に命令を与えるのだが、言論の自由が国民に認められないと、最高命令者は知識をすっかり奪い取られ、もしも自分が知っていたら自ら変更するであろうことも変更できなくなってしまうのである。逆に、国民が公然と自分自身で考えるようになると国家に騒乱が呼び起こされるのではないかという心配を元首に流し込むことは、元首の心のうちに、自分自身の力に対する不信や、あるいはまた自国民に対する憎しみを呼びさますことに等しいといえる。

国民の権利は、消極的な権利である。いいかえれば、国民は、最高立法に関して、最善の意志によって命じられているのではないとみなせそうなものを判定する権利だけしかもたない。このことの根拠になる普遍的原理は、次の命題に含まれている。すなわち、そもそも国民が自分自身に関して決定できないことがらは、立法者もまたそれを国民について決定することはできない。

それゆえ、次のように言える。たとえば、ある教会制度がいったん敷かれたらそれをずっと存続させるよう命じるような法律は、立法者の本来の意志(立法者の意図)に由来するとみなしうるかどうかという問題、これが問題であるとしよう。そのときまず最初に問われるのは何だろう。それは、外来の宗教のある種の教義や儀式がいったん受け入れられたらそれをずっと存続させるべきであるということを国民は自分自身にとっての法則にしてもかまわないのかどうかということであり、それゆえ、子孫たちが宗教的洞察においてさらに前進したりあるいは以前からの誤謬を修正したりすることを国民は自分の手で妨げてかまわないのかどうかということである。ところで、その場合、国民の根源的契約がそういったことを法則にしたのだとすると、そのような根源的契約それ自体が無効であることは明らかである。なぜなら、そのような根源的契約は人間の本質規定と目的に反しており、したがって、そういった契約に従って制定された法律は、君主の本来の意志であるとみなすことはできず、それゆえ君主に対して異議申し立てをすることができるからである。――それにもかかわらず、もしも最高立法によって何かがそのように命じられたとしたらどうだろう。そのすべての場合において、たしかに誰でもそれについて公的に判断を下すことはできるのだが、しかし、それに対する反抗を公然と示すことは、ことばによってであれ行動によってであれ、けっしてできないのである。

いかなる公共体においても、(全体におよぶ)強制法にしたがって国家体制の機構へ服従するということがなければならないが、しかし同時に自由の精神が存在するのでなければならない。なぜなら、各人は、自己矛盾に陥らないためには、人間の普遍的義務に関して、この強制が正当であるということを理性によって確信しているのでなければならないから。自由の精神のない服従は、秘密結社を誘発する原因となる。このことは、すべての秘密結社についていえる。というのも、とりわけ人間一般にかかわることがらにおいては、互いに伝播しあうことは自然が人間に与えた定めなのだから。したがって、こうした自由が促進されると、秘密結社は存在しなくなるだろう。[*] そういうわけで、政府は、その根源と帰結とにおいてこれほど尊敬に値する自由の精神を出現させずして、政府それ本来の本質的な意図を促進してくれる知識を得ることはできないのである。

＊　＊　＊

純粋な理性原理をすべて見逃してしまった実践が、不遜にも理論を否認するということがある。なかでも、よき国家体制のために何が必要であるかが問題になるときには、その思い上がりがもっともはなはだしくなる。それはなぜか。ある法的体制が長く続くと、しだいに国民は、これまですべてが安らかに進行していた状態に照らして自分たちの幸福と権利を判定するという規則に慣れてしまい、逆に幸福と権利について理性をとおして彼らに与えられる概念に照らしてその状態を判定することをせず、その結果、改善を求めて危険の多い状況を選ぶよりも結局やはりこれまでの受動的な状態を優先するからである。(ヒポクラテスが医師たちに守らせた金言がちょうどこれにあてはまる。「判断は不確実であり、実験は危険が多い iudicium anceps, experimentum periculosum」)。ところで、どんな欠陥があろうとも十分長いあいだ存続している体制はすべて、それらがどんなに多種多様であろうとも、この点においては同じ結果を与える。すなわち、われわれは自分がおかれている体制に満足するという結果を与える。であるから、もしも国民の福利を配慮するならば、もともとどんな理論も有効ではなく、すべては経験に従う実践しだいとなるのである。

しかし、国法という語によって表現されうるような何ものかが理性のなかにあるならば、そして国法の概念が自

C 390　A 306　W 164

由相互の対立関係にある人間に対して拘束力をもつならば、それゆえ結果としてそうした人間が幸福な状態になるのか不幸な状態になるのか(これについての知識はただ経験だけによって決まる)にまで目を向けなくても国法の概念が客観的(実践的)実在性をもつならば、その何ものかはアプリオリな原理に基づいている(というのも、経験は、正しさとは何であるかを教えることができないから)。そして、国法の理論が存在し、この理論と一致しないような実践は妥当性をもたない。

そうなると、これへの反論としてもちだすことができることといえば、次のことだけである。すなわち、人間は、たとえ自分たちに当然与えられるべき権利の理念を頭の中ではもっているとしても、それでもやはり、心がかたくなであるために、その理念に照らした扱いを受ける資格がなく、またそれに値しない。それゆえ、利口の規則だけにしたがってふるまう最高権力は、彼らを秩序ある状態におしとどめておいてよいし、またそうしなければならない。しかし、こうした反論は、絶望的な跳躍(salto mortale 死の跳躍)を犯している。すなわち、いったん権利ではなく力だけが問題になるならば、国民のほうもまた自分の力を試し、すべての法的体制を不安定なものにしてよいことになるのである。もしも理性によって直接の尊敬を強要するような何か(たとえば人間としての権利)が存在しないならば、人間の選択意志に対するすべての影響力をもってしても、人間の自由を制御することはできない。しかし、もしも恩恵とならんで権利が声高く語りはじめるならば、人間の自然本性は、深い尊敬の念をもって権利の声を聞き取らないというほどひどくはない仕方で姿を現すのである。(「もしもそのとき偶然にも彼らが敬虔な心と功績との点で尊敬すべき人を見るならば、彼らは沈黙し、耳を傾けて立ちつくす。Tum pietate gravem meritisque si forte virum quem Conspexere, silent arrectisque auribus adstant.」ウェルギリウス)(14)

III　国際法における理論と実践の関係について

普遍的博愛主義の見地、いいかえれば世界市民的見地での考察(原注)

(モーゼス・メンデルスゾーンへの反論)

人類は、全体として見るならば、愛されうる存在だろうか。それとも人類とは、憤りを抱いて考察せねばならないような対象なのだろうか。いいかえれば、われわれはたしかに人類がすべての善を備えていてくれることを願いはするけれども(さもないと人間嫌いになってしまうから)、しかしけっしてそれを期待してはならず、それゆえむしろ目をそむけなければならないような、そんな対象なのだろうか。この問いの答えは、これとはまた別の問いに対して与えられる答えによって決まってくる。その別の問いとは、こうである。はたして人間の自然本性のなかには、人類はつねによりよいほうへ向かって前進し、現在および過去の悪は未来の善において消えてなくなるだろうという帰結を引き出すことができるような素質があるだろうか。なぜこの問いが関係してくるのかというと、われわれが人類を愛しうるのは、やはり人類が少なくともたえず善へと接近しているという点においてなのであって、もしも人類が少しも善へと接近していないとなると、われわれは人類を憎んだり軽蔑したりせざるをえないだろうからである。普遍的な人間愛などと気取る人が何と反論しようとも、この点はまちがいない(この場合の普遍的な人間愛というのは、単に自分が相手に恩恵を与えるという愛にとどまるのであって、自分が相手から満足を得るという愛とは言えないであろう)。じっさい、悪であるもの、悪でありつづけるもの、とりわけ人間のこの上なく神聖な権利を故意に傷つけ合うことのなかにひそむ悪、これを憎むことは、――どんなに大きな苦労をして自分の中でそれを愛するように強いたとしても――やはり避けられない。こうした悪を憎むのは、人間に災いを与えることを直接めざしてのことではないけれども、それでもやはり、できるかぎりそのような人間とかかわらないためなの V107 である。

(原注)　人間が類として愛するに値するものであるのは、人間性の素質のゆえである。その人間性の素質は、国際法の基礎となる状態においてのみ、適切に育成されうる。では、いったいいかにして普遍的博愛主義の前提が世界市民的な体制を指示し、そしてその世界市民的な体制が国際法の基礎を指示するのか。――この連関は、ただちに明らかなわけではなく、本節 C391 V106 の最後に明らかにされる。

モーゼス・メンデルスゾーンは、人類を悪とみなす後者の考え方をとる(『イェルザレム』第二節四四頁―四 C392 V107 七頁)(15)。彼は、この考え方を、彼の友人であるレッシングが人類の神的教育に関して提起した仮説(16)に対する反論として立てている。メンデルスゾーンに言わせれば、「この地上の人類は、全体としてみれば、時間の経過とともに W166 つねに前進し、ついには完全なものとなるはずだ」などというのは妄想である。彼は、「――われわれが見るところでは、人類は全体として小さく揺れ動いている。そして、いくらかの前進がなされたときも、必ずそのすぐあとで二倍の速さでもとの状態へと逆戻りしてしまうのだ」と述べている(これはまさしくシシュポスの岩(17)である。そして、このようにして、インド人と同様に、この世は古くていまやもはや思い出せない罪に対する償いの場所であ A308 ると想定されることになる)。――「人間は前進する。しかし、人類は固定した限界のあいだをたえず上下に揺れつづけているのであって、全体としてみるならば、どの時点においても道徳性はほぼ同じ段階にとどまっており、宗教と非宗教、徳と悪徳、幸福(?)と不幸はほぼ同じ度合いにとどまっている。」──彼は、次のように述べることをとおして、この主張を導き出している(四六頁)。「君たちは、摂理が人類についてどのような意図をもっているのかを知りたいというのか。仮説など作るな」(なお、彼は以前には仮説のことを理論と呼んでいた)。「あたりを見回して、現実に起こっていることだけに目を向けよ。そして、もしも君たちがすべての時代の出来事を見渡すことができるなら、昔から起こっていたことだけに目を向けよ。これが事実なのだ。そして、これは摂理の意図の一つだったにちがいない。それは、英知の計画のなかで認可されていたか、あるいは少なくとも付加的に採用されていたにちがいないのである。」[18]

私の考えは、これとはちがう。──有徳の人が厄介なことや悪への誘惑と戦いながらも、それらに屈することなくもちこたえている光景は、神性にふさわしい光景であるとしよう。だとすると、人類がときおり徳へ向かって歩みを進めるが、すぐに逆戻りして、やはりふたたび悪徳と不幸へと深く落ち込んでいく光景はどうだろう。私が言いたいのは、これが神性にふさわしくない光景だということではない。これは、ごく平凡だが健全な考えの人にさえ、このうえなくふさわしくない光景なのだ。しばらくのあいだこの悲劇を見物するならば、ひょっとすると心が動かされるかもしれないし、教えられることが多いかもしれない。しかし、それでも最後には幕が下ろされるのでなければならない。というのも、長くつづけていると、道化芝居になってしまい、役者たちならば自分が道化師であるから飽きることはないとしても、どれか一幕で十分な観客は、けっして終幕にいたらない芝居は永遠に同じことのくりかえしだというふうに先が見えてしまうと、そんな芝居には飽きてしまうからである。たしかに、単なる芝居ならば、最後に訪れる処罰によって、そんな不快感の埋め合わせをすることができる。しかし、将来いつか十

W167　C 393 V 108

分に処罰してもらえるように現実のなかで無数の悪徳を積み重ねていくなどということは(たとえその中に徳が混じっているとしても)、少なくともわれわれの考えでは、賢明なる世界創造者にして支配者である者の道徳性にさえ反している。

それゆえ、次のように考えてよいだろう。人類は、その自然目的としての文化に関してはたえず前進しているのだから、その存在の道徳的目的に関してもよりよいほうへ向かって前進しているのであって、また、その前進はたしかにときどきとぎれることはあってもしかしけっしてやむことはない。私はこの前提を証明する必要はない。証明をしなければならないのは、これに反対する人のほうである。というのも、私は、私の生まれながらの義務をよりどころとしているからである。その義務とは、親が子を産み、その子が親となってまた子を産むという生殖連鎖のそれぞれの世代において、子孫たちがよりよいものとなるように子孫たちに働きかける義務(それゆえ子孫たちがよりよいものとなる可能性もまた想定されるのでなければならない)、そして、この義務が生殖連鎖の世代から世代へと正しく受け継がれうるように子孫たちに働きかける義務である——ちなみに、私は(そもそも人間である以上)生殖連鎖の中にあるのだが、それでも、私に求められている道徳的性質に関しては、私のあるべきよさの水準まで達しているとはいえず、それゆえ私に可能なよさの水準まで達しているともいえない——。ところで、私のこのような希望に対しては、歴史に基づいて、まだまだたくさんの疑いが投げかけられるかもしれない。それらの疑いは、もしもそれに証明力があるのなら、無駄であるように見える仕事をやめるよう、私を動かすことができるだろう。しかし、たとえどんなにたくさんの疑いが投げかけられるとしても、それでもそのことが完全に確実だと証明できていないかぎり、私にはこの義務を、実行不可能なことをめざして努力するなどという利口の規則ととりかえたりすることはできない(義務は確実なもの das liquidum であるが、実行不可能だというのは単なる仮説にすぎないから利口の規則は不確実なもの das illiquidum である)。そして、人類がよりよいものとなることを希望できるかどうかが今どんなに不確実であり、これからも不確実でありつづけるとしても、だからといって、よりよいほうへ向かって前進するという格率が傷つけられうるわけではないし、それゆえまた、この格率の実践的見地における必然的前提、つまりそれが実行可能であるという前提が傷つけられうるわけでもないのである。

もしもこのような希望、すなわちよりよき時代が訪れるという希望がなかったら、皆の幸福に役立つことをしたいという真剣な欲求は、けっして人間の心をひきつけることはなかっただろう。けれどもじっさいは、この希望は、いつの時代にも、健全な思考の持ち主たちに対して影響力をもっていた。そして、善良なるメンデルスゾーンもやはりまた、自分がその一員である国民の啓蒙と福利とをあのように熱心に追求していたときには、この希望をあてにしていたにちがいなかった。というのも、自分のあとに他の人が同じ道を前進するということがないときに自分一人だけでよりよき時代をもたらすという希望をもてないのは、理屈からして当然のことだったからである。自然原因がもとで人類を苦しめる災いというよりも、むしろ人間自身が互いに与えあう災いの悲しい光景を目にしたとき、それでも、将来は今よりもよくなることができるだろうという見通し、しかも、将来においてわれわれがすでに死んでしまっていて、そのために、いくらかは自分の手で種を蒔いておいた収穫を手に入れることがないときには、非利己的な恩恵によって将来がよりよくなることができるだろうという見通しがあるならば、それによって心は明るくなる。希望に基づいてなされるこのような決心が成功することに対して、経験的な証明根拠が反対するかもしれないが、そんな証明根拠は、ここでは何の役にも立たない。というのも、これまでまだ成功していないということを理由にして、これまでまだ成功していないことはこれからもけっして成功しないなどということは、けっして実用的あるいは技術的な意図を断念することを正当化しない(たとえば気球によって飛行したいというような意図がそうである)し、ましてや道徳的な意図の場合には、なおさらだからである。道徳的な意図は、それの実現が論証的に不可能でさえないならば、義務となるのである。そのうえ人類は、全体としてみるならば、じっさい現代においてこれまでのどの時代とくらべても相当に道徳的によりよいほうへ向かって前進している。この点については、多くの証拠をあげることができる(短期間つづいた停滞は、何らこの点に対する反証とはならない)。また、人類は、もしも道徳性に関してより高い段階に立つならば、さらに遠くに目をやることになるし、われわれに知られるようになった世のなりゆきの全体においてわれわれがすでにのぼりつめた道徳性の段階が高ければ高いほど、自分はどのようであるべきかの判断と比較して自分は現にどのようであるかを判定する判断、すなわちわれわれの自己批判は、その分だけよりいっそう厳しくなる。人類はとどまるところなく堕落の度合いを増しているという声が聞かれるのも、まさしくそのためなのである。

　このように、人類はつねによりよいほうへ向かって歩みつづけており、また場合によってはその歩みを加速しているといってよいであろう。それでは、このことはいったいどのような手段をとおしてなされているのだろうか。この問いに対しては、ただちに次のことが見て取れる。このように果てしなく遠いところにまで達する成果は、われわれが何をなすか(たとえば、われわれが若者たちに与える教育)、またそれを実現するためにわれわれがどんな手段をとるかによって決まるのではない。そういうことにではなくて、われわれが自分からは簡単には受け入れないであろうような軌道へとむりやりわれわれに入らせるために、人間の自然本性がわれわれのうちで、そしてわれ

A310　C395 W169　V110

われとともに何をなすかによって決まる。なぜ、われわれではなくて自然本性なのか。それは、全体へと達し、そしてその全体から諸部分へと達するような成果は、ただ人間の自然本性から、あるいはむしろ（この目的を完成するためには最高の英知が必要であるから）摂理から期待するよりほかにないからである。そして、なぜそこから期待しなければならないのかというと、人間は、これとは反対にその企てをただ諸部分から始めるだけであり、あるいはそれどころか諸部分にとどまるだけであって、自分にとって大きすぎるものとしての全体へは、理念をひろげることはできても、自分の影響力をひろげることはできないからである。そしてとりわけ、人間は、その企てが互いに相反する方向を向いているために、自分たち自身の自由な意図に基づいて一つの全体へとまとまるのは困難だろうからである。

　万人の万人に対する暴力とその結果として生じる困窮とを前にして、最終的に国民は、それを克服する手段として理性自らが指図する強制である公法に服従し、国家市民的体制の導入に踏み切ることを決断せざるをえなかった。他方、互いに侵略したり征服したりしようとする戦争がずっとつづくことから生じる困窮を前にして、諸国家は、やはり同じように、最終的には、しぶしぶだとしても世界市民的体制の導入に踏み切らざるをえない。あるいは、もしもこのような普遍的平和の状態が（巨大な国家の場合に何度も見られたように）、もっとも危険な専制政治をともなうがゆえに自由というもう一つの面でいっそう危険であるならば、この困窮を前にして、諸国家はやはり次のような法的状態へと向かわざるをえない。すなわちそれは、たしかに一人の元首のもとでの世界市民的公共体ではないけれども、それでもやはり共同して取り決められた一つの国際法に従う連邦という法的状態である。

　その理由を述べよう。諸国家は、文化が進むにつれて、それと同時に、策略や暴力によって他国を犠牲にしてでも自国を拡大しようとする傾向を増していきながら、戦争をくりかえすにちがいなく、そしてまた、軍隊は(常勤給を受けつづける)兵員の数をますますふやし、常備軍となり、訓練されつづけ、つねにいっそうの武装強化をしていくこととなり、そのことによってますます出費がかさむようになるにちがいない。必要だとされるものすべてに対する代価はたえず上昇しつづけるが、その代価の役割を果たす金属がその代価に見合った分だけ増産されつづけることは期待できない。それなのに、平和は長くは続かないので、次の戦争のための経費と同じだけの貯蓄がそのあいだになされるということはない。これへの対策としての国債の発行は、たしかに工夫をこらした対策ではあるが、最後には自ら破綻してしまう。そこで、このように無力であることの結果、もともとは善意志がなすべきであったけれども実際にはなされなかったことが、ついに実現されることになる。すなわち、それぞれの国家は、その内部においては、もともと戦争に対して全く犠牲を払わない国家元首(なぜなら国家元首は他人すなわち国民に犠牲を払わせて戦争を遂行するのだから)ではなく、戦争に対して犠牲を払う国民自身こそが、戦争をなすべきかどうかの決定権をもつというように組織されるのである(そのためにはもちろん根源的契約の理念を実現することが必然的に前提されねばならないのではあるが)。じっさい、おそらく国民は、単に自国を拡大したいという欲望ぐらいでは、あるいはことばによって侮辱を受けたと思ったぐらいでは、元首にはふりかかることのない悲惨な状況に自分がおちいってしまう危険に身をおいたりはしないであろう。それぞれの公共体は、暴力によって他の公共体を侵害することはできず、ただ法だけを頼みとしなければならない。そして、侵害を受けたときには同じように形成された他の公共体が助けにかけつけてくれるだろうとたしかな理由をもって期待できる。このようにして、子孫たちもまた(彼らは自分たちが受けるいわれのない負担は何もおしつけられはせず)、さらに道徳的な意味でさえ、たえずよりよいほうへ向かって前進することができるようになる。子孫を愛するがゆえにこそそうなるというのではなく、それぞれの時代の自己愛がその原因であるにすぎないかもしれないが、それはそれでかまわない。

しかし、このことは単なる臆見であり仮説であるにすぎない。したがって、それは不確実である。それはちょうど、意図した結果が完全にわれわれの力のうちにあるわけではないときに、それの実現のために、それに唯一ふさわしい自然原因を申し立てようとする判断すべてが不確実であるのと同じである。そして、たとえそういうものであるにせよ、自然原因は、すでに存在している国家においては、それを臣民に対してではなく(このことは先に示した)、強制を受けない元首に対してだけ強要する原理を含んでいる。自分の意志で自分の権力を抑止するというのは、たしかに普通の状態の人間の自然本性においてはないことである。しかし、どうにも差しせまった状況では不可能ではない。したがって、自分の権力を抑止するために必要な状況を摂理から期待するという言い方は、人間の道徳的な願望と期待とを表すのに(それが不可能であると意識されている場合には)不適切なわけではないとみなすことができる。摂理は、人類がそのおよぶかぎりの力を自由に行使することによって人類の有限な本分を達成するために、人類全体としての人間性の目的に対して、それだけを切り離してみると人々の諸目的と真っ向から対立するような結果を用意するだろう。それというのも、悪の源である傾向性が互いに対立することによって、理性の自由な活動が可能となり、その結果、理性は傾向性を全部まとめて制圧し、けっきょくは自滅する悪の代わりに、いったん現存すればその後おのずから維持される善を支配者として立てることになるからである。

C 397　A 312　W 171
V 112

＊　　＊　　＊

人間本性は、諸国民の全体の相互関係においてこそ、もっとも愛するに値するものとして現れる。どんな国家でも、独立して存在し所有物をもってしまったがゆえに、一瞬たりとて他国から安全であることはない。互いに他国を征服し、その所有物を奪い取ろうとする意志は、いつの時代にもある。だから、防衛のための軍備は、けっして弱めるわけにはいかない。そのために平和が何と戦争以上に重苦しくなり、国内の福利を破壊することがしばしばあるとしてもである。さて、このような事態に対する対抗手段としては、威力をともなっていてすべての国家が服従せざるをえないような公法に基づいた国際法以外には不可能である(ちょうどそれは、個々の人間が従う市民法 W172 ないし国法と同様である)。――というのも、いわゆるヨーロッパにおける権力バランスによって維持される普遍的平和は、スウィフト[19]の話に出てくる家と同様に、単なる妄想にすぎない。ちなみに、その話とは、ある建築家が建てた家は重力バランスのすべての法則に従って完璧に建築されたものであったので、その上に一羽のスズメがとまるやいなや倒壊してしまったという話である。――次のように言う人がいるかもしれない。「しかし、そうはいっても、やはり国家はこのような強制法にけっして服従しないだろう。そして、普遍的な国際国家を構築して、それぞれの国すべてが自らすすんでその国際国家の権力に順応し、その国際法に服従しようという提案は、サン・ピ A313 エールの司祭やルソーの理論[20]においてどんなに感じよく響くとしても、実践にはあてはまらない。じっさい、この V113 提案は、国家元首たちはなおさらのこと、偉大な政治家たちによってさえ、学校生まれの杓子定規で子供じみた理念として、いつも笑い物にされていたのである。」

しかし、私としては、これとは反対に、人間と国家との関係はいかにあるべきかという法原理から出発する理論 C398 を信頼している。この理論は、地上の神々に対して次のような格率を推奨する。すなわち、争いごとにおいてはつねに、その格率を通じてこのような普遍的な国際国家が導入されるように行動し、そしてそれゆえ、普遍的な国際国家が(in praxi 実践において)可能であり、存在しうると想定するという格率である。——だが、同時にまた(in subsidium 補助的に)、行きたくない方向へ向かっては無理やり行かせる(「運命は欲する人々を導いてゆき、欲しない人々を引きずってゆく[21] fata volentem ducunt, nolentem trahunt」)という事物の本性も信じている。その場合、事物の本性には人間本性も含まれている。人間本性においては、いまなお法と義務に対する尊敬が生きている。だから、私は、人間本性は悪のなかにうち沈んでいて、道徳的実践理性は多くの試みを失敗したあげく、けっきょく悪に勝利せず、愛するに値するものだとも言えないのだ、などと考えることはできないし、また考えたくもない。したがって、世界市民的見地においてもまた、次の主張に変更はない。理性の根拠に基づいて理論にあてはまることは、実践に対してもあてはまる。

万物の終わり

酒井 潔 訳

Das Ende aller Dinge
(1794)

万物の終わり

A版 第 8 巻 325-339 頁
C版 第 6 巻 409-424 頁
V版 第 6 巻 155-171 頁
W版 第11巻 173-190 頁

臨終の人間に、自分は時間から出て永遠のなかへ入って行くのだ、と語らせることは、とくに敬虔な話口によくみられる言い方である。[1]

この言い方はしかし実際、万一ここで永遠ということによって、ある無限に進行する時間が解されているとしたら、何も言っていないに等しい。というのも、その場合には人間は時間から出ることは決してなく、ただ常にある時間から別の時間へ進んで行くに過ぎないだろうからである。したがって、上の言い方によって、人間の中断されることのない持続における一切の時間の終わりが意図されているのでなければならないが、しかしこの持続は(人間の現存在が量とみなされるなら)時間とまったく比較されえない量(duratio Noumenon ヌーメノンの持続)としても意図されているのでなければならず、これについてはわれわれはもちろん(単なる消極的概念のほかに)いかなる概念もつくることができない。このような考えは、何かぞっとさせるものを含んでいる。なぜならその考えによってわれわれは、そのなかに沈んだ者にはいかなる帰還も不可能であるような、いわば深淵の縁に連れ出されるからである(「永遠は、そのなかに沈んだ者を、何ものにもそこから戻るのを許さぬようなもっとも厳粛な場所に、強い腕力で繋ぎとめる。」ハラー)。[2] けれどもこの考えはまた人を引きつけるものも含んでいる。というのも、人は、怯えてそむけた眼を再びそこに向けるのを止めることはできないから(「彼らはいくら眺めても満足することがない。nequeunt expleri corda tuendo.」ウェルギリウス)。[3] だからこの考えは、恐ろしくかつ崇高なのである。その理由は、部分的には、この考え〔自体〕の暗さのゆえであって、そこでは想像力は明るい光のもとでよりも強力に作用

A327
C411
V157
W175

するのが常だからである。しかしこの考えはやはり普遍的な人間理性とも不可思議な仕方で織り合わされているはずだ。なぜならそれはあらゆる理屈好きの民族において、どんな時代でも、あれこれの装いのもとに見出されるからである。——ところで、時間から永遠（この理念が、理論的に、認識の拡張としてみられた場合に、客観的実在性を持つ持たないにかかわらず）への移行を、理性が自分でこれを道徳的な考慮において行うとおりに追跡することによって、われわれは、時間的存在者としての、つまり可能な経験の対象としての万物の終わり*にぶつかる。その終わりとは、しかし諸々の目的からなる道徳的秩序においては、同時に、超感性的存在としての、したがって時間的諸制約には従わないような存在者の持続の開始*である。だからそうした存在者およびその状態は、それらの性状における道徳的な規定以外にはいかなる規定も持ちえないであろう。

日々とはいわば時間の子である。なぜなら次の日は、それが含むもの共々、前の日の産み出したものだから。ところで両親の一番最後の子が末っ子と呼ばれるように、われわれの言語〔ドイツ語〕は最後の日（一切の時間を締め括る時点）を末日[4]と名付けるのを好んだのである。末日はすなわちまだ時間に属している。というのは末日にもある事がまだ起きるからである（それは、もはやそこでは何も起こらない永遠に属する事ではない、なぜならその出来事は時間の継続であろうから）。その出来事とは、諸々の人間についてその全生涯における振る舞いに対して決定が下されることである。末日は裁きの日なのである。すなわち、世界裁判官〔神〕による赦しの判決もしくは処罰の判決こそ、時間における万物の本来の終わりであると同時に、また（祝福され、あるいは祝福されざる）永遠の始まりでもある。永遠において各人に下された運命は、その言い渡し（判決）の瞬間に各人に配されたまま〔の状態〕であり続ける。だから末日は終末の審判[5]をも自己のうちに含む。——しかるにもし最後の諸事物に、なおも、今の形

A328　C412 V158 W176

態で現れているとおりの世界のその終わりが、すなわち天蓋としての天空からの星星の落下、この天空そのものの墜落（もしくは巻物状の本としての天空の消滅）[6]、天空と星の焼失、祝福された者たちの居所としての新しい天空および新しい地球の創造、呪われた者たちの居所としての地獄の創造が数え入れられるというのであれば、そのような審判の日はもちろん末日ではなく、その後もさらに別のさまざまな日が続くことであろう。しかしながら、万物の終わりという理念は、その起源を世界の内なる諸物の自然的経過についての思弁からではなく、その道徳的経過についての思弁から取ってくるのであり、それによってのみ動機づけられている。しかも物の道徳的経過にしても、永遠という理念がそうであるように、ただ超感性的なもの（これは道徳的なものにおいてのみ理解される）にしか関係させられえないのであってみれば、末日の後に来るとされるような最後の諸事物の表象は、末日をその道徳的はあるが、理論的にはわれわれの把握しえない帰結ともども具象化したものでしかないとみなさねばならない。

しかしながら、きたるべき永遠に関しては最古の時代より二つの体系のあったことが注意されるべきである。すなわちその一つは、ユニテリアン派[7]の体系であって、彼らは（多かれ少なかれ長きにわたる贖罪によって洗い浄められた）すべての人間に対して永遠の祝福を申し渡す。もう一つは二元論者[(原注)][8]の体系であって、彼らは幾人かの選ばれた人々に祝福を、それ以外の人にはすべて永遠の処罰を申し渡す。というのも、万人が罰せられていると定めるような体系はおそらく存在できなかったであろう。なぜというに、もしそう考えたなら、そもそもなぜ彼らが創造されたかについて、これを正当化する理由がないことになるからである。そうかといって万人を絶滅したのでは、自分の造った作品に不満足ではあるが、それを壊すより他に作品の欠如を救う手立てをまったく知らない、そういう欠陥ある知恵をさらすことにもなろう。——けれども二元論者たちにも、万人が永遠に罰せられているとは考えないように妨げているまさに同じ困難がいつも立ちはだかっている。というのも、ひとはこう問うことができるかもしれないからである、すなわち、もし人間が永遠に非難されるだけのために現存在するのだとしたら、いったい何のために少数の人々が、またなぜただ一人の人間だけが造られたのであろうか。じつにそのような存在は、まったく存在しないよりも悪いことではないか。

(原注)　そのような体系は、古代ペルシアの(ゾロアスターの)宗教において、相互の永遠にわたる闘争において概念把握された二つの原存在者、すなわち善の原理オルムツドと悪の原理アーリマンという前提のうえに基づけられていた。――二つの互いに遠く離れた、しかもドイツ語の現在話されている場所からはさらに遠く離れた国の言語が、いまの二つの原存在者の命名においてはドイツ語風であることは、じつに特筆すべきことである。私はソヌラー[9]の本のなかで、アヴァ[10](ブラマンたちの国)においては善の原理はゴーデマン(この語はダーリウス・コドマンヌス[11]*という名前のなかにもあるように思われる)と名付けられているということ、さらにアーリマンという語はアルゲ・マン der arge Mann〔悪人〕という語ときわめて似た響きを有し、今のペルシア語も元はドイツ語であるような語を数多く含んでいる、ということを読んだ記憶がある。そういうわけで、また言語の類縁性を手引きとして、いくつかの民族の今日の宗教概念のその起源を跡付けることも、古代研究者の課題であるのかもしれない(ソヌラーの旅行記第四巻第二章二B以下を参照されたい)。

たしかに、われわれがそれを洞察するかぎり、またわれわれ自身を探究することができるかぎり、二元論的体系(ただし一つの最高に善なる原存在者の下に立つものでしかないのだが)は、実践的見地においては、(他人を裁く権利はもっていないが)自己自身を裁かねばならないような各人にとっては有力な理由を内に含んでいる。というのは、各人が自己を知るかぎり、理性は各人に永遠への展望を残すのだが、それは各人のそれまで辿ってきた生の遍歴から、生の終わりにあたって理性が各人に自分固有の良心を開示すること以外にないからである。だが、ドグマ〔を作るため〕には、したがってそれ自身において（客観的に）妥当する理論的命題をそこから作るためには、単なる理性判断としての二元論的体系は到底十分ではない。なぜというに、いったいどの人間が自己自身をよく知り、誰が他人を徹底的に知り、それによって次のことを決定するに十分だというのか。すなわち、かりに、自分が無事に送ったと思っている生の遍歴の諸原因から、幸運の功績と呼ばれるすべてのことを、〔例えば〕自分の生来の気立ての良さとか、上級の諸能力の持つ（すなわち自分の衝動を弱めるための悟性と理性の持つ）自然的なより大きな強さとか、さらにはまた偶然が幸いなことに、他人にふりかかった多くの誘惑を自分からは取り除いたような機会を捨象してみよう。また、かりにこれらのことをすべて自分の現実的な性格から捨象してみよう（つまり自分の現実的な性格を自分に属していると評価するためには、いま挙げたようなものを必ず差し引かねばならないのであり、それは幸運の贈物であるそうしたものを、自分の功績に帰すわけにはいかないからである）。そのとき、一切を見ることのできる世界裁判官〔神〕の眼を前に、一人の人間がその内的道徳的な価値に関して、他の人間よりもどこでもなお何らかの優位をもつのかどうか、したがって、このような表面的な自己認識において、他人と同様また自己自身の道徳的価値（およびこれにふさわしい運命）についての自分の長所に関して何らかの判断を語るというのは、もしかしたら粗野な自惚れに違いないのではないか。私はあえて言うが、いったい誰がこれを決定しようとするのだろうか。――それゆえ、ユニテリアンの体系は、二元論者の体系と同じく、共にドグマとみなされるなら、人間理性の思弁的能力を完全に超えており、したがって一切はわれわれをして、かの理性的諸理念をただ実践的使用の諸制約にのみ制限するように導くように思われる。なぜかというと、自分の良心の判断以外には、来るべき世界における運命をいまからでも教えてくれるようなものをわれわれは目の前にまったく持たないからである。つまり、われわれの現在の道徳的状態が、われわれがこれを知るかぎり、何をわれわれに理性的に判断させるかを、しかも、自らの生の遍歴のいかなる原理を(それらが善の原理であれ悪の原理であれ)われわれはその終わりまで自分のなかで支配的だとして見出してきたのか、そしてまたその諸原理が死後も支配的であり続けるであろうか、ただしその際かの将来におけるそれらの原理の変化を想定するいささかの理由ももたないのだが。これらのことに関して判断させるものを、われわれは〔良心の判断以外には〕目の前にまったくもたないのである。それゆえわれわれとしては、永遠性に対する善または悪の原理の支配下で、あの功績またはこの罪科に応じた帰結を覚悟しなければならないであろう。したがってこの点を考慮すれば、来世の生と、われわれがそれで現在の生を終えるところの道徳的状態とは、来世への入場に伴うその諸結果ともども、別段変わるところはないかのように行為することが賢明である。実践的な見地においてはそれゆえ想定されるべき体系とは、二元論的体系でなければならないであろう。けれども、理論的で単に思弁的な見地においては、双方のうちどちらの体系が優位をしめるにふさわしいかを決めようとしてはならない。それは、ユニテリアン的体系があまりにも無差別的な確信に迷い込むように見えるからにはなおさらである。

それにしてもそもそも人間はなぜ世界の終わりを待ち受けるのだろうか。また、この終わりが彼らに認められているにしても、なぜ(人類の大部分にとっては)まさに恐怖にみちた終わりなのであろうか。……前者の理由は次のことにあるように思われる。すなわち、理性が人間に言うところによれば、世界の持続は、その内にある理性的存在者たちが彼らの現存在の究極目的に合致するかぎりにおいてのみ価値をもつのであるが、しかし万一この究極目的が達成されないのだとしたら、創造そのものは彼らにとって目的をもたないもののように見える。それはちょうど終幕をもたず、したがってその理性的な意図を認識させないような芝居に似ている。後者〔の理由〕は、人類の堕 C416 V162 W180
落した性状(原注)は絶望的なまでに著しいので、人類に対して終わり、しかも恐るべき終わりをなすことは(大部分の人
間に鑑みれば)、最高の知恵と正義にかなった唯一の処置である、という意見に基づいている。――それゆえ、末
日の前兆(というのも、大変な見込み*によって掻き立てられた想像力は、いったいどこで〔末日を示す〕徴候や驚異
に事欠くことがあろうか)もすべてぞっとするような類のものである。ある人々はそうした末日の予兆を、蔓延す
る不正義や、富める者たちの過度の放逸による貧しき者たちへの抑圧や、また忠誠心や信仰心の全面的な喪失のう A332
ちに見ている。あるいはこの地上の万人のもとで発火する血なまぐさい戦争等々のうちに、一言でいえば、道徳的
な頽落や、あらゆる悪徳とそれに伴う諸害悪との急増において見ている。そしてそのような諸害悪は前の時代には
けっして見られなかったと彼らは思い込んでいる。これに対して他の人々は、自然の異常な変化のうちに、つまり
地震、嵐、洪水、あるいは彗星や流星の出現において末日の前兆を見ている。

(原注)　いつの時代にも、思わせぶりの賢人(または哲学者たち)は、人間の本性における善への素質にいささかの注意を払う A331 C415 V161 W179
こともせずに、われわれ人間にとっての住処である地上世界をひじょうに軽蔑すべきものとして紹介するために、矛盾にみ
ちた、部分的には吐き気をもよおすような比喩を駆使してきた。㈠旅人宿(隊商宿)として〔の地上世界〕。ちょうどあのイ W180
スラム教の托鉢僧が地上世界を見ているように。その旅人宿では、自分の生涯の旅において立ち寄る者は誰でも、まもなく
後続の者によって追い出される覚悟をしておかねばならない。㈡刑務所として〔の地上世界〕。こういう意見をバラモン教、
チベット教、およびその他のオリエントの〔宗教の〕賢者たちは(さらにプラトンさえも)好むのである。それによると、地上
世界は、転落して天から追放された霊魂の、つまり今は人間のあるいは動物の心を懲戒し浄化する場所である。㈢瘋癲病
院として〔の地上世界〕。そこでは誰もが自分で自分の意図を絶滅するだけではなく、個人が他人にあらゆる考えられる限り V162

の心痛を加えあって、おまけにそうすることができるための練達と権力を最大の名誉であるとみなしている。最後に、(四)下水溝として（の地上世界）。そこには他の世界からのありとあらゆる汚物が投げ込まれてきた。この第四番目の着想はある意味で独創的であり、一人のペルシアの洒落とばし人の功になるもので、この人は楽園を、つまり最初の人間の夫婦の滞在地を天国に移し替えた。天国の庭には十分な木々が素晴らしい果実をつけているのに出会うことができた。これを味わった後にはその食べ残しは気付かれることのないまま蒸発してなくなるのであった。ただし庭の真中の一本の木だけは例外となっていて、この木はいかにも魅惑的であるが、しかしこれを食べた後も淬*が汗となって消えてしまわないような果実を付けていた。さてわれわれの最初の両親は、禁令にもかかわらずどうしても採って食べたくなった。そこで、彼らが天国を汚すことのないよう、唯一の助言とは次のようなものであった。すなわち天使の一人が両人に遥か離れた地上を「あれが全宇宙の便所だ」という言葉で指差した後、用便を済ませるために、二人を地上に連れて行った、そして二人を置き去りにして自分だけ天国に戻ってしまった。そのような由来によって人類は地上に誕生したという話である。

実際のところ、人間はその生存の重荷を、自分がその重荷の原因であるにもかかわらず感じているが、これは故なしとしない。その理由は以下のことにあるように私には思われる。——自然の成り行きとして、人類の進歩においては、才能、熟練、趣味の開化は、（それの結果である奢侈ともども）道徳性の発展よりも先に急行する。この状態は、身体的な快であると同様、道徳性にとってまさに最大の重荷で危険な状態である。諸々の欲求は、これを満足させる手段よりもずっと強力に増大するものだからである。だが人間性の道徳的な素質は、（ホラティウスの「よろめき歩きの罰 poena pede claudo」(12)のように）開化の後をいつも後追いしているのであるが、しかし開化のほうが急ぐあまり足をとられ、しばしば転ぶので、（賢明な世界統治者のもとでなら十分に期待してもよいことであるが）いずれは追いつくであろう。そのようなわけで、道徳性の優位についての経験的証明によるかぎり、すべての先行する時代と較べてわれわれの時代ではひとはおそらく次のような希望を親しく懐くことになりかねない。

V163　A332
C416
V162
W181

すなわち末日は、コラー[13]の徒党に似た地獄行で始まるよりも、むしろエリヤ[14]の昇天で始まり、地上の万物の終わりを招くに違いないという希望である。しかしながら徳へのこうした英雄的信仰は主観的には、最後の諸事物よりも先行していると考えられるような、恐怖を伴った場面への信仰ほどには、改心へ向かう心に対して力強い普遍的な影響をもっていないように思われる[15]。 C417

＊　＊　＊

補説。 ここでわれわれは理念にのみかかわっている(もしくはこれと戯れている)のである。理念とは、理性が自分自身で作り出すものであり、こうした理念の対象は(もし理念が対象をもつとして)まったくわれわれの視野を超えている。しかしそれ〔すなわち理念の対象〕は理論的思弁的認識にとって超絶的であるとはいえ、すべての観点において空虚とみなされるべきではなく、実践的な見地においては立法的な理性自身によってわれわれの手に与えられる。それは、諸対象を超えて、それらがそれ自体においてその本性によってあるところのものを思案するためではなく、 A333 W182 われわれがこれらの対象を道徳的な、そして万物の究極目的に向けられた諸原則に役立たせるように思惟する必要があるからである(これによって、もしそうでなければまったく空虚であろう理念は客観的実践的な実在性を得る)。――かくしてわれわれは、われわれに固有な理性によるこの産物、〔すなわち〕万物の終わりという普遍概念を、 V164 この概念がわれわれの認識能力に対してもつ関係に従って区分し、それに含まれる諸概念を分類するための一つの開かれた研究領域を目の前にするのである。

この関係に従えば、〔万物の終わりという問題の〕全体は以下の三つに区分され、三つの部門において表象される。

すなわち、第一は、神的知恵による道徳的目的の秩序づけに従った万物の自然的な終わり(原注)であり、それゆえわれわれはこれを(実践的見地において)よく理解することができる。第二は、作用している諸々の原因の秩序における万物の神秘的な(超自然的な)終わりであるが、われわれはそれについては何もわからない。第三は、万物の反自然的な(誤った)終わりであって、これはわれわれ自身によって、われわれが究極目的を誤解することによって引き起こされる。このうち第一の部門については論じたばかりなので、以下においては後の二つの部門〔の終わり〕について述べることにしよう。 C418

(原注)　ここで自然的(formaliter 形相的)と称されるものは、何であれ秩序の法則に従えば、それゆえまた道徳的な(したがって必ずしも物理的とはかぎらない)秩序にも従って必然的に帰結するもののことである。これに対置されているのは、非自然的なものであって、これは超自然的かもしくは反自然的でありうる。自然原因からする必然的なものは、〔それゆえ〕また質料的に自然的(物理的に必然的)としても表象されるであろう。 C417

＊　　＊　　＊

『黙示録』(第一〇章、第五、六節)に曰く、「ひとりの天使が手を挙げて天を指し、天等々を創造され、永遠から永遠にわたって[16]生きておられる方にこう誓った、「この後はもはやいかなる時間もありえない」と」。 C418

もしこの天使が「七つの雷鳴からなるその声によって」(第三節)[17]、無意味なことを叫ぼうとしたと想定するのでなければ、彼はそれによってこう言おうとしたに違いない。すなわち、これより以後はいかなる変化もないのだと。というのは、もし世界のうちにまだ変化があるとすれば、また時間もあることになろうから。なぜなら変化はただ時間においてのみ生じうるのであって、時間を前提することなしにはおよそ考えられえないからだ。

ところでここで表象されているのは、感官の諸対象としての万物の終わりであって、これについてはわれわれはいかなる概念も形成できない。なぜならわれわれは、もし感性界から知性界へほんの一歩でも入ろうとしようものなら、不可避的に矛盾のなかに囚われてしまうからなのだ。そうしたことはここでは、感性界の終わりをなす瞬間が同時に知性界の始まりでもあるとされ、したがって知性界は感性界と一つの同じ時間系列のなかにもたらされるということによって起きるのであるが、しかしこれは矛盾しているからである。

さらにわれわれは、またわれわれがある持続を無限として（永遠として）思惟するともいうが、しかしそれはそういう持続の量とでもいうものについて何か規定可能な概念をもつからではない――というのも規定可能な概念をもつこと自体、そういう無限な持続にはこれを測る尺度としての時間がまったく欠けているので、そもそも不可能だからである――。むしろ、その〔無限な持続としての永遠の〕概念というのは、時間のないところにはまたいかなる終わりも生じることはないので、単なる永遠な持続という消極的概念にすぎない。かかる消極的概念によってわれわれは、われわれの認識〔作用〕において一歩も進むことはなく、むしろ究極的目的への（実践的な）見地における理性は、もしそれが絶えざる変化を経由するのでは少しも満足できないとだけ言うべきなのである。とはいうものの、もし理性が、そういうこと〔すなわち万物の終わりの説明〕を世界に存在する物の静止状態と不変化という原理によって試みるならば、理性はその理論的使用に関してほとんどまったく自らを満足させることができず、むしろまったくの思惟喪失に陥ってしまうであろう。このようなとき理性に残されたものは、究極目的へ向かう絶えざる前進のなかで（時間において）無限にまで進行する変化を思惟するということだけである。この場合にあっては、心情

(それは時間の進行のような現象ではなく、何か超感性的なものであり、それゆえ時間の内で変化するものではない)は留まり、持続的に同一なのである。理性の実践的使用の規則は、この〔永遠という〕理念に従うなら次のことを言おうとしているだけである。すなわち、われわれは〔生きてゆくうえでの〕われわれの格率を、善からさらに善なるものへ無限に続くあらゆる変化にもかかわらず、心情に関するわれわれの道徳的状態*(「その遍歴が天で生じる」ところの可想人 homo Noumenon)[18]があたかもいかなる時間の交替にも従属していないかのように解さねばならない。

しかし、いつかは一切の変化が(そしてまた変化とともに時間そのものも)止むようなある時間点が到来するであろうなどということは、想像力を憤らせるような表象ではある。すなわちその場合には、全自然は微動だにせず、いわば石と化すであろう。最後の思考や最後の感情は、その場合には、思惟する主観のなかに立ち止まり、交替することもなく常に同一のままである。自分の現存在および(持続としての)その量をただ時間のなかでしか意識できないような存在者にとって、そのような生は、仮に来世の生と呼ばれようとも、絶滅と同等であるように思われるに違いない。なぜならそのような存在者は、そういう状態のなかに自分を置いて考えるためには、そもそも何事かを思惟しなければならないのであり、しかも思惟は、それ自身はただ時間のうちでしか生起しえないような反省作用を含むのだからである。——あの世の住人はそれゆえ、彼らがその居住地の相違(天国かまたは地獄)によって、いつも同一の歌、ハレルヤか[19]、さもなくば永遠にまさに同一の嘆き歌を歌うというような具合に紹介される(第一九章第一—六節。第二〇章第一五節)。つまりそれによって、彼らの状態には一切の交替がまるで欠如していることが告げられるわけである。

W184　V166　A335

そうはいうものの、この〔永遠という〕理念は、それがどれほどわれわれの把握力を超えていようとも、しかし実践的関係における理性とは近しいのである。ただ、もしわれわれが人間の道徳的＝自然的状態をこの世の人生において最善の状況で、すなわち（人間に目標として定められた）最高善への絶えざる前進と接近という状況で想定するとしても、それでも人間は（彼の心情の不変であることの意識においてすら）彼の（自然的であるとともに道徳的な）状態が永遠にわたって変化することへの展望にはけっして満足を結びつけることはできない。なぜなら、彼がいまある状態は、彼がそこに入ろうと用意しているさらに善なる状態に較べれば、常に悪であり続けるからである。だから究極目的への無限な前進という表象はじつは同時に諸悪の無限な系列を予想することでもあるのだ。こうした系列は、それがより大きな善によって更新されてゆくにもかかわらず、満足を生じさせることはない。つまりその満足を人間が思惟できるとすれば、それは究極目的がついに〔人間によって〕一度達成されるということによるしかないのである。

　このような道筋を経て、いまや詮索好きの人間は神秘主義に陥る（というのは、理性はそれの内在的な、つまり実践的な使用に満足せずに、超越的なものにおいて何かを敢行したがるからであり、また理性の秘密もそこにあるからである）。そこでは人間理性は自己自身を、しかも何を欲するにしてもそうなのだが、理解するのではない。むしろ理性は感性界の知性的な住民にふさわしく自己を感性界の限界内に制限するよりも、自己を好んで夢想するのである。そこから最高善に関する老子*のとてつもない体系が出てくる。それによれば最高善は無のうちに、つまり、神性との合流によって、したがって自分の人格の消滅によって神性の深淵のうちに呑み込まれたように感じる意識のうちに成立するとされる。このような状態の予備感覚をもとうとして、中国の哲学者たちは暗室で目を閉じ

C 420　W185　V 167

て、この彼らのいう無を思惟し、感じるようにと骨を折っているのである。そこからしてまた(チベット人やその他の東洋の諸民族の)汎神論も、そして汎神論の形而上学的洗練からの結果として産み出されたスピノザ主義[20]も出てくる。この両者ともに、神性からすべての人間の心が流出するという(そしてそれらがまさに神性のうちへ最終的には吸収されるという)きわめて古い流出論的体系と近い姉妹関係にある。一切はそれゆえにただ、人間たちが最後には永遠の静寂を享受したいと思うようになるためであり、その静寂*とは彼らの言う万物の誤って想定された至福なる終わりを形成しているのである。しかし永遠の静寂とは本来は、同時にそれを用いた人間たちから悟性が消失し、よってあらゆる思惟そのものが終わりをもつ、そのような概念なのである。

＊　＊　＊

人間たちの手を経た万物のその終わりは、彼らが善い目的をもつ場合ですら、愚かしいものである。ということは、彼らの目的のために手段を使用しても、その手段が彼らの目的にまさしく反しているのである。知恵、すなわち万物の究極目的や最高善に完全に対応して行う処置のその適合性における実践理性は、ただ神にのみ備わっている。これに比して、理性の理念にあからさまに反して行為することだけはしないというのは、いわば人間の知恵とでも呼べそうなものである。だが、人間がただ自分の諸計画の試みや頻繁な変更によって達成しようと望んでもよいところの保証、すなわち愚かさに反対しているという保証は、むしろ「最善の人間ですら、もし何か手にしてみたいと思っても、ただその後を追い掛けることしかできないような宝物[21]」にすぎない。それについて人間は決して自分に都合のよい言いくるめに担がれてはならず、まして自分がそれを摑み取ったかのようにふるまってはならな

A336　C421　W186

い。――そうした愚かさからしてまた、一つの国民全体における宗教をもっと声高にかつ同時に実効力のあるものにするための器用な手段についての、しかも時間のたつにつれて変化し、往々にして矛盾した草案もいろいろ出てくる。その結果ひとはもっともなことにこう叫ぶかもしれない。「哀れな死すべき者たちよ、汝等のところでは不安定であること以外には何ものも安定してはいない！」(22)

しかしもしもこの試みがついに一度うまくいって、もちこまれた敬虔な教えのみならず、それによって照明された実践理性にも耳を貸す(これは宗教にとっても端的に必要なことである)だけの能力と傾向を共同体がもつようになったとしよう。もしも(人間の流儀における)国民のなかの賢明な人々が(聖職者として)彼らのあいだで交した取り決めによるのではなく、市民として、彼らの関心は真理にあるのだということを疑いえぬ仕方で証明している草案をつくり、大多数はそれで一致するとしよう。また国民もたぶん全体としては(たとえごく小さな細部ではまだそうでないかもしれぬが)、自分たちの道徳的素質をどうしても植え付けねばならないという欲求、しかも普遍的に感じ取られたのであって、権威に基づけられたのではない欲求によってこれ〔すなわち草案〕に関心をもつようになる、としよう。そうだとすれば、そのような草案をつくりその進行を続けさせるより以上に勧められることはないように思われる。なぜなら彼ら賢人たちは草案が追求する理念に関してはよい軌道にいるからだ。しかし最善なる究極目的のために選ばれた手段による成功に関しては、成功というものが自然の経過に従ってころがりこむはずのものであるように、常に不確実であり続けるのだから、成功を摂理に委ねること以上に勧められることはないように思われる。というのも、ひとはどんなに不信心であろうとも、そういう成功を、一切の人間的知恵(これは、理性という名にふさわしいというのなら、道徳的なものだけに向かわねばならない)に従って採られた何らかの手段によって確実に予見することが端的に不可能なところでは、もし究極目的をいささかも放棄したくないのであれば、神的知恵が自然の経過に実践的な仕方で協力するということを信じなければならない。――なるほどひとは次のように反論するだろう。すなわち、現在〔あるとおりの世界〕のプランが最善であることは、すでにしばしば言われてきたところであって、そのプランのまま今後永遠に続くのでなければならず、これがいまや永遠の状態なのだ、と。「(この概念〔すなわちプラン〕に従って)善であるひとは、常に善であり、また(この概念に反して)悪であるひとは常に悪である」(『黙示録』第二二章、第一一節)[23]。これによれば、永遠およびそれと共に万物の終わりがすでにいま始まっているかもしれないとでもいうようである。――にもかかわらず、それ以降も常に新しいプランが、ただしそれらのうち往々にして最新のものも古いものの焼き直しに過ぎなかったとはいえ、いくつもあるわけで、今後もより最終的な草案にも事欠かないであろう。

私は、本論文において新しい幸福な試みを行うだけの能力が自分にはないことを十分に自覚しているので、私としてはむしろ、諸々の事物を、それらが最後にあったそのとおりに、そしてそれらがその結果において人間のほとんど全時代を貫いて許容できる程度に善であったと証明されていたとおりに、放っておくことのほうを勧めたい。それにはむろん大きな発明力など少しも属してはいない。だがこうしたことは、偉大なまたは進取の精神をもった人々の意見ではおそらくないかもしれないので、私としては、彼らが何をなすべきかではなく、何に抵触しないよう注意すべきであろうかを、控えめに補足することをお許し願いたい。なぜなら、もしそうしなければ彼らは自分たちの意図(かりにそれが最善の意図であるにせよ)に反して行為してしまうであろうから。

キリスト教は、その諸法則の聖性が有無を言わせず注ぎこむもっとも偉大な尊敬以外にも、さらに愛されるに値

C422
W187
V169

するものをそれ自身のうちにもっている。（私がここで言うのは、キリスト教によってわれわれに大きな犠牲とともに与えられた〔イエス・キリストという〕人格が愛するに値するということではなく、事物そのものが、すなわち神が授けた道徳的体制が愛するに値するということなのである。なぜなら、キリストが愛するに値するのは、神の授けた道徳的体制が愛するに値するところからのみ帰結するのだから。）尊敬は疑いなく第一のものである。なぜなら、ひとは愛なしにも誰かへの大きな尊敬を育むことができるが、しかし尊敬なしにはいかなる真の愛も起きないからである。しかし、もし義務の表象のみならず、また義務の遵守が問題である場合、もしひとが行為の主観的な理由を問うならば、つまり、何を人間はなすであろうかがそこから最初に見込まれる主観的な理由を、かりにそういう理由を前提してよければ、問うわけであって、単に何を人間はなすべきかという客観的な理由を問うだけではないとすれば、じつに愛こそは、他者の意志を自分の諸格率のうちへ自由に受け入れることとして、人間本性（理性が法則によって予め指定するものに対して必要とされねばならない）のその不完全性への欠くことのできない補完物なのである。なぜなら、ひとは自分のやりたがらないことを、ひどく腹を立てながら、またおそらく義務の命令という詭弁的な逃げ口上を用いながら行うのであるから、動機としての義務にはもし愛の参加がなければあまり多くは期待できないかもしれないからである。

ところで、もしひとがキリスト教を本当によくしようとして、なんらかの権威（それがたとえ神的な権威であるにしても）をつけくわえるならば、その権威の意図も善意のもので、その目的もまた本当に善きものであるかもしれなくとも、しかしキリスト教の愛するに値する性格は消失してしまう。なぜなら、ある人に何かをなすだけでなく、それをまた喜んでなすように命じるのは矛盾だからである。(24)

キリスト教が意図するものは、およそ自分の義務を遵守するという仕事への愛を促進することであり、キリスト教はその愛を産出しもするのである。なぜならキリスト教の創始者は命令者の、つまり自分の追随者を要求するような意志の資格においてではなく、人類の友という資格において語るのだからである。この人類の友は、彼と同じ人間である人々に、彼ら自身にとってよく納得のいく意志を、いいかえれば、もし彼らが自分自身を正当に吟味したら、彼らが自ら自発的にそれに従って行為するであろうところの意志を、切々と勧めるのである。

つまりキリスト教がその教説に対して効果を期待しているものは、――奴隷根性からも放縦からも同じようにかけ離れている――リベラルな考え方なのである。かかるリベラルな考え方によってキリスト教は、その悟性がすでに彼らの義務の法則の表象によって照明されているような人間たちの心を己れ〔の側〕に獲得することができる。究極目的の選択における自由の感情こそは、人々にとって立法を愛するに値するものとなすところのものである。――したがってキリスト教の教師〔イエス・キリスト〕もまた諸々の罰を宣告してはいるが、そのことは、あたかも罰がその命令に服従するための動機となるかのように解されるべきではない。少なくとももしそのように説明されるとしたら、それはキリスト教の独特な性状には合致していないのである。なぜなら、今述べたような仕方で説明されるかぎり、キリスト教は愛するに値する性格であることをやめてしまうであろうから。ひとはむしろ〔キリスト教でいう〕命令を、ただ愛に満ちた、そして立法者の善意から発生した警告としてのみ、つまりもし法則に違反した場合に不可避的に生じるに違いない損害から自分の身を護るようにという警告としてのみ解釈して差し支えないのである(なぜなら、「法は耳が聞こえず、容赦しないから。lex est res surda et inexorabilis.」リヴィウス)[25]。なぜなら、ここで〔われわれを〕脅かすものは、自発的に想定された生の格率としてのキリスト教ではなく、法則だ

W189

A339

からである。法則は、物の本性のなかに変わらずにある秩序として、それ自体は、その秩序の帰結をこのようにまたは別のように決定する創造主の恣意に委ねられているわけではない。

もしキリスト教が報奨を約束するにしても(例えば、「喜び、慰められるがよい。汝等には天国ですべてのものがよく報いられるであろう」[26])、そのことはリベラルな思惟様式に従うかぎり、あたかもある提供物があって、それによって人間を善き生の遍歴へいわば買収するという意味に解釈される必要はない。というのは、もしそうだとしたらキリスト教はふたたびそれ自体は愛するに値する性格ではなくなるだろうからである。ただ私心のない動機から生じるような行為をなすようにとの要求だけが、そのような要求を行う者に対する尊敬の念を〔この者を知る〕人間に注ぎこむことができる。そして尊敬の念なくしては真の愛はない。したがってそうした〔報奨の〕約束に、まるで報奨が諸行為の動機の代わりに解されてよいかのような意味を付与する必要はない。それによってリベラルな思惟様式が一人の施しを与える者に結び付けられるところの愛とは、貧しい者が受け取る善にではなく、そういう善を分配するように傾向づけられている施しを与える者の意志の善性にだけ従うのである。このことは、施しを与える者が例えば万一いわばそうするだけの財力にめぐまれていない場合であっても、あるいはまた普遍的な世界福祉への顧慮を伴うような他の動機によって、彼にとってそれを実行することが妨げられている場合であってもそうなのである。

このことは、キリスト教が帯びている道徳的な愛するに値する特性である。その性格は、外部からキリスト教に加えられたいくつかの強制によって〔キリスト教に対する〕意見が頻繁に変わったときにも、なおも輝き続け、キリスト教を、もしそうでなければ出会っていたはずの反感に対して護持してきた。またこの特性は(これは特記に値

C424　V171

することだが)、かつて人間たちのあいだにあったなかでももっとも偉大なこの啓蒙の時代に、その分いっそう明るくなった光のなかでいつでも示されているのである。*

万一キリスト教が、それが愛するに値する性格であることをやめたという事態に一度でもなったとしたら(もしキリスト教がその穏やかな精神に代えて命令的な権威で武装するとしたら、たぶんそうなるかもしれない)、そのときには、道徳的な事柄においてはいかなる中立性[27]も生じない(まして相反する諸原理の提携[28]も生じない)がゆえに、キリスト教に対する反感と反抗が人々の支配的な思惟様式となるに違いなかろう。その結果、どのみち末日の先駆者とみなされている反キリスト者[29]がその短いにせよ(おそらく恐怖と利己心のうえに築かれた)統治を開始することになろう。しかしもしそうなれば、キリスト教はたしかに普遍的な世界宗教であると規定されてはいるものの、そうなるには運命によって有利ではない状態にあるであろうから、道徳的な視点における万物の(誤った)終わりが始まることになろう。

W190

永遠平和のために

遠山義孝訳

Zum ewigen Frieden.
Ein philosophischer Entwurf
von
Immanuel Kant.
(1795)

永遠平和のために.
イマヌエル・カントによる哲学的構想

A版 第 8 巻 341-386 頁
C版 第 6 巻 425-474 頁
V版 第 6 巻 115-169 頁
W版 第 11 巻 191-251 頁

目次

永遠平和のために

「永遠平和のために」というのは、あのオランダの旅館の主人が墓地の絵の描かれた店の看板に書いた文字であるが、この風刺的な表題[1]が、人間一般にあてはまるのか、それとも特に、決して戦争に飽きることを知らない国家元首たちにあてはまるのか、あるいはひょっとしたらいつも空想的な甘い夢を見ている哲学者たちにのみもっともあてはまるのか、それはさしあたり問わないでおこう。しかしこの平和構想の筆者、つまり私は、次のことを条件として留保しておきたい。一般に実践的政治家は並みはずれた独りよがりの態度で理論家を机上の空論家として軽視しており、また国家というものが経験の積み重ねによる原則に基づくものと思っているから、机上の学者が空想的な理念を発表しても、国家に対して危険をもたらすはずはないであろうということ、そして彼がいつでも自由に実現不可能と見える理想を好きなだけ述べても[2]、世間のことに通じている政治家はそれをおそれる必要はないということを言っておきたい。すなわち、実践的政治家は理論家と意見が違って論争する場合にも、相手の理論家が運を天にまかせる気持ちで公表した意見の背後に、国家に対する危険をかぎとったりしないという首尾一貫した態度をとらなくてはならないのである。——以上の留保条項[3]によって、この平和構想の筆者は、ここに完全な形で、あらゆる中傷を旨とする解釈に対してはっきりと抗議の意志表示をしておきたい。

A343
C427
V117
W195

第一章

この章は国家間の永遠平和へのための〔六個の〕予備条項を含む

一、「将来の戦争の種をひそかにやどして締結された平和条約は、決して平和条約とみなされるべきではない。」

というのは、その場合は実は単なる休戦状態であり、つまり敵対行為の延期であって、平和ではないからである。平和とはすべての敵意が終わることであるから、永遠のという形容詞を平和ということばの前につけることはもともと余計な感じすらする。ところで将来の戦争の火種となるような諸原因は、平和条約締結の段階ではおそらく当事者自身すらまだ気づいていない原因も含めて、ことごとく平和条約締結によって公式に取り去られたのである。なるほど、記録に残る公文書からでも、後日非常に鋭い探索眼で見れば、このような戦争を起こす原因を見つけだすこともできるであろうが。——問題は、戦争を続けるには両国とも疲れきっているので、昔から続いていて将来真っ先に問題となりそうな主張は、さしあたってどちらの側もふれないでおいて、時がたったら、再戦のために最初の好機を利用するという下心での留保(reservatio mentalis 心内留保)[4]がなされることである。そのような留保はイエズス会[5]のよく用いるカズイスティク[6]と同類のものであり、心内留保は、事柄の中身がそのまま問われるならば、統治者の品位を汚す行為であり、またその大臣がこの種の論理に喜んで関与することもその品位を汚すもので

A344 C428

V118
W196

ある。——

ところが国家政略[7]という啓蒙概念によれば、どのような手段でそれがなされるにせよ、国家の真の名誉は権力がますます増大することにあるとされているから、品位にもとるという前述の判断も彼らの目にはきっと学校教育のように形式的で細かいことにこだわる判断のように見えることであろう。

二、「独立して存続しているいかなる国家（その大小はここでは問題でない）も、相続、交換、買収、または贈与によって、ほかの国家の所有にされるべきではない。」 V 119

つまり国家というものは、（たとえば国家がその上に場所を占めている土地のように）一個の具体的な所有物 W 197 (patrimonium 財産)ではないからである。国家は人間の社会なのであり、その社会に対しては国家自身以外のなにものも支配したり、自由に処理したりすることはできない。国家というものは自分自身の根を持っている幹と同じであるから、それを接ぎ枝として他の国家に接合することは、道徳的人格としての国家の存在を破棄することであり、道徳的人格を人格ではなく物件にしてしまうことを意味する。だからこうした併合は、民族に関するあらゆる法の基礎となる根源的契約[8]という理念に矛盾するのである[原注]。併合によるこうした取得方法についての思いこみ、つまり国家間どうしでも互いに結婚することができるといった考えが、ごく最近にいたるまでわがヨーロッパにどんな危険をもたらしたかは、よく知られている。ほかの諸大陸ではこのような考えはまったく知られていなかったことにもふれておきたい。この考えは、少しの力を費やすこともなく、家族の縁組によって自己の勢力の増大をは C 429

かる新しい産業の方法として、また同じやりかたで領土を拡張する方法として立ち現れたのである。——また共同の敵でない敵を攻撃するために、一国の軍隊をほかの国に貸し与えることもこの種の方法に数えることができる。というのは、その場合臣民は勝手気ままに扱われる物件として使用され、消費されることになるためである。

(原注)　相続国とは、ほかの国家によって相続される国家ではなく、その国家の統治権がほかの肉体的人格〔人間〕によって相続される国家のことである。だからその国家は一人の統治者を獲得するのであって、統治者が(すでに他国を所有する)統治者としてその国家を獲得するのではない。

C 428

三、「常備軍(miles perpetuus)は、時がたつとともに全廃されるべきである。」

というのは、常備軍はいつでも戦争を始めることができるという準備態勢によって他の国々を絶えず戦争の脅威で脅かすからである。また常備軍の存在は互いに軍事力で優位に立とうとする国家間の野心を刺激し、はてしのない軍備拡張をうながす。その結果ついには増大する軍事費のため、平和の方が短期の戦争よりもいっそう重荷となってくるのである。そしてこの重荷をときはなつために常備軍そのものが、先制攻撃、つまり侵略戦争の原因となる。それだけではない。殺すため、あるいは殺されたりするために兵隊に雇われることは、人間を単なる機械や道具としてほかのもの(つまり国家)の手で使用することを含んでいると思われる。このような使用は、おそらくわれわれ自身の人格における人間性の権利と一致することができない。* もっとも国家市民が自分や祖国を外部からの攻撃に対してそなえるために、自発的に武器をとって定期的に繰り返す軍事演習はこれとはまったく異なるのである。

A 345
C 429

W 198　V 120

――また財貨の蓄積も兵力の増強と同様の結果をもたらすであろう。というのは、財貨は他の国々からは戦争の脅威とみなされ、かえってそれらの国々が先制攻撃をしかける原因となりかねないのである(その理由は兵力、同盟力、金力という三つの力のうち、金力はおそらくなんでも買えるという点でもっとも信頼するにたる戦闘具といえるからである)。もっともその国の財貨の保有量を調査することは困難なので、どうにか攻撃はまぬかれているにすぎないのである。

四、「国家の対外的な紛争に関しては、いかなる国債も発行されるべきではない。」

国内経済のために(道路の改修、新たな居住地開発、懸念される凶作年のための貯蔵庫の設置等々のために)国の内外に援助を求める場合、国債の発行という手段は別にいかがわしい手段ではない。一般に信用借り制度いわゆるクレジット・システムというものは、はてしなく増大していく性質の借金であり、そのうえ当座の請求にあう危険のない安全な借金である(なぜならすべての債権者から同時に返済の請求を迫られることはないから)――それは今世紀に、ある商業民族(9)が知恵をしぼって工夫をこらした発明である。――しかしクレジット・システムは、国家が C430
互いに対立している状態で競い合うときの道具としては、危険な金力、すなわち戦争遂行のための金づるとなる宝庫である。この宝庫は他のすべての国々の財貨の総量をしのぐこともあるが、ただやがて直面する税の不足のために(もっともこの税収不足さえ、工業や商業に及ぼすクレジットの波及効果によって、通商が活発になるため、それが生じるのはなお先のことになるのであるが)空っぽになることも起こりうるのである。このような戦争遂行の V121 W199

簡単さは、それゆえ人間の本性にもともと備わっているように見える傾向、つまり支配者の戦争志向と相まって、永遠平和の多大な障害となる。そのような障害となるものを禁止することは、それだけいっそう永遠平和の予備条項の一つに加える必要があろう。なぜなら最後には避けられなくなった国家破産というものが、罪のない多くの他の国々をも一緒に巻き添えにし、これらの国々に公の損害を与えることになろうからである。それゆえ、少なくとも他の国々は、このような国家とそのおこがましい行為に対抗して、同盟を結ぶ権利を有する。

五、「いかなる国家も他の国家の体制や統治に、暴力をもって干渉すべきではない。」

というのは、どんな理由で、ある国家が他の国家にそのように暴力をもって干渉する権利をもちうるのであろうか。自国の臣民たちにも影響を与えるところの騒乱のごときが、その理由とでもいうのであろうか？　そうではなくてむしろ一国家に生じた騒乱は、一民族が無法状態によって招いた大きな災いの実例として、他民族に対して警告の役目をはたすはずである。一般にある自由な人格が他の人格に示す悪い例は、そのまま(悪への誘いscandalum acceptumとはなるが)他の人格を傷つけるわけではない。――もっともある国家が内部の不統一のために二つに分裂し、そのどちらもが個別に独立国家を名乗って、全体を支配しようとする場合には、事情は別といえよう。また他の国家が、この場合、いずれか一方に〔軍事的援助とは別の人道的〕援助を与えても、その国の体制への干渉とはいえないであろう(というのは、その国はそのとき無政府状態にあるからである)。しかしこのような内部の闘争がまだ決着しないかぎり、外国がこれに干渉することは、内部の病気〔つまり国内の諸問題〕と格闘しているだけ

A 346

で、どこの国にも従属していない一独立民族の権利を侵害するものである。それゆえこの干渉自体が事実上の騒乱といえるのであり、またあらゆる国家の自律をあやふやにするものといえよう。

六、「いかなる国家も他国との戦争において、将来の平和に際し、相互の信頼関係を不可能にしてしまうような敵対行為をすべきではない。たとえば、暗殺者(percussores)や毒殺者(venefici)の雇い入れ、降伏協定の破棄、敵国内での裏切り(perduellio)の煽動等が、それである。」 V122 C431 W200

このようなことは卑劣な策略である。というのは、戦争のさなかにもまだ敵の心情あるいは考え方に対する何らかの信頼が残っていなければならないからである。信頼を欠けばいかなる平和の締結も不可能であるし、敵対行為というものは〔一人残らず殺害しつくす〕殲滅戦争(bellum internecinum)へとエスカレートすることであろう。戦争は何といっても人間の自然状態において(そこには法的な確定力をもって判決を下すことのできる裁判所が存在しない)、暴力によって自己の正当性を主張するところの悲しむべき非常手段であり、それ以外の何ものでもない。また法のない自然状態においては、両国のどちらの側も邪悪な敵と宣告されることはありえないし(なぜなら、それはすでに裁判官の判決を前提としているから)、どちらに正当さがあるかは(あたかも神の裁きをあおぐ神明裁判[10]におけるように)、戦争の成りゆきが決定するのである。しかしまた国家相互の間には相手に制裁を加える懲罰戦争(bellum punitivum)のようなものは考えられえない(なぜなら、国家相互の間にはいかなる上下関係も、つまり支配者と被支配者の関係はないからである)。――これらのことから、次の結論が生じる。〔皆殺しの〕殲滅戦争 A347

では、敵味方双方の滅亡が同時に起こり、その滅亡とともにあらゆる法も消滅するから、永遠平和は人類の巨大な墓地の上にのみ実現されることになろう。だからそのような戦争は、それゆえそこに通じる手段の使用もまた、絶対に許されてはならない。――最初に挙げた手段が必然的にそうした戦争に通じることは、次の理由から明らかになる。これらの恐ろしい戦術的たくらみは、それ自体が卑劣なものであって、そのためもしそれを使用するならば、たとえば他人の破廉恥心(これはじっさいなくならない)だけを利用するスパイの使用(uti exploratoribus)は別にして、それはもはや戦争の枠内にとどまらず、平和の状態にもおよんでいき、その結果平和の意図をまったく無にしてしまうからである。

*　　*　　*

以上に掲げた諸条項は、客観的には、つまり権力者たちの意図においては、すべて禁止法則(leges prohibitivae 禁止する法)であるけれど、そのうちのいくつか(たとえば、第一、第五、第六条項)は、厳格な、どんな場合にもあてはまる種類の法則(leges strictae 厳格法)であり、ただちに廃止を要求する。しかし他のもの(たとえば、第二、第三、第四条項)は、法規則の例外措置としてではなく、法規則の執行に関して、状況によっては、主観的に権限を拡張しその適用に手加減を加え、完全なる遂行を延期することも許されている(leges latae 任意法)。だがその際法則の目的が見失われてはならない。たとえば第二条項により奪われた自由を、ある国家にもとどおりに復帰させることの延期は、決して来ることのない日まで(いつもアウグストゥスが約束したという「ギリシアのカレンダエまで ad calendas graecas」)[11]それを引きのばす、つまり復帰させないというのではなくて、ただ復帰をあせって、逆に自由を復帰させるという本来の意図に反することのないように、遅延を許容するという意味である。なぜなら、ここで禁止が適用されるのは、今後なされてはならない獲得の方法に関してだけであって、所有の状態に関して禁止が適用されるのではない。この所有状態は、法律上必要な正当な名義を有していないが、しかし(誤想獲得[12]の)なされた時代にあっては、当時の世論によって、すべての国々から正当と認められたからである。(原注)

(原注)　命令(leges praeceptivae 命令する法)と禁止(leges prohibitivae 禁止する法)以外に、なお純粋理性の許容法則(leges permissivae 許容する法)が存在するかどうかということについて、今まで根拠なしに疑われてきたのではない。というのは、法則は一般に必ずそうであるという客観的実践的必然性の根拠を含むものであるが、許容の方はある種の行為の実践的偶然性の根拠を含むからである。だから許容法則が存在するとすれば、それは、だれも別に強制される必要のないこと、あるいは強制される必要のない行為に対する強制を含むことになろう。ところがそのようなことは、法則の対象がこの強制と許容という両方の関係において同じ意味内容をもつとすれば、つじつまが合わないであろう。——さて今問題とされる許容法則において、あらかじめ前提とされている禁止は将来におけるある権利の獲得方法(たとえば、相続による)にだけかかわるのであり、これに反しその禁止からの解放、すなわち許容は現在における所有状態にかかわる。このような所有状態は、原初の自然状態から市民状態への移行段階においては、不法ではあるが、まともな所有(possessio putativa 誤想所有)とみなされ、自然法の許容法則により、さらにその後も持続することができる。とはいっても、誤想所有は、それが誤想による所有であることが認識されるとすぐに、自然状態においても禁止されるのである。これは類似の獲得方法が将来の(移行が終わった後の)市民状態において、禁止されるのと同様である。だからこのような誤想獲得が市民状態において起こったならば、おそらく所有を継続するいかなる権限も生じないのである。というのは、こうした所有はその不法性が発見されるとすぐに、権利侵害となり、ただちにやめなければならないからである。

私はここではただついでに、体系的分類を得意とする理性におのずから現れてくる許容法則 lex permissiva という概念にふれただけである。それは「人間の本性に基づく法であるところの」自然法の学者たちがこの概念に注意を向けてほしかっ

A 348　W 202　V 124

たからである。なぜなら、特に民法(規約で定められた)ではしばしば許容法則が用いられるからである。もっとも禁止法則はそれ自身独立に成立しているが、許容はしかし控えめな条件(そうあるのが当然だが)として禁止法則の中には含まれないで、例外として扱われる、という形で区別されているにすぎない。——そこで次のように言われる。すなわち、このことあるいはあのことは禁止されているが、ただし第一、第二、第三条項はそのかぎりではない、そしてこの例外ははてしがない。というのは、許容は単に偶然ではあるが、原理に従ってではなく、その度ごとに手探りすることによって、法則につけ加わるにすぎないからである。もしそうでないとしたら、こうした諸条件は当然禁止法則の公式の中に組み入れられていたはずであり、それによって禁止法則は同時に許容法則になっていたはずである。——だから、あの賢明で頭脳明晰なあるヴィンディッシュグレーツ伯(13)の提出した意味深い懸賞問題が、まさにこの同じ問題に迫る設問であるのに、未解決のまますぐに見捨てられてしまったことを私は残念に思うのである。なぜなら、そのような(数学のそれに似た)方式の可能性こそが、首尾一貫した立法の唯一真正な試金石であり、この可能性を欠くと、いわゆる確定法 ius certum は単なる望みのままにとどまるであろうからである。——そうでないならば、ひとは単に一般的な法則(多くの場合に妥当する法則)をもつだけで、普遍的な法則(もれなく普遍的に妥当する法則)を手に入れることがないであろう。しかし法則の概念が要求していると思われるのは、実は普遍的法則の方である。

第二章

この章は、国家間における永遠平和への〔三個の〕確定条項を含む

互いに一緒に生活している人々の下での平和状態は自然状態(status naturalis)ではない。人間の自然状態はむ

C 433
V 125
W203

しろ戦争状態である。すなわち、それはつねに敵対行為の勃発状態というのではないにしても、たえず敵対行為の脅威のある状態である。だから平和状態は意識的に創りだされなければならない。なぜなら、敵対行為がなされないというだけでは、まだ平和状態の保証ではないからである。そして保証というものは一方の隣人に対して他方の隣人が与える（このことはしかし法的状態においてのみ起こりうる）ものであるが、平和状態の保証を求められたのに、他方の隣人がそれをしない場合には、一方の隣人はその隣人を敵として扱うことも可能だからである。(原注)

（原注）　一般に、ひとは他人に対して、相手が私自身〔自分自身〕にすでに能動的に危害を加えたのでないかぎり、敵対的にふるまってはならないと思っている。そしてこのことはまた、両者が市民的＝法的状態〔＝実際に制定された法律が存在する社会〕にあるときには、まったくその通りである。というのは、他人が市民的＝法的状態に移行してその中にあることが、私に対し（両者を統治する公権力を通して）必要な保証を与えることになるからである。――しかしむきだしの自然状態にある人間（あるいは民族）は、私の隣にいるという事実によって、私からこのような保証を奪ってしまい、その人間（あるいは民族）がまさにそのような自然状態にあるというだけですでに私に危害を加えているのである。ただしそれは行為（facto 実際上の）によってではなく、彼の状態の無法則性（statu iniusto 無法律状態）によってである。この無法則性によって、彼はたえず私を脅かしているのであり、そこで私は彼に、私と一緒に共同体的＝法的状態に歩み入るか、それとも私のそばから消え去るかの決断を迫ることができるのである。――それゆえ以下のすべての条項の根底に横たわる要請〔必要とされる原理〕は、相互に交流する可能性をもつすべての人間は、なんらかの市民的体制に属していなければならないということである。

さて、あらゆる法的体制は、その体制の下での人格〔権利・義務をともなう法的人格〕に関していえば、次のいずれかである。

（一）ある民族に属する人々の国家市民法による体制（ius civitatis 市民法）、

（二）相互の関係にある諸国家の国際法による体制（ius gentium 万民法）、

（三）人々および諸国家が、外的に相互に交流する関係にあって、一つの普遍的な人類国家の市民とみなされることが可

A349

能な場合、そのかぎりにおいての世界市民法による体制(ius cosmopoliticum 世界市民法)。この分類は恣意的な分類ではなく、永遠平和の理念に関して必然的なものである。なぜなら、これらの体制の中のただの一員でも、他の成員に物理的影響を与える関係にあり、そのうえ自然状態にあるとすれば、それだけで戦争状態が出現することになろうからである。そしてこうした戦争状態からの解放こそが、まさに筆者の意図するところである。

永遠平和のための第一確定条項 C434 V126 W204

各国家における市民的体制は、共和的であるべきである。

第一に社会の成員の(人間としての)自由の諸原理、第二にすべての成員の(臣民としての)唯一で共同の立法への
従属の諸原則、第三にすべての成員の(国家市民としての)平等の法則、これら三つに基づいて設立された体制が共 A350
和的体制である。(原注)——しかもこの体制こそ根源的契約の理念から生じ、その上に民族のすべての正当な立法の基礎
がおかれねばならない唯一の体制なのである——。だから共和的体制は、権利〔法〕に関しては、それ自体、あらゆ C435
る種類の市民的組織の根源的な基盤となる体制である。そこで今問題となるのは、この体制がまた、永遠平和へと V127
導くことができる唯一の体制であるかどうかということだけである。

(原注)　法的な(したがって外的な)自由とは、よくひとがするように、特定の権限によって、つまり他の誰にも決して不当な C434 V126
行為さえしなければ、好きなことは何をしてもいいという権限によって定義することはできない。いったい権限とはどういうことであろうか？　それは他人に不法を行わないかぎりでの行為の可能性のことである。それゆえ権限を説明すれば、
「自由とは、他人に不法が生じないかぎりでの行為一般の可能性である。他人に不法さえ行わなければ、ひとは(やりたいと C435

思うどのようなことを行うにしても)他人に対して不法を行うのではない」ということになろう。このような説明はしたがって空虚な同語反復である。――かえって私の外的(法的)自由は、次のように説明することができよう。「外的自由とは、私がそれに対し同意をあたえることができた外的法則のみに従い、それ以外のいかなる外的法則にも従わない、という権限である。」――同様に国家における外的(法的)平等とは、人が他人を法的に束縛することができる場合、彼は同時に、自分も逆に同じ仕方で束縛されうるという法則の下におかれる、といった国家市民相互の関係である。(法的従属の原理については、それはすでに国家体制一般の概念の中に含まれているから、説明は不要である。)――これらの諸権利は生得的で、人間に必然的に属し、譲渡することができない。そしてこれら諸権利の妥当性は、人間自身がより高次の存在者(このような存在者が考えられる場合は)に対しても法的な関係にあるという原理によって確認され、検証される。このことは人間が、まさにこれと同一の諸原則によって、自分が超感性的な世界の国家市民でもある、と考えることによってなされる。――なぜなら私の自由についていえば、単なる理性を通じて私が認識できるところの神的な諸法則に関してさえも、自分でそれに同意することができた場合以外は、私はいかなる拘束力ももたないからである(というのは、私は、私自身の理性の自由の法則を通じて、はじめて神的意志という概念を理解するからである)。神のほかに、私が想像するもっとも崇高な世界存在者(たとえば、偉大なアイオーン)[14]に関して、平等の原則がどのようにかかわるかといえば、アイオーンがその持ち場で義務をはたすように、私もまた私の持ち場で私の義務をはたす場合、私にはただ服従する義務だけがあり、アイオーンには命令する権利がそなわっている、と考えるのは、まったく根拠のないことである。――この平等の原理は(自由の原理の場合とちがって)神への関係に注意をはらわないが、それはこの存在者〔神〕が、そのもとでは義務概念が終息する唯一の存在者である、ということにある。

しかし、すべての国家市民の臣民としての平等の権利に関して、世襲貴族が認められるかどうかという問いに答える必要があるが、その際問題になるのはただ次の点だけである。それは国家によって認められた(ある臣民の他の臣民に優越する)地位というものが、功績に先立つべきか、あるいはその逆であるか、という問題である。――さて明らかなことは、地位が生まれと結びついているときに、功績(職務をうまくこなし、職務に忠実であること)もまたそれにともなって生じるものかどうかは、まったく不確かであるということである。したがってこれは、あたかも（命令者であるという）地位が、一つの功績もないのに、優遇された者に付与されるのとまさに同じである。しかしこのようなことは、根源的契約（これこそあらゆる権利の原理であるが）における普遍的な民族意志が、決して議決することはないであろう。なぜなら貴族は、貴族だからといって、即高貴なる人ではないからである。――公職貴族（高級官僚の地位がこのように呼ばれることがあるが、この地位は功績によって獲得しなければならない）に関しては、この地位は所有権として人格に付属しているのではなく、職位に属しているのであり、そしてそれによって平等がそこなわれることはない。すなわち公職貴族は、その職をやめるときは同時にその地位を離れ、一般市民に戻るからである。――

ところで、共和的体制は、法概念の純粋な源泉から生じたものであるというその根源の純粋さのほかに、さらに望まれているところの結果、つまり、永遠平和への展望をもつ体制である。その理由は以下の点にある。――はたして戦争をすべきかどうかを決定するために、国家市民の賛同が求められる（それはこの体制の下にあっては当然のことである）場合に、彼らは自分自身の上にふりかかる戦争のあらゆる災難を引き受ける（たとえば、彼ら自らが戦い、彼ら自身の財産から戦費を出さなければならない、また戦争が残す荒廃を苦労して復旧しなければならない、そしてこれらの有り余る災厄に加えて、最後になお、平和そのものをも、つらいと感じさせる、決して（というのはたえず新たな戦争が近づいているので）*完済するあてのない借金の重荷を背負いこまなければならないなどの）決意をしなければならないから、こうした割に合わないばくち［つまり戦争］を始めることに対し、彼らがきわめて慎重になるのは、実に当然のことなのである。これに反して、臣民が国家市民の資格をもたないような、したがって共和的でないような体制の下にあっては、戦争はまったくためらいを必要としない世間事であるが、それは元首が国家の一員ではなくて、国家の所有者であるからである。彼は戦争によって、彼の食卓や狩猟［のような遊び］や離

W206　V128　C436 W205

宮や宮中宴等々に関して少しも失うところがない。そのため彼は、戦争を一種の遊戯でもあるかのように取るに足らない原因から決定し、体裁をつくろうために、戦争の正当化については、いつも待機している各国の外交使節団に勝手にゆだねることができるのである。

＊　　＊　　＊

共和的体制を民衆的体制と混同しないためには(ふつうには混同されているが)、次の点に注意しなければならない。国家(civitas)の形態は、最高の国家権力を所有する人々の数の違いによって区分するか、あるいは国家の元首がいかなるやり方を欲するかは問わないで、その元首による民族の統治方式によるか、そのいずれかによって分類することができる。前者は本来支配の形態(forma imperii)と呼ばれるもので、三つの形態が可能である。支配権をもつ者がただの一人であるか、互いに結合したところの幾人かであるか、あるいは市民社会を形成するところの者すべてであるかのいずれか、すなわち(君主制と貴族制と民衆制、君主支配と貴族支配と民衆支配)のいずれかである。後者は、統治の形態(forma regiminis)であって、憲法(それによって群衆を一つのまとまった国民とする普遍的意志の働き)に基づく仕方、つまり国家がその絶対権力を行使する仕方に関するものである。そしてこの関係においては、形態は共和的であるか、あるいは専制的であるかのいずれかである。共和制は、執行権(統治権)を立法権から分離する国家原理であり、これに対して専制政体は、国家が自らつくった法律を国家が独断的に執行する国家原理である。したがって〔後者の場合〕、公共的意志とはいっても、それは統治者によって彼の私的な意志として用いられるかぎりでの公共的意志なのである。――この三つの国家形態のうち、民衆制と呼ばれる形態は、

A 352
C 437

V 129
W 207

言葉の本来の意味において必然的に専制である。なぜなら民衆制はその執行権の下では、全員が全員に関して場合によっては一人の人間に反対してまでも(つまりその人間が賛同していないのに)決議できる、つまり実は全員ではないのに、表向き全員が決議できるからである。しかしこのことは普遍的意志の自己自身に対する矛盾であり、また自由に対する矛盾である。

すなわち、代表制でないすべての統治形式は、本来まともでない形式といえる。なぜなら立法者が同じ一つの人格において、同時に彼の意志の執行者となることは、(ちょうど理性推理において、大前提の普遍が、そのまま同時に小前提の特殊の普遍への包摂ではありえないのと同様に)無理なことだからである。ところで〔民衆制以外の〕他の二つの国家体制も、こうした統治方式への余地を残しているかぎり、つねに欠陥をもつけれども、しかしそれらが代表制度の精神にかなった統治方式を受け入れることは少なくとも可能である。たとえば、何はともあれ、フリードリヒ二世[15]が、自分は国家の単なる最高の従僕である[原注1]、と語ったような仕方においてである。これに反して民衆的な国家体制は、そこでは全員が君主であることを欲するからそれを不可能にするのである。――それゆえ次のように言えよう。国家権力に携わる人員(支配者の数)が少なければ少ないほど、これに反して国家権力の代表者数が大きければ大きいほど、国家体制はそれだけ多く共和制の可能性に合致し、徐々に行われる改革を通して、ついには自身を共和制にまで高めることを望むことができる、と。こうした理由から、この唯一完全な法的体制に達することは、たしかに貴族制の方が君主制の場合より困難であるが、しかし民衆制においては、暴力革命による以外は不可能である。しかし国民にとっては、統治方式[原注2]の問題の方が国家形態よりも比較にならないほど重要である(もっとも、共和制という目的に対し統治方式の適合する度合いの大小は、国家形態のあり方にきわめて多く依存

V 130　W 208　A 353　C 438

するのであるが)。しかし統治方式は、それが法概念にかなっているためには、代表制度でなければならない。代表制度においてのみ、共和的統治方式は可能になるのであり、この制度を欠くと、統治方式は(どのような体制を望もうとも)専制的で暴力的となるのである。――古代のいわゆる共和国はどれ一つとして、このことを知らなかった。そのためにそれらはついには専制政治に成り下がってしまった。というのはただ一人の最高権力者の下にある専制政治がなおもっとも耐えやすいからである。

C 439

A 352
C 437
V 129
W 207

(原注1)　支配者にしばしば奉られる尊称(神の膏油を塗られた者〔救世主〕、地上における神の意志の代理者、またはその代行者、というような尊称)は、めまいを起こさせるあからさまなお世辞としてよく非難されてきたが、それは私には根拠のない非難のように思われる。――このような尊称が領主を高慢にするというのは的外れであり、むしろこれらの尊称は、彼を謙虚な心にさせるはずである。というのは、彼が悟性をもち(これはなんとしても前提されなければならない)、彼が一人の人間にとってはあまりにも大きすぎる職務、神が地上において有するもっとも神聖なもの、つまり人間の法を管理するという職務を引き受けていることを熟慮し、神が寵愛する人間の法をなんらかの点で傷つけることがないようにと、いつでも心配している必要があるからである(16)。

A 353

C 438

(原注2)　マレ・デュ・パンは、いかにも天才のことばらしく聞こえるが、その実、空虚で中身のない言葉を使って自慢げに語っている。多年の経験の後、ついに自分はポープ(17)の有名な格言、つまり「最善の統治の何であるかは、愚かな人々に論争させよ、もっともよく執行された統治が最善の統治なのである」という格言が、真実であることを確信するにいたった、と。このことが、もっともよく執行された統治がもっともよく執行されたのである、というだけの意味であるならば、スウィフト(18)*の表現を借りると、彼はクルミを歯でこじあけたが、クルミが恵んでくれたのは実を喰った虫だった、ということになる。しかしこのことが、もっともうまくいった統治が最善の統治方式、つまり最善の国家体制でもある、ということを意味するならば、それは根本的に間違っている。なぜなら、よい統治についての実例があっても、統治方式の善悪については、なにも証明していないからである。――たとえばティトゥス(19)やマルクス・アウレリウス(20)のような人々よりもよく統治したひ

とはいないと言ってよかろう。だが一方はドミティアヌス[21]といったひとを、他方はコンモドゥス[22]のようなひとを、後継者に残したのである。このようなことは、よい国家体制の下では起こりえなかったことであろう。彼らがこの職務に不適格であることはとっくに知れわたっていたし、また支配者の権力も、彼らを排除するのに十分だったからである。

A354
C439
V130
W208

永遠平和のための第二確定条項

国際法は自由な諸国家の連合の上に基礎を置くべきである。

V131
W209

国家単位でまとまっている諸民族は、個々の人間のように評価されうる。すなわち諸民族は、その自然状態においては(つまり外的法則の従属下にない場合には)、互いに隣り合っているだけですでに害を与えあっているのであり、だから各民族は自分たちの安全のために、彼らの権利が保証されうる場として、一緒に市民的体制に類似した体制に入ることを、他に対して要求することができるし、また要求すべきなのである。この状態は国際連盟といってもよいが、そうはいってもそれは諸民族合一の一国家であってはならないと思う。そのような国際国家にはむしろ矛盾があろうからである。というのは、どの国家も上位の者(立法者)の下位の者(服従者、すなわち民衆)に対する関係を含んでいるが、もしもそうであるのに諸民族が一国家になるとすると、その場合たった一つの民族だけが形成されることになって、前提に矛盾するからである(なぜなら、この場合われわれは諸民族がそれぞれに異なった国家を形成し一国家に融合すべきものではないという観点で、諸民族相互の法を考察すべきであるからである)。
ちょうどわれわれが、未開人の無法則な自由への執着、つまり彼ら自身によって制定されるべき法的強制に従うよりは、むしろたえず争いあうことの方を好み、したがって理性的な自由よりもきままで愚かな自由を選ぶことをひどく軽蔑し、粗野で無作法、人間性の動物的な低落とみなしているのと同じように、ひとは次のように考えるのが妥当である。すなわち開化した(それぞれが自分たちで一国家を形成している)諸民族には、このような非難を受ける状態からの脱出を急ぐことが早ければ早いほど望ましいのである、と。ところがこれに反して各国家は国家の威厳(民衆の威厳という表現は変な感じだから)というものを、まさにいかなる外的な法的強制の下にも置かれていない点にあるとしている。C440 さらに国家元首の栄光は、自らは何らの危険に身をさらす必要なく、幾千もの人々を自由にあやつり、彼らにはまったくかかわりのないことのために、犠牲に供しうる点にあるとしている。(原注) そしてヨーロッパの未開人がアメリカの未開人と主として異なる点は、後者の多くの部族が部族の敵によってまったく食い尽くされてしまったのに対し、前者は被征服者たちを食べ尽くすよりももっとうまい利用法を知っていた点にある。A355 V132 W210 つまり食べるよりは彼らを集めて自らの臣下の数を増やす方を、したがって規模の拡大した戦争のための道具の量を増すことの方を選ぶのである。

(原注) そのためブルガリアのある領主は、ギリシアの皇帝が国民に対する思いやりから、彼との争いを二人の決闘で決着しようと申し出たときに、「鍛冶屋は鋏《やっとこ》をもっている以上、石炭の間から灼熱した鉄を自分の手で取り出したりはしないでしょう」と答えたのである。A354 V131 W209

このような人間の本性にそなわる邪悪は、諸民族の自由な関係においては、あからさまに立ち現れるのであるが A355 V132 W210
(もっともそれは市民的＝法的状態においては、統治の強制によって、いちじるしくおおい隠されている)、むしろ驚くべきことは、それなのに法という言葉が、軍事政策の面から、融通のきかないこだわりであるとしてまだ完全に追放されたこともなければ、またいかなる国家もこのような法の追放という考えに公に賛成を表明するほど大胆ではなかった、という事実である。実際、フーゴー・グロティウス、[23] プーフェンドルフ、[24] ファッテル、[25] その他の人々(いずれもひとを慰めようとしてかえってひとを煩わす者たち)[26]が、彼らの法典は哲学的あるいは外交的に作成されたものであって、少しの法的効力ももたず、また事実もつことすらできないのに(というのは諸国家自体は共通の外的強制の下にはないから)、まだ相変わらず忠実に戦争の開始を正当化するために引用されているのである。そうはいっても、ある国家がこれまでに、これらの重要な人々の証言で武装された議論を通して、自分の意図を放棄するにいたった実例は一つとしてない。――あらゆる国家の法概念に対する(少なくとも言葉の上での)敬意表明は、人間の中にはもっと大きな道徳的素質があって、たとえ現在は眠っていても、やがては人間の中にひそむ悪の原理(人間はその存在を否認することはできない)に打ち勝ち、他人にもそれを期待できる、ということを示している。なぜなら、もしそうでなければ、互いに戦おうとしている諸国家は、あのガリアの領主[27]が法〔権利〕という言葉を説明して、「弱者が強者に服従すべきであることは、自然が強者に与えた特権である」と言ったように、法という言葉を単に嘲笑する場合は別として、決して口にすることはないであろうからである。

さて、諸国家がそれぞれ自分の権利を追求する方法は一般の裁判所におけるように審理という形をとることは不可能で、ただ戦争という手段がありうるだけである。だが戦争によって、そしてその幸運の結果である勝利によって、権利〔の正当性〕が決まるわけではなく、また平和条約によって、いちおう今回の戦争は終結されるが、(いつも新しい口実を見つけようとしている)戦争状態に終止符が打たれるわけではない(そしてこのような戦争状態をひとは一概に不法であると宣告することもできない、なぜならこの状態においてはそれぞれの国家が自分の事柄に関

V 133　C 441

W 211

して裁判官だからである)。だがまた、無法則的状態にある人間には、自然法によって「このような状態から抜け出なさい」と言えるが、国家に対しては、これと同じことが国際法によって必ずしも言えるわけではない(なぜなら、いずれの国家もそれぞれ国家として国内にすでに法的体制をもっており、したがって他の国家が、自己の法概念に従って、より拡大された法的体制の下に入るべきだと強制しても、このような強制は効き目がないからである)。それにもかかわらず、なお理性は道徳的に立法する最高権力の座から、訴訟手続としての戦争を断固として弾劾し、これに対して平和状態を直接の義務とするのである。しかしこの平和状態は諸民族相互の間の契約がなければ、樹立されることも、また保証されることも不可能である。――以上に列挙した理由から、平和連盟(foedus pacificum)とでも呼ぶことのできる特別な種類の連盟が存在しなければならない。そしてこの連盟は、平和条約(pactum pacis)とは別のものである。両者の区別は、平和条約が単に一つの戦争の終結を目指すのに対して、平和連盟はすべての戦争が永遠に終結するのを目指す点にあるといえよう。この連盟は、なんらかの国家権力の獲得を目的とするのではなくて、単に、ある国家自体の、そして同時にそれと連盟した他の諸国家の、自由の維持と保証とを目指すものなのである。しかもこれらの諸国家はその際(自然状態における人間のように)公法や公法の下での強制に服従する必要はないのである。――この連盟の理念は、次第にすべての国家の上に拡がり、そうして永遠平和へと続くことになろうが、その実現可能性(客観的実在性)については、はっきりと示すことができるのである。というのは、もし幸運にも、啓蒙された強力なある一民族が共和国(共和国はその本性上、必然的に永遠平和に傾くものであるから)を形成することができるならば、この共和国はほかの諸国家に対して連盟的統一の中心点となることができ、その結果これらの国家と合流し、国際法の理念に従って諸国家の自由な状態を保証することであろ

V 134　C 442
W 212
A 356

うから。そして連盟はこの種の多くの結合を通じて次第に広い範囲におよんでいくのである。

ある民族の、「われわれの間には戦争はあるべきではない。なぜなら、われわれはまとまって一国家を形成しようと欲しているから、すなわちわれわれは自分たちの紛争を平和的に調停する最高の立法権、統治権、裁判権をわれわれ自身の上に設定することを欲しているから」という言明――これは理解することができる。――しかしもしもその国家が、「わが国に対しては、わが国の権利を保証し、またわが国もその存在を保証するような、相互保証的ないかなる最高の立法権も認めない、しかしわが国と他の諸国の間に戦争があってはならない」と語るとするならば、それはまったく理解のできないことである。すなわち、市民的な社会結合の代用物、つまり自由な連盟制度が存在しないとすると、その場合には、自国の権利に対する信頼をどう基礎づけたらよいのか、わからないのである。だから理性は、もしおよそ国際法の概念に考慮の余地があるとすれば、必然的に国際法の概念に自由な連盟制度というものを結びつけなければならないのである。

戦争への権利[28]としての国際法という概念には、もともと無理がある(なぜなら、このような国際法は、なにが権利であるかを、個々の国家の自由を制限する普遍妥当的な外的な法によってではなく、暴力を用いた一方的な格率[29]によって決定することになるからである)。またもしその概念が理解されうるとすれば次のようになろう。すなわち、このような考えをもった人々は、当然のことながら、やがて互いに殺戮をしあい、それゆえ永遠平和そのものを広大な墓の中に見出すことになるはずである。その墓とはあらゆる残虐非道な暴力行為とその行為者を一緒にその中に埋め尽くすところの広大な墓穴のことである。――理性によれば、互いに関係をもつ諸国家にとって、単に戦争しか含まないようなその無法な状態から脱出するためには、ただ次の方法しか考えられない。すなわち、国家も個々の人間と同じように、その未開な(無法な)自由をあきらめて公的な強制法に順応しながら、一つの(もちろんたえず増大していくところの)、ついには地上のあらゆる民族を包括するにいたるであろう国際国家(civitas gentium)を形成するという方法である。しかし彼らは、彼らの国際法の理念に基づいてこの方法をとることをまったく欲しないで、それ故一般論としてはin thesi正しいことを、具体論としてはin hypothesiしりぞけるから、一つの世界共和国という積極的理念の代わりに(もしすべてが失われてしまわないためには)戦争を防止し、たえず持続的に拡大する連盟という消極的代用物のみが、法を恐れ敵意をはらむ傾向性の流れを阻止できるのである。たしかに敵意ある傾向性が発生する危険はいつでもあるのであるが(「門の中で神を汚す狂乱は――血まみれの口をしてすさまじく叫ぶ。Furor impius intus—fremit horridus ore cruento.」ウェルギリウス)。[30](原注)

(原注)　戦争の終わった後、平和条約の締結に際して、感謝の祭りの後懺悔の日が公告されても、それは一民族にとって不適当とは言えないであろう。その場合天に向かって国家の名において、大きな罪過の許しの呼びかけが行われるが、この大きな罪過は、人類が相変わらずその責めを犯している罪過であり、他の諸民族に対する関係においていかなる法的体制にも従おうとせず、かえって自民族の独立を誇りとして、むしろ戦争という野蛮な手段(けれども戦争によって、求められるそれぞれの国家の権利は、取り決められるものではない)を用いようとする罪過なのである。――戦争期間中に、勝ち取った勝利を祝う感謝祭を行ったり、(ごくイスラエル的な表現の)万軍の主[31]に対する讃美の歌を歌ったりすることは、人間の父という道徳的理念とはかなり強烈な対照をなす事柄である。なぜならば、これらの行事は、諸民族が相互に権利を求め合う仕方(まことに悲しむに十分であるが)に対する無関心以外に実に多くの人間や、彼らの幸福を破壊したことについて、喜びをもたらしさえするからである。

永遠平和のための第三確定条項

「世界市民法は、普遍的な友好をうながす諸条件に制限されるべきである。」

この条項でも先の諸条項におけるのと同じように、提起されているのは博愛ではなくて、権利についてである。そしてここで友好(よいもてなし)というのは、外国人が他国の土地に足を踏み入れたというだけの理由で、その国の人間から敵としての扱いを受けない権利のことである。その国の人間は、彼の生命に危険のおよばない方法でするかぎり、その外国人を退去させることはできる。しかし彼が彼の居場所で平和にふるまうかぎり、その外国人に敵としての扱いをしてはならない。もっとも彼が要求できるのは、客人の権利(そのためには、彼をしばらく家族の一員として扱うという、特別の好意ある契約が必要とされるであろう)ではなくて、訪問の権利である。この権利は、地球表面の共同所有権に基づいて互いに友好を結び合うよう、すべての人間にそなわる権利である。つまり地球の表面は球面で、人間は無限に分散して拡がることはできず、結局は並存することを互いに忍び合わねばならないのであるが、しかし根源的には誰ひとりとして地上のある場所にいることについて、他人よりも多くの権利をもつものではないからである。——この地表で、人が居住することのできない部分、すなわち、海洋と砂漠はこうした友好関係を分断しているが、しかし船やラクダ(砂漠の船)は、この無人の領域をこえて人々が互いに近づくことを可能にし、人類に共通に属している地表の権利を、いずれは可能となる交通のために、利用しているのである。だから(たとえばバーバリ地方[32]の住民たちの)海岸でのひどい扱い、すなわち近海に近づく船を略奪したり、漂着し

C444　V136　W214　A358

た船員を奴隷にするといったこと、あるいはまた(アラビアのベドウィン人たちの)[33]砂漠でのひどい扱い、すなわち遊牧民族に近づき、それを略奪の権利とみなしてしまうこと、このような残虐な待遇は自然法に反するのである。しかしこうした友好の権利、すなわち新外来者の権限は、古くからの居住者との交通の試みを可能にする条件のもとでのみ有効である。――このようにして遠隔の諸大陸も相互に平和な関係を結び、その関係はついには公で法的なものとなり、結局は人類をますます世界市民的体制に近づけることを可能にするのである。

もしもこれに対し、われわれの大陸の文明化された諸国家、特に商業を営む諸国家の非友好的な振舞を比較してみるならば、彼らが他の土地や他の民族を訪問する際に(彼らにとっては訪問は征服と同一のことである)実際に示す不正行為は、恐るべき段階にまでおよんでいる。彼らにとっては、アメリカ、黒人諸国、香料諸島[34]、喜望峰などが発見されたとき、それらは誰の土地でもなかった。というのは、彼らはそこの住民を無に等しいと考えたからである。東インド(ヒンドスタン)においては、彼らは単に商業的支店を設置するだけであるとの口実のもとに外国の戦闘民族を導入したが、しかし彼らとともに原住民の圧迫、広範な範囲におよぶ戦争を引き起こすべくその地の諸国家の煽動を行い、飢餓、反乱、裏切り、そのほか人類を苦しめるあらゆる災厄の嘆きをもたらしたのである。

だから中国(原注)と日本(ニポン Nipon)*が、一応これらの来訪者を吟味してから、以下の措置をとったのは思慮深いことであった。前者は、来航は許可したが入国は許可せず、後者は来航することさえただヨーロッパの一民族であるオランダ人だけに許可し、しかもその際に彼らを捕虜のように扱い、自国民との共同生活体から閉め出したのである。この際もっとも悪いこと(あるいは、道徳的裁判官の立場から見れば、もっともよいこと)は、彼ら[ヨーロッパ人]が前述のような暴力行為によって少しも満足な結果を得ていないということ、またこれらすべての商業組

C446　V138　C445 V137 W216　A359　W215

織が破産の危機に瀕していること、そしてまたもっとも残酷でもっとも巧妙に考え出された奴隷制の本拠である砂糖諸島[35]が、少しも本当の利益をあげず、ただ間接的に、しかもあまり賞められない意図のために、つまり艦隊の水兵を養成するために、したがって再びヨーロッパでの戦争を遂行するために、尽くしていることである。しかもこれらを行っているのは、しきりに敬虔なることを口にし、不正を水のように飲みながら、正統信仰において選ばれた者とみなされることを欲する列強諸国なのである。

(原注)　この大国を、この国自身が呼ぶ名前で書き表そうとするならば(すなわちヒナ China であって、シナ Sina やそれに似た発音ではない)、ゲオルギウス[36]の『チベットの文字』六五一頁から六五四頁の部分を、とくに注のb以下を参照してほしい。——ペテルスブルクのフィッシャー教授[37]の所見によると、本来この国は、自分自身を呼ぶための特定の名前をもっていない。もっとも普通の名前は、キン Kin、つまり金(チベット人は金をセル Ser という語で表現している)という語による名前である。それゆえ、その皇帝は黄金の王(世界でもっともすばらしい国の王)と呼ばれている。この語は、おそらく自国中では、ヒン Chin と発音されるのであろうが、イタリアの宣教師たちによって(ヒという喉音がうまく発音できなかったので)、キン Kin と発音されることになったのであろう。——このことから、ローマ人たちによっていわゆるセル[38] Serer と呼ばれた国が中国であったこと、また絹が大チベットをこえて(おそらく小チベットやブハラ地方を通り、ペルシアをこえ、順々に)ヨーロッパに運ばれたことがわかる。そしてこのことは、チベットや、チベットを通じて日本と結ばれていたヒンドスタン〔インド〕の古代と比較することにより、われわれをこの驚嘆すべき国〔中国〕の古代に関する多くの考察へと導くのである。しかしシナ Sina やチナ Tschina といった、近隣諸国がこの国につけた名前からは、なにも導かれることはない。——またこれまで正確に知られていない大昔のヨーロッパとチベットの間の交流は、ヘシュキオス[39]がそれについてわれわれに書き残してくれた事柄、つまり、コンクス・オームパークス *Κογξ 'Ομπαξ* (Konx Ompax) という、エレウシスの密儀[40]において祭司が叫ぶ言葉から、明らかにされるであろう(『若きアナカルシスの旅』[41]第五巻四四七頁以下参照)。——というのは、ゲオルギウスの『チベットの文字』によれば、コンキオア Concioa という語は神を意味するが、この語

A360　C445　C444　V137

はコンクス Konx ときわめてよく似ている。パー・キオ Pah-cio(同書五二〇頁)という語は、ギリシア人たちによって容易にパークス pax と発音されたことであろうが、それは法の公布者 promulgator legis を意味し、全自然を通して分配され [V 138] ている神性(これはケンクレシ Cencresi とも呼ばれた。一七七頁)を意味する。——ところでオーム Om という語は、ラクローズ[42]がベネディクトゥスつまり祝福されたと訳しているが、神性に適用されると、おそらく祝福された聖者を意味したにちがいない。五〇七頁。ところでフランツィスクス・ホラティウス神父[43]は、チベットのラマ僧たちに、しばしば神(コンキオア)という言葉のもとになにを思うかと尋ねたところ、いつも「それはすべての聖なるものの集合である」(すなわち、ラマ教が説く再生によって、あらゆる種類の物体を通してさまざまに変転した後、最後に神性へと復帰し、ブルハナ Burchane すなわち崇拝に値する存在へと転化した聖なる諸々の魂のことである。二二三頁)という答えを得たという。それゆえ、あの神秘的なコンクス・オームパークスという言葉は、おそらく神聖な(コンクス)、祝福された(オーム)そして賢明な(パークス)、世界にあまねく拡がった最高の存在(人格化された自然)を意味することになろう。そしてこの言葉はギリシア [W216] の密儀で用いられた場合には、民族の多神教に対して、視霊者たちにとっての一神教を暗示したのであろう。もっともホラティウス神父は(同ページで)、この言葉に無神論の危険を感じとったのであるが。——しかしともかくあの神秘的なことばが、どうしてチベットをこえてギリシアに達したかは、以上の仕方によって説明されるのであり、また逆にこれによって、ヨーロッパが早くからチベットをこえて中国と交渉していた(おそらくヒンドスタンとの交渉に先立って)こともほぼ確実視されるのである。

ところが今や、地球上の諸民族の間にいったんあまねく広まった(広狭さまざまな)共同生活体は、地球上の一つ [V 139 C 446] の場所で生じた法の侵害が、あらゆる場所で感じられるほどにまで発展を遂げたのである。だから世界市民法の理念は、もはや法の、空想的でとっぴな考え方ではなく、公的な人類法一般に対し、したがってまた永遠平和に対し、 [W217] 国法や国際法の法典にまだ書かれていないことを補足するものとして必要なのである。ひとはこうした条件の下においてのみ、永遠平和に向かってたえず接近しつつあると自負することが許されるのである。

第一補説[44]* 永遠平和の保証について

永遠平和の保証(担保)にあたるものは、偉大な芸術家である自然(natura daedala rerum 諸物の熟練した造り手である自然)である。自然の機械的な流れからは、人間の不和を通じて、人間の意志に反してもなお、融和そのものを生まれさせようとする合目的性が、輝き出ている。だからこうした合目的性は、その作用法則によればわれわれには知られていないある原因があって、その強制によるものと考えれば、運命と呼ばれてもよく、また世界の進行過程におけるその合目的性を、人類の客観的な究極目的を目指し、この世界経過をあらかじめ定めているような、より高次の原因である深い知恵と考えれば、摂理と呼ばれてもよい。(原注)われわれはこの合目的性を、もともと自然のこうした芸術的設備において認識するのでもなく、あるいは単にこの設備に基づいて推論するのでもない。そうではなくて、われわれは、(目的一般に対する事物の形態のあらゆる関係におけるように)合目的性の可能性を、人間の芸術的な行為との類比に従って概念的に理解するために、ただ合目的性という概念を付け加えて考えることが可能であり、またそうしなければならない。しかしこの合目的性と、理性が直接われわれに命じる目的(すなわち道徳的目的)とが、どのように関係し合致するかを考えることは、一つの理念のはたらきである。この理念は理論的見地においてはたしかに足が地につかない感じのものであるが、しかし実践的見地においては(たとえば永遠平和という義務概念に関して、あの自然の機構をそのために利用するという見地においては)教理的であり、またその実在性に関しても十分根拠のあるものである。――ただしこの場合のように、単に理論が問題である(宗教を問題とするのではなく)場合には、人間の理性がもつ制限のことを考えれば(人間の理性は、原因とその結果との関

W219　V141　C448 A362 W218 C447 V140　A361

係に関しては、可能な経験の範囲内にとどまらなければならない)、自然という言葉の使用は、われわれに認識可能な摂理という表現よりも適当であり、またより謙虚でもある。この摂理という表現を用いることによって、ともすればひとはおこがましくもイカロスの翼[45]を自分の身につけ、摂理のはかりがたい意図の秘密を冒すことになりやすいからである。 C449

A361 C447 V139 W217
(原注)　自然の機構の中には、人間も(感性的存在者として)その自然に共に属しているが、そこにはすでに自然の存在の根底にそなわっている一つの形式が見出される。われわれはこの形式を、自然をあらかじめ規定している世界創造者の目的を基礎に置いてみなければ理解できないのであるが、こうした世界創造者のあらかじめの規定をわれわれは(神的な)摂理一般と呼び、それが世界の始元に置かれている場合は、創設する摂理(providentia conditrix 創始者の摂理。semel iussit, semper parent いったん命じられたら、つねに従う。アウグスティヌス)[46]と呼び、しかし自然の流れの中で、この流れを合目的性の普遍的諸法則に従って維持するときには、支配する摂理(providentia gubernatrix 支配者の摂理)と呼ぶ。さらに、人間によっては予知できない成果からのみ推測される特別な諸目的においては、指導する摂理(providentia directrix 指導者の摂理)と呼ぶのである。その上最後に、神の目的とみなされる個々の出来事においては、もはや摂理とは呼ばずに、天命(directio extraordinaria 異常なる指図)と呼ぶのである。もっとも天命を天命そのものとして認識しようとすること V140
(個々の出来事は奇蹟とは呼ばれないけれど、天命は実際に奇蹟を指しているから)は、人間の愚かな不遜である。なぜなら、たった一つの出来事から、作用原因の特別な原理(この出来事は目的なのであって、われわれには全然わかっていないほかの目的から生じた単なる自然機構的な副産物ではないということ)を推論することは、たとえどれほど敬虔で謙虚な語り方であっても、不合理であり、またうぬぼれのきわみだからである。――同様に、摂理を(内容的に考察して)世界の諸対象にいかにかかわるかによって、普遍的な摂理と特殊な摂理とに分類することも、あやまりであり、自己矛盾である(たとえば、 W218
摂理は被造物の種々なる類の維持については配慮するが、しかし個体については偶然にゆだねる、といった分類がそれである)。というのは、まさに摂理がその意図において普遍的と呼ばれるのは、ただ一個のものでもそれから除外することは考えられないためである。――おそらくひとはここで摂理の分類を(形式的に考察して)摂理の意図が実現される仕方に関して考えたのであろう。すなわち通常的摂理(たとえば、自然が四季の変化にしたがって、死んでは、また生まれかわることなど)と、異常的摂理(たとえば、氷海岸に、そこでは育つことのできない木を、それなくしては生活のむずかしいその地の住民のために、海流が運んでくることなど)とへの分類である。異常的摂理の場合、われわれは十分にこれらの現象の物理的＝機械的原因を説明することができるが(たとえば、温暖な地方に樹木が生い茂った川岸があり、その樹木が川に倒れて落ち込み、メキシコ湾流のような海流によって、さらに遠くまで運ばれるのである、と)それでもなお、われわれは、やはり自然を意のままにしている知恵の配慮にわれわれの注意を向けさせるところの目的論的〔意図〕を見逃してはならない。――ただ、感性界での作用に対する神の参加または協力(concursus)という、ひろく学校で使われている概念は、廃止されなければならない。なぜなら、類を異にするものを組み合わせようとすること(gryphes iungere equis グリュプスを馬とかけあわせること)や、それ自体が世界の変化の完全な原因であるもの〔神〕をして、みずから予定する摂理に対し世界の流れの中でさらに原因を補充させる(したがって、その摂理は不完全であったということになろう)ということ、たとえば、神につづいて医者が病人を治した、したがって医者が神の助力者としてその場にいた、と言うとすれば、第一にそのこと自体自己矛盾である。というのは、単独の原因は助力しない causa solitaria non iuvat からである。神は、医者と彼が用いるすべての薬剤の起因者であり、それゆえもしひとが理論的にはわれわれに理解できない最高の根本原因にまでさかのぼろうとするなら、その作用の結果はすべて神に帰されなければならないのである。あるいは逆に、われわれがこの出来事を自然の秩序に従って解釈できるものとして、世界の諸原因の連鎖において追求するかぎり、結果をすべて医者に帰することもできるのである。第二に、このような考え方は、ある効果を判定する際の一定の原理をすべてうばいさってしまう。しかし道徳的＝実践的見地(したがって、まったく超感性的なものに向けられている見地)においては、たとえば、われわれの心情が真ならば、神がわれわれ自身の正義の欠陥を、われわれには理解しがたい手段を用いても補ってくれるであろう。だからわれわれは善への努力においてなにごとをもなおざりにしてはならない。このような信仰においては、神の協力 concursus という概念は、まったく適切であり、実に必要不可欠である。しかしその際おのずから理解されることは、なんぴとも善い行為

(世界における出来事としての)を、この概念によって説明しようと試みてはならないということである。こうした試みは、超感性的なものを、あたかも理論的に認識できるかのように思いこむ行為であり、したがってつじつまのあわないことだからである。

さて、この保証をよりくわしく規定する前に、自然がその大きな舞台の上で行為する人格のために設備したところの状態と、自然の平和の保証を結局は必然的なものとしている状態というものを、あらかじめさがしもとめておく必要があろう。——それから、初めて自然がどのような仕方でこの保証を行うかを探求しよう。

自然の暫定的な設備は、次のいくつかの点に存在する。自然は、——(一)人間のために地球上のあらゆる地域で、そこで生活できるように配慮した。——(二)戦争によって、そこに人間を住まわせるために人間をあらゆる場所に、きわめて不毛な土地にまで駆りたてた。——(三)同じく戦争によって、人間を多かれ少なかれ法的な関係に入ることを強制した。——氷海に面した寒い荒野にも苔が生じ、トナカイは雪の下からそれを足で掻き集めて生活するが、そのトナカイ自身はオストヤーク人やサモエード人[48]の食料となり、あるいは橇《そり》引きに用いられるのである。また塩分の強い砂漠でさえ、ラクダにとって(必要不可欠な食物を)[49]*含み、ラクダがいわばそこを旅行してまわるのにつくられたものと見えるのも、それは砂漠を利用しないで放置することのないためである。これらはまさに驚嘆に値する。しかし次のことに気づくと自然の目的というものがもっと明瞭になる。すなわち、氷海の海岸には毛皮の動物のほかに、なおアザラシ、セイウチおよび鯨がいて、その地の住民に肉を食料として、その油を燃料として提供しているという事実である。しかし自然の配慮がもっとも驚嘆の念を起こさせるのは、流木によってである。自然は流木を(それがどこから流れてくるのか、はっきり知らないが)これらの樹木のない地方に運ぶのであるが、この材料がなければ、住民は乗物も武器も、また住むための小屋も作ることができない。彼らはこのようにして動物と戦うことに力をとられ、互いに平和に暮らしているのである。——彼らをこうした土地にまで駆りたてたのは、おそらく戦争以外のなにものでもなかったであろう。人間が地球住民になってから、飼い馴らし、家畜にすることを覚えたすべての動物のなかで、最初の戦争道具は馬である(象はやや後の時代のもので、すでに国家が、成立した時代の贅沢品である)。同様に、現在われわれには、もはやその原始の状態は知りがたいものになっている今は穀物と呼ばれる草々を栽培する技術や、移植や接ぎ木による果物の多様化と、改良(おそらくヨーロッパにははじめ野生のリンゴとナシの二種類しかなかった)は、すでに国家が樹立され、保証された土地所有の状態においてのみ、起こりえたのである。——だがここにいたるまでに、人間は法のない自由な状態の下ですでに狩猟や、[原注]漁労や遊牧の生活を経て、農耕生活にまでいきついていたのである。そして塩と鉄とが発見されると、これがおそらくさまざまな民族の間の通商で、広範囲に求められた最初の商品*となり、この通商によって彼らは初めて相互に平和な関係に導かれ、遠く隔たった人々とでさえ互いに協調し、交際し、平和な関係を結ぶようになったのである。

(原注)　あらゆる生活様式の中で、狩猟生活が疑いもなく文化の進んだ開化体制に、もっとも反するものである。なぜなら、狩猟生活では、おのおのの家族は孤立しなければならず、あるときは互いに疎遠となって広い森林の中に分散し、あるときはまた敵対的にもなるからであり、どの家族も、食料と衣類の獲得のために、多くの場所を必要とするからである。——ノアの血の禁止(モーセ第一の書『創世記』第九章第四—六節[50])は、ごくはじめのうちは狩猟生活の禁止にほかならなかったと思われる(この禁止は、しばしば繰り返し出現しているが、後になっては、もっとも他の意図からであるが、ユダヤのキリスト教徒によって、異教徒が新たにキリスト教徒となるときの条件とされた。『使徒言行録』第一五章第二〇節[51]および第二一章第二五節)。なぜなら、狩猟生活においては、生肉を食べる機会がしばしば起こるに違いないから、後者〔狩猟生活〕と

同時に前者〔ノアの血〕もまた禁止されたのである。

ところで自然は人間が地上のいたるところで生活することができるように配慮したが、同時にまた自然は、人間がその傾向性に反してもなお、いたるところで生活すべきことを独断的に望んだのである。しかもこの「すべし」、「なすべきである」という意味は、義務概念を同時に前提として、この義務概念が道徳法則を用いて人間を拘束するのではなく、――そうではなくて自然は、前述の自分の目的を達するために、戦争を選んだということなのである。――それはわれわれが目にする次の事実が示すであろう。言語が同じであることからその起源の同一性を知りうる民族が、サモエード人のように一方は氷海の沿岸に住み、他方、それに似た言語の民族が、そこから二百マイル離れたアルタイ山脈に住んでいる。これはこの両者の中間に他の民族、つまり騎馬のたくみな好戦的なモンゴル*民族が割り込んできて、先の民族の一方を他方から遠く引き離し、もっとも荒涼な極北地方に追い散らしたからなのである。彼らがこの極地に自身の傾向性によって拡がっていったのではないことはほぼたしかである。(原注)――これと同じく、ヨーロッパ最北端の地に住むラップ人と呼ばれるフィン人は、言語の上では類縁関係にあるハンガリー人と、現在は前の例と同様に遠く離れているが、それはこの両者の間にゴート人とサルマチア人が割り込んだためである。また、エスキモー人(おそらく非常に古いヨーロッパの冒険家であって、アメリカのあらゆる原住民とはまったく異なった種族である)をアメリカ大陸の北の地域へ、ペシュレー人をアメリカ大陸の南の地域、さらにはフエゴ島(53)にまで駆りたてたのは、自然が人間を地球のいたるところに住まわせるための手段として利用する戦争以外のなんであったであろうか。しかし戦争そのものは、少しも特別な動因を必要としない。戦争は人間の本性に接ぎ木されているように見える。それどころか戦争は、人間が利己的な動機なしに、それに対し名誉心がみたされるような、何か高貴なものとみなされているように見える。こうした理由から、戦争につきまとう勇気は（アメリカの未開人によっても、また騎士時代のヨーロッパの未開人によっても）単に戦争の最中（これは当然である）ばかりではなく、戦争を始める際にも、直接的な大きな価値のあるものと判定されたのである。そして戦争はしばしば単に勇気を示すために開始されるのであり、したがって戦争それ自体のなかに内的な尊厳のようなものが置かれているのである。そのうえ哲学者たちまでが、「戦争は悪人たちを取り除く以上に、かえって多くの悪人たちを作り出すから、その点で戦争は悪いのである」という、あのギリシア人の格言(54)を忘れ、戦争を人間性のある種の高貴化として讃美するのである。――自然が自然自身の目的のために、動物の一類としての人間に関して、行っていることについては、この位でやめておく。 V 145

(原注)　これに関してひとは次のよう問うかもしれない。もしも自然がこの氷海岸を無人のままにしないよう望んだとすれば、そして自然がいつの日か（これは予期できることである）、そこの住民たちに流木をもたらさないようになったら、その場合、住民たちはどうなるであろうか？　というのは、文化が進むとともに温帯地方の住民たちが、彼らの川岸に生育する樹木を、ただ川の中に倒れ落ち、そのまま海へ流れるにまかせるのではなく、もっとよく利用することも十分考えられうるからである。私はこれに対して答える。オビ川、エニセイ川、レナ川等々の沿岸の住民たちは、材木を商取引によって氷海岸の住民たちにもたらし、その代わりに、氷海岸をもつ海に非常に豊富な動物界の産物を手に入れることになろう。もっとも、そのためにはそれ（自然）がなによりもまずあらかじめ、両住民の間に平和を成り立たせておいてくれる必要がある。 A 364 C 450 W 222

A 365 C 451 V 145 W 223 さて、それでは永遠平和の意図する本質的な事柄に関する問題を扱おう。すなわち、自然は永遠平和への意図において、あるいは人間自身の理性が人間に義務として課す目的に関して、それゆえ人間の道徳的意図の促進のために、いったい何をなすのであろうか。そして自然は、人間が自由の法則に従ってなすべきではあるが、実際にはな C 452

そうとしない事柄をこの自由を傷つけることなく、自然の強制によって人間が確実にそれをなすようにするということを、どのようにして保証するのであろうか。すなわちそれを、国法、国際法、世界市民法という三つの公法すべてにわたって、どのように保証するのであろうか。——私が自然について、自然はこのことあるいは他のことが生じることを意志している、と語るとき、その意味は、自然がわれわれにそれをなす義務を課しているというのではなく（というのは、それは強制から自由な実践理性だけがなすことができることだから）、自然が自らそれをなすということなのである。それは、われわれが意志しようとしなかろうと、同じことである（「運命は欲する者を導き、欲しない者を引きずっていく fata volentem ducunt, nolentem trahunt」）(55)。

一、たとえある民族が、その内部の不和によって、公法の強制の下に入るように強いられていない場合にも、戦争というものが外部から公法の強制下に入ることを強いることであろう。それは前述の自然の設備によって、各民族とも自己を圧迫する他民族を隣人に見出すから、それに対して力として武装して対抗するためには、それぞれの民族が内部で国家を形成しなければならないからである。ところが、人間の権利〔法〕に完全に適合している唯一の体制は共和的体制であるが、それはまた樹立するのにもっとも困難な体制であり、それを維持するのは、さらに難しいのである。実際多くの人々が、それは天使の国でなければならないというほどなのである。なぜなら、人間は利己的な傾向性をもっているから、このような崇高な国家形式には、おそらく向かないであろうというのである。しかし自然がこの際、尊敬すべき、だが実践には無力な、普遍的で理性に基づくところの意志に対して、しかもまさにあの利己的な傾向性を通して、援助を与えてくれるのである。つまり利己的な傾向性に対して互いの力を対抗させて、一方の力が他方の力の破壊的作用を阻止したり、あるいはそれを取り除いたりすることが可能であるようなたしかな国家組織(それを作り出すことはもちろん人間に可能である)こそが重要なのである。そして理性にとって、このことがうまくいった場合、あたかも両方ともにまったく存在しなかったかのような結果になるのである。こうして人間は、たとえ道徳的によい人間ではないにしても、よい市民であることを強制されているのである。国家樹立の問題は、どんなにそれが困難に聞こえようとも、悪魔たちからなる民族にとってすら(悪魔が悟性をもってさえいれば)解決可能な問題であって、それは次のように言い表される。すなわち、「理性的な存在者の多くは、全体では自分たちを保持するために普遍的法則を要求するが、しかしそれぞれ個別にはひそかにその普遍的法則から逃れようとする傾向がある。そこで、そうした理性的な存在者の集まりに、たとえ彼らが個人的な心情においては互いに対抗し合っていても、私情を互いに抑制し、公の行動の場では、そうした悪い心情をもたなかったのと同じ結果をもたらす秩序を与え、体制を組織することが問題なのである」と。このような問題は、解決が可能なはずである。なぜなら、人間の道徳的改善ではなくて、単に自然の機構の問題だからである。すなわち、自然の機構について、この課題が知りたい点は、民族内部の不和な心情の衝突を裁き、彼らが互いに強制法の下に入ることを強要しあい、その結果、法が効力をもつ平和状態を必ず引き起こすために、ひとは自然の機構を人間に対してどのように利用することができるか、ということである。ひとはこのことを、現実に存在し、まだきわめて不完全な形で組織化されている諸国家についても、認めることができる。すなわちそれらの国家は、その対外的な態度において、たしかに法の理念が命ずる事態にすでに非常に近づいてはいるけれど、道徳性の内面的なものが、もちろんその原因になっているのではないのである(事実、道徳性からよき国家体制が期待されるのではなく、かえって、よき国家体制によって初めて民族のよき道徳的教養が期待されるのである)。利己的な傾向性は、当然対外的関係におい

W225　C453

ても互いに反対に作用しあうが、こうした傾向性を用いる自然の機構を、それゆえ理性は手段として利用することができるのである。この自然の機構を通じて、理性自身の目的である法的指示にも活動の余地が開かれ、同時にまた、国家自身のできる範囲で対内的および対外的な平和が促進され、保証されるのである。――それゆえ、ここで言えるのは、次のことである。すなわち、自然は、法が最後には最高権力をもつことを、意欲しないわけにはいかない、ということである。ひとがいまここでなすことを怠っていることは、多くの困難がともなうとしても、結局はおのずからなされることであろう。――「籐の枝を強く曲げすぎると、それは折れてしまう。多くのものを求めすぎる者は、なにも望んでいない者である。」ブーテルヴェク。(56)

二、国際法の理念は、互いに独立して隣り合う多くの国家の分離を前提としている。このような状態は、それ自体すでに戦争の状態ではあるが(もしも諸国家の連邦的合一が敵対行為の勃発を予防しない場合には)、それでもなお、まさにこの状態の方が、理性理念によれば、他を制圧して世界王国へと移行していく一大強国のために、諸国家が溶解してしまうよりも、好ましいのである。なぜなら、法律は統治範囲が拡大するにつれてますます威力を失い、そして魂のない専制政治は、善の萌芽を根絶やしにしたうえ、最後には無政府状態に堕落するからである。それにもかかわらず、このことはどの国家(あるいはその元首)も要求するところであり、できれば全世界を支配し、こうした仕方で持続する平和状態に至ろうと望んでいる。だが自然は、それとは別のことを意欲するのである。――自然は諸民族の混合を防ぎ、諸民族を分離させておくために、二つの手段、つまり言語の相違と宗教の相違を(原注)用いている。言語および宗教の相違は、互いに憎しみあう性癖と戦争への口実をともなうものではあるが、しかし文化が向上し、諸原理におけるより広範囲な合致へと人間が徐々に近づくことによって、それは平和についての同

V148　W226　C454　V147　A367

意へと導くのである。この平和は、あの専制政治のように（自由の墓地の上に）あらゆる力の弱体化によってもたらされるのではなく、非常に活発な競争による力の均衡によってもたらされ、そして保証されるのである。

（原注）さまざまな宗教の相違というのは、風変りな表現である。まさにこれは、あたかもひとがさまざまな道徳についても語っているかのようである。たしかに歴史的な諸手段に対応するさまざまな信仰方式がありうるだろう。しかし歴史的手段は、もともと宗教に属するのではなく、宗教促進のために用いられるものの歴史、つまり知識の分野、に属するのである。 V147 W225
また同様に、それだけの数のさまざまな宗教聖典（ゼンダヴェスタ[57]、ヴェーダ、コーラン等々）もあるであろう。だが宗教に関しては、あらゆる人間に、またあらゆる時代に、妥当する唯一の宗教がありうるだけである。それゆえ信仰方式や聖典は、ただ宗教を運搬する道具を含むだけであって、またこの道具は偶然の産物であり、時代と場所のちがいによってさまざまでありうるのである。

A368 V148 W226
三、自然は賢明にも、おのおの国家の意志が、国際法を根拠としてまで、策略や暴力によって諸民族を自己の下に統一したいと思っている諸民族を分離しているのである。同様に自然は、他方ではまた、相互の利己心を通じて諸民族を結合しており、世界市民法の概念だけでは、暴力と戦争に対して、彼らの安全は確保されなかったであろう。これは商業精神のあらわれであり、商業精神というものは、戦争とは両立できないが、そのうちにあらゆる民族を支配するようになろう。なぜならば、国家権力の下にあるすべての権力（手段）の中で、おそらくもっとも信頼できる権力は金力であろうから、諸国家はそれゆえ、自分自身が（もちろん必ずしも道徳性の動機によるのではないが）、高貴な平和を促進するよう迫られ、そして世界のどこであれ戦争勃発の恐れがあるときには、あたかもそのために永続的な同盟関係にあるかのように、調停によって戦争を防止するように迫られている、と思うのである。というのは、戦争に向けての大団結は、事柄の本性からみて、きわめてまれにしか起こりえないし、それが成功する可能性はさらにまれだからである。——このようにして自然は、人間の傾向性における機構そのものを通じて、永遠平和を保証するのである。もちろんこの保証は、永遠平和の将来を(理論的に)予言するには十分でないけれど、しかし実践的見地からは十分であり、この(単に夢想的でない)目的に向かって努力することを、義務として課すのである。

第二補説　永遠平和のための秘密条項

公を旨とする公法の話し合いの過程で現れる秘密条項は、客観的には、その内容から見れば、一つの矛盾である。しかし主観的には、それを命じる人格の質の面から判断すると、自己をその条項の作成者であると公に声明することが、彼の品位をそこなうと思う場合、そこに十分秘密が成立しうるのである。

この種の条項はただ一つだけであるが、それは次の命題のうちに含まれている。すなわち、公の平和を可能にする諸条件に関して哲学者がもつ格率が、戦争に備えて武装している諸国家によって、忠告として受けとられるべきである、という命題がそれである。

しかし国家には当然最大の知恵が付与されているはずで、国家の立法にたずさわる権威にとってみれば、他の諸国家に対する彼の態度の原則に関して、臣民(哲学者たち)に教えを乞うということは、権威を傷つけることのように思われよう。しかしそれでもなお、哲学者に教えを求めることは、きわめて望ましいことなのである。だから国家は、哲学者たちに、無言で(つまり、国家はそれを秘密にして)、そのように忠告することをうながすことであろう。換言すれば、国家は、哲学者たちに、戦争遂行および平和樹立の普遍的格率について、自由にまた公然と発言させることが望ましい(というのも、彼らは、禁止さえしなければ、自らすすんで発言するであろうから)。なおまたこの点に関しての諸国家相互の一致は、なんら諸国家間相互のこの意図における特別な協定を必要としないのであって、一致そのものはすでに普遍的な(道徳的=立法的な)*人間理性によって義務づけられているのである。——しかしここで述べたことは、国家が、(国家権力の代弁者である)法律家の言葉よりも、哲学者の諸原則を優先しなければならない、ということを意味するのではなく、ただ哲学者の発言に耳を傾けよということである。法律家は、法の秤と、また正義の剣とを自分の象徴としてきたが、ふつう彼が剣を使用するのは、たとえば単に法の秤へのすべての外的な影響を防ぐためではなく、むしろ秤の一方の皿が下がろうとしないときに、剣を一緒にその皿に入れるためなのである(vae victis 敗者はあわれなるかな)[58]。こうしたことに最大の誘惑を受けるのは法律家であり、それも(道徳性の面でも)哲学者ではないところの法律家である。なぜなら彼の職務は、単に現行法を適用することであり、現行法そのものを改善しなくてもよいのかどうかを探求することではないからである。また法律家は実際は低い地位にある法律学科を、法律家には権力がともなうという理由によって(これは他の二つの学科[59]についても同様である)、高い地位に数えあげているからである。——哲学科は、これらの連合した学科の支配の下で、はるかに低い地位に置かれている。そのため、たとえば哲学については、哲学は神学の侍女であると言われるのである(同じことが他の二つの学科からも言われるが)。——だがひとは「侍女が明かりを掲げて貴婦人を先導するのか、それとも裳裾《もすそ》をとって後からついていくのか」を、正しく見ていないのである。

国王が哲学をし、あるいは哲学者が国王になるというようなことは、待望されるべきことではなく、また願われるべきことでもない。その理由は、権力の所有は、理性の自由な判断を必ずそこなうことになるからである。だが

W228　C456　V150

国王たちが、あるいは(自らを平等の法則に従って支配する)王様のような諸民族が、哲学者の階級を消滅させたり、沈黙させたりしないで、むしろ公然と語らせることは、両者にとってそれぞれの仕事を解明するために必要不可欠なことである。またこの哲学者の階級は、その本性上、徒党を組んだり、政治結社を設立したりする能力がないから、ひとは煽動による中傷を疑う必要はない。

A370
V151

付　録

Ⅰ　永遠平和を目指す視点より見た道徳と政治の不一致について

無条件に命令する諸法則の総体である道徳はすでにそれ自体として、客観的な意味における実践行為である。なぜならそれらの諸法則に従ってわれわれは行為すべきであるから。だから「すべし」という義務概念に権威を認めた後で、それをなすことができないと言い張るのは、明らかに筋が通らない。というのは、その場合には、この義務概念はおのずから、道徳の枠外に抜け落ちるからである(ultra posse nemo obligatur なんぴとも拘束を受けるのは自分のできることについてである)。したがって実践の法学である政治とそのような、しかし理論的な法学である道徳との間には争いはありえない(つまり、実践と理論との間には争いはありえない)。言いかえれば、道徳を普遍的な怜悧の教え、利益をあれこれ打算する意図に対して、もっとも有効な手段を選ぶ格率の理論と考えるのでないかぎり、すなわち、道徳の存在を総じて否定するのでない以上、このような争いは起こりえないのである。

W229

C457

政治は「蛇のように怜悧であれ」と言う。道徳は(それを制限する条件として)「そして鳩のように誠実であれ」[60]と付け加える。もしこの二つが一つの命令の中で両立することができないなら、政治と道徳の間には実際に争いがあることになる。しかしこの二つがあくまでも合一すべきであるとするならば、対立の概念をあてはめることは不合理であり、またいかにしてこの争いは調停されるべきかという問いも、もともと課題として提出されることはないであろう。なるほど、正直は最良の政治であるという命題は、残念なことに！実践がたびたびそれと矛盾するような理論を含んでいる。だが正直はあらゆる政治にまさるという、同様に理論的な命題は、あらゆる異議をまったくよせつけないで、実に政治の不可欠な条件となっている。道徳の境界を守る神は、ジュピター(権力の境界を守る神)に譲歩したりはしない。なぜなら、ジュピターはまだ運命の支配下にあるからである。換言すれば、そこでは理性は、人間の行為が自然の機構に従ってもたらす幸・不幸の結果を(たとえ彼がいかなる結果を望むにしても)確実に予知できるような、予定原因の系列を見通せるほど十分に啓発されてはいないということである。これに対して、義務の軌道に(知恵の規則に従って)居続けるために、何がなされなければならないか、したがってまた〔永遠平和という〕究極目的に対して何がなされなければならないかについては、理性はいつも十分にわれわれの前途を明るく照らしているのである。

ところが実践家(彼には道徳は単なる理論にすぎない)は、われわれの善良な希望を、(〔なすべきだからなしうるというわれわれの〕当為と能力とを認めながらも)次の理由によって救いのないほどに否定するのである。すなわち、彼は人間の本性からみて、永遠平和へ導く例の目的を実現するために要求される事柄を、人間は決して意欲しないであろう、と予測できる、と言うのである。——たしかに、すべての人間が個々に、自由の諸原理に従って、法的

V152　W230　A371

体制の下に生きることを意欲しても(すべての人間の意志の配分的統一)、この目的のために不十分であって、さらにすべての人間が一緒になってこの状態を意欲する(合一された意志の集合的統一)という困難な課題の解決が必要であり、それによってはじめて市民的社会の全体が成立するのである。それゆえ、誰でも単独で共同社会的な意志を実現することはできないから、それを実現するためには、すべての人々の個別的な意志の相違をこえて、さらにそれを合一させる原因が付け加わらなければならない。以上の理由によって、理念を(実践において)実行する際には、法的状態の開始は権力による開始以外はあてにできないのであって、公法はこうした権力の強制に基づいて、後になって成立するのである。このことは当然のことながら(この際立法者は、無秩序な群衆を一つの民族に合一させた後で、その民族に彼らの共同の意志によって法的体制を作ることをまかせるほどの道徳的心情をもっているとは考えられないから)、現実の経験において、あの理念(理論)からの大きな隔たりを予期させるのである。

そこで次のように言われるのである。一度権力を手にした者は、国民に法を作らせたりはしないであろう。国家も一度、いかなる外的法則にも支配されないといった状態にいたった場合、他国に対しいかに自己の権利を求めるべきかの仕方に関して、決して他国の判定に依存したりはしないであろう。そして大陸でさえ、別にその大陸の邪魔になっていない他の大陸に対して、自己の優越を感じた際には、その大陸の略奪や征服をしたりして、自己の権力を強化することであろう。このようにして、今や国法、国際法および世界市民法のためのすべての理論上の計画は、無内容で実行不可能な理想へと変化して消えていくであろう。これに対して、人間的本性の経験的諸原理に基づき、世間で通用していることの中から格率の手引を求めることを低級としない実践だけが、彼らの国家政略の建築物に対し、確実な地盤を見出すことを期待してよいであろう、と。

W231　C458　V153　W232

たしかに、もし自由と自由に基づく道徳法則が存在しないで、生起すること、また生起しうることのすべてが、単なる自然の機構であるとすれば、政治とは(この機構を人間の統治に利用する技術としての)すべての実践的知恵のことであり、そして法概念は無内容な思想ということになる。しかし法概念を政治と結びつけることが絶対に必要であり、それどころか法概念を政治を制限する条件にまで高めることが必要であると思うならば、両者の合一の可能性は当然認められなければならない。私はその際、道徳的な政治家、つまり国家政略の諸原理を道徳と両立しうるように取り扱う政治家を考えることはできるが、政治的な道徳家、つまり道徳を政治家の利益に都合のいいようにひねり出す道徳家は考えることができないのである。

道徳的な政治家は、次のことを彼の原則にするであろう。すなわち、もしも国家体制や国際関係にあらかじめ防ぐことのできなかったさまざまな欠陥が、発生したとする。この場合、どうすればできるだけ早くそれらの欠陥が改善され、理性の理念において目の前に模範としてある自然法に適合するようになるか、それを考慮することが、特に国家元首たちにとっては、たとえそれが彼らの利己心に犠牲を払わせるにしても、やはり義務であるという教えである。もっともまだそれに代わるもっとよい体制が準備段階のときに、国家的合一や世界市民的合一のきずなを、断ち切ることは、この場合、道徳と一致したすべての国家政略に反することである。だから先の欠陥をただちにしかも激しい仕方で改善せよと要求することは、なるほど筋が通らないかもしれない。しかし少なくともそのような変革の必然性の格率が、あの目的(法の諸法則よりみて最善の体制)へ常に接近するために、権力者の心の内面にそなわっていることをひとは権力者に要求することができるのである。国家というものは、たとえ現行の憲法の下ではなお専制的な支配権を所有するにしても、共和的にも統治しうるのであり、そうして国民は次第に(あたかも法律が物理的な力をもつのと同じように）法律の権威という理念そのものの影響を感じるようになり、それゆえ自分で立法すること（立法はもともと法に基づくものである）に通じるようになるのである。またかりに劣悪な体制のために生じた革命の暴動により、非合法的にではあるが、より法に適合した体制が達成された場合があるとしよう。その場合、暴力や悪巧みをもって革命に参加した者は、旧体制の下では当然反乱者の刑に服するとしても、だからといって国民をふたたび旧体制に引き戻そうとすることは、もはや許されることではないのである。対外的な国際関係について言えば、ある国家に対して、たとえそれが専制的体制であるにせよ、その国家がもつ体制を捨てるべきであると要求することは（専制的体制はなんといっても外敵に対してはより強い体制であるから）、その国家が他国によってただちにのみ込まれてしまう恐れがあるかぎり、できないことである。したがって、意図がはらまれた際にも、より適当な機会までその実行の延期が許容されねばならない。（原注）

（原注）　これらは理性の許容法則である。すなわち、たとえ公法が不正をともなう状態にあっても、なおそうした状態を持続させることを許す法則である。そうすれば完全な変革にいたるまで、すべてがおのずから成熟するか、あるいは平和な手段によって成熟に近づくようにされる日を待つことになろう。なぜなら、たとえわずかな程度の合法性であっても、とにかく法的な体制は、法的体制がまったくないよりはましであって、早まった改革は後者の（無政府状態の）運命を招くおそれがあるからである。――したがって、国家政策は、現在おかれた状態の中で、公法の理想にふさわしい諸改革を自己の義務とすであろう。しかし革命が、自然によっておのずから生じる場合、国家政策はそれをいっそうきびしい弾圧の口実には利用しないで、自由の諸原理に基づく法的体制を、唯一の持続的体制として、根本的な改革によって実現せよとの自然の叫びのあらわれとして利用するであろう。

それゆえ、専制的にふるまう（実行においては欠陥のある）道徳家たちが、国家政略と（早まって採用したり、あるいは勧めたりした対策を通して)さまざまな点で衝突することは、いつものことといえよう。だがしかし、こうして彼らが自然に対して衝突する際に得た経験が、次第に彼らをよりよい軌道へと導いていくにちがいない。これに対して、道徳家を装う政治家たちは、法に反した国家原理を言いつくろい、理性の命じるままに理念に従って善をなすことができないのが人間の本性であるとの口実の下に、彼らの力の及ぶかぎり、改善を不可能なものとし、法の違反を永遠化するのである。

これらの国家政略をこととする人たちは、実践を誇りとするのであるが、その実践の代わりに彼らが行っているのは実はさまざまな策略にすぎない。彼らがひたすら気にかけているのは、現在支配している権力に媚びおもねって(自分たちの私的利益をそこなわないために)、国民と場合によっては全世界をも見捨てるということである。たとえ彼らが熱心に政治を行っていると称しても、そのやり方はまさしく法律家(しかも立法にたずさわる法律家ではなくて、実務的法律屋)のそれである。というのは、彼らの職務は、立法そのものについて思弁することではなく、現行の国法の諸命令を実行することであるから、彼らにとっては、すべて現在ある法的体制と、もしこの体制が上司によって変更される場合は、その際に生じた体制とが、ともにつねに最良のものということになるからである。したがってこの場合には、すべてがそれに該当する機械的秩序の中にあることになる。ところでどんな馬の鞍でも乗りこなせるといったこの種の練達さが、彼らに国家体制一般の諸原理に関しても法概念に基づいて(したがって経験的にではなく、アプリオリに)[61]判断できるという妄想を起こさせる場合がある。あるいはまた、彼らは、さまざまな人間を知っていること(彼らは多くの人々と交渉をもっているから、それはもとより期待できる)を誇りにし、人間とは何か、またどのように人間形成がなされうるかも知らずに(これを知るためには、人間学的考察のより高次な立場が要求される)、これらの自分本位の知識をもって、理性の命じる国法や国際法の問題に取りかかろうとする場合がある。そのような場合、彼らは嫌がらせの精神をもってする以外にはこうした越権行為はできないのである。なぜなら、このような場合、理性の諸概念は自由の諸原理に従ってのみ合法的な強制を樹立しようとし、この強制によってはじめて法的に安定した国家体制が可能なのであるが、彼らはそこでも、彼らの慣用手続(専制的に立法された強制的法則によるメカニズム)を守っているからである。このような自称実践家は、これらの課題を経験的に、解決できると信じているのである。すなわち自由の理念を無視して、多くの点で法に反してはいるが、これまでもっともよく成功した国家体制が、どのように組織されてきたかという経験を参考にするのである。――彼がそのために用いている格率は(彼はそれを公開しようとはしないが)およそ次のような詭弁的なものになろう。 V 156 W 236

一、まず実行し、そして弁明せよ。Fac et excusa. (自国民に関する国家の権利、あるいは他の隣接する民族に関する国家の権利を)独占所有するための好機をとらえよ。弁明は、行為の後の方がはるかに容易に、しかも見事になされるし、また暴力も言いわけすることができるのである(特に自国民に対する場合がそうであって、そこでは国内の主権がそのまま立法する当局にもなり、ひとはそれに議論の余地なく従わなければならないからである)。それは、行為の前にあらかじめ納得させる根拠を考えたり、さらにそれに対する反駁を待ったりするよりはるかに容易であろう。実際、この厚かましいやり方そのものが、行為の合法性を内心より確信しているかのような外観を与えるのであり、その後で、よい結果 bonus eventus という神が、最良の弁護人となるのである。

二、もし汝が実行したのなら、それを否定せよ。Si fecisti, nega. 汝自身の犯した過ちが、その結果、たとえば汝の国民を絶望させ暴動に至らしめたとしても、汝の罪であることを否定せよ。むしろかえって次のように主張せ

よ、その罪は臣民たちの不従順にあったのである、と。あるいはまた隣接する民族を汝が征服したときには、罪は
人間の本性、すなわち、他人に暴力をもって先んじなければ、他人が自分に先んじて自分を征服することを予測さ A375
せる人間の本性にあるのである、と。

三、分割し、そして支配せよ。Divide et impera. すなわち、汝の国民の中に特権をもつ幾人かの首長がいて、
汝を単に彼らの首長(primus inter pares 同等者の中での優者)に選んだにすぎなかったとする。その場合には彼
らを互いに分裂させ、国民とも仲たがいさせよ。そして次により大きな自由を与えるふりをして、国民の側に立て。 C462
そうすれば、すべては無条件かつ絶対的な汝の意志の思うままになるであろう。あるいはまた、もしもそれが諸外
国の場合には、それらの国の間に不和を引き起こすのが一番で、それが弱国を援助するふりをして、次々にそれら W237
の国を征服していくための、相当確実な手段である。

さて、これらの政治的格率によって、なるほど誰もだまされはしないであろう。すべてこれらの格率はすでに周
知のものであるからである。また彼らには、これらの格率の不正が、人々の目にあまりにもあからさまに映じるの
ではないかと、それについて恥ずかしがるということもないのである。なぜなら、強大な権力者たちは、決
して一般大衆の判断に対して恥じたりしないで、ただほかの権力者の前に恥じるだけだからである。しかし以上の
諸原則に関しても、彼らを恥ずからしがらせるのは、それらの原則があからさまになることではなくて、その失敗 V157
だけであるから(なぜなら格率の道徳性という視点からすれば、彼らは皆同類であるから)、彼らに残されている最
後のより所は、常に政治的な名誉であって、彼らが確実に当てにすることのできるのはこうした名誉であり、つま
りどのような方法で獲得したにせよ(原注)、権力の増大こそが名誉なのである。

（原注）　一国内で共同に生活する人々の本性にある種の邪悪が根ざしているということについては、まだ疑うこともできるであろう。またこうした人間の邪悪の代わりに、彼らが法を厭う考え方から生じる諸現象の原因として、文化がまだ十分には進歩していないという状態（粗野な状態）が、多少のもっともらしさで、引き合いに出されることもあるであろう。しかし人間の邪悪は、諸国家が競いあう対外関係においては、異論の余地なくまったくあからさまに現れてくるのである。人間の邪悪はおのおのの国家の内部では、市民法の強制によっておおい隠されているが、それは市民が相互に暴力に走る傾向に対して、より大きな権力、すなわち統治権が強力に反対をして、全体に道徳的色彩（causae non causae 原因ではない原因）を与えるからである。それだけではない。さらに法に反する傾向性の出現に対して閂《かんぬき》がかけられることによって、法に対する直接の尊敬にいたる道徳的素質の発展が、実際きわめて楽になるからである。——というのは、ひとは誰でも、他の人々にも同じことが期待できさえすれば、自分は法概念を十分に神聖視し、またそれを忠実に守るであろう、と信じているからで A376 ある。そして彼は統治によって部分的にこうした他人への期待が保証されているのである。さらにまた、それによって、道徳への偉大な一歩（まだ道徳上の進歩でないにしても）がきざまれるのである。すなわち、義務の概念に、なんらの報酬をも考慮しないで、ただそれが義務であるというだけの理由から、従うといった、道徳にむかう一歩である。——というのは誰もが、自分自身については善意の解釈をほどこしながら、他人はすべて悪い心情をもっていると思っているので、彼らは互いに相手に対し、事実に関してはほとんど当てにはできないといった判断を口にするのである（どこからこのような判断が生じるのか、それは説明されないままであろう。自由な存在者としての人間の本性に、その責任を負わすことはできないからである）。しかし人間が放棄することのできない法概念に対する尊敬もまた人間が法概念に適合しうるという理論に、もっとも厳粛に同意しているのであるから、誰でも、他人が、たとえそれを彼らが欲するように好きなようにみなしても、彼自身としては法概念に従って行為しなければならないということを、洞察するであろう。

＊　＊　＊

A375 人間の間の平和状態を自然状態である戦争状態から導き出そうとして試みるこれらすべての、道徳面をそれほど配慮しない怜悧の教えの、蛇のようなずるがしこい論議から、少なくとも次の諸点が明らかになる。人間は、公的関係におけると同様、私的関係においても法概念から逃れることはできないということ、政治を公然と怜悧の術策にのみ基礎づけ、したがって公法の概念に対するあらゆる服従を拒む(これは特に国際法の概念において目につくことであるが)ことを、あえて行わないということ、そうではなくてかえって、人間は公法の概念そのものに、それにふさわしい全面的な名誉を与えているということなどである。もっとも人間は、実に多くの言い逃れや言いつくろいを考え出して、実践の場では公法の概念を避けようとするであろうし、また狡猾な権力におもねって、〔権力者たちに〕あらゆる法の源泉であり、結合点ともいえる権威を捏造して与えることもあるであろう。——このような詭弁(詭弁によって美化される不正は別としても)を終結させるために、また地上の権力者たちのなかの不正の代表者たちに、彼らが自分の有利のために代弁するものは、法ではなくて権力であること、またその際彼ら自身があたかも何か命令できるかのような調子をとるのも、法からではなくて権力からであるということを告白させるには、次のやり方がよいであろう。つまり自分や他人をだます幻想を取り除くこと、および永遠平和への意図がそこから現れ出てくる最高原理を見つけ出すこと、および永遠平和に立ちはだかるすべての悪が、次の点に由来することを示すことである。すなわち、政治的道徳家は、道徳的政治家が当然そこで終えるところから、出発するということ、そしてこのように原則を目的に従属させる(つまり馬たちを車の後ろにつなぐ)ことによって、政治を道徳と合致させようという彼自身の意図が無に帰してしまう、ということを示すことである。

　実践哲学を自らに矛盾のない統一的なものにするためには、まず第一に次の問題をはっきりさせる必要がある。すなわち、実践理性の課題に関しては、実践理性の実質的原理から、つまり(任意な意志の対象としての)目的から

C463 A376 V158 W238　W239　A377 C464

出発しなければならないのか、あるいは形式的原理、つまり(単に外的関係における自由を基盤とするだけの)原理、詳しくは、汝の格率が普遍的法則となることを、汝が意志することができるように行為せよ[62](目的がなんであろうとそれは問わない)、という原理から出発しなければならないのかという問題である。

確かに、後者の〔定言命法の〕原理が先行しなければならない。というのは、この原理は法の原理として絶対的な必然性をもっているからであり、それに対して前者の原理は、設定された目的の経験的な諸条件を前提としてのみ、つまりその目的の実現を前提としてのみ、強制力をもっているからである。またこの目的(たとえば永遠平和)がたとえ義務であっても、この義務そのものは、外的行為の格率の形式的原理から導き出されていなければならないのである。――さて、前者の原理、すなわち政治的道徳家の原理(国法、国際法および世界市民法の問題)は、まったくの技術的課題(problema technicum)であるが、これに反して後者の原理は道徳的政治家の原理であり、この原理は道徳的政治家にとっては、道徳的課題(problema morale)なのである。道徳的政治家の原理は、永遠平和を実現する方法において、政治的道徳家の原理とは非常に大きな隔たりがあるが、それはこの場合、永遠平和は単に自然的な善としてのみばかりではなく、義務の承認から現れ出る状態としても願望されているからである。

第一の問題、つまり国家政略の問題の解決のためには、自然の機構を予想される目的に利用するために、自然の多くの知識が要求されるが、しかもそれらの知識は、永遠平和に関してはたして実際の成果をもたらすかという点になれば、確実なものは何一つないのである。ところで、これは公法の三部門のどれをとっても同じことである。たとえば、国民を従順でかつ同時に隆盛にするためには、厳格な方がよいのか、あるいは虚栄という名の餌で釣るのがよいか、それともただ一人の主権によるのがよいか、あるいは多数の領主の連合によるのがよいか、おそらくは単に公職貴族によるのがよいのか、あるいは国内の民衆主権によるのがよいのか、その際隆盛が長期間にわたってよく保たれうるにはどうしたらよいか、これらはいずれも不確実な事柄である。というのは歴史上、あらゆる統治方式について、正反対の実例があるからである(もっとも道徳的政治家だけが気づくところの、唯一真正な共和的統治方式は例外であるが)。――それにもまして不確実なのは、内閣案による規約に基づいて一応は樹立している国際法である。このような国際法は実際は単に内容のない言葉であり、またそれが基づく契約も、まさに契約を締結する行為そのものの中に、同時に違反への秘密留保を含むといった契約である。――これに反して、第二の問題、すなわち国家政策の問題の解決法は、いわばおのずから頭に浮かんできて、それは誰にもよくわかり、あらゆる技巧を無力化し、まっすぐ目的へと進むのである。もっとも、その目的をあわてて暴力で引き寄せるのではなく、都合のよい状況に応じて絶え間なくその目的に接近しようとする怜悧を覚えておくことが大切である。

そこで次のように言われる。「まず第一に純粋実践理性の国とその正義とを追求せよ。そうすれば汝の目的(永遠平和という善行)はおのずから汝のものとなろう[63]」と。というのは、道徳はそれ自体、しかも公法の諸原則に関して(したがって、アプリオリに認識されうる政治に関して)次のような特性を備えているからである。すなわち道徳というものは、その行動を、設定された目的に、つまり自然的であれ道徳的であれ、ともかく目指された利益に、依存させる度合いが少なければ少ないほど、それにもかかわらずいっそうこの目的に、一般には合致するということである。このようなことが起こるのは次の理由による。人間の間において何が正しいかを決定するのは、(一民族内部においても、あるいはさまざまな民族相互の関係においても)まさにアプリオリに与えられた普遍的意志だけであるから、すべての人々の意志のこのような統合は、その実行が首尾一貫してなされれば、自然の機構に従ってもまた、意図された結果を引き起こし、法概念に効力を与える原因となりうるのである。——このようにしてたとえば、一民族が自由と平等という唯一の法概念に従って一国家にまとまるべきである、という命題は、道徳的政治の原則であって、またこの原理は怜悧にではなく、義務に基礎を置いている。もっとも、これに反して、政治的道徳家たちは、群集が社会に入りこむ自然機構について、この機構が先の諸原則を無効にし、その意図を挫折させるであろうといってなお多くの詭弁を弄するかもしれない。あるいはまた、古代および近世の不手際に組織された体制(たとえば代表制のない民衆制のような体制)の例を引合いに、それに反対の彼らの主張を証明しようと試みるかもしれない。それでも彼らに耳を貸す必要はない。特にこのような腐敗した理論は、その理論が予言する害悪をおそらく自ら引き起こすであろうからである。その理論に従えば、人間は他の生命をもつ機械と同一の部類に投げ込まれることになるが、そうした生物でも、自分が自由な存在者ではないという意識がめばえるならば、自分が世界のあらゆる存在者の中でもっとも悲惨なものであるとの判断を下すことになるであろう。

「正義はなされよ、世界は滅びよ fiat iustitia, pereat mundus」(64) これは格言のように世間に通用しているラテン語で、ややおおげさに聞こえるが、しかし真なる命題である。ドイツ語で言えば、「正義よ、支配せよ、たとえ世界の悪党どもがそのためにすべて滅びようとも」の意味である。つまりこの命題は、悪巧みや暴力が指図する邪悪な道をすべて断ち切るところの勇敢な法の原則なのである。ただ注意すべきことは、この原則が誤解されて、たとえば自分自身の権利を最大の厳格さをもって行使してよい(このようなことは倫理的義務と衝突するであろう)といった許容として理解されてはならない。そうではなくて、誰に対しても、その人間に対する不機嫌とか他の人間に対する同情から、その人間の権利を拒否したり侵害したりしないという権力者たちの責務として理解される必要がある。そのためには、特に純粋な法の諸原理によって樹立された国内体制が必要とされ、次にさらに諸国家の紛争を(一つの普遍的国家と同じように)法的に調停するために、その国家を他の隣国やまた遠国と結合する体制が必要とされるのである。——この命題の意味するところは、次のことである。すなわち、政治的格率は、格率に従うことから期待される各国家の善行と幸福から、それゆえ各国家が対象とする目的を、国家政策の最高の(しかし経験的な)原理とみなして、そこから(つまり目的を意欲することから)出発してはならない。そうではなくて、法義務の純粋概念から(その原理がアプリオリに純粋理性によって与えられるところの当為から)、たとえどのような物理的結果が生じるにしても、そこから出発しなければならないということである。世界は、悪人が減っても、決してそのために滅びることはないであろう。道徳的な悪は、その本性から離れがたい特性をもつが、それは、道徳的な悪はその意図において(特に他の同じ心をもつ人々との関係において)自己自身に矛盾し、自己を破壊し、こうして、善の(道徳的)原理に、たとえゆっくりとした前進にせよ、その場を譲るにいたるという特性である。

＊　＊　＊

それゆえ、客観的には(理論においては)道徳と政治の間にまったく争いはない。これに反して主観的には(人間の利己的な性癖においては、という意味であるが、しかし性癖というものは理性の格率に基づくものではないから、まだ実践と呼ばれてはならない)、この争いは絶えることなく続くであろうし、また続いてもさしつかえない。なぜならこの争いは徳をみがく砥石の役をつとめるからである。さて徳の真の勇気は(「禍《わざわ》いに屈するな、かえっていっそうの勇気をもって禍いに立ち向かえ tu ne cede malis, sed contra audentior ito」(65)という原則により)、現在

W242

の場合、この際引き継がれなければならない災厄と犠牲とに対して、確固とした覚悟をもって対することにあるのではなく、われわれ自身のうちにひそむはるかに危険な悪の原理、すなわち、虚偽で、背信的で、その上詭弁的な、
人間性の弱点をあらゆる違反の正当化のために悪用しようとする悪の原理を正視し、その奸計に打ちかつことにあ
るというべきであろう。

実際、政治的道徳家は次のように語ることもできよう。すなわち、君主と国民、あるいは民族と民族とが暴力的、あるいは策略的に相争う場合、彼らはそれのみが平和を永遠に基礎づけることのできる法概念に対してあらゆる尊
敬を拒んでいるという点で、なるほど不正を働いているけれども、彼ら相互の間では不正を行っているのではない
のである、と。なぜなら、彼らの一方が他方に対し自分の義務に違反し、他方もまた相手に対しちょうど同じよう
に違法の心をもっているのであるから、彼らが相互に滅ぼし合うことになっても、彼らの双方に対しまったく正当
なことが起こっているのである。もっともこの種族の中から、この遊びをはるか先の時代までやめさせないために
相変らず十分な数の人間が生き残るのであるが、それは後世のひとが、いつの日か〔生き残りの〕彼らを警告的実例
として受け取るためになのである。世界の流れにおける摂理がこうして正当化されるのである。なぜなら、人間の
中にある道徳的原理は決して消滅することはないし、さらにその上、この原理に従って実用的に法の理念を実現す
ることのできる理性は、たえず進歩する文化を通じて、たとえ文化とともに例の違反が増えるとしても、法の理念
に向かって永続的に成長していくからである。ただ創造ということ、すなわち、このようなタイプの堕落した存在
者一般が、地上に存在すべきであったということ、このことはいかなる弁神論によっても正当化されえないように
見えることであろう(もし人類は決してよりよくはならないし、またなることもできないと仮定すればの話である)。
A 380 V 162 W243
C 467

だがしかしこうした判定の立場は、われわれにとってあまりにも高すぎるので、われわれは(知恵についての)われわれの概念を、理論的見地においてわれわれにとっては探究しがたい最高の力に、あてはめることはできないのである。――もしわれわれが純粋な法の諸原理が客観的実在性を有し、それらが実現されうることを仮定しない場合、われわれはこのような絶望的な帰結に必ず追いやられるであろう。だから、これらの法の諸原理に従って、国家における国民の側からも、またさらに互いに競い合う諸国家の側からも、行為がなされなければならない。たとえ経験にたよる政治が、それに対してどのように反対するにしてもである。真の政治はしたがって、あらかじめ道徳に敬意を払った後でなければ、一歩も前進することができないのである。政治はそれ自身はむずかしい技術であるが、政治と道徳との一致は、なんらむずかしい技術ではない。というのは、両者が互いに衝突するやいなや、道徳は、政治が解くことのできない結び目を二つに切り離すからである。――人間の法*は、たとえ支配権力にどれほど大きな犠牲を払わせるにしても、神聖に保たれなければならない。その際、それを折衷して、実用的で、条件つきの法という(法と利益の間の)中間物を考えだしてはならない。そうではなくて、すべて政治というものは法の前にひざまずかなければならないのである。だがその代わりに、ひとは、政治が徐々にではあるが確固として光り輝くようになる段階に達することを希望することができるのである。

II　公法の超越論的概念[66]による政治と道徳の一致について

法学者たちがふつうに考えている公法のすべての内容(国家における人間の間の、あるいはまた国家相互の間の、さまざまな経験的に与えられた関係に関する内容)を考慮の対象からはずしても、私のもとにはなお後に公表性という形式が残るのである。いかなる法的要求も、公表される可能性を自らのうちに含んでいる。なぜなら、もしそれを欠くならばいかなる正義も存在しないし(正義はただ公に知らせうるものとしてのみ考えられる)、したがってまた、正義によってのみ与えられる法というものも、存在しないことになろうからである。

いかなる法的要求も、こうした公表性の能力をもたなければならない。公表性という能力は、それゆえ、アプリオリに理性の中に見出すことができすぐに使うことのできる評価規準を提供することができるのである。なぜなら、公表の可能性が、当面する事例のうちに存在するかどうか、すなわち、公表の可能性が行為者の原則と一致しているかどうかは、きわめて容易に判定できるからである。そして公表の可能性が行為者の原則と一致しない場合には、仮定の要求(praetensio iuris 合法との申し立て)が虚偽(不法)であることが、いわば純粋理性の実験を通してただちに認識できるのである。

国法および国際法の概念が含むすべての経験的なるもの(この経験的なるものこそ、人間の本性の邪悪であり、それは強制を必要とする)が、このように考慮の対象からはずされた後で、ひとは次の命題を公法の超越論的公式と呼ぶことができるであろう。

「すべて他人の権利に関係する行為で、その行為の格率が公表性と一致しないものは、不正である。」

この原理は、単に倫理的(徳論に属するものとして)とのみみなされるべきではなく、さらに法律的(人間の権利に関するものとして)ともみなされるべきである。なぜなら、それを公表することによって同時に私自身の意図を無に帰せしめることのないように、私があえて公表をはばかるような格率、あるいは成功するためにあくまで秘密にされなければならないような格率、また公にすることによって私の計画に対するすべてのひとの抵抗が必然的に引き起こされることがないように、公に告白することができない格率、こうした格率が、このように必然的かつ普遍的な、したがってアプリオリに知ることができる私に対するすべてのひとの反対を呼び起こすのは、この格率が誰をも脅かすところの不正というものに由来するからである。――この原理は、その上単に否定的・消極的な性格のものである。すなわちこの原理は、それを使うことによって、他人に対し何が正しくないかを認識する手段として役立つだけのものである。――この原理は、公理と同じように、証明を欠いても〔その効果は〕確実であり、しかも容易に適用できることは、公法に関する次の諸例から察知できるであろう。

一、国法(ius civitatis 市民法)、すなわち国内法に関して。国内法には、多くの人々が解答を困難と思っている問題が現れるが、公表性の超越論的原理は、その問題をきわめて容易に解決するのである。その問題とは、「反乱は、国民がいわゆる暴君(non titulo, sed exercitio talis 名前だけでなく、実際上そうであるもの)の重圧的な暴力から脱するための正しい手段であるか」というものである。国民の権利が侵害されており、だから彼を退位させても、彼には(暴君には)なんらの不正が行われたのではない。このことは疑う余地がない。それにもかかわらず、臣民にとっては、このような仕方で自分たちの権利を要求することは、はなはだしく不正なのである。また彼らがこの争いに敗れ、やがてそのために極刑を受けなければならなくなるにしても、それを不正だと訴えることはできないのである。

さて、この問題を法の根拠の独断的な演繹によって解決しようとすると、賛否両論、多くの詭弁が弄されることであろう。だが公法の公表性という超越論的原理だけが、このようなまわりくどい議論を省くことができるのである。この原理に従って、市民的契約の締結の前に、折があれば反乱を起こすつもりであるとの格率を、はたして公に知らせることができるかどうか、国民自身が自問してみたらよい。すると容易に次のことがわかる。すなわち、もし国家体制の樹立に際して、時によっては元首に反抗し暴力を行使することをその条件としようとするならば、国民は元首に対して合法的な権力をもっているものと思い上がることになろう。しかしその場合には、元首はもはや元首とはいえないのである。あるいは、もしこの二つのことが国家樹立のための条件とされるならば、いかなる国家樹立も不可能であろう。しかし国家の樹立こそが、国民の意図であったのではなかったか。だから反乱の不法なことは、反乱の格率が、ひとがその格率を公に告白すると、そのとたんに彼の意図そのものを不可能にしてしまうということによって、明らかになるのである。したがってひとはこのような格率を、必然的に秘密にしなければならないであろう。——しかし国家元首の側からすると、格率を秘密にすることは、まったく必然的というわけではない。彼は、どんな反乱に対しても首謀者たちを死刑で処罰するだろう、たとえ首謀者たちが、最初に基本法を破ったのは元首の側であるとあくまでも信じていようとも、と自由に公言することができるのである。というのは、もし元首が〔ひとが〕反抗しがたい主権を所有しているのを自覚しているならば（このことは、どの市民的体制においてもそのように想定されなければならないが、それは国民の一人一人を他人に対して保護するのに十分な権力をもたない者は、彼に命令する権利をもたないからである）、元首は自分の格率を公にすることによって、自分自身の意図が挫折しないかと憂慮する必要はないからである。そしてこのことは、反乱が国民にとって成功した場合には、当の元首は臣民の地位に退くべきこと、さらに主権回復の再反乱を起こさないとともに、彼のかつての国家支配に関してその責任が問われるのを心配する必要がないということ、ときわめてよく合致するのである。

二、国際法に関して。——なんらかの法的状態（すなわち、法が人間に現実に与えられうる外的条件）を前提とし

A383　V165　C470

た場合のみ国際法について語ることができるのである。なぜなら、国際法は公法として、その概念の中に、各国がそれぞれ自国の権利を取り決める普遍的意志の公表というものを、最初から含んでいるからである。そしてこの法的状態 status iuridicus はなんらかの契約に由来しなければならないが、この契約は必ずしも（それによって国家が成立する場合の契約のように）強制法に基礎を置く必要はなく、場合によっては前述のさまざまな国家の連盟の契約のように、持続的で自由な連合の契約であることも可能である。というのは、さまざまな（自然的あるいは道徳的）人格を積極的に結合するところのなんらかの法的状態がないならば、したがって自然状態＊にあるならば、ただそこには私法がありうるにすぎないからである。——この場合にもまた政治と道徳（法論として見られた道徳であるが）との争いが起こるが、その際にも格率の公表性の例の規準が、先の場合と同様に容易な適用を見出すのである。もっともその適用は、次のようになされるだけである。この契約は、他の諸国に対し、互いにまた共同で平和を維持する意図においてのみ、諸国家を結合するのであり、決して他国を獲得するためではない。——さてそこで政治と道徳の間の二律背反には次のようないくつかの事例が生じるが、それらにはついでにその解決法をも示しておこう。

(a)　「援助活動であれ、あるいは領土の割譲であれ、あるいは救援物資であれ、そのほかそれに類するなにかを、これらの国家の一国が他国に対して約束したとする。ところで国家の危機存亡にかかわるような場合、国家がこの約束から免れるために、自己を二重人格において見てほしいと主張したらどうであろうか。つまりまずは、自国の中の誰にも責任を負う必要のない君主として、次にはしかし国家に対して弁明しなければならない最高位の国家官吏としてだけ見てほしい、と。そうすれば、彼は第一の資格ではそれに対して義務を負うべき事柄から、第二の資格では責任を免れるとの結論になろうからである。」——しかしもし国家(あるいはその元首)が、自分のこのような格率を公にしようものなら、当然他のどの国もこの国家を避けるか、あるいは他国と連合してこの国家の不当な要求に抵抗するようになるであろう。このことは、あらゆる策略にたけた政治であっても、この(公開性という)規準の下では、その目的そのものが挫折し、それゆえそうした格率は正しいはずがない、ということを証明しているのである。

(b)「恐るべき大きさ(potentia tremenda)にまで膨張した隣のある強国が、不安の念を呼び起こすとする。その場合、ひとは、この強国は他国を制圧できるから、実際にも他国制圧を欲するであろうと想定することができるであろうか。そしてさらにそれを理由に弱国は、事前に侵害を受けていなくても、強国に対し(連合して)攻撃をする権利があるであろうか。」——もしある国家がここで自分の格率を肯定しながら公示しようとするならば、その国家は禍いをいっそう確実に、またいっそう急速に招くだけであろう。というのは、強国は小国の機先を制するであろうし、また小国が連合してみても、これは「分離して支配せよ divide et impera」という術をわきまえている強国に対しては、単に弱い籐の棒にすぎないからである。——この国家政略の格率は、それゆえ公に宣言されると、必然的に本来の意図を無にしてしまうのであり、したがって不法である。

(c)「ある小国がある大国の外へのつながりをたちきる位置にあり、しかもそのつながりを保つことがその大国にとって必要であるとする。その場合、大国には、その小国を服従させ、自国と併合する権利がないであろうか。」——容易に気づくように、大国はそのような格率をもとより事前に公にする必要はないであろう。なぜなら、小国諸国はそれに先立って互いに連合するか、あるいは他の列強諸国がこの獲物をめぐって争うか、いずれにしてもこの格率はその公開によって、おのずから実行不可能となるからである。これは、この格率が不正であること、しかもきわめて不正でありうることのしるしである。というのは、不正の小さな対象というものが、それに対して示される不正の巨大さの妨げにはならないからである。

三、世界市民法に関して。これについては、ここでは黙って通り過ぎることにしよう。なぜなら、世界市民法と国際法との類比によって、世界市民法の格率は、容易にわかるし、また評価もできるからである。

*　*　*

さて今やひとは、国際法の前述のさまざまな格率が公表性と両立しないという不一致の原理のもとで、たしかに政治が(法学としての)道徳と合致していないことを示す十分なしるしを見出した。だが今さらにひとは、その下で政治の格率が国際法と一致する条件がいったいどのようなものであるかを、知っておく必要があろう。というのは、公表性を容認する格率は、それだからといって、また正当であるというふうに、逆の推論はできないからである。なぜなら、決定的な権力を所有している者は、彼の格率を隠す必要はないのである。——国際法一般の可能性の条件は、なによりもまず法的状態が存在することである。法的状態がなければ、公法は存在しないからである。つまり法的状態以外では(自然状態においては)、たとえどのような法を考えてみても、すべてそれは単に私的な法にすぎないのである。ところで、われわれがこれまで見てきたところでは、単に戦争の防止を意図するだけの諸国家の連合状態が、唯一諸国家の自由と合致できる法的状態である、ということであった。だから政治と道徳の合致は、ただ連合的合一組織においてのみ可能である(したがってこの連合的合一組織はアプリオリな法の諸原理に従って

A385 W249

与えられており、そのため必然的である）。そしてすべての国家政略は、このような連合的合一組織を最大限可能な範囲において樹立することを、その法的基礎としてもつのであって、この目的を欠くと、国家政略のすべての理屈は無知まるだしとなり、またヴェールにつつまれた不正義となる。――このような似非《えせ》政治は、もっとも巧みなイエズス会派にも劣らないカズイスティクをもっている。――〔第一に〕心内留保 reservatio mentalis がある。すなわち、公的な契約を作成する際、ケース・バイ・ケースで自分に有利にどのようにも解釈できる表現を用いることである（たとえば、事実の上での現状 status quo de fait と法律上の現状 status quo de droit との区別など）。――〔第二には〕蓋然論[67]がある。すなわち、他国に悪い意図があるかのようにこじつけたり、あるいはまた他国の潜在的な優勢がたしからしいとき、そのことを平和な他国を覆すための法的根拠とする、などである。――最後には、哲学的犯罪 peccatum philosophicum (peccatillum, bagatelle* わずかな罪、ささいな事）があげられる。すなわち、小さな国をのみこむことによって、はるかに大きな国が見かけの上での世界の福祉に大きく貢献できるなら、こうしたのみこみを容易に許されるささいな出来事とみなそうというものである。[原注]

（原注）　そのような格率に対する例証は、宮中顧問官ガルヴェ氏[68]の論文『道徳と政治の結合について』（一七八八年）の中で見ることができる。この尊敬すべき学者は、すぐに冒頭で、このような問いには満足な答えを与えることはできないと告白している。しかしそれでもこのような格率を認めていることは、それに対しての反論を完全に除去することはできないと告白してはいるけれど、それらを悪用したがっている人々に対して、必要以上に大きな譲歩をしているように思われる。

このような傾向を助長するのは、道徳に関する政治の二枚舌であって、政治はその意図に応じて、一方の枝〔舌〕を用いたり、また他方の枝〔舌〕を用いたりするのである。――人間愛と人間の法〔権利〕に対する尊敬は、両方とも

W250　C473　V168

義務である。しかし前者が単に条件つきの義務であるのに対して、後者は無条件的に端的に命令する義務である。善行の甘い感情に身をまかせたい者は、この後者の義務を踏みはずしていないことを、まず完全に確信することができなければならない。前者の意味における(倫理学としての)道徳とならば、政治は容易に一致し、人間の権利を A386 その統治者のために犠牲にすることもできるであろう。しかし後者の意味における(法論としての)道徳の前には、政治はひざまずかなければならなくなるであろう。そこで政治は、道徳と決して仲良くしようとはせず、むしろ道徳のすべての実在性を否認し、すべての義務はただ好意のみと解釈し、それが妥当であると考えるのである。しかしこのような後ろ暗い政治の悪巧みは、哲学によって、例の格率の公表性を通して容易に挫折させられるであろう。もしも政治が哲学者に対しおそれずにすすんで彼の格率の公表〔の機会〕を与えるならばである。

このような意図において、私は公法の超越論的で、しかも肯定の形をとる別の原理を提案したい。その原理の公 V169 式はおよそ次のようなものとなろう。

「(その目的を逸しないために)公表性を必要とするすべての格率は、法と政治の両方に合致する。」

というのは、格率が公表性を通じてのみその目的を達成できるとすると、それらの格率は公衆の普遍的目的(幸 C474 福)に適応していなければならず、その目的と合致すること(公衆をその状態に満足させること)が政治の本来の課題だからである。しかしこの目的が、公表性によってのみ、すなわち当の格率に対するすべての不信の除去によってのみ、到達可能であるとすると、これらの格率は、公衆の法ともまた一致するはずである。というのは、公衆の法においてのみ、すべての人々の目的の合一が可能となるからである。――引き続いてこの原理を実行し論述する W251 ことは、それを私は他の機会に延期しなければならない。ただこれが超越論的公式であるということは、あらゆる経験的諸条件(幸福論にかかわる)を、法の内容として除去し、普遍的合法則性の形式だけを問題にしているということから、おわかりいただけるであろう。

＊　＊　＊

公法の状態を実現することが義務であり、たとえ無限に前進する接近においてのみその状態を実現できるにすぎないとしても、その実現に対する根拠ある希望が同時に存在するとする。もしそうであるならば、これまで誤ってそう呼ばれてきた平和条約(実は休戦)の後に続く真の永遠平和は、決して空しい理念ではなくて、一つの〔われわれに課せられた〕課題である。そしてこの課題は次第に解決されて、その目標に向かって(同一の進歩が起こるところの時間は、〔私が〕望んでいるようにますます短縮されるであろうから)たえず近づいていくことであろう。

訳注・校訂注

世界市民的見地における普遍史の理念

訳注

(1)　世界市民的 weltbürgerlich　「世界市民」(Weltbürger)は、「世界公民」とも訳される。ドイツ語の Bürger は、フランス語では対立概念である bourgeois (Besitzbürger＝有産市民) と citoyen (Staatsbürger＝国家公民) の両者を未分化で意味するだけでなく、英語やフランス語では問題とならない、貴族や農民と区別される中世的・特権的都市身分としての「都市市民」(Stadtbürger)をも含意していた。これらの重層的な意味と連関を保持するためには「公民」という訳語は不適切だという理由と、さらに「世界市民」は「都市市民」につながる文化的概念でもあるという理由に基づき、「公民」「世界公民」という訳語はけっして誤訳ではないが、「市民」「世界市民」という訳語を採用する。ドイツ語の Bürger 概念についての詳細な考察は次の文献が有益である。Manfred Riedel, Artikel „Gesellschaft, bürgerliche", „Bürger, Staatsbürger, Bürgertum", in: O.Brunner / W. Conze / R. Koselleck (hrsg.), *Geschichtliche Grundbegriffe*, Stuttgart, 1975(河上・常俊訳『市民社会の概念史』以文社、一九九〇年)および松本彰「ドイツ「市民社会」の理念と現実」『思想』六八三号、岩波書店、一九八一年。

(2)　『ゴータ学術新聞』(一七八四年二月一一日)に掲載された論文のなかに次の記述がある。「教授カント氏のお気に入りの考えは、人類の最終目的は最も完全な国家体制の達成だということである。彼は、哲学的な歴史記述者がこれを考慮に入れて人類史を提供し、人類がさまざまな時代においてどれほどこの最終目的に近づいたか、もしくはこれから離れたかを、そしてなおその達成のために何をなすべきかを示そうと企てることを願っている」(アカデミー版全集第八巻四六八頁。以下 VIII. 468 と略記)。

(3)　年間統計表 die jährlichen Tafeln　原文には Statistik という言葉はないが、一八世紀ドイツでは「政治的算術」(Politische Arithmetik)という名称ですでに社会現象を統計学的に把握する仕事はなされていた。プロイセンでは一七二五年に国勢調査(Volkszählung)が行われ、一七四八年以降続けられた。人口調査に関しては、ジュースミルヒ(Johann Peter Süssmilch, 1707–67) の『神の秩序』(*Die Göttliche Ordnung*, 1741) がある。

(4) 本論文に頻出する「自然」は、『純粋理性批判』が扱った現象の総体としての自然でもなければ、『判断力批判』が扱った自らを有機的に組織づけてゆく自然でもない。カント自身が自然を「摂理」と言い換えているように、キリスト教的な創造行為と結びついた神の原理である。

(5) カントは「蜜蜂」については『実用的見地における人間学』(VII. 330. 本全集15巻) および『判断力批判』(上、本全集8巻)、第四三節で、「ビーバー」については『判断力批判』(下、本全集9巻)、第九〇節で言及している。

(6) 人間には自然による「素質」(Anlage) が具わっており、これを実現する使命があるという考えは、言葉や内実に差はあれカントの時代の共通認識である。カントの「素質」については『実用的見地における人間学』第二部第一〇六―一〇八節「人類の性格」で詳述されている。

(7) カントは地球以外にも理性的存在者が存在している可能性について、『J・G・ヘルダー著『人類史の哲学考』についての論評』(本巻四八―四九頁) など何度か言及している。『天界の一般自然史と理論』(一七五五年、本全集2巻) の第三編「自然の類比に基づいて種々の惑星の居住者を比較する試み」はこの問題を主題にしている。

(8) 「この場合」で始まるこの一文は、メンデルスゾーン(『哲学における目的論的原理の使用について』の訳注(54)参照)の反応を予期してあらかじめ彼の反論を防いでおこうとするものと解されている(N・ヒンスケ)。

(9) 合法則的 gesetzmäßig　事態の合法性ではなく、理性の法則に一致していることを意味する。

(10) カントは繰り返し人間を「木」「木材」(Baum, Holz) に喩えている。たとえば、『たんなる理性の限界内の宗教』第三編第四節「かくも曲がった木から何か完全にまっすぐなものを作るのはいかに期待できるのか」(本全集10巻一三三頁) と『教育学』(本全集17巻)、序論「野原に一本で立っている木は曲がって成長し枝を広げるが、逆に森のまっただ中に立つ木は近くの木が逆らうのでまっすぐと成長し頭上に空気と日光を求める」(IX. 448) という表現。なお人間を「曲がった木」ととらえるのは、ルターによる利己主義の比喩に基づいており(A・フィロネンコ)、この問題の背後には宗教論の「根本悪」説が控えていると解されている(小倉志祥)。

(11) 公共体 ein gemeines Wesen　「国家」を意味する。

(12) アンフィクチオン同盟 Foedus Amphictyonum　本来は古代ギリシアのポリス間の同盟であり、カントは『人倫の形而上学』(本全集11巻)「法論」第五四節でも言及している。重要なのは、「平和条約」(pactum pacis)が一つの戦争の終結をめざすのに対して、「平和連合」(foedus pacificum)はすべての戦争が永遠に終結するのをめざしていると指摘されている点である(『永遠平和のために』「永遠平和のための第二確定条項」本巻二七一頁)。

(13) サン・ピエールの司祭 Abbé de Saint-Pierre, 1658-1743　本名は Charles-Irénée Castel で、フランスの改革主義的政治評論家であり、一八世紀ヨーロッパの国際関係を規定したユトレヒト条約(一七一三年)に基づいてヨーロッパの平和条約が成り立ち、これを維持するためのヨーロッパ連合の設立を提唱した。この問題については彼による次の諸論攷がある。Mémoire pour rendre la paix perpétuelle en Europe (1712), Projet pour rendre la paix perpétuelle en Europe (1713), Projet de traité pour rendre la paix perpétuelle entre les Souverains chrétiens (1716). カントはこの司祭とルソーとによる提案については『理論と実践』(一七九三年)Ⅲにおいて再び言及している(本巻二二二頁)。

(14) ルソー(Jean-Jacques Rousseau, 1712-78)は、『サン・ピエールの司祭の永遠平和論抜粋』(*Extrait du projet de paix perpétuelle de Monsieur l'Abbé de St. Pierre*, 1761)を書いている。

(15) エピクロス Epicurus, 341-270 B.C.　古代ギリシアの哲学者デモクリトスの自然学を受け継いで原子論を展開した。エピクロスというと一般的には快楽主義を連想するが、ここでは単に彼の原子運動の機械論的な考えに絡めて述べられているにすぎない。なおカントは、認識論においてエピクロスはアリストテレスやロック以上に経験主義者だと理解している(『純粋理性批判』原著第一版八五四頁、第二版八八二頁。以下 A 854 / B 882 と略記)。

(16) 千年王国説 Chiliasmus　キリストが地上に再来し千年の世界統治を開始するという教義。ただしカントは『諸学部の争い』(本全集18巻)においてこれを「人間歴史の幸福主義的表象様式」(VII. 81)として支持していない。人間に素質として具わっている善と悪の量は増大させることも減じることもできないからである。

(17) 世界福祉 das Weltbeste　これは、「理性的世界存在者の最大幸福と彼らにおける善の最高条件との結合、すなわち普遍的幸福と合法的人倫との結合に存する」(『判断力批判』(下、本全集9巻)、第八八節)とされている。

(18) 「セプトゥアギンタ」(Septuaginta)すなわち紀元前三世紀の「七〇人訳ギリシア語聖書」を意味する。旧約聖書はヘブライ語で書かれていたが、当時のエジプトの共通語はギリシア語であった。この名称は七二人の学者がエジプト王プトレマイオス二世(308–246 B.C.)の要求に応じてアレクサンドリアに派遣されて旧約聖書の翻訳に従事したことに由来するが、これはあくまでも伝説であって史実は実証されていない。

(19) ヒューム(David Hume, 1711–76)の *Essays. Moral, Political and Literary* (1741)の Essay XI にある。カントは「あらゆる真なる歴史の唯一の始まり」(der einzige Anfang aller wahren Geschichte)と書いているが、ヒュームの原文は「真なる歴史の始まり」(the commencement of real history) (*ibid.* edited by Eugene F. Miller, revised edition, Liberty Classics, Indianapolis, 1987, p. 422)となっている。

(20) トゥキディデス Thucydides, 460?–404?B.C.　古代ギリシアの最大の歴史家であり、アテネとスパルタの戦いを記録した『ペロポネソス戦史』の著者。

校訂注(各注冒頭の漢数字は本文の頁数、アラビア数字は行数を表わす)

三1　この表題に付けられた原注はC版には見ることができない。

一四2　A、C、Wの各版は「すべての〔国家の〕」aller であるが、V版は「古い〔国家の〕」alter に修正している。

一四13　A、C、Wの各版は「配置」Anordnung であるが、V版は「無秩序」Unordnung となっている。V版に従う。

二二3　C版とW版にはこの文末に「I・カント」という署名が付されているが、A版とV版には認められない。

(福田喜一郎)

啓蒙とは何か

訳注

(1) Sapere aude! は、古代ローマの抒情詩人ホラティウス(Quintus Horatius Flaccus, 65–8 B.C.)の『書簡集』(*Epistolae*)

にある言葉「出だしがよければ半ばできたも同じ。あえて賢くあれ。始めよ!」(dimidium facti qui coepit habet; sapere aude; incipe!) (I, 2, 40) の一部。一七三六年ライプニッツとヴォルフの哲学を広めるために設立された「真理愛好者会」(Alethophilen)はこの言葉をモットーとし、硬貨にアテネの胸像とライプニッツとヴォルフの顔とともにこれを刻ませた。

(2) カントにおいては「未成年」は三つの次元で理解されている。まず、年齢の未成熟なるがゆえに称される場合と、市民的業務に関する法律的制度上の「未成年」とがある。特に前者については、minorennis, Minorennität, Minderjährigkeit など「年齢に達していない」という意味をもつ語が当てられている(『実用的見地における人間学』第四八節参照)。これら両者の伝統的な用法に対して、カントは思惟様式の革命によってのみ克服されうるものとして新しい人間学的意味における「未成年」概念を提出した。その際重要なポイントは、未成年状態の責任は本人自身にあるとしたことである。

(3) 歩行車 Gängelwagen　まだ歩けない幼児が歩行の練習に使う車輪付きの籠車のこと。これはカントにとって訳注(5)の「習歩紐」と同様に、反教育的道具のイメージである。彼は、幼児は自然に転ぶことによってかえって歩くことを学ぶのに対して、これら人為的な道具は少年期にはかえって有害な「足枷」となると考えた(『教育学』IX. 461.『たんなる理性の限界内の宗教』本全集10巻一六二頁参照)。

(4) 先入観 Vorurteil　トマージウス以来のドイツ啓蒙が挑んだ課題の一つ。これはもともと「裁判上の先例」(Präjudiz)を意味したが、カントに至って他者の理性の機械的模倣として規定される。啓蒙の標語「自分の悟性を用いる」という態度はドグマ化された先入観に対置されている。

(5) 習歩紐 Leitband　まだ歩けない幼児が立って歩くときにつかむ紐。訳注(3)参照。

(6) 「議論する」(räsonnieren)というフランス語起源のドイツ語動詞には二重の意味がある。一方で「ののしる」「反抗的に語る」「屁理屈をこねまわす」「詭弁を弄する」「不平を言う」など消極的な意味と、「理性的に考える」「理性的に判断する」という積極的な意味とである。なお、räsonnieren の語根 räson < raison = Vernunft は「理性」を意味する。

(7) 暗にフリードリヒ二世(大王)を指す。なおカントにとって、フリードリヒは啓蒙を促進する君主というだけでなく、理性理念に対する構想力の意義を表現した詩人でもあった(『判断力批判』第四九節参照)。

(8) 公衆 Publikum　このドイツ語は、「読者世界」(Leserwelt)をも意味する。

(9)　カントは国家市民を、投票権をもつ市民として国家組織の運営に参与する「能動的成員」と、市民としての独立性をもたない「受動的成員」とに区別している。この点については訳者解説を参照。

(10)　一八世紀のプロテスタントの聖職者は、教会の公職につくとき「信条書」(Symbol=Bekenntnisschrift)に宣誓(Eid)をしなくてはならなかった。信仰と宣誓との関係についての問題は、むしろメンデルスゾーンが*Jerusalem oder über religiöse Macht und Judentum* (1783)で詳細に論じている。

(11)　クラシス Classis　「集会」「会合」「会議」を意味するオランダ語女性名詞。

(12)　「国民が自分自身についてすら決議できないことを、君主は自分の国民に対してなおさら決議できるものではない」は、カントが好んで繰り返した言葉。

(13)　寛容 Toleranz　これも実に啓蒙時代を特色づける問題であった。寛容問題は、キリスト教の諸派を認めるというだけでなく、ユダヤ教やイスラム教また理神論にまでおよぶ議論となった。しかしカントが「寛容という傲慢な名称」というときは、寛容問題はさらに「良心の自由」(Gewissensfreiheit)の問題と表裏一体となっているという洞察に基づいているのである。この問題を先鋭化しようとしたのも、メンデルスゾーン前掲書であった。

(14)　フランス唯物論を代表するラ・メトリ(Julien Offray de La Mettrie, 1709-51)の『人間機械論』(*L'homme-machine*, 1748)を暗に指している。ラ・メトリはベルリン・アカデミー会長モーペルチュイの斡旋でフリードリヒ大王の宮殿に入り、三年間の宮廷生活を送った。

(15)　プロイセン王国 Preußen, 1701-1918　フリードリヒ一世によって絶対主義体制を確立し、フリードリヒ二世の富国強兵策によってヨーロッパ列強の一つとなる。すでに前世紀に常備軍と恒常的租税制度が形成され、一八世紀になってさらに官僚の近代化が促進された。カントが理性の公的使用を論じる際に例として将校、収税顧問官、聖職者の三者をあげており、奇しくも時代の権力機構の成員に言及していることになる。なお、将校はケーニヒスベルク大学の重要な式典に参加し、このことが大学教授の地位を上げる役割を果たしていた。

(16)　ケーニヒスベルク Königsberg　現在のカリーニングラード市(ロシア領)、当時のケーニヒスベルクは人口五万人の大都会であったが、文化的には啓蒙の最北端の辺境である。カントは『実用的見地における人間学』序文でケーニヒスベルクを賞賛しているが、一七八六年にベルリン科学アカデミー会員になった翌年の『純粋理性批判』第二版では肩書きに「ベルリン科学アカデミー会員」と付け加えた。

(17)『ビュッシング週報』は、ゲッティンゲン大学の哲学教授を経て一七六六年以降ベルリンのギムナジウム校長となったビュッシング(Anton Friedrich Büsching, 1724-93)が編集していた週報誌。正式名称は、『新刊地図および地理、統計、歴史に関する新刊書籍と論文に関する週報』(*Wöchentliche Nachrichten von neuen Landkarten, geographischen, statistischen und historischen Büchern und Schriften*, Berlin, 1773-86)。

(18) メンデルスゾーンは、「啓蒙するとは何か、という問題について」(Über die Frage: was heißt aufklären?)という論文を『ベルリン月報』一七八四年九月号に書いている。メンデルスゾーンについては、『哲学における目的論的原理の使用について』の訳注(54)参照。

校訂注

三三16　A版以外の他の版には「I・カント」という署名が付されている。

(福田喜一郎)

J・G・ヘルダー著『人類史の哲学考』についての論評

訳注

(1) ペルシウス(Aulus Persius Flaccus, 34-62)の『諷刺詩』(*Saturae*, III. 71-73)から引用。この一文はヘルダー『人類史の哲学考』第一部の冒頭にある引用句。ルソー『人間不平等起源論』(一七五五年)の「序文」の結びにも引用されている。

(2) ヘルダー著『人類史の哲学考』の原題は *Ideen zur Philosophie der Geschichte der Menschheit* であり、カントの論文『世界市民的見地における普遍史の理念』の原題は Idee zu einer allgemeinen Geschichte in weltbürgerlicher Absicht で

あり、両者がともに用いている Idee(n) という語の意味はそれぞれ異なる。ヘルダーの「イデーン」(「イデー」の複数形)は「観念」「考え」「着想」の意味であるが、カントにおける「イデー」は統制的理性概念である。英訳では一般に、ヘルダーの場合が reflections であるのに対して、カントの場合は idea とされている。ヘルダー書については、T. O. Churchill (London, 1800) による英訳が改訳されて、*Reflections on the Philosophy of the History of Mankind* として The University of Chicago Press (1968) から出版されている(全訳ではない)。ただし、ヘルダーの本文中では、訳語として「理念」に相当する意味でも「イデー」の語を用いている。

(3) ハルトクノッホ Johann Friedrich Hartknoch　ヘルダーの友人であり、カントとも親しかった。『純粋理性批判』の初版もハルトクノッホ社である。

(4) リガ Riga　現在のラトヴィアの首都。一七〇九年から一九一四年まではロシアに所属し、貿易都市として栄えていた。

(5) 目的地 Ziel　ここでは太陽を指している。当時、太陽の住居可能性についての議論があった。

(6) 革命 Revolution　いわゆる政治的革命ではなく、地表の激しい変化や運動を意味する。

(7) ヘルダーは、岩石は水が結晶化して岩石が形成されるという「岩石水成論」(Neptunismus) の立場を支持している。この説によると、「花崗岩」は地表形成の際の原生岩石 (Urgestein) である。

(8) 地球が宇宙の中間に位置し、人間は中間的被造物だという考えは、ヘルダーが宇宙と人類史を考える際の基本的な態度。『人類史の哲学考』第一部、第二編、第四章のタイトルは「人間は地球の動物の間で中間的被造物である」となっている。

(9) 自然を延長と運動によって説明する機械論的立場に対して、ライプニッツは、モナドを生きた有機体になぞらえて説明しようとした。ヘルダーはライプニッツの形而上学的な捉え方を超えて、目的論的に作用し全体性において生起する生きた「有機的な力」を自然の説明原理とした。

(10) ヘルダーは、理性の獲得が人間の直立姿勢(歩行)と密接な関係をもつと同時に、理性と言語は不即不離の関係にあると考えている。彼にはすでに『言語起源論』(*Abhandlung über den Ursprung der Sprache*, 1772) という著書があった。

(11) 経験的に獲得されたもの etwas Vernommenes　ヘルダーは、「理性」(Vernunft) が古代高地ドイツ語の virnunft が有していた意味 das Vernehmen (=erfassen, erfahren, hören, begreifen) に語源的に言及している。Vernommen は、本文

直後の「学んだ」(gelernt)と同じ意味で用いられている。理性のこうした捉え方は、ヘルダーのアンチ理性の姿勢を表している。

(12)「前成されている胎児」というのは「前成説」(Präformationstheorie)に基づいた表現。『岩波生物学辞典』(第四版、一九九六年)によると、これは「個体発生において、完成されるべき個体の個々の形態・構造が発生の出発時に何らかの形であらかじめ存在していて、それが発生に際し展開されて明らかな形をもつようになるという学説」。

(13) 後成説 Epigenesis　前掲『岩波生物学辞典』によると、「生物の発生にさいして単純な状態から複雑な状態への発展が起り、構造が新たに生じてくるとする考え方。主として個体発生について用いられる語」。

(14) 直立歩行 aufrechter Gang　直立歩行が人間と動物とを区別する特徴だという考えは、フランスの博物学者ビュフォン(『哲学における目的論的原理の使用について』の訳注(27)参照)に対する異論。ビュフォンは、人間は理性と言語をもつ点でオランウータンと異なるが、同じ体形をして両者ともに直立歩行をすると見なした。ヘルダーは直立歩行こそが人間の徴表と考えた。四二頁のヘルダー引用文を参照。

(15) 地球以外の惑星における居住者の問題については、『世界市民的見地における普遍史の理念』の訳注(7)を参照。

(16) 原形発生 Palingenesie　生物学用語で「反復発生」とも称されるが、もともとはギリシア語で「輪廻転生による霊魂の再生」を意味する。

(17)「理性を背後にひるませるようなものすごい理念」とは、人間は猿の系統を引くというような考えを指す。カント自身が指摘しているように、ヘルダーにこうした着想はない。

(18) ラインホルト(Karl Leonhard Reinhold, 1757–1823)のこと。彼はこの段階ではまだカントの批判哲学を研究していない。訳者解説参照。

(19) ニーブーア Carsten Niebuhr, 1733–1815　アラビアでの最初の科学的調査を行ったドイツ人探検家、地理学者。著書に *Beschreibung von Arabien* (1772), *Reisebeschreibung nach Arabien und andern umliegenden Ländern* (1774)がある。

(20) パーキンソン Sidney Parkinson, 生没年不詳　クックの第一回世界航海に付き従った素描家。

(21) クック James Cook, 1728–79　主にカナダ周辺の海洋と太平洋を航海したイギリスの海洋探検家。

(22) ヘスト Georg Hoest, 1734-94　デンマークの旅行家。一七八一年に旅行記のドイツ語訳 *Nachrichten von Maró und Fes, im Lande selbst gesammelt, in den Jahren 1760 bis 1768* が出ている。

(23) ゲオルギ Johann Gottlieb Georgi, 1738-1802　ドイツ生まれの薬剤師、探検家で、ロシアで仕事をした。著書に *Beschreibung aller Nationen des Rußischen Reichs, ihrer Lebensart, Religion, Gebräuche, Wohnungen, Kleidungen und übrigen Merkwürdigkeiten*, Zweite Ausgabe, Tatarische Nationen (1776) がある。

(24) ツィマーマン Eberhard August Wilhelm von Zimmermann, 1743-1815　ドイツの数学者、自然研究者、地理学者。ヘルダーは彼の *Geographische Geschichte des Menschen und der allgemein verbreiteten vierfüßigen Tiere* (1778-83) を「よく考え抜かれ、学問的勤勉さを伴った」文献として賞賛している。

(25) ファジンゲール Vertugade　「一五世紀末のスペイン宮廷モードに由来し、婦人服のスカートを広げるために用いられた枠つきのペティコート」(『世界大百科事典』平凡社、一九八八年)。

(26) ホーラ Hora　ギリシア神話における季節と秩序の女神。詩人のフリードリヒ・フォン・シラーが、自分で編集した文学雑誌にこの神の名『ホーレン』(「ホーラ」の複数形)を与えたのでも有名。

(27) 歴史的＝批判的精神をもつ人 historisch=kritischer Kopf　M・リーデルはカントの次の言葉を紹介している。「いくつかの事柄は自分には関係ないと信じている人は、しばしば思い違いをしているものである。たとえば哲学者にとっての歴史である」(Reflexionen zur Logik, Nr. 1967, Akad. XVI. 177)。

(28) 展開説 Evolution　前掲『岩波生物学辞典』によると、「微小で不可視的に折りたたまれていた構造がくりひろげられ可視的になる過程として個体発生を考える立場。広義には前成説のうちの極端な立場と考えることもできる」。カントは展開説の位置づけを『判断力批判』の第八一節において行っている。

(29) 萌芽 Keim　萌芽説はボネ(Charles Bonnet, 1720-93)によって唱えられた説明理論で、生物は成長過程において現れる萌芽をすでに前成的に有していると考える。これに対してブルーメンバッハ(Blumenbach, 1752-1840)が、生命体の個々の器官は形を有していない状態から形成されるという後成説を支持した。ヘルダーは萌芽説を同語反復と考えるが、だからといって後成説の立場をとるのではなく、両者の折衷理論として「形成する能力」「有機的な力」の存在を原理と考える。

(30)　エロヒム Elohim　ヘブライ語の Eloah の複数形で、旧約聖書におけるイスラエルの神のこと。複数形で尊厳を表している。

(31)　幸福概念は、カントとルソーの考えを最も隔てるものの一つ。ヘルダーは社会全体の福祉よりも個々の幸福を優先的に考える。

(32)　「悪しき人間」はカントを指している。

(33)　アヴェロエスについては訳者解説（三九〇頁）を参照。もちろんヘルダーはアヴェロエス自身を批判したのではなく、カントの『世界市民的見地における普遍史の理念』第二命題に異論を唱えたのである。

校訂注

カントによるヘルダー書からの引用の多くが正確さを欠いているが、そのすべてを説明するのはいたずらに煩瑣になるため控え、本校訂注においては、カント原典に関わるものを主とし、ヘルダー原典との対応関係の一々については省略した。なお、本校訂におけるヘルダー書テクストの引用ページ数は、カントが用いている版のページ数が示されている次のズーパン版による。*Herders Sämtliche Werke* XIII, hrsg. von Bernhard Suphan, 1887, Berlin.

三七10　カントの引用は不適切である。ヘルダーは「私たちの精神は肉体が食事によって大きくなるように観念によって大きくなる。確かにわれわれは精神においてまさしく同化作用、成長、産出の法則に気付く。ただし身体的な仕方ではなく、精神に固有な仕方においてである」(Suphan S. 184)と書いている。

三八15　「中間的な地球的悟性と」に始まるこの箇所は、ヘルダー書、第一巻、一三頁以下(Suphan S. 19 f.)からの引用。なお、引用文中の「芽生え出てきて」keimen は、アカデミー版の編者によるヘルダー書に基づく修正。C版、V版、W版では「出てきて」kommen のまま。

三九4　ヘルダー書、第一巻、一八頁以下(Suphan S. 22 f.)からの引用。「前提せざるをえなかったか」setzten die nicht voraus? とカントは疑問文として引用しているが、ヘルダー書では「前提したことか」setzten die voraus! という感嘆文になっている。カントはこの文のあとを中略している。

三九16　ヘルダー書、第一巻、第一編の第六章、第七章（三五―三六頁。Suphan S. 33-46）からの不正確な抜粋的引用。A版とV版は印刷業者の誤りを指摘している。

四五9　ヘルダー書、第一巻、二八九頁から二九三頁にかけての抜粋的引用（Suphan S. 182-185）。A版とC版には、数字「一、」なし。

四五13　「われわれの人間性は予行練習の段階であり、将来花となる蕾にすぎない」は、ヘルダー書、第一巻、二九九頁（Suphan S. 189）における表題であり、その後の文は三〇四頁以下からの引用（Suphan S. 192）。

四七2　C版とW版には、「補遺」Beilageという見出しなし。

四八7　ここでA版のみ改行なし。他の版に従う。

五三12　「または」(oder)と「そして」(und)の位置が元の文章（第一論評、本文四九頁一六行）と異なっている。

五六4　A、V、Wの各版は「生理学的＝感受的風土論」eine physiologisch-pathologische (Klimatologie)であるが、C版では「生理学、感受性論」eine Physiologie, Pathologieとなっている。ヘルダー自身は「生理学的＝感受的風土論」と書いている。

五六15　A版とW版は「分散」Ausbreitungであるが、C版とV版では「退化」Ausartungとなっている。ヘルダー自身は「退化」と書いているが、「分散」とすべきであろう。

（福田喜一郎）

人種の概念の規定

訳注

（1）人類(Menschengattung)とその下位分類である人種(Menschenrasse)に、類(Gattung/genus)と種(Art/species)の概念対をそのまま当てはめ、人種を種と考える俗説。これにたいしてカントは、種と種族(Rasse)を概念的に明確に区別することをめざす。その意図をくみ、「人種」という訳語は「人間種族」の縮約形として理解されたい。なおRasseはフランス語のraceからの借用語で、当初はRaceと綴られ、カントもそのように表記した。六八頁のドイツ語表題を参照。

(2)『さまざまな人種』(本全集3巻所収)のこと。同論文は、一七七五年三月に自然地理学講義の予告として公表され、のちに補筆されて、一七七七年にヨーハン・ヤーコプ・エンゲル(Johann Jakob Engel, 1741-1802)編集の教養雑誌『世界のための哲学者』(*Der Philosoph für die Welt*)に掲載された。

(3)モール人 Mohr　ムーア人(Moor)ともいう。ラテン語のマウルス(maurus)に由来し、元来はアフリカ北西部のマグレブ地方の原住民であるベルベル人(Berber)——白色人種に属し、黒人との混血を祖先とする——をさし、あるいはベルベル人とアラブ人の混血をさした。モール、ムーアは、一五世紀頃からは、ヨーロッパのキリスト教徒が漠然と北アフリカのイスラム教徒一般をさす呼称ともなったが、ここでのカントの用法は元来の意味をふまえたもの。『自然地理学』(本全集16巻。アカデミー版全集第九巻三一二頁(以下IX. 312と略記)参照)でカントは、褐色(braun)のモール人を、本来の黒人であるニグロから区別している。なお、本論文および『哲学における目的論的原理の使用について』(本巻所収)の訳注の作成にさいし、人種、民族、地名等に関しては各種事典、とりわけ『文化人類学事典』(弘文堂、一九八七年)および『世界民族問題事典』(平凡社、一九九五年)を参照した。

(4)クレオール Kreole　ヨーロッパで一般に、植民地で生まれた白人を指し、次いで黒人奴隷も含めて植民地生まれの人間全般をさす語としても用いられた。さらに植民地の言語や動植物をはじめとして、あらゆる事象に関して用いられるようになっている。「クレオール」はラテン語のcreare(創造する)のイベリア方言criarを語源とする。

(5)ドゥマネー Abbé Demanet　アフリカのフランス人宣教師。その著作『フランス領アフリカの新たな歴史』は一七七八年に独訳され、ライプツィヒで出版された。カントが言及する箇所は、1. Bd. Vorr. S. 18 ff., 2. Bd. S. 155 ff.

(6)セネガンビア Senegambia　アフリカ西部のセネガル川、ガンビア川流域の総称。この地方ならびにその住人については、『自然地理学』(IX. 413 f.)および『さまざまな人種』(II. 441)を参照。以下、この二つの著作の該当箇所については、アカデミー版全集の巻数とページ数のみを記す。

(7)ニグロ Neger　黒人(der Schwarze)の人種名。ラテン語のniger(黒い)に由来する。II. 432, 433, 438, 441 ff. および

IX. 313を参照。

(8)　カータレット Philip Carteret, 1734-96　イギリスの海軍軍人で航海者。一七六四―六六年のジョン・バイロンの世界周航に一等航海士として同乗。ひきつづき一七六六―六九年には、南の大陸の発見をめざすサミュエル・ウォリスの世界周航に参加。ウォリスとはぐれるも、老朽船スワロー号を指揮してマゼラン海峡からサンタクルーズ諸島、ソロモン諸島、現インドネシアにいたり、さらに西進してイギリスに戻る。この航海について綴った『カータレットの世界周航記』(*Carteret's Voyage Round the World, 1766-1769*)は一七七三年にロンドンで刊行。一七七六年にはドイツ語に翻訳され、ライプツィヒで出版(『英国人によるすべての世界旅行についての歴史的報告』(*Histor. Bericht von den sämtl, durch Engländer geschehenen Reisen um die Welt*, 3. Bd.)所収、本文該当箇所はそのドイツ語訳本の一六二頁以下)。

(9)　カータレットの旅行記では実際は「真正の黄色」ではなく「銅色」(Kupferfarbe)となっている。カントのこの誤りをゲオルク・フォルスターが非難したことが、後にカントが『哲学における目的論的原理の使用について』(一七八八年)を執筆するきっかけとなった。その論文で、カントはこの誤りを認めつつ、弁解している。本巻一四七頁参照。

(10)　マリコロ Malikolo　マレクラ(Malekula)島の別名。太平洋南西部、メラネシアのニュー・ヘブリデス諸島にある火山島(現バヌアツ共和国領)。

(11)　カフィル人 Kaffer　カフィル(kafir/Kaffir)はアラビア語で、非イスラム教の異教徒を不信心者として軽蔑的に呼んだもの。ドイツ語では、南アフリカに住むネグロイド系バンツー(Bantu)語族の一種族をさす。カントはこの呼称を、アフリカ南東部の黒褐色の皮膚の人々をさすものとして用いている(IX. 312, 410, 419参照)。

(12)　特徴 Charakter　現代の生物学・遺伝学では「形質」と訳される。

(13)　フィニステレ岬は、スペイン西北端の岬。以下、ノルト岬はスカンジナビア半島北端の岬。オビ河は西シベリア低地を流れるロシアの大河。ブハラ地方は現ウズベキスタンにあたり、カントは小ブハラと大ブハラを区別する(II. 442およびIX. 228, 235, 400, 403参照)。幸福のアラビア(das Glückliche Arabien/arabia felix)は広くアラビア半島全体をさす場合もあるが、厳密には半島南西部(現イエメン共和国)の一帯をさす。ヨーロッパ人は古代ギリシア・ローマの時代から、乳香、没薬の産地として名高いこの土地を「蜜と乳の流れる幸福の国」として憧れつづけた(IX. 228, 280参照)。アビシニアはエチオピアの別名。ブラン岬はアフリカ北西部、西サハラとモーリタニアの境をなすブラン半島に位置する岬で、ブランコ岬ともヌアディブー(Nouâdhibou)岬とも呼ばれる。

(14) ネグロ岬 Capo Negro　同名の岬はアフリカ各地に散見されるが、文脈から、アフリカ南部の岬と思われる(IX. 312 参照)。おそらく、アンゴラ共和国の南西部の海岸に位置するネグロ岬(南緯一五・三九度、東経一一・五八度)のことであろう(『タイムズ世界地図帳』九一頁、c-11参照)。この小さな岬は、古地図にはかなり大きめに描かれている(『世界古地図』日本ブリタニカ、一九八一年。一六二、一六六、一七五頁参照)。

(15) コモリン岬は、インド半島南端の岬。「インドのもう一つの半島」とはインドシナ半島やマレー半島の辺りをさし、「近傍のいくつかの島々」は、現在のインドネシアやフィリピンの諸島をさすものと思われる。

(16) 蒸散(Ausdünstung)による分泌(Absonderung)　カントは、『さまざまな人種』第三節「人種の差の起源の直接的原因について」でも、ニグロの皮膚の分泌作用に言及している(II. 438 参照)。本論文八八頁以下も参照のこと。

(17) 相似形成 Nachartung　この文脈では、子が親に似た遺伝的特徴をそなえること。II. 430 参照。

(18) ムラット Mulatte　英語では Mulatto。一般に白人と黒人との混血の人々をさす。スペイン語で、ラバ(牡ロバと牝馬の雑種)を意味する mulo に由来し、かつては白人男性植民者と黒人女性奴隷との間の私生児を軽蔑的に名ざす蔑称でもあった。II. 433 および IX. 313 参照。

(19) メスティソ Mestize　スペイン語では mestizo。基本的には、中南米におけるアメリカ先住民女性と白人男性(特にスペイン系)との混血児をいう。他の多くの場合と同様、当該植民地で人種差別的偏見のもとにある。II. 433 参照。

(20) アルビノ Albino　白子《しろこ》の呼称で、ラテン語の albus(白い)に由来する。人間や動植物で先天的にメラニン・葉緑素などの色素を欠き、白色となった個体のこと。IX. 313 参照。なお、カーケラク(Kakerlak)も同じく白子を意味する。

(21) 格率 Maxime　実践哲学の文脈では意志の主観的原理を意味するが、ここでは、自然認識において理性使用を正しく導く主観的原理のこと。『純粋理性批判』の「超越論的弁証論への付録」の「純粋理性の理念の統制的使用について」という節で語られる、認識の体系的統一をめざす「理性の仮説的使用」の諸規則に相当。類、種、亜種という分類学に関連する箇所として、とくに A 651(=B679)—A 661(=B689)を参照(Aは『純粋理性批判』の原著第一版、Bは第二版の略。数字はページを示す)。この考察主題は、『判断力批判』の「序論」における「自然の論理的形式的合目的性」の原理へと直結し、さらに同書第二部で目的論的判断力の統制原理として展開されることになる。

(22)『純粋理性批判』では、「始元(原理)〔下記のラテン語ではentia「存在者」〕を必要以上に増加させてはならない(entia praeter necessitatem non esse multiplicanda)という有名な学校規則」(A 652＝B 680)として登場し、「より高次の類における多様の同種性(Gleichartigkeit)の原理」(A 657＝B 685)とも呼ばれている。『判断力批判』(本全集8巻三〇—三一頁)および『判断力批判の第一序論』(XX. 210. 本全集9巻)を参照。

(23)『純粋理性批判』で、entium varietates non temere esse minuendas(存在者の多様性を理由もなく減らしてはならない)と表現されている「種別化(Spezifikation)の法則」(A 656＝B 684)に相当する。

(24) 自然史 Naturgeschichte　自然記述 Naturbeschreibung　自然史と訳したNaturgeschichte(＝natural history/historia naturaris)は、一般には「博物学」「博物誌」と訳される。一八世紀ヨーロッパでは、数々の大航海によってもたらされる各地の新たな知見と珍品に触発されてナチュラル・ヒストリーが流行したが、語義曖昧のために学術論争において混乱を招いていた。カントはこれについて学問的方法的観点から厳密な区別をもうけ、ドイツ語でその区別を明確にすることを意図した。ちなみにヒストリア *ἱστορία* は探求・研究を原義とし、そこから物語、記述や歴史等の意味が派生した。自然史と自然記述の区別は、『さまざまな人種』(II. 443)から『判断力批判』(V. 428 Anm.)にまで及ぶカント自然哲学の重要な論点である。

(25) パラス Peter Simon Pallas, 1741-1811　ドイツの自然研究者、博物学者。エカテリーナ二世に招かれて一七六七年にロシアに赴く。ペテルブルクの皇帝学士院会員として、ロシア政府の委託を受け、シベリアなどロシア帝国の未知の辺境地域を旅行して、厖大な資料を集めた。そのなかのひとつに『モンゴル諸部族に関する史料集』(第一部、一七七六年、ペテルブルク)がある。

(26) ブリヤート人女性 eine Burätin　ブリヤートはロシア語ではБурят、英語ではBuryatまたはBuriatと綴る。ブリヤート人は、バイカル湖周辺から中国東北部、モンゴル北部の広域にわたって住む北方モンゴル族。一九九一年のソ連邦崩壊とともに、ロシア連邦内のブリヤート共和国として主権を宣言したが、モンゴルの名は回復できなかった。

(27) カルムイク人 Kalmück　ロシア語ではКалмык(Kalmyk)、英語ではKalmuckまたはKalmukと綴る。カルムック、カルムク、カルムークとも表記される。モンゴル諸族のうち最西端に位置する一部族の、ヨーロッパ人による呼称。オイラート(Oirat)とも呼ばれる。II. 432 f., 437 および IX. 311, 315, 404 参照。長らくロシアとの関係に翻弄されてきた。ソ連邦解体後はロシア連邦内のカスピ海の西北方に、カルムイク・ハリムグ－タングチ共和国として主権を獲得した。ただしカルムイク人はその全人口三五万人の半数に満たない。

(28)　アヴァ人 Avaner　アヴァ(Ava)は、中央ビルマのイラワジ川(古くはアヴァ川と呼ばれ、現ミャンマーのエーヤワディー川)河畔の都市で、幾度となく王都となったため、長くビルマをアヴァとも呼んだ。したがってアヴァ人はビルマ人の意。IX. 232 参照。また、理想社版『カント全集』第一五巻、一四二、三四六、五〇二、五七五頁を参照。

(29)　パプア人 Papua　パプアという名称は、その形態的特徴である「髪のちぢれた」を意味するマレー語の papuah を、ヨーロッパの航海者が用いたとする説が有力であり、現在、インドネシアでは、この名称は蔑称であるとして好まれない。

(30)　フロギストン Phlogiston　燃素と訳されることもある。フロギストンは燃焼の説明のために仮定された元素。ギリシア語の φλόξ(炎)に由来するこの名称は、ドイツ人医師で化学者のシュタール(Georg Ernst Stahl, 1660-1734)の発案による。彼によれば、物体が燃焼するとき、そこからフロギストンが逃げ去る。その燃焼理論は一八世紀に流行し、広く生理学などにも応用された。たとえば、一七七四年に酸素を発見したプリーストリー(Joseph Priestley, 1733-1804)も、終生フロギストン説を信奉し、空気をフロギストン化された部分(phlogiscated air)と脱フロギストン化された部分(dephlogiscated air)とに分けた。前者は今日の窒素、後者は酸素にあたる。

(31)　リンド James Lind, 1716-94　イギリスの医者。カントがここで念頭においているのは、その著『ヨーロッパ人に熱帯で生じやすい病状論』(*An essay on Diseases incidental to Europeans in hot climates*, London, 1768)。これは六版を重ね、一七七三年にはリガとライプツィヒでドイツ語訳された。

(32)　フォンターナ師 Abbé Felice Fontana, 1730-1803　イタリアの自然研究者、生理学者。その著『脱フロギストン化空気と硝酸化空気との本性についての研究』(*Recherche sur la nature de l'air déphlogistiqué et de l'air nitreux*)は一七七六年にパリで出版。ランドリアーニ伯(Graf Marsiglio Landriani)は、同じくイタリアの自然研究者。フォンターナ師に批判された彼の著作『空気の健全状態についての物理学的研究』(*Recherche ficiche intorno alla salubrità dell'aria*)は、一七七五年にミラノで出版され、一七七八年にはバーゼルでドイツ語訳（*Physikalische Untersuchungen über die Gesundheit der Luft*）が出版されている。

(33)　文脈から明らかなように、酸化空気（Luftsäure）は実質的には酸素をさし、固定空気（fixe Luft）は二酸化炭素をさすものと解される。

(34)　揮発性アルカリ flüchtiges Alkali　アンモニアなどの、常温で気化するアルカリ性物質。

(35)　インド人の手の特徴については、『哲学における目的論的原理の使用について』（本巻一四三頁）ならびに『さまざまな人種』（II. 439-440）を参照。

(36)　ツィゴイネル Zigeuner　英語ではジプシー（Gypsy）と呼ばれる。主たる使用言語はインド・イラン語系のロマニ語。髪は黒く、皮膚は黄褐色またはオリーブ色。古くから流浪の民と呼ばれ、ヨーロッパの地域住民からの差別と迫害にさらされてきた。ジプシーという呼称は、イジプシャン（Egyptian）がつまったものとされ、彼らがエジプトから来たとする俗説を反映している。ドイツ語の呼称であるツィゴイネルは、昔ギリシアで彼らがアツィンガニ（異教徒）と呼ばれたことに由来する。彼らが実際はインド系の血統であることは、当時すでにリュディガー（Andreas Rüdiger, 1673-1731）やグレルマン（Grellmann）たちによって、言語学的に論証されていた。『哲学における目的論的原理の使用について』（本巻一三八頁以下）ならびに『さまざまな人種』（II. 439）を参照。

(37)　『自然地理学』（IX. 313）では、ヴェルデ岬（緑の岬）のポルトガル人について、このガンビアとまったく同様のことが主張されている。

(38)　ジョアン二世 Johann II, 1455-95　ポルトガル、アビス朝第四代の王（在位一四八一―九五年）。完全王と呼ばれる。エンリケ航海王子（一三九四―一四六〇年）によって推進された海外進出政策を継承。西アフリカの黄金海岸にミナ商館を建設してスーダンの金取引を恒常化するとともに、アフリカ南下政策を推進。喜望峰を経由するインド航路の発見など、航海と発見を奨励した。彼はまた、一四九二年にスペインのカスティーリャ王国から追放されたユダヤ人をポルトガルに受け入れたことでも知られる。しかし、翌年にはユダヤ人を追放し、その子供たちを強制的に改宗させて、セント・トーマス島（St. Thomas）に移住させた。このことに関するカントの記述は、一六八二年にカナリア諸島とヴェルデ岬を旅行したル・メール

(Le Maire, IX. 357-358 参照)の記録に基づいている、とのことである。なおセント・トーマス島は、西アフリカの赤道直下のサントーメ(São Tomè)島(現サントーメ・エ・プリンシペ民主共和国領)のこと。

校訂注

九二7　C版、V版、W版では論文末尾に、Königsberg. I. Kant. との署名が見られるが、A版には見られない。

(望月俊孝)

人間の歴史の臆測的始元

訳注

(1) 始元 Anfang　従来は「起源」と訳されてきたが、この翻訳では始元、始まり、端緒などと訳す。始元とともに原理をも意味する *ἀρχή*/principium との接続を確保するためである。

(2) 聖なる史料 eine heilige Urkunde　『聖書』のこと。『旧約聖書』の最初の五つをモーセ五書といい、第一書は『創世記』。カントはその第二章から第六章までの参照を促している。V版は「第六章」を「第四章」に修正しているが、とらない。以下、『創世記』からの引用にあたっては『聖書』(新共同訳、日本聖書協会、一九八七年)をもちいる。

(3) 歴史物語 Geschichte　Geschichte, Historie は、歴史のほかに記述、物語をも含意する(その形容詞形 geschichtlich, historisch も同様)。歴史、歴史物語、——史と適宜訳しわけた。

(4) 「[20]人はあらゆる家畜、空の鳥、野のあらゆる獣に名を付けたが、……。」

(5) 「[23]人は言った。「ついに、これこそ／わたしの骨の骨／わたしの肉の肉。これをこそ、女(イシャー)と呼ぼう／まさに、男(イシュ)から取られたものだから。」」

(6) 道徳的なもの das Sittliche　sittlich と moralisch は「人倫的」と「道徳的」と訳しわけられることもあるが、カントの用法において二つの語に大きな意味の違いはない。理解の便を優先して、この論文では両者ともに「道徳的」と訳出する。なおこの論文ではsittlichが多用され、moralischは末尾（一一五頁）でのみ使用されている。

（7）「[2]女は蛇に答えた。「わたしたちは園の木の果実を食べてもよいのです。[3]でも、園の中央に生えている木の果実だけは、食べてはいけない、触れてもいけない、死んではいけないから、と神様はおっしゃいました。」」

（8）「[6]女が見ると、その木はいかにもおいしそうで、目を引き付け、賢くなるように唆していた。女は実を取って食べ、一緒にいた男にも渡したので、彼も食べた。」この箇所に関連して、『たんなる理性の限界内の宗教』（本全集10巻）の第一編第四節「悪の起源」論（とりわけ五六頁あたり）を参照。

（9）「[1]主なる神が造られた野の生き物のうちで、最も賢いのは蛇であった。蛇は女に言った。「園のどの木からも食べてはいけない、などと神は言われたのか。」」

（10）「[7]二人の目は開け、自分たちが裸であることを知り、二人はいちじくの葉をつづり合わせ、腰を覆うものとした。」

（11）『判断力批判』第一―五節（本全集8巻、五五―六五頁）の、快適なものへの満足と美しいものへの満足の区別、および第四一節（とくにその末尾、同一八六頁）を参照。なお「趣味Geschmackとは美しいものを判定する能力である」（同五五頁）。

（12）第二〇節まで引用しておく。「[13]主なる神は女に向かって言われた。／「何ということをしたのか。」／女は答えた。／「蛇がだましたので、食べてしまいました。」……[16]神は女に向かって言われた。／「お前のはらみの苦しみを大きなものにする。／お前は、苦しんで子を産む。／お前は男を求め／彼はお前を支配する。」／[17]神はアダムに向かって言われた。／「お前は女の声に従い／取って食べるなと命じた木から食べた。／お前のゆえに、土は呪われるものとなった。／お前は、生涯食べ物を得ようと苦しむ。／[18]お前に対して／土は茨とあざみを生えいでさせる／野の草を食べようとするお前に。／[19]お前は顔に汗を流してパンを得る／土に返るときまで。／お前がそこから取られた土に。／塵にすぎないお前は塵に返る。」／[20]アダムは女をエバ（命）と名付けた。彼女がすべて命あるものの母となったからである。」

（13）この論点はのちに『判断力批判』第八三節（本全集9巻）で、より精密に論じられる。

（14）「[21]主なる神は、アダムと女に皮の衣を作って着せられた。」

（15）以下、次段落の数行にわたっての箇所は、「人格のうちなる人間性を、汝の人格においても他のどの人の人格においても、常に同時に目的として扱い、けっして単に手段として扱うことのないように行為せよ」という、道徳の定言命法の目的自体の定式を示唆している。『人倫の形而上学の基礎づけ』(本全集7巻六五頁)を参照。なお、「あらゆる理性的存在者」には、人間のような有限な理性的存在者のみならず、神のごとき完全なる理性的存在者も含まれる。

(16) 「22主なる神は言われた。「人は我々の一人のように、善悪を知る者となった。今は、手を伸ばして命の木からも取って食べ、永遠に生きる者となるおそれがある。」」

(17) 「23主なる神は、彼をエデンの園から追い出し、彼に、自分がそこから取られた土を耕させることにされた。」

(18) 「24こうしてアダムを追放し、命の木に至る道を守るために、エデンの園の東にケルビムと、きらめく剣の炎を置かれた。」ケルビム(ケルブの複数形)は、人間の顔と翼を持った動物。楽園の番人で、ヤハウェ神が乗る雷雲の象徴。「きらめく剣の炎」は稲妻の象徴。

(19) この歴史論での自然から自由への移行という論点は、のちに「自然概念の領域から自由概念の領域への移行」(本全集8巻二四頁)という『判断力批判』のモチーフとして、批判的に反復される。

(20) 『世界市民的見地における普遍史の理念』の第二命題(本巻五頁)を参照。

(21) よりいっそう文化的に陶冶された kultivierter　カントにおいて Kultur はたんに文化というだけでなく、さらに素質・能力の開発、開化、陶冶をも意味する。このような含意をふまえ、この論文では Kultur を文脈に応じて「文化」「文化的陶冶」と訳出した。

(22) この点に関連して、『たんなる理性の限界内の宗教』第一編で語られる、人間の自然本性の内なる善への根源的素質と、悪への性癖との対比を参照。あわせて、『人間学』遺稿の以下の文章を参照。「最初の人間は本能によって、有害な事物から遠ざけられていた。しかし彼はしだいに自由を感じ始め、彼が理性の神的法則から逃れることによって、悪が生じた。」(遺稿断篇一四六三番、XV. 643)「最初の人間は善から転落した。この善は無垢なるものであった。しかしそのあとで善は悪から生じた。人間は自然の最大の善と自由の最大の未開状態から始まる。法則。……**悪からの善の起源**。／(普遍史のプラン。)／……動物性と本能は善である。／動物性と(理性を伴う)自由は悪であるが、理性を介して善をもたらす。／(悪は善への動機である。)」(遺稿断篇一五〇一番、XV. 790)

(23)『判断力批判』は、これを「自然の合目的性」として主題化し、反省的判断力の統制原理として位置づけつつ、美の主観的形式的合目的性と、有機体の客観的実質的合目的性とに分けて論じる。なお自然の合目的性への讃嘆(bewundern)については、同書、第六二節(本全集9巻。V. 364-365)を参照。

(24) J・J・ルソー Jean-Jacques Rousseau, 1712-78　一七六〇年代以降のカントの思想形成におけるルソーの影響の大きさについては、あまりにも有名。これについては『美と崇高の感情に関する観察』覚え書き(本全集18巻所収。XX. 44, 58 f.)を参照。ルソーの著作等、フランス語文献をカントは原書で読んだ。本文中に言及されているルソーの著作の原題と発行年は以下のとおり。『学問芸術論』(*Discours sur les sciences et les arts*, 1750)、『人間不平等起源論』(*Discours sur l'origine de l'inégalité parmi les hommes*, 1755)、『エミール』(*Emile*, 1762)、『社会契約論』(*Contrat social*, 1762)。

(25) 歴史の進行過程において自然から逸脱し、自然と対立した人為技術、文化を、その完成の域において、ふたたび自然と合致させること(すなわち自然素質の全面展開としての全人類の道徳的開化)が人類の使命だというカントの歴史観の基本がここに垣間見られる。『教育学』(本全集17巻所収。IX. 492)でもほぼ同じ趣旨で「完全な人為技術はふたたび自然となる」と言われる。

(26) 道徳的に開化した gesittet　gesittet は、たんに「開化された」「文化的」などとも訳されるが、Sitte という語根に着目し、ここでは「道徳的」の意味を表にだして訳出した。gesittet は moralisiert と同義と解する。本訳注(6)参照。

(27) 文明的市民的に開化した状態 der zivilisierte Zustand　Zivilisierung[Civilisierung]は通常たんに「文明化」と訳されるが、civil という語根はラテン語の civis(市民)や civilis(市民の)につうじて、本文中の「市民」(Bürger)、「市民的」(bürgerlich)と共鳴しあっている。それゆえここでは zivilisiert を、冗長ではあるがあえて「文明的市民的に開化した」と訳出した。

(28) ヒポクラテス Hippokrates, 460頃-377 B.C.　古代ギリシアの医学者。西洋医学の父。医師の道徳を「ヒポクラテスの誓い」として明確に規定した。医術修得の困難に比して一生の短いことを嘆いた「技術は長く人生は短し」という言葉は、古代ローマの医師ガレノス(Galenos, 129?-199?)が編纂したヒポクラテスの『警句(箴言)集』第一章一(Aphorismus I. 1.)の冒頭に見られる。ちなみに、この言葉は後に転じて「芸術は長く人生は短し」として広く知られているが、カントにおいて ars

も Kunst も、広い意味での人為技術(芸術を排除しない)である。
(29) 「あのギリシアの哲学者」が誰をさすのかは未詳。
(30) 『人倫の形而上学』(本全集11巻)序論の以下の文章を参照。「ある行為と法則との単なる合致もしくは不一致は、その行為の動機を顧慮しないとき、適法性(合法則性)と呼ばれる。……/法的立法による義務は、単に外的な義務でしかありえない」(VI. 219)。道徳性と区別された適法性(Legalität)の体系は同書の第一部「法論」で展開される。また『世界市民的見地における普遍史の理念』の第五命題(本巻一〇頁)を参照。
(31) 「[1]さて、アダムは妻エバを知った。彼女は身ごもってカインを産み、「わたしは主によって男子を得た」と言った。[2]彼女はまたその弟アベルを産んだ。アベルは羊を飼う者となり、カインは土を耕す者となった。」
(32) この論点は、集団の地理的隔離を前提する人種論へと接続する。本巻七二頁等を参照。また『永遠平和のために』(本巻二八一頁)も参照。
(33) 前後を含めて引用しておく。「[3]時を経て、カインは土の実りを主のもとに献げ物として持って来た。[4]アベルは羊の群れの中から肥えた初子を持って来た。主はアベルとその献げ物に目を留められたが、[5]カインとその献げ物には目を留められなかった。カインは激しく怒って顔を伏せた。……　[8]カインが弟アベルに言葉をかけ、二人が野原に着いたとき、カインは弟アベルを襲って殺した。」
(34) 先行する箇所を含めて引用する。「[15]主はカインに言われた。「いや、それゆえカインを殺す者は、だれであれ七倍の復讐を受けるであろう。」主はカインに出会う者がだれも彼を撃つことのないように、カインにしるしを付けられた。[16]カインは主の前を去り、エデンの東、ノド(さすらい)の地に住んだ。」
(35) カインの子孫たちについて語る第四章第一七節から第二二節までを引用する。「[17]カインは妻を知った。彼女は身ごもってエノクを産んだ。カインは町を建てていたが、その町を息子の名前にちなんでエノクと名付けた。[18]エノクにはイラドが生まれた。……メフヤエル……メトシャエルはレメクの父となった。[19]レメクは二人の妻をめとった。……　[20]アダはヤバルを産んだ。ヤバルは、家畜を飼い天幕に住む者の先祖となった。[21]その弟はユバルといい、竪琴や笛を奏でる者すべての先祖となった。[22]ツィラもまた、トバル・カインを産んだ。彼は青銅や鉄でさまざまの道具を作る者となった。……」

(36)「[23]さて、レメクは妻に言った。「アダとツィラよ、わが声を聞け。レメクの妻たちよ、わが言葉に耳を傾けよ。わたしは傷の報いに男を殺し、打ち傷の報いに若者を殺す。[24]カインのための復讐が七倍なら／レメクのためには七十七倍。」」

(37)「[4]当時もその後も、地上にはネフィリムがいた。これは、神の子らが人の娘たちのところに入って産ませた者であり、大昔の名高い英雄たちであった。」ネフィリムは巨人族のこと。

(38) 前後を含めて引用しておく。「[1]さて、地上に人が増え始め、娘たちが生まれた。[2]神の子らは、人の娘たちが美しいのを見て、おのおの選んだ者を妻にした。[3]主は言われた。「わたしの霊は人の中に永久にとどまるべきではない。人は肉にすぎないのだから。」こうして、人の一生は百二十年となった。」

(39) 第六章の第五—六節には「[5]主は、地上に人の悪が増し、常に悪いことばかりを心に思い計っているのを御覧になって、[6]地上に人を造ったことを後悔し、心を痛められた」とあり、その後、第八節にノアが登場する。神はノアに箱舟を造るように命じたうえで、次のように言う。「[17]見よ、わたしは地上に洪水をもたらし、命の霊をもつ、すべての肉なるものを天の下から滅ぼす。地上のすべてのものは息絶える。」

(40) ベドウィン人 Beduine　アラブ系遊牧民のこと。古くから「アラブ」と同義。「ベドウィン」は、アラビア語の「バダウィー(badawi[y])」がフランス人によってなまって発音されたもの(bédouin/Bédouins)で、バダウィーは、砂漠・荒野(badw)に住む人々の意。ベドウィンの社会では父系の血縁関係が重視される。首長、族長、長老を意味するシェーフ(Schech)[フランス語でシェーク(cheikh/cheik)]は、アラビア語ではシャイフ(shaykh→Scheich/chaykh)。

(41) 中国 Sina　カントによる呼称としては「シナ」と音韻表記して訳出するのが適切かもしれないが、読者の理解の便を優先した。本巻七四頁、八五頁等も同様。シナは、秦《しん》の転訛で、古くからの外国人による中国の呼称。カントは従来のドイツ語の表記に従って、この時期までは、中国をSinaと綴ったが、のちにChinaと改めている。『永遠平和のために』本巻二七六頁の原注を参照。

(42) このような戦争の位置づけにかんしては、『永遠平和のために』第二章第一補説、『判断力批判』第八三節、および『世界市民的見地における普遍史の理念』第四命題の「敵対関係」や「非社交的社交性」の概念を参照。

(43) 永続する平和 ein immerwährender Friede　それは、完成された文化(eine vollendete Kultur)をとおしてはじめて

望み見られる歴史の終わり、究極目標である。『永遠平和のために』を参照。

(44) 「[12]神は地を御覧になった。見よ、それは堕落し、すべて肉なる者はこの地で堕落の道を歩んでいた。[13]神はノアに言われた。「すべて肉なるものを終わらせる時がわたしの前に来ている。彼らのゆえに不法が地に満ちている。見よ、わたしは地もろとも彼らを滅ぼす。」」

(45) 黄金時代 goldenes Zeitalter　古代ギリシア・ローマの歴史概念で、歴史を金、銀、銅、鉄にわけた第一期の幸福と平和に満ちた時代。本文既出のエデンの園の楽園イメージに重なる。『たんなる理性の限界内の宗教』の本文冒頭(本全集10巻二五頁)を参照。

(46) ロビンソン・クルーソーの物語 die Robinsone　イギリスの小説家デフォー(Daniel Defoe, 1660頃-1731)の有名な小説、*The Life and strange surprising Adventures of Robinson Cruso*(原著は一七一九年刊、岩波文庫版『ロビンソン・クルーソー』上巻)をさす。『判断力批判』(本全集8巻一五六頁)では人間嫌いとの関連で扱われている。

(47) 『人種の概念の規定』第V節(本巻七七頁以降)参照。

校訂注

一一五13　W版では論文末尾に、I. Kant. との署名が見られるが、A版、C版、V版には見られない。

(望月俊孝)

哲学における目的論的原理の使用について

訳注

(1) 自然学 Physik　自然(Natur/φύσις)についての学。Naturwissenschaft(自然学、自然科学)と同義。古代ギリシア以来、自然学は、自然を超えたものについて論じる形而上学(Metaphysik)から区別される。ちなみに、近代以降のPhysik/

physics は通常、「物理学」と訳される。カントの考える Physik もニュートン物理学の成果をふまえたものであり、その点でアリストテレスの自然学(physica)とは性格を異にするが、目的論的原理を使用した有機体認識をもめざすという点で、近代物理学として理解されるものより射程が広い。以下では Physik を「自然学」と訳し、physisch は文脈に応じて「自然的」「自然学的」ないし「物理自然学的」と訳す。

(2)　『純粋理性批判』(一七八一／八七年)が、このことを示した。魂の不死、自由、神の存在は、理論的な見地においては単なる理念にとどまり、人間的認識の対象が感性への現象にかぎられる以上、上記の諸理念は思弁的な理性推理を通じても、けっして認識にもたらされない。にもかかわらずあえてその認識を独断的に主張する伝統的形而上学に対して、これを厳しく批判することがこの「第一批判」の主要課題であった。

(3)　第一批判の成果をふまえて、『実践理性批判』(一七八八年)は、形而上学の主要三理念の実践的な規定をめざす。その規定根拠を提供するものは、人間的実践のアプリオリな根本原理としての道徳法則である。これによって自由は純粋実践理性の自己立法(アウトノミー)の自由として規定され、魂の不死と神の存在は、最高善(徳とそれに比例した幸福との合致)の可能性の条件として道徳的実践的な見地から要請され、かくしてそれら理念の実践的認識の道が開かれる。「最高善の理念における目的」とは、道徳性の主体としての人間(ホモ・ヌーメノン)のこと。これは『判断力批判』で、「全創造の究極目的」ともいわれる。

(4)　『人種の概念の規定』(本巻所収)をさす。本文一二一頁にもあるように、これは一七八五年一一月の『ベルリン月報』に発表された。自然学(とくに有機体認識)における目的論的原理の使用の必要性を確認するその作業は、一七八八年の本論文に引き継がれ、さらに『判断力批判』(一七九〇年)の第二部「目的論的判断力の批判」で本格的に論じられることになる。

(5)　前述の『人種の概念の規定』と、『人間の歴史の臆測的始元』(一七八六年)の二つをさす。この二論文は、雑誌『ドイツ・メルクーア』(*Teutscher Merkur*)の一七八六年一〇月号・一一月号(4. Vierteljahr, S. 57–86. S. 150–166)において、ゲオルク・フォルスターの論文『さらに人種について』(Noch etwas über die Menschenrassen. An Herrn Dr. Biester)により批判された。フォルスターについては、訳注(8)を参照。カントは同じ雑誌の一七八八年一月号・二月号(Erstes Vierteljahr, S. 36–52. S. 107–136)で、フォルスターへの反論を試みたのである。

(6) この数行は、明確な意味の取りにくい箇所である。アカデミー版全集第八巻の編者H・マイヤーの注釈(VIII. 488)によれば、カントの二つの論文と、それに関する二つの批評——自分を誤解したフォルスターと、後に自分の良き理解者となったラインホルトのそれ——とのあいだで「混乱」があるとのことである(ラインホルトについては訳注(55)参照)。卓越した才能の「人たち」(Männer)とあることを踏まえた、一つの解釈の可能性である。ただし本訳では、一貫してカントの二つの論文をめぐる記述として訳出した。

(7) 『さまざまな人種』(一七七五年。本全集3巻所収)のこと。『人種の概念の規定』の訳注(2)を参照。

(8) ゲオルク・フォルスター Johann Georg Adam Forster, 1754–94　ドイツの自然学者。自然学者であり地理学者であるヨーハン・ラインホルト・フォルスター(1729–98)の子。ジェームス・クック(James Cook, 1727–79)の第二回航海(一七七二—七五年)に父とともに参加し、『世界周航記』(英文、一七七七年)を著した(一七七八—八〇年にドイツ語訳、八三年ゲオルク自身により増補)。

(9) 自然記述(Naturbeschreibung)と自然史(Naturgeschichte)の区別については、『人種の概念の規定』の訳注(24)を参照。

(10) リンネの性体系(sexual system)の原理すなわち雌雄蕊《ずい》分類法のこと。リンネは、植物の生殖器官(種によって一定不変と仮定されたメシベとオシベの数)に注目して植物全体の体系的分類をはかった。リンネ(Carl von Linné, 1707–78)は、スウェーデンの植物学者、当時のナチュラル・ヒストリーの権威。一八〇もの著作を残す。ウプサラ大学に学び、のちに同大学の教授。

(11) リンネの地球理論上の仮説については、カントの『自然地理学』(本全集16巻所収。IX. 202-203)および『自然地理学講義要綱』(本全集2巻所収。II. 8)を参照。

(12) ニグロ Neger　『人種の概念の規定』の訳注(7)を参照。

(13) 種族 Rasse　『人種の概念の規定』の訳注(1)を参照。

(14) スターン Laurence Sterne, 1713–68　イギリスの作家で、全九巻からなる未完の長編小説『トリストラム・シャンディの生涯と意見』(一七六〇—六七年)の作者。奇作として名高いこの作品のドイツ語訳は一七七四年刊。カントの言及する「論争」は、その第四巻の冒頭の「スラウケンベルギウスの物語」という断章の中にあり、そこで論理学者については、次のように言われている。「他の学者先生のどのような集団にもまさって、当面の論点から離れなかったのは論理学者たちでした。——この人たちの議論は鼻という言葉に始まって鼻という言葉に終わりました。もしもその仲間の最も有能な一人が、論争の出発点において一つの循環論法に頭をぶつけてしまうということが起こらなかったとすれば、係争点のことごとくがたちまちにして解決をみたでしょう」(朱牟田夏雄訳、岩波文庫版、中の二五頁。筑摩世界文学大系21、四五一頁)。

(15)　種(Art)の上位分類階級であるGattung/genusは、哲学文献では「類」と訳され、生物学・分類学では「属」と訳される。

(16)　変様種 Varietät　ラテン語では varietas。生物学・分類学で、種内のあらゆる変異型をさすのに用いられるきわめて多義的な概念であり、通常はAbartと同義で「変種」と訳される。しかしカントは、『さまざまな人種』以来、Abartung[＝Abart]とVarietätを使い分けており(II. 430参照)、本論文でも以下に見られるように、Abartungを種族の言い換え、Varietätをさらに下位の品種の言い換えとして用いているので、ここでは便宜的に、Abartungを「変種」、Varietätを「変様種」と訳しわけることにする。

(17)　フィジオグラフィー Physiographie　「自然の記述」の意味で、Naturbeschreibungというドイツ語に対応するギリシア語からの造語。おなじくフィジオゴニー(Physiogonie)は、「自然の生成」を意味する。

(18)　血統 Abstamm　カントはこの語を、根源的な根幹(Stamm)から出てきた(ab)分類学上の一つの系統の意で用いている。なお訳文には、「血統」のほかにも「混血」(Vermischung)や「血縁関係」(Verwandtschaft)などの言葉が登場するが、言葉の含意(解釈)の問題はさておき、すくなくともカントの原文には、いわゆる血(Blut)へのこだわりは認められない。

(19)　変種 Abartung　退化 Ausartung　もともとAbartungとAusartungは、ともにラテン語のde-generareの訳語として作られたドイツ語であるが、カントはこの二つを区別する。後者のAusartungは、今日でも一般に「退化」の意味で用いられ、カントもこれに「変性、変質、衰微」という意味のラテン語degeneratioを当てている。progenies specificaは、そのような意味での特殊な子孫の産出を意味する。こうした否定的・衰退的なニュアンスをAusartungに割り当てることにより、カントはAbartungに肯定的・創造的なニュアンスを与えようとしている。すなわち、カントのいうAbartungは、一つの種(Art)から種族(Rasse)という下位クラスが新たに分かれ出てくる(ab)こと、あるいはむしろそのようにして分かれ出てきたもの(すなわち変種 Abart)をさす特別の意味をもち、progenies classifica というラテン語は、そのようにして後の世代にクラス分化が進むことを意味している。なお本文では、文脈によって Abartung を「変異」と訳した箇所もある。

(20)『人種の概念の規定』の訳注(23)を参照。

(21) リンネは、従来の分類学の成果をふまえつつ、自然の分類階級として、界(regnum〔鉱物界、植物界、動物界の三界〕)の下に、綱(class)、目(ordo)、属〔類〕(genus)、種(species)を設けた。カントの注は、これを念頭においている。このうち「綱」は、動物でいえば哺乳類、爬虫類といった分類階級にあたるが、カントはこの言葉を単に群ないし部類といった意味で用いている。本文では「クラス」とした。

(22) 人間品種 Menschenschlag　Schlag は動植物の品種を意味し、さらに人間の型、タイプ、種類をあらわす。カントはこれを変様種として位置づけ、具体的には一定の家系や民族において特徴的な形質をしめす Familienschlag や Volksschlag を考えている。これらは家族型、民族型と訳したほうが意味はとりやすいかもしれないが、訳語の統一をはかるため、あえて「家族品種」「民族品種」と訳出した。『人種の概念の規定』(七四頁)参照。

(23) 単に方法的な命名 bloß methodische Benennung　リンネの二命名法を念頭においているものと思われる。リンネは、属名(genetic name)と種小名(specific name)の二語の組み合わせで種を名づける方法を確立した。この方針は今日でも種の学名(species name)の命名規約に生かされている。

(24)『人種の概念の規定』の訳注(22)を参照。

(25)『さまざまな人種』第二節と、第三節末尾の表、および『人種の概念の規定』第Ⅱ節を参照。

(26) シャフツベリー卿 Lord Shaftesbury　シャフツベリー(Anthony Ashley Cooper, 3rd Earl of Shaftesbury, 1671-1713)は、イギリスの道徳哲学者、美学者。有機体的目的論的な自然観に基づいて、調和的世界の全体と諸部分に美を見出し、真善美の究極的な一致を信じた。カントはここでおそらく、シャフツベリーの論文集『人間・風習・意見・時代の諸特徴』(*Characteristics of Men, Manners, Opinions, Times*, 3 Vols., 1711)——一七九〇年までに一一版を重ね、仏・独訳もされた——に収められた論文『共通感覚、別名ウィットとユーモアの自由についての試論』(一七〇九年)の該当箇所(p. 4, sec. 3)の、おぼろげな記憶にたよっているのだと推察される。

(27) ビュフォン George Lours Leclerc Buffon, Comte de Buffon, 1707–88　フランスの博物学者。主著は『自然史』(*Histoire naturelle, générale et particulière avec la description du cabinet du roi*)(全三六巻、一七四九―八九〔もしくは一八〇四〕年)。この書物は、一八世紀後半から一九世紀前半にかけてのベストセラー。本文該当箇所は、一七五六年に出版されたドイツ語改訂版(*All. Historie der Natur*, III 1)の一一二頁。カントは若いころから、この版を好んでよく用いた。

(28) ゼンメリング Samuel Thomas Sömmering, 1755–1830　解剖学者。カッセル、マインツ等の大学教授。のちに開業医。その著作『ニグロとヨーロッパ人の身体的相違について』(フランクフルトおよびマインツ、一七八五年)は、ゲオルク・フォルスターに捧げられた。後に、ゼンメリングの一七九六年の著作『魂の器官について』には、彼の求めに応じて寄せられたカントの一文(本全集13巻所収)が、付録として掲載された。

(29) ショット D. Schott　ゼンメリングはショットの『セネガルで猛威を振るった黒胆汁性憂鬱症に関する論文』(Treatise on the Synochus atrabiliosa which raged at Senegal)(ロンドン、一七八二年)を引用している。

(30) リンドの報告およびフロギストンについては、『人種の概念の規定』の訳注(30)、(31)を参照。

(31) カフィル人(Kaffer)については『人種の概念の規定』の訳注(11)を参照。

(32) ホッテントット人 Hottentotte　コイ(Khoi)族の、ヨーロッパ人による呼称。コイサン語を話す。コイとは、彼らが自分たちをさす呼称で「人間」の意。南アフリカ共和国からナミビアにかけての降雨量の少ない半砂漠高原地帯で、牛と羊の放牧生活を行う。サン族(通称ブッシュマン)とともに、低身長で知られる。『自然地理学』(IX. 312, 315 f., 318, 320, 407 ff.)を参照。

(33) チェルケス人女性たち circassische Weiber　circassisch = zirkassisch = tscherkessisch. Zirkassier = Tscherkesse. チェルケス人は、黒海とカスピ海にはさまれたカフカス(コーカサス)地方に住む一部族。カフカス地方は古くからの交通路で、イラン系、ロシア系、トルコ系などの諸民族が混在している。IX. 403 参照。

(34) ツィゴイネル Zigeuner　『人種の概念の規定』の訳注(36)を参照。

(35) クレオール Kreole　『人種の概念の規定』の訳注(4)を参照。

(36) シュプレンゲル Christian Konrad Sprengel, 1750–1816　ドイツの植物学者、博物学者。花の形と昆虫との関係を明らかにした。彼の『民族学および地理学に関する寄稿論文集』(*Beiträge zur Völker- und Länderkunde*, hersg. von M. C. Sprengel, 1786)の第五部(S. 267-292)に収められた論文『西インド砂糖群島における黒人奴隷の待遇についてのラムゼーの論文についての注釈』で、シュプレンゲルは、イギリスの牧師ラムゼー(James Ramsay)の『英国領砂糖植民地におけるアフリカ奴隷の待遇と改宗について』(Essay on the treatment and conversion of African sclaves in the British Sugar Colonies)(ロンドン、一七八三年)という論文を批判した。

(37) マースデン William Marsden, 1754-1836　イギリスの言語学者、民族学者、東洋学者。マレー(とくにスマトラ)の研究で知られる。『スマトラ史』(*History of Sumatra*, 1783)、『マレー文法辞典』(一八一二年)などの著書がある。本全集8巻一〇九頁参照。

(38) レヤング Rejang　スマトラ島の一部族であることは本文からも明らかだが、詳細は不明。『人倫の形而上学』第四〇節には、同じくマースデンに依拠した「スマトラの異教民族レヤング」への言及が見られる(VI. 304 参照)。なおスマトラ住民の一般的な特徴については、『自然地理学』(IX. 392)を参照。

(39) メスティソ Mestize　『人種の概念の規定』の訳注(19)を参照。

(40) ドン・ウリョア Don Antonio de Ulloa, 1716-95　スペインの高級海軍将校で王立協会の会員。スペイン領ルイジアナの初代総督(一七六四—六八年)。彼の『南米旅行』(*Redacion del viage a la America meridional*)のドイツ語翻訳は一七五二年、アムステルダム刊。II. 380., IX. 293, 316 参照。

(41) ネグロ岬 Capo Negro　『人種の概念の規定』の訳注(14)を参照。

(42) エスキモー Eskimo　シベリアの東端からアラスカ、カナダ、グリーンランドにわたる極北ツンドラに居住する民族。形質は隣接する北米インディアン諸部族よりもむしろモンゴロイドに近く、新生児には蒙古斑がある。「エスキモー」はインディアン語で生肉を食べる人たちの意。彼ら自身は「イヌイト」(=人間)と称する。『永遠平和のために』(本巻二八三頁)および『自然地理学』(IX. 432, 435)を参照。

(43) パプア Papua　『人種の概念の規定』の訳注(29)を参照。

(44) フォレスター(Forrester)船長　『トーマス・フォレスト(Thomas Forrest)船長のニューギニアおよびモルッカ諸島へ

の旅』という題の、英語原文からのドイツ語抄訳本は、エーベリンクの『新旅行記集』第三部として、ハンブルクで一七八二年に出版された。該当箇所は、その八三頁。

(45)　カータレットの報告ならびに、カントの記憶ちがいの一件については、『人種の概念の規定』の訳注(8)、(9)を参照。

(46)　宗教局首席評定官ビュッシング氏 Hr. O.C.R. Büsching　ビュッシング(Anton Friedrich Büsching, 1724–93)は、ベルリンのフランシスコ派修道院の宗教局首席評定官(Oberconsistorialrath)、および修道院付属のギムナジウム(高等学校)の校長で、有名な地理学者、博識家。本巻『啓蒙とは何か』の注(17)を参照(II. 451, VI. 353, IX. 161 など参照)。本文該当箇所は、ビュッシング編集の『週報』の第一三年次、第四四部の三五八頁にある。カントの『人種の概念の規定』に関する箇所は、以下のとおり。「ところでカント氏はここでも自分自身と一致しており、一致を保持している。すなわち彼にとって自然とは、理性的な根本原因として目的をもち、その目的達成のために素質を作るなどして、あらかじめ配慮するようなものである。それゆえ彼は、ある特別の意味でのナチュラリストである。」ここで「ナチュラリスト」とは自然研究者の意。

(47)　『人間の歴史の臆測的始元』においてカントは人間の歴史の叙述を、アダムとエバという「ただ一対の夫婦」(ein einziges Paar)(本巻九六頁)から始めた。

(48)　有機体認識における機械論的原理と目的論的原理の関係については、『判断力批判』第二部(本全集9巻)において本格的に論じられる。なお、通常は単に有機体と訳されるカントの術語について、ここでは das organisierte Wesen を「有機的に組織された存在者」、das organische Wesen を「有機的存在者」と訳しわけた。また Organisation は「有機的組織」ないし「有機的組織化」と訳出した。

(49)　同様の思想は、『判断力批判』第八〇節で、カント自身が「理性の大胆な冒険」として展開しているところでもある。

(50)　ボネ Charles de Bonnet, 1720–93　ジュネーブの自然学者・哲学者。あらゆる自然存在者の血縁関係の理念は、彼の作品『自然の観想』(*Contemplation de la nature*, 2 vols., Amsterdam, 1764–65)のなかで、もっとも完全な仕方で展開されている。

(51)　ブルーメンバッハ Johann Friedrich Blumenbach, 1752–1840　ゲッティンゲン大学医学部教授。博物学、比較解剖学、生理学、医学史等について講じた。人種論でも名高い。カントの指摘の箇所は、彼の『自然史のハンドブック』(*Handbuch der Naturgeschichte*, Göttingen, 1779)の序文ではなく、第一章の第七節にある。カントは『判断力批判』第八一節(V. 378 f.)でも、ブルーメンバッハの功績を高く評価している。

(52) 根本力 Grundkraft　『純粋理性批判』の超越論的弁証論の付録の対応箇所(A 648=B 676 ff.)および『人種の概念の規定』の訳注(22)を参照。

(53) 自然生理学者 Physiolog　Physiologie は Physik と同じくギリシア語のピュシス(φύσις)を語根とし、基本的には自然学を意味するが、(カントにおいても)生物の自然本性に関する生理学を意味する場合もあり、今日ではもっぱら後者の意味で用いられている。その事情をふまえて Physiolog を「自然生理学者」と訳出する。

(54) メンデルスゾーン Moses Mendelssohn, 1729-86　ドイツ啓蒙哲学、通俗哲学の代表的人物。該当箇所は、『形而上学における明証性について』(一七六四年)の第三章、および『朝の講義時間』(*Morgenstunden*, 1785)の XI 以下。

(55) 『カント哲学に関する書簡』(Briefe über die Kantische Philosophie)は、一七八六年から翌年にかけて『ドイツ・メルクーア』誌に連載された、ラインホルト(Karl Leonhard Reinhold, 1757-1823)の論文。これによりラインホルトは一七八七年、三〇歳にしてイェーナ大学の哲学教授となった。ラインホルトについて、さらに詳しくは、本論文の解説を参照。

(56) 『ドイツ・メルクーア』誌の編集者は、詩人、小説家で、ラインホルトの義父でもある、ヴィーラント(Christoph Martin Wieland, 1733-1813)。『判断力批判』では、ホメロスとならんで模倣不能の天才と賞されている(本全集8巻二〇一頁参照)。

(57) Neue Leipziger gelehrte Zeitungen auf das Jahr 1787, Leipzig, 94. Stück, S. 1489-92. ここに言われている反論は、その一四九一頁以降に見られる。

(58) 以下は、ラインホルトの進言(一七八七年一〇月一二日付けカント宛の手紙を参照)に応えた注釈。あわせて『純粋理性批判』の超越論的分析論第二章第一節を参照。

校訂注

一三三12　カントの手書き原稿——実際にはカントよりも浄書者の手による部分の方が多いものの、カント自身も目を通したとされる手稿で、かつてベルリンのプロイセン国立図書館に所蔵されていたが、破壊され、もはや参照不能——において Einteilung とあるところが、原著初版(ラインホルトが校正を施した『ドイツ・メルクーア』版)では Einleitung となっている。A版、C版、V版は前者、W版はやむをえず後者に依拠しているが、C版の校訂注は、後者を初版の印刷上のミスと見なしている。A、C、V版の方を採用する。

一三四17　カントの手稿に依拠したA版、C版、V版の verwischen ではなく、これを修正した原著初版およびW版の vermischen を採用する。

一三五3　カントの手稿に従ったA版、C版、V版の seinem Boden が、原著初版では dem Klima と改められ、W版はそれに従っている。どちらでも意味は通じるため、A版等の方を採用する。

一三六10　カントの手稿に従ったA版、C版、V版の Gradfolge が、W版では原著初版に従って Grundfolge となっている。前者を採用する。

一三九3　カントの手稿に従ったA版、C版、V版の anerbende が、W版では、原著初版に従って unerbende となっているが、前者の方を採用する。

一四二2　カントの手稿や原著初版に従ったC版、V版、W版で S. 286-287 とされている箇所は、C版の校訂注によれば実際には S. 287-292 であり、A版もそのように改めている。A版に従って訳出しておく。

一四六3　カント手稿の Ursprunge der letzteren als Wirkungen des Klima を、原著初版(およびW版)は Ursprunge des letzteren aus Wirkung des Klima と改めたが、A版はこれを不必要な修正とみなし、C版、V版もそれに従っている。A版等を採用して、手稿の形のまま訳出しておく。

一五〇8　カントの手稿に従ったA版、C版、V版の Erzeugungssystem が、原著初版(およびW版)では Erziehungssystem と改められたが、ここでは前者を採る。

一五二13　カントの手稿、原著初版およびW版で in ihr oder ihrer Ursache とある箇所を、A版は in ihm oder seiner Ursache と改め、C版、V版もそれに従っている。A版の編者H・マイアーによれば、この箇所を含む関係節は、欄外注としてカントが事後に挿入したものであり、そのさいにカントは、本文直前の「存在者」(das Wesen) を無視して、たとえば「実体」(die Substanz) などの語を念頭においたものと推察される。A版等の方が文章の流れがよいので、こちらを採用する。

一五五15　手稿、原著初版およびC版、V版、W版において Verdientes, das der ungenannte und mir bis vor kurzem unbekannte Verfasser とある箇所で、この関係節の結びの語句(たとえば sich erworben hat など)が欠落しているため、A版(マイアー)は、Verdientes des ungenannten und mir bis nur vor kurzem unbekannten Verfassers と変形している。

(望月俊孝)

理論と実践

訳注

(1)　エドマンド・バーク(Edmund Burke, 1729–97)のことをさすと思われる(Paul Wittichen, „Kant und Burke" in: *Historische Zeitschrift* 93, 1904, S. 253–255)。彼の『フランス革命についての省察』(*Reflections on the French Revolution*, London, 1790)は、一七九二年、フリードリヒ・フォン・ゲンツ(Friedrich von Gentz)によってドイツ語に翻訳されており、カントはおそらくそれを読んだのであろう。この箇所のすぐ後に出てくるウェルギリウスからの引用(次注)も、このバークの著作の中に見られる(ゲンツのドイツ語訳の第二版(Berlin, 1794)の七八―七九頁参照)。

(2)　ウェルギリウス『アエネイス』第一巻一四〇。

(3)　ガルヴェ Christian Garve, 1742–98　カントと同時代人で、当時の通俗哲学の代表者。『純粋理性批判』への最初の公的批評を『ゲッティンゲン学報』に発表したことで知られる。ここであげられている著作の正確なタイトルは、『道徳と文学と社会生活から得られるさまざまな対象についての試論』(*Versuche über verschiedene Gegenstände aus der Moral, der Literatur und dem gesellschaftlichen Leben*, 1. Theil, Breslau, 1792)である。一一一頁から一一六頁までの箇所は、忍耐についての第一論文の八一頁につけられた注である。ただし、カントの引用には、厳密でない箇所もある。強調のための傍点も、カントによる。

(4)　この著作のタイトルは、『義務についてのキケロの著作についての哲学的注釈と論考』(*Philosophische Anmerkungen und Abhandlungen zu Ciceros Büchern von den Pflichten*, Breslau, 1783)である。一七八三年の版は第一版であり、第二版は一七八四年に出版された。ここで引用されているコメントは「第一巻についての注釈」の中に見られる。

(5)　これと同じ見解は、すでにヴィルヘルム・フォン・フンボルトの論文「新しいフランスの政体のきっかけとなった国家体制理念」„Ideen über Staatsverfassung, durch die neue französische Constitution"(『ベルリン月報』第一九巻、一七九二年一月、八四—九八頁)に見られる。

(6)　キケロ『法律について』III. 3 に見える。

(7)　いわゆる「カルネアデスの板」のことが念頭に置かれている。ここで論点となっているのは、正当化根拠と免責根拠との問題である。『人倫の形而上学』(本全集11巻) VI. 235-236 を参照せよ。

(8)　アッヘンヴァル Gottfried Achenwall, 1719-72　ゲッティンゲン大学の哲学教授であり、のちには法律学の教授にもなった。

(9)　カントは、自然法の講義をするにさいして、アッヘンヴァルのこの著作を手引きとして用いている。われわれに残っている唯一の学生ノートは、アカデミー版全集第二七巻二、二(一三一七—一三九四頁)に収められている。また、アッヘンヴァルの著書は、カント自身が所蔵していたものの中にある手書きの注とともに、第一九巻三二五—四四二頁に収められている。なお、ここで引用されている箇所は、実際は、この著作の二〇三節から二〇五節にある。二つ目の引用文は、二〇五節にある。

(10)　ベルギーのブラバント地方で、公爵が即位して首都ブリュッセルに入都するときに、住民にさまざまな特権や自治権を与えることを証した憲章。一三五六年に始まり、それ以後、後継するすべての公爵たちに対して要求された。そこには、もしも公爵が違反した場合には、臣民たちはその服従義務から解放されるという条項が含まれていた。じっさい、一七八六年ヨーゼフ二世がこれを無視したので、この憲章を後ろ盾にした反乱を招くことになった。

(11)　ダントン Georges Jacques Danton, 1759-94　フランスの革命家。ここで引用されている文章の出典は不明。カントが誰か別の人(ロベスピエール?)と取りちがえているのではないかという指摘もある(VIII. 502)。

(12)　名誉革命によって制定された権利の章典。

(13)　ホッブズ(Thomas Hobbes, 1588–1679)のこの著作は一六四二年に出版された。カントが参照している箇所には、次のようにある。「すでに示したとおり、国家における最高権力をもつ者は、誰に対しても契約によって義務を負うということがない。それゆえ、いかなる市民に対しても不正をなすということがありえない。というのも、不正とは契約の違反以外になく、したがって、あらかじめ契約が存在していなければ、不正も生じえないから。」なお、カントは、すでに『純粋理性批判』(A 752/B 780)において、ホッブズに反対して、自由な意志表明が必要だと主張している。

(14)　ウェルギリウス『アエネイス』第一巻一五一―一五二。

(15)　ここで言及されているメンデルスゾーン(Moses Mendelssohn, 1729–86)の著作の正式なタイトルは、『イエルザレム、あるいは宗教の威力とユダヤ教について』(*Jerusalem, oder über religiöse Macht und Judenthum*, Berlin, 1783)である。カントは、一七八三年八月一六日付のメンデルスゾーン宛の手紙のなかで、この論文に対する賞賛を示している(X. 344, 347)。

(16)　レッシング(Gotthold Ephraim Lessing, 1729–81)の『人類の教育』(*Die Erziehung des Menschengeschlechts*, Berlin, 1780)を指す。

(17)　ホメロス『オデュッセイア』第一一巻五九三―六〇〇)によれば、伝説上のコリント王であるシシュポスは、自分の犯した罪のため、冥界において重い石を山頂に運ぶという罰を与えられた。しかもその石は頂上近くになると転がり落ちてしまうので、シシュポスは永遠に石運びを続けなければならなかった。

(18)　この疑問符は、メンデルスゾーンによるものではなく、カントによるものである。

(19)　スウィフト Jonathan Swift, 1667–1745　『ガリヴァー旅行記』(一七二六年)で有名なイギリスの作家。カントは、しばしばスウィフトを引用している。ただし、この箇所の出典は不明である。

(20)　サン・ピエールの司祭(Charles-Irénée Castel, 1658–1743)の『永遠平和のための草案』(*Projet de paix perpétuelle*, Utrecht, 1713)、およびルソー(Jean-Jacques Rousseau, 1712–78)の『サン・ピエールの永遠平和論』(*Extrait du projet de paix perpétuelle de M. l'Abbé de St. Pierre*, Amsterdam, 1761)をさす。

(21)　セネカ(Lucius Annaeus Seneca, 4 B.C.–A.D. 65)の『道徳書簡』(*Epistulae Morales*)の第一〇七書簡一一からの引用。

校訂注

一七二11　「道徳的体系」(dem moralischen System)。初出の『ベルリン月報』(一七九三年九月)(Bd. XXII, S. 201-284)では「体系」(dem System)となっているが、A版編者ハインリヒ・マイアーがガルヴェの原著に従って「道徳的」(moralischen)を補う(いずれもゲシュペルト)。C版とV版も同様。W版は『ベルリン月報』にならってdem Systemとしている。

一八九8　「彼らが所有物の量と程度のうえでいちじるしく不平等であることと」(mit der größten Ungleichheit der Menge und den Graden ihres Besitztums nach)。『ベルリン月報』では「彼らの所有物の量と程度がいちじるしく不平等であることと」(mit der größten Ungleichheit der Menge und den Graden ihres Besitztums)であるが、A版編者ハインリヒ・マイアーがTieftrunk版(*I. Kants vermischte Schriften*, Bd. III, Halle (Regner, 1799))にならってnachを補う。V版も同様。C版とW版は『ベルリン月報』にならう。

一九七16　「かつて」(einmal)はV版、W版ではゲシュペルト。

二一一1　C版、V版、W版ではこの文のあとに「——」がある。

(北尾宏之)

万物の終わり

訳　注

(1)　ドイツ語には現在でも、格調高い言い方として、「永えのうちへ入る」(in die Ewigkeit eingehen)とか、「天国へ召される」(in die Ewigkeit abberufen werden)等々の表現がある。ただし、教会での説教など宗教的な場面で用いられる。

(2)　ハラー Albrecht von Haller, 1708-77　スイス・ベルン生まれの解剖学者、生理学者、植物学者、詩人。ゲッティンゲン大学教授となり、解剖学教室を設け、植物園を設立。この本文中の引用は「永遠性に関する未完成詩」(一七三六年作、一七四三年刊)からとられている。ハラーはポープと並んでカントの愛好した詩人であり、初期の『天界の一般自然史と理論』(一七五五年。本全集2巻)はハラーを「永遠性について歌った最も勝れたドイツの詩人」であると讃えて、同詩の一節を引用している(I. 135. また I. 140)。後期の『人倫の形而上学』(一七九七年。本全集11巻)でも「徳論」の第二四節でハラーの詩を引用している(VI. 449)。

(3)　ウェルギリウス(Vergilius Maro, Publius, 70–19 B.C.)の詩『アエネイス』(VIII. 265)からの引用。

(4)　末日 der jüngste Tag　直訳すれば「一番若い日、末の日」。とくにキリスト教の終末論(Eschatologie)では「最後の審判の日」を意味する。さらに通俗的には、世界はいま最後の時代で悪に満ちており、「末日」と世界の没落は迫っていると信じられていた。『たんなる理性の限界内の宗教』第一編冒頭(本全集10巻二五頁)参照。

(5)　「終末の審判」とは聖書の終末論の歴史観による。すなわち、神によって造られたこの世界には始め(創造)と終わり(終末)がある。被造物たる人間と世界ではあるが、イエスの十字架と復活によってこそ、神による人間救済の業は真に完成されるというのである。そして時(終末)が至るや、イエスは再び来たり、この宇宙と歴史を締め括り、この世界での行為に従い、信仰に則って、愛と義による審判をなし、そこに天地は一新せられて、創造の業は完遂されるのである。

(6)　『ヨハネの黙示録』第六章第一四節に曰く、「天は巻物が巻き取られるように消え去り、山も島も、みなその場所から移された」。以下、引用は『聖書』(新共同訳、日本聖書協会、一九八七年)による。なお、『黙示録』の終末観については『たんなる理性の限界内の宗教』第三編第二部末(本全集10巻一七九―一八一頁)を参照。

(7)　「ユニテリアン派(Unitarier)の体系」をカントはここで、裁かれて天国へ行く者、地獄へ行く者という二元論に対照させている。ここから、ユニテリアンとは、万人が救われるか、もしくは地獄へ堕ちると主張する論者を指すとみることができる。したがって、いまここでは、狭義の神学における、三位一体論に反対してイエス・キリスト＝人間とみなす行き方(いわゆるユニテリアン神学、単一主義)のことではない。(もっとも、イエスを道徳的な人間という方向で解釈するカントの神学自身は、啓蒙期にしばしば見出されるユニテリアン的神学ともいえるかもしれない。)

(8)　ここで二元論というのは、通常カントのそれとして知られる叡知界と現象界、あるいは自由と必然のそれではなく、宗教的救済にかかわるそれのこと。すなわち来世において救われる者と永遠に罰せられる者がいると説く体系であって、暗にキリスト教のことを指す。そして理念の道徳的使用という観点からすれば、二元論は一元論より優れているとカントはみている。

(9)　ソヌラー Pierre Sonnerat, 1745–1814　フランスの自然科学者で探検家。王命により東インドと中国へ旅行。その旅行記のドイツ語訳 *Sonnerat's Reise*, 2 Bde. は一七八三年にチューリヒで出版されている。

(10)　アヴァ Ava　ブラマン族の国、上ビルマの古都。本巻『人種の概念の規定』の訳注(28)参照。

(11)　ダリーウス・コドマンヌス Darius III, Codomannus のことを指す。紀元前四世紀中頃のペルシア帝国最後の王(在位、紀元前三三六—三三〇年)。『ベルリン月報』に発表された本文に依拠しているV版では Godomannus となっており、発表時にカントは誤記していたと考えられる。

(12)　引用は、古代ローマの詩人ホラティウス(Horatius Flaccus, Quintus, 65–8 B.C.)の「歌集」(Carmina, III)二の三二。前の行まで加えれば以下のとおり。raro antecedentem scelestum/deseruit pede Poena claudo.　カントは『人倫の形而上学』の巻末の「結びの注解」で、この詩句を、ラテン語を示さず、ドイツ語によって次のように述べている。「刑罰の女神は(ホラティウスによれば)その前を堂々と歩いて行く犯人を目から離さず、ひっ捕らえるまでは、よろめき歩きながらも絶えず追って行く」(VI. 489)。

(13)　コラー Korah　イズハルの子で、コハテ家出身のレビ人。荒野放浪中に二五〇人の暴徒を率いてモーセに反逆した人物であるが、神の審判によって暴徒ともども滅ぼされた。旧約聖書『民数記』第一六章第三一—三五節参照。

(14)　エリヤ Elias　前九世紀のイスラエルの最も重要な預言者。自然神バアルの礼拝を攻撃し、ヤーヴェ信仰を純粋化、絶対化すべく努めた、弟子のエリシャがその事業を継承した。『列王記 下』第二章第一一—一二節に曰く、「……エリヤは嵐の中を天に上って行った。エリシャはこれを見て、「わが父よ、わが父よ、イスラエルの戦車よ、その騎兵よ」と叫んだが……」。

(15)　ここにも、とくに人間の自然的素質に関して、開化(文化)——文明化(法的社会の形成)——道徳化という、三段階の発展を説くカント独自の歴史観が認められるであろう。

(16)　永遠から永遠にわたって von Ewigkeit zu Ewigkeit　『ヨハネの黙示録』第一〇章第六節のギリシア語原文は *εἰς τοὺς αἰῶνας τῶν αἰώνων* であり、新共同訳では「世々限りなく」となっている。本訳ではギリシア語原文の語感を活かそうと試みた。

(17)　『ヨハネの黙示録』第一〇章第三節に、「天使が叫んだとき、七つの雷がそれぞれの声で語った」とある。

(18) 可想人 homo Noumenon　「英知人」とも訳される。生命的身体的存在である現象人 homo phaenomenon ないし感性人 Sinnenmensch と区別して言われ、人格の内なる人間性を意味する。現象人が自分を単なる手段とし、感性的な諸制約に従うのに対して、可想人は各人の目的そのものとして真に自由であり、われわれの本体ともいえよう。『純粋理性批判』(A 249–253/B 306–309)。『人倫の形而上学』の「人倫の形而上学一般の区分」VI. 239 参照。

(19) ハレルヤ Hallelujah　もともと「主を賛美せよ」を意味するヘブライ語に由来する礼拝・賛美の句。後になると、典礼・音楽において、リフレーンや独唱としても用いられる。

(20) ここではカントは「スピノザ主義」なる語を、批判的な意味あいで用いている。とくに、ヤコービなどのように、『純粋理性批判』の中に(カントに言わせれば)「悪しき」スピノザ主義の後ろ盾を見ようとする試みを批判する。すなわち、カテゴリーを適用しうる範囲に認識を限定することは無意味だとして、人間は感性を超えるものをもとらえうるとする彼らの主張を、カントは「独断論」かつ「狂信」だとして退ける。『カント事典』(弘文堂、一九九七年)参照。

(21) 新約聖書『フィリピの信徒への手紙』第三章第一二節。「わたしは、既にそれを得たというわけではなく、既に完全な者になっているわけでもありません。何とかして捕らえようと努めているのです。自分がキリスト・イエスに捕らえられているからです。」

(22) フランスのイエズス派修道士ガブリエル・コイエ(Gabriel Francois Coyer, 1707–82)の著作からの引用文。コイエには一七五五年刊の『古代諸宗教の相違論』(*Dissertation sur la difference des anciennes religions*)がある。一七八二―八三年に七巻本の全集が出版されるが、既に一七六一年にベルリンでドイツ語訳の彼の『道徳的小論選』(*Moralische Kleinigkeiten*)が出版されているので、カントはこれを使用したと推定される。同じ引用文は『諸学部の争い』(本全集18巻)第二部第四節(VII. 83)にも見出される。全体としての人類は、進歩にも退歩にも可能性を有する不安定な存在であるが、生得的な善意志を人間に付与できれば、人類はより善い状態へ向かって絶えず進歩する、とカントは考えている。

(23) 『ヨハネの黙示録』第二二章第一一節。「不正を行う者には、なお不正を行わせ、汚れた者は、なお汚れるままにしておけ。正しい者には、なお正しいことを行わせ、聖なる者は、なお聖なる者とならせよ。」

(24) 「喜んでなすべしと命ずることは矛盾である」ことに関しては、『実践理性批判』第一部第一編第三章の「動機」論における「神への愛」と「隣人愛」のなかで、カントは「神を愛せよ、汝の隣人を愛せよ」という命令をめぐって、何人も単なる命令によって人を愛することはできないとする。その場合、愛とは喜んで義務を果たすことを意味する。このような命令でも、人は義務としての行為を努力追及するが、しかしそういう心術をもつことまで命ずることはできず、かくて「人がなにごとかを喜んでなすべしという命令は、自家撞着」と言われる。けだし、もし人が喜んでしようとの意識をもつなら、このことをなせという命令は不要であろうし、もし人がその事を法則への尊敬からのみするなら、「喜んでせよ」との命令は心術に対して逆にはたらくであろうから。

(25)　このラテン文は、ローマの歴史家リヴィウス(Titus Livius, 59B.C.-A.D.17)の『ローマ建国史』(*Ab urbe condita*)第二巻からのものである。なお原文は次のように続いている。Leges rem surdam, inexorabilem esse, salubriorem meliorem-que inopi quam potenti すなわち、「法は耳が聞こえず、容赦しないもの。有力者によりは弱者に対してなお有益で親切なるものである」。

(26)　『マタイによる福音書』第五章第一二節。「喜びなさい。大いに喜びなさい。天には大きな報いがある。」この引用文は、『たんなる理性の限界内の宗教』第三編第二部の終わり近くで、まさに「万物の終わり」に言及している箇所で、キリスト教における幸福観の一面として引用されている(本全集10巻一八〇頁)。

(27)　『たんなる理性の限界内の宗教』第一編注解(本全集10巻二九頁)のなかで、道徳説にとって重要な点は「道徳的中間物」を許容しないことだとカントは言明する。悪しき心術と良き心術のあいだにはいかなる中間も存在しない。そして、厳格主義とは正反対である「中立の」放任主義者(無関心主義者と呼ばれる)と、「連携の」放任主義者(折衷主義者と呼ばれる)とを批判している。

(28)　相反する諸原理の提携は、カントが前年に出版した『たんなる理性の限界内の宗教』に対する検閲に対してケーニヒスベルク大学の哲学部が無抵抗であった経緯を指す。哲学部が神学部と「提携」(Koalition)したとカントはあてこすっている。キーゼヴェッター宛一七九三年一二月一三日付書簡参照。

(29)　『ヨハネの手紙　一』第二章第一八節。「子供たちよ、終わりの時が来ています。反キリストが来ると、あなたがたがかねて聞いていたとおり、今や多くの反キリストが現れています。これによって、終わりの時が来ていると分かります。」なおこの「反キリスト者」という語のカント自身による引用としては、『たんなる理性の限界内の宗教』第三編第二部の末尾(本全集10巻一八二頁)をも参照。

校訂注

アカデミー(A)版(翻訳定本)、カッシーラー(C)版、フォアレンダー(V)版、ヴァイシェーデル(W)版を較べると、コンマの打ち方等かなりの相違があるが、以下では語句の相違に限ってしるしておく。

二二八5　V版のみ und als Gegenstände möglicher Erfahrung での als が抜けている。

二二八7　V版のみ den Anfang einer Fortdauer(他の三つの版では der)。

二二九16　V版のみ den Mängeln derselben abzuhelfen, als es zu zerstören(他の三つの版では desselben)。

二三〇9　V版のみ Godomannus。訳注(11)参照。

二三三4　V版のみ eine durch große Erwartung erregte Einbildungskraft(他の三つの版では Erwartungen)。

二三四6　V版のみ deren Überfluß nach ihrem Genuß(他の三つの版では Überschuß)。

二三八4　W版のみ unser moralische Zustand der Gesinnung(他の三つの版では moralischer)。

二三九15　C版のみ Dazu kommt das Ungeheuer von System des Laokiun(他の三つの版では Daher)。

二四〇5　V版のみ…, welches denn ihr vermeintes seliges Ende aller Dinge ausmacht(他の三つの版では welche)。

二四六2　V版のみ、ピリオドの前にティーフトゥルンクによる以下の追加文が印刷されている。, ihm auch nur in der Folge die Herzen der Menschen erhalten könne, ist nie aus der Acht zu lassen(「けれどもまた[その愛するに値する特性が]ただ結果においてのみ人々の心情を受け取るのだということも見落とされてはならない」)。

(酒井　潔)

永遠平和のために

訳注

（1）「永遠平和のために」という言葉は、当時、死者を弔って、「安らかにお眠りください」と同じ意味で、墓地などに掲げられていたという。この言葉を旅館の屋号に用い、しかも墓地の描かれた看板の上にそれを彫刻したところに、風刺のきいた面白さがある。なお「永遠平和のために」(Zum ewigen Frieden)という語には、同時に「永遠平和にいたる……」という意味のあることを指摘しておきたい(zu の用法)。したがって本論文は「永遠平和のための哲学的構想」であるとともに、永遠平和にいたる道程を論述した「永遠平和への哲学的構想」でもある。

（2）原文のドイツ語では、「ひとが彼にいつもケーゲル(九柱戯)の一一本のピンをいっぺんに倒させることができても」とある。ケーゲル(ドイツのボーリング)は、九本のピンを倒す競技のため、いっぺんに一一本のピンをたおすことは不可能であり、この表現は「不可能なことを可能にさせる」という意味で使われる。それゆえ、ここでは「ひとが空論家に好きなように述べさせても」、つまり「彼(空論家)がいつでも自由に実現不可能と見える理想を好きなだけ述べても」の意となる。

（3）留保条項 Clausula salvatoria　法律や条約などで、権利・義務の決定を留保する条項のこと。たとえば、ある条項の適用を特定の人物や国家に対して行わないなどの制限を明記する。カントはもちろんここで比喩的な意味で用いている。

（4）心内留保 reservatio mentalis　二義的な言葉を使って、心の中に自分に都合のいい解釈をひそかに残しておくこと。

（5）プロテスタントに対抗し、カトリック教会の発展をはかるため、スペインのイグナティウス・デ・ロヨラ(Ignatius de Loyola, 1491-1556)らによって結成された修道会の名称。ジェスイット教団ともいわれる。日本にも同会士ザビエルが渡来。

（6）カズイスティク Kasuistik　「決疑論」とも呼ばれる。社会的慣行や倫理、法律、教会あるいは聖典の律法などの一般原則を人間の個々の行為に適用して、道徳上の疑問点(相反する義務の問題など)や良心の問題を解決しようとする方法論。しばしば二義的な判断にたよるため、詭弁におちいることが多い。イエズス会では、よい目的のためなら、二義的な言葉を用いてもよいとされていた。カントは、イエズス会のカズイスティクと心内留保を同一視しているようである。本文三一三頁参照。

(7) 国家政略 Staatsklugheit　この言葉は国家政策 Staatsweisheit とともに、政治の領域の知識を意味する。前者は、文字通りには「国家の怜悧」という意味であり、後者は「国家の知恵」である。国家政略は実用的な知恵であり、道徳的原理に立脚した国家政策から区別される。この区別は、政治と道徳の一致・不一致をあつかう本論の「付録」の中心テーマである。

(8) 根源的契約 der ursprüngliche Vertrag　カントは国家成立の際の契約のことを根源的契約と呼ぶ。彼以前の「国家はその成員の相互契約に基づいて成立する」というホッブス、ロック、ルソーらの社会契約と同じであるが、ただカントの根源的契約は、現実の歴史的事実と考えるのではなく、時間を超越する理性の純粋理念である。

(9) イギリス人のこと。

(10) 神明裁判 Gottesgericht　神の意思を受けて罪科や訴訟を決定する古代の裁判。正しい者は神の助けを受けると考えて、原告と被告に、たとえば熱湯や火の中に手を入れさせるなどして、その試練に耐えた者を正しいとした。

(11) ギリシアのカレンダエまで ad calendas graecas　カレンダエはローマ人の暦で、月の最初の日を意味し、ギリシアにはこの呼び方がなかった。そのため Nimmerleinstag(決して来ることのない日)の意味で使われる。ローマ帝政初代皇帝アウグストゥスは、怠慢な債務者に対して、この表現を用いて風刺したという。古代ローマでは、現在のように一か月の日数を順に数えるのではなく、「カレンダエ calendae」、「ノナエ nonae」(イドゥスの前九日)、「イドゥス idus」(月の真中)という三つの目印になる日を設けて、その前の何日という呼び方をしていた。

(12) 誤想獲得 putative Erwerbung　あるものを取得するための正当な権利がないのに、それに気づかず取得権利があると思い違いをし、そのものを取得すること。

(13) ヴィンディッシュグレーツ伯 Graf Joseph Niklas Windisch-Graetz, 1744-1802　カントは本文で Windischgrätz と表記。法律や政治に関する著述家。彼が課題として出した懸賞問題は、詳しくは次のようであった。「いかなる二義的解釈も許さない契約方式は、いかにして考案されることができるか、つまり、それによって所有の変更に関するいかなる論争も不可能となり、この方式に基づいて作成された権利証券については、決して訴訟が起こりえないような契約方式は、いかにして考案されることができるか。」

(14) アイオーン Äon (Αἰών)　ドイツ語の発音はエーオン。本来ギリシア語で、「生命力」や「人生」、「生涯」の意であったが、プラトンでは超時間的な「永遠性」を意味した。後に初期キリスト教のグノーシス派では、超感覚的な神との融合の体験を可能にするため人格化されて神性と人性との媒介項となった。神と物質界との間の最高存在者。

(15)　フリードリヒ二世 Friedrich II., 1712-86　フリードリヒ大王とも呼ばれる、プロイセンの啓蒙専制君主。フランスの啓蒙思想家ヴォルテールをサンスーシ宮殿に招き、その教えを受けたこともある。

(16)　マレ・デュ・パン Mallet du Pan, 1749-1800　スイス生まれのフランスの政治記者。フランス革命に反対し、王制に同情した。一七九三年『フランス革命とその持続の原因』を著わし、翌年それがドイツ語に翻訳された。カントはフランス革命に関心を寄せていたので、この書を読んだものと思われる。

(17)　ポープ Alexander Pope, 1688-1744　イギリスの詩人で、イギリス古典主義の完成者。この格言は『人間論』(*An Essay on Man*)の第三巻三〇三―三〇四行にある二行詩である。

(18)　スウィフト Jonathan Swift, 1667-1745　イギリスの風刺作家。アイルランド生まれ。『ガリヴァー旅行記』で知られる。カントの引用文は『桶物語』(*A Tale of a Tub*, 1696)の一節にある。

(19)　ティトゥス Titus Flavius Vespasianus, 39-81　ローマの皇帝(在位七九―八一年)。短い治世ではあったが、人道的な政治を行い、「人類の喜びと愛」とたたえられた。

(20)　マルクス・アウレリウス Marcus Aurelius Antoninus, 121-180　ローマの皇帝(在位一六一―一八〇年)。賢帝として名高い。ストア哲学の代表作『自省録』の著者としても有名である。

(21)　ドミティアヌス Titus Flavius Domitianus, 51-96　訳注(19)のティトゥスの弟。兄の後ローマ皇帝となる(在位八一―九六年)。対外政策では、ライン、ドナウの辺境にリメス(防壁)の建造を開始。内政では次第に皇帝権の絶対性を主張して暴虐な政治を行った。そのため陰謀によって殺害された。

(22)　コンモドゥス Lucius Aelius Aurelius Commodus, 161-192　マルクス・アウレリウスの息子で、即位の後は酒色にふけり、政治は気に入りの家来たちに任せてかえりみず、最後は彼らの陰謀によって殺された。

(23)　フーゴー・グロティウス Hugo Grotius, 1583-1645　オランダの法学者、政治家。近世の国際法学の樹立者で「国際法の父」と呼ばれる。主著『戦争と平和の法』は、自然法の立場から、国際法の問題を論じたものである。

(24) プーフェンドルフ Samuel von Pufendorf, 1632-94　ドイツの法学者、歴史家。グロティウスとホッブスの学説を折衷した自然法理論を樹立。主著は『自然法と万民法について』(*De iure naturae et gentium*)。

(25) ファッテル Emmerich von Vattel, 1714-67　スイスの法学者、外交官。ライプニッツ＝ヴォルフ学説を信奉し、ヴォルフとともに一八世紀におけるグロティウス学派の代表者となる。

(26) 旧約聖書『ヨブ記』第一六章第一―二節の文句である。「そこでヨブは答えて言った。わたしはこのようなことを数多く聞いた。あなたがたはみな人を慰めようとして、かえって人を煩わす者だ。」

(27) この「ガリアの領主」は、ローマを急襲し略奪したガリア人の首長ブレンヌス(Brennus)のことであろう。訳注(58)参照。

(28) 戦争への権利 Recht zum Kriege　カントは『人倫の形而上学』において、国際法を「平和の権利」と「戦争の権利」とに分け、「戦争の権利」をさらに「戦争への権利」「戦争中の権利」「戦争後の権利」とに区分して論述している。戦争の権利が不必要になることが、国際連盟の意図するところであり、それが永遠平和の実現をもたらすのである。

(29) 格率 Maxime　人間が生きていく上で個々に定めている行為の規則や原則のこと。カントは行為の個人的・主観的規則の意味に用い、普遍的道徳法則と区別した。たんにあれこれのことをしようと思う個々人の意志の主観的な原理といってもよい。たとえば「私は困っている人を助ける」を原理とする場合、それがこの行為を起こそうとしている人にとっての格率である。格率が普遍性をもつと道徳性を獲得する。

(30) ウェルギリウス Publius Vergilius Maro, 70-19B.C.　独英表記は Virgil。ローマの代表的詩人。この引用句は叙事詩の大作『アエネイス』第一巻二九四―二九六行を短縮したもの。戦争中は開かれているヤヌスの門が、平和の到来とともに閉じられて、戦争の化身である狂乱が門の中で、縛られてたけり狂っている。

(31) 万軍の主 der Herr der Heerscharen　旧約聖書の『詩編』には、万軍の主である神を賛美した歌が散見される。ユダヤ教では、神が万軍の主である。

(32) バーバリ地方は、モロッコ、アルジェリア、チュニス、トリポリにまたがる北アフリカ海岸の地方。海賊の本拠地があった。バーバリ地方の住民(Barbaresken)は、ベルバー人(Berber)とも呼ばれる。

(33) ベドウィン人 Beduine　アラビアや北アフリカの砂漠に住むアラブ系遊牧民族。ベドウィンはアラビア語で「砂漠の住民」を意味する。本巻『人間の歴史の臆測的始元』の訳注(40)参照。

(34) 香料諸島 Gewürzinseln　インドネシアのセレベス、ニューギニアの両島の間にあるモルッカ諸島の呼称。

(35) 砂糖諸島 Zuckerinseln　カントの時代、西インド諸島やアフリカ沿岸のカナリア諸島が、そう呼ばれた。

(36) ゲオルギウス Antonius Georgius, 1711–97　アウグスティヌス派の僧侶。一七六二年、伝道者のために大部の『チベットの文字』をローマで出版した。

(37) フィッシャー Johann Eberhard Fischer, 1697–1771　ドイツ生まれの歴史学者、古代研究者。一七三三年から四三年にかけてのカムチャツカ探検に加わり、後にペテルブルク大学の歴史学教授となり、その地で没した。カントが言及している見解は、ゲッティンゲンで一七七〇年に出版された著書『ペテルブルクの質問書』(*Quaestiones Petropolotanae*)の中にある「シナ帝国の多様な呼び名について」に見られる。

(38) ブハラ地方 Bucharei　ウズベキスタン共和国にある都市ブハラ周辺を指す。ブハラは中央アジアのイスラム教聖地。

(39) ヘシュキオス Hesychios　五世紀頃のエジプト、アレクサンドリアの言語学者。古代ギリシアの方言と語形についての辞典を編集した。アレクサンドリアは当時ヘレニズム文化の中心地であった。

(40) エレウシスの密儀とは、アッティカ地方のエレウシスの神殿で行われた神秘的な儀式のこと。神殿には古代ギリシアの農業の女神デメーテル(Demeter)が祭られ、祭儀は春秋二回行われた。奥義を伝授された者は視霊者となり、彼らには光に満ちた神の姿が見えたという。

(41) 『若きアナカルシスの旅』(*Voyage du jeune Anacharsis*)　この書はフランスの古代史家バルテルミ(Abbé Jean-Jacques Barthélemy)が一七八八年に出版した五巻本である。一七九二―三年にかけて、カントと関係のあった編集者ビースター(Johann Erich Biester)によって、ドイツ語に訳された。

(42) ラクローズ Mathurin Veyssière de La Croze, 1661–1739　ナントに生まれたフランスの学者。ベネディクト派の教団に入り、修道士となる。プロシアのアカデミー会員となり、ベルリンで没した。

(43) ホラティウス神父 Pater Franciscus Horatius　一七三五年から一二年間ラサ(Lhasa)に滞在した宣教師で、チベットについての詳細な記述を残した研究者としても知られる。

(44)「第一補説」という標題は、第一版にはない。第二版(一七九六年)で、「永遠平和のための秘密条項」が書き加えられたために、新たに「第一」という順番が記入された。

(45) イカロスの翼 ikarische Flügel　イカロスはギリシア神話の中の人物で、名工デダロスの息子。父はミノス王のためにクレタ島に迷宮ラビュリントゥスをつくったが、幽閉されてしまう。イカロスは脱出のために父の発明した翼で空中を飛んだが、父の命令に反して有頂天になって高く飛びすぎたため、太陽の熱で翼の蠟が溶け、海に落ちて死んだという。

(46) アウグスティヌス Aurelius Augustinus, 354-430　初期キリスト教の有名な教父であり、かつ最大の思想家。北アフリカのタガステ出身。著書に『神の国』『告白』など。引用句「創始者の摂理。いったん命じられたら、つねに従う providentia conditrix ; semel iussit, semper parent」は、神学者や校訂者によれば彼の著作のうちには見出せないという。

(47) グリュプス gryps　ギリシア神話に出てくる怪獣。スフィンクスが人間の顔とライオンの胴体をもつのに対して、グリュプスはライオンの胴体と鷲の頭と翼をもつ。ウェルギリウスの『詩選』第八歌二七行参照。

(48) オストヤーク人 Ostjake　サモエード人 Samojede　ともにウラル・アルタイ民族に属し、ロシアの西部シベリアや、北氷洋沿岸地方に居住した少数民族。

(49) 原文のままでは、直接目的語が欠けているので、「必要不可欠な食物を」あるいは「役に立つ食物を」を補う。

(50) ノアの血の禁止 das Noachische Blutverbot　旧約聖書『創世記』第九章第四―六節にノアに対する血の禁止の箇所がある。「肉を、その命である血のままで食べてはならない。あなたがたの命の血を流すものには、わたしは必ず報復するであろう。いかなる獣にも報復する。兄弟である人にも、わたしは人の命のために報復するであろう。人の血を流すものは人に血を流される、神が自分のかたちに人を造られたゆえに。」

(51)『使徒言行録』第一五章第一九、二〇節には「わたしの意見では、異邦人の中から神に帰依している人たちに、わずらいをかけてはいけない。ただ、偶像に供えて汚れた物と、不品行と、絞め殺したものと、血とを避けるようにと、彼らに書き送ることにしたい」とあり、『使徒言行録』第二一章第二五節には「異邦人で信者になった人たちには、わたしたちから、すでに手紙で、偶像に供えたものと、血と、絞め殺したものと、不品行とを、慎むようにとの決議を知らせてある」とある。

(52) 傾向性 Neigung　傾向性とはふつう特定の欲望に走りやすい個人的習性のこと。この箇所では、傾向性は一般的な意味で使われているが、カント倫理学においては、「傾向性」は「義務」に対置される概念である。その場合には、「欲求能力が諸感覚に依存すること」を、つまり感覚的欲望を傾向性と呼ぶ。

(53)　フエゴ島 Feuerland　南アメリカ南端にある大小多くの島々の総称。大陸とはマジェラン海峡によって隔てられている。

(54)　この語句は、『たんなる理性の限界内の宗教』では、「古人がいったように」と述べて引用されている(本全集10巻四六頁)。

(55)　fata . . . trahunt　セネカ(Lucius Annaeus Seneca, 5 B.C.－A.D. 65)の『道徳書簡』第一八巻四からの引用文。セネカはストア派の代表的哲学者。皇帝ネロの師でもあった。

(56)　ブーテルヴェク Friedrich Bouterwek, 1766-1828　ゲッティンゲン大学の哲学教授、また詩人としても知られていた。

(57)　ゼンダヴェスタ Zendavesta　ゾロアスター教、ペルシア教の経典。ゼンド(Zend)は注解を意味し、単にアヴェスター(Avestā)ともいう。

(58)　敗者はあわれなるかな vae victis　リヴィウス(Titus Livius, 59B.C.－A.D.17)が、その著『ローマ史』(*Ab urbe condita Libri*)の中で、前四世紀にガリア人の首長ブレンヌス(Brennus)がローマを略奪したときの言葉として伝えている。

(59)　他の二つの学科とは、神学科と医学科を指す。カントの時代の大学は、神学科、法律学科、医学科、哲学科の四学部に分かれ、哲学は前三者に比べて一段と低いものと見なされていた。しかしカントは哲学こそ他の三学科を指導する地位にあると考えていた。『諸学部の争い』(本全集18巻)参照。

(60)　これは『マタイによる福音書』第一〇章第一六節「見よ、わたしがあなたがたをつかわすのは、羊を狼の中に送るようなものである。だから蛇のように賢く、鳩のように素直であれ」の文句に由来している。

(61)　アプリオリ a priori　本来ラテン語で「先に」という意味で、カントの場合経験に先立つ、あるいは経験に由来しないという意味で使われる。「純粋」(rein)という術語も経験がまじっていないという点で、アプリオリと同じである。

(62)　「汝の格率が普遍的法則となることを、汝が意志することができるように行為せよ」、これは定言命法(kategorischer Imperativ)の一表現である。仮言命法(hypothetischer Imperativ)が、「もしもある一定の目的を欲するならば、……しなさい」という条件つきの命令、つまりある目的を達するための手段としてある行為を命令するのに対して、カントによれば道徳法則はただ端的に「……すべし」と命令する。道徳法則の命令するところは、他の目的や結果のためではなく、それ自身を目的として守られるべきものである。そして道徳法則が直接に意志を規定する型式が定言命法と呼ばれる。定言命法は無条件にアプリオリに要求する命令であるから、内容的には定まっていない。

(63)　この一節は、『マタイによる福音書』第六章第三三節「まず神の国と神の義とを求めなさい。しからば、これらのものは、すべて添え与えられるであろう」を連想させる。

(64)　ラテン語の句であるが、ドイツ皇帝フェルディナント一世(Ferdinand I, 1503-64)の言葉とされる。彼はカトリックとプロテスタントの争いの調停に努力をした皇帝としても知られる。

(65)　この引用句は、ウェルギリウス『アエネイス』第六巻九五行にある。ドイツ語訳では、weiche den Übeln nicht, sondern tritt ihnen behetzter entgegen である。

(66)　超越論的 transzendental　カントの主著『純粋理性批判』の最も中心的な術語。アプリオリな認識の可能性を問うときに使われる。経験に先立つという意味を含めて、かつては「先験的」という訳語が当てられていた。

(67)　蓋然論 Probabilismus　心内留保とならんで、蓋然論はカズイスティクのもう一つの特徴である。ある行為をするとき、道徳上強い反対があり得る場合でも、それが正しいという確からしさがあれば、つまり正しいであろうと思うだけで、それにしたがってもよいとする。なお、さらなるカズイスティクの特徴として、「目的は手段を神聖にする」がある。

(68)　ガルヴェ Christian Garve, 1742-98　ライプツィヒ大学の哲学教授。この論文の題は、詳しくは次の通りである。„Abhandlung über die Verbindung der Moral mit der Politik oder einige Betrachtungen über die Frage, inwiefern es möglich sei, die Moral des Privatlebens bei der Regierung der Staaten zu beobachten"「道徳と政治の結合についての論文、あるいは国家の統治に際して私生活の道徳を認めることは、いかなる程度まで可能であるか、という問題に関する諸考察」。

校訂注

二五四14　原著第一版(一七九五年)では、本全集本文二六九頁の原注(＊)が、この箇所に置かれている。本訳の底本であるA

版、それにV版、C版、W版とも第二版(一七九六年)準拠のため、当該注は現在の箇所(二六九頁)に移されている。

二六四14　括弧( )の中に( )が繰り返されるのを避けて、V版では内部の括弧にブラケット[ ]を使っている。

二六七16　「スウィフト」の表記が、A版ではSchwift、V版、C版、W版ではSwiftとなっている。

二七五13　「日本」の表記。A版、V版、C版はNipon、W版はNipponを採用している。

二七八1　「第一補説」(Erster Zusatz)という標題は、原著第一版にはない。訳注(44)を参照。

二八一12　レクラム文庫(一九五四年版)〔Theodor Valentiner. Stuttgart: Reklam, 1954. Universal-Bibliothek. 1501.〕では、dienliche Nahrung(役に立つ食物)をenthalten(含む)の目的語として書き加えている。訳注(49)参照。

二八二10　A版、V版、C版では、die ersten...(最初の)であるが、W版ではdie ersteren...(初期の頃の)としている。

二八三8　カントはmongalischと表記。A版、C版、W版ともこれを踏襲。V版のみ、ハルテンシュタインの訂正に従って、mongolisch。

二九〇3　A版、V版はmoralisch=gesetzgebendeと一語であるが、C版、W版はmoralische gesetzgebendeと二語である。

三〇六8　W版はDas Recht dem Menschen(人間に対する法)、A版、V版、C版はDas Recht der Menschen(人間の法)。

三一〇6　A版、V版、W版はNaturstande、C版はNaturzustande。

三一三9　A版、C版、W版は、bagatelle、V版はbaggatelle。

(遠山義孝)

解説

福田喜一郎
望月俊孝
北尾宏之
酒井潔
遠山義孝

本巻は『歴史哲学論集』という題目のもとに、

『世界市民的見地における普遍史の理念』(『ベルリン月報』一七八四年一一月)

『啓蒙とは何か』(正式な題目は『啓蒙とは何かという問いに対する回答』、『ベルリン月報』一七八四年一二月)

『J・G・ヘルダー著『人類史の哲学考』についての論評』(『アルゲマイネ・リテラトゥア・ツァイトゥング』一七八五年一月四日、三月(付録)、一一月一五日)

『人種の概念の規定』(『ベルリン月報』一七八五年一一月)

『人間の歴史の臆測的始元』(『ベルリン月報』一七八六年一月)

『哲学における目的論的原理の使用について』(『ドイツ・メルクーア』一七八八年一月、二月)

『理論と実践』(正式な題目は『理論では正しいかもしれないが実践の役には立たない、という通説について』、『ベルリン月報』一七九三年九月)

『万物の終わり』(『ベルリン月報』一七九四年六月)

『永遠平和のために』(ケーニヒスベルク、F・ニコロヴィウス社、一七九五年九月)

の九編を収録している。

発刊年から容易に推察されるように、これら歴史哲学関係の著作はすべて『純粋理性批判』第一版が世に出た一七八一年以降であり、批判哲学の充実期と重なる。すなわち三批判書の出版と歴史哲学上の仕事は時を同じくして充実度を増しているのである。一方で純粋学術的な「批判」の仕事を遂行しながら、他方でランベルト、ヘルツ、モーゼス・メンデルスゾーンらのベルリン学術アカデミーの関係者と内容豊かな書簡のやりとりをし、啓蒙思想の僻地ケーニヒスベルクにいながらそのメッカであるベルリンにおけるホットな問題にコミットしていたとも言うことができる。こうして歴史哲学の問題と時代思潮であった啓蒙の問題は、批判哲学の仕事と並行しながら、本巻に収録されているような問題群において密接な連関をもって扱われたのである。

ここで、カントが積極的に寄稿した『ベルリン月報』(*Berlinische Monatsschriften*, 1783-96)をはじめとする当時の新メディアの時代的意味に触れておきたい。

ドイツ一八世紀中葉に読者層が拡大し週刊誌や月刊誌の部数が大幅に伸びたが、そのことは、ドイツ読書人の書籍に対する態度に変化をもたらした。聖書におけるように何度も繰り返して読む熟読主義ではなく、一回限りの読書という習慣が初めて形成され、これに伴って哲学者は伝統的な問題を論じるだけでなく、アップ・トゥ・デイトな時事問題を扱うようになったのである。その中心地は一七世紀末以来の書籍見本市で栄えたライプツィヒとドイツ啓蒙の中心地ベルリンであった。著作業というものはまだ確立されていない時代であったが、「書く」行為が特別な意義をもち始めていたのである。「書く人」(Schriftsteller)は広義の「学者」(Gelehrter)であり、「学者」は「書く人」であることを要請された。また、雑誌が啓蒙の最も重要なメディアであったことは注目すべきである。カントは時代を「啓蒙の時代」と名づけたが、ベルリン啓蒙の旗手メンデルスゾーンが「書くことに好意的な(schreib-selig)世紀」と称したのはこのことを象徴している。南部ドイツがいまだ学術用語であるラテン語の書籍を出版していたときに、北部ドイツではドイツ語による定期刊行物が数多く台頭し、これらがドイツ啓蒙の知的共同体を形成していたのである。その炬火とも称すべき『ベルリン月報』の編集者のビースター(Johann Erich Biester, 1749–1816)は、カントへの書簡のなかでベルリンの学者たちを次のように称した。「ひょっとすると世界のどんな場所においても、当地ほど学者たちが連繫をもたず、ここほど党派をつくらず、ここほど率直に互いに異論を唱えることはないかもしれません。どんな場所においても、学問的論争が当地ほど容易に、そしてもったいぶった体裁も少なく取り扱われることはありません」(一七八六年六月一一日)。

個々の論文については本解説の各論にゆずるが、『永遠平和のために』におけるような政治哲学とも本質的なつながりをもつ歴史哲学は、啓蒙思想が新メディアによって切り開こうとした公共圏にコミットしていたのである。これは、哲学が伝統的にもっていた対話(ディアロゴス)という原理に加えて、不特定多数の人間を議論の相手とする思惟様式をも獲得したことを意味しており、その流れは今日まで続いている。

(福田喜一郎)

世界市民的見地における普遍史の理念

一　歴史哲学

『世界市民的見地における普遍史の理念』(一七八四年)は、『啓蒙とは何か』に先だってカントが『ベルリン月報』に初めて寄稿した論文であった。それはいわゆる「歴史哲学」(この語を最初に用いたのはヴォルテール、一七五六年)を扱ったカントの最重要テクストであり、一九世紀が歴史主義の時代であるのに対して、合理主義の時代と称される一八世紀の歴史哲学を代表する古典である。またこの時代は、「歴史」という言葉が合理性を欠く次元の低いものから、歴史主義という立場において価値が認められるものに至る過渡期に位置づけられよう。

講壇哲学を代表するクリスチャン・ヴォルフ(Christian Wolff, 1679–1754)による認識区分「歴史的認識」(cognitio historica)、「数学的認識」(cognitio mathematica)、「哲学的認識」(cognitio philosophica)は、一八世紀ドイツの論理学思想における共通の前提となっていた。カントはこの区分をG・F・マイヤー(Georg Friedrich Meier, 1718–77)の論理学書(カント論理学講義の教科書)からも継承し、『純粋理性批判』において数学的認識に対する哲学的認識の根本的相違をきわだたせると同時に、歴史的認識を両者に比してセカンダリーなものとして取り扱っていた。この場合の「歴史的」というのは、ギリシア語の「ヒストリア」が担っていた意味を受け継いだもので、「物語的」「記述的」さらには「事実的」とも訳すべき形容詞である。したがって、歴史的認識はいわば学習の対象にすぎず、批判的吟味によって主体的に獲得されるものではない。カントにおける有名な哲学の学習不可能性の議論はこの考えを裏返して表現したものである。またこの議論の延長線上に、歴史的信仰としての啓示宗教批判が控えているのである(『たんなる理性の限界内の宗教』)。

もちろんカント哲学は、講壇哲学における認識区分をそのまま受け入れたのでもなく、経験から独立した合理主義を支持するものでもなかった。「内容のない思惟は空虚であり、概念のない直観は盲目である」というよく知られた言葉は、そのことを認識論のレヴェルで示していた。そして当初ほぼ同じ意味で使われていたHistorieとGeschichteははっきりと区別されるようになる。前者が「経験的に構想された本来の歴史記述」であるのに対して、後者はアプリオリな「自然の導きの糸」(「自然」は「神」とも「摂理」とも言い換えることができる)による世界史の理念を導出する。後者の哲学的歴史理念によって初めて、人類史そのものに意義があるかどうかが問われるのである。もしくは、これがなければ歴史そのものの判定が不可能となるような理念である。歴史哲学を構想する哲学者は、歴史を個々の地域における経験的記述ではなく、人類の努力の積み重ねととらえ、さらに漠然と「進歩」を期待するのではなく人類の「進歩」を課せられた義務とみなそうとするのである。そして歴史哲学者は自然の導きの糸を前提として初めて、記述された過去の歴史に対する判定をなしうるのである。その意味では、伝統や過去については厳しい批判を向けることになる。だからといって、歴史が事実として自然の導きの糸に従っているとみなすのではない。これをなせば独断的な歴史観になる。そうではなく、歴史哲学は理性という立場にたって、歴史そのものに価値があるか否かを反省的に見ようとする営為である。歴史は単に流れるのでも循環するのでもなく、積み重ねとしての価値をもち、個人もしくは個々の共同体はこの全体の価値に部分的に奉仕する形で自然の目的実現に参与すると考えられるのである。

二 メンデルスゾーン＝アプト論争

カントが歴史についての論攷を書こうとした機縁の一つとして、モーゼス・メンデルスゾーン(Moses Mendelssohn, 1729–86)と神学者トーマス・アプト(Thomas Abbt, 1738–66)との論争が指摘されている。(注) カントの歴史哲学論文は、ルター派神学者のJ・J・シュパルディング(Johann Joahim Spalding, 1714–1808)の書いた『人間の使命』(初版は一七四八年)によって引き起こされた両者の論争を調停する試みであり、これがその重要な誘因となったのである。一三回も版を重ねた『人間の使命』は、諸外国語(フランス語、オランダ語、ラテン語)にも翻訳されたテクストで、ドイツ啓蒙思想が提出した問題群の一つ「人間の使命とは何か」そのものを扱っている。

(注)　Norbert Hinske: Das stillschweigende Gespräch, Prinzipien der Anthropologie und Geschichtsphilosophie bei Mendelssohn und Kant, in: Michael Albrecht, Eva J. Engel und Norbert Hinske (Hg.): *Moses Mendelssohn und die Kreise seiner Wirklichkeit*, Max Niemeyer Verlag, 1994.

ドイツ一八世紀の哲学者に共通する認識として、人間には自然によって何らかの素質が与えられているという考えがある。人間の内なる能力は無限に開花してゆくべきもので、これを実現する努力に人間の使命があるというシュパルディングの考えは、メンデルスゾーンをはじめ時代思潮に大きな影響を与えた。メンデルスゾーンが真なるもの、善なるもの、美なるものを追求することに人間の使命を考えてシュパルディングの立場を擁護するのに対して、アプトはこれに疑問を呈し、それほどの人間的能力はいかにしてかくも短き人生において展開されうるのか理解できないと批判した。

カントはこの論争に対して、(アプトを支持しながら)個人における自然素質の展開は確かに不可能と見ながらも、(メンデルスゾーンの人間学的考察とは異なり)類としての人間が実現すべき課題とみなす歴史哲学の立場をもって両者を調停しようとしたのである。「第二命題」は「人間において、理性の使用をめざす自然素質が完全に展開しうるのは、その類においてだけであって個体においてではないだろう」と定式化している。

しかし人間の使命は歴史において一直線に実現されるものではない。むしろ人間の素質は、他者の抵抗があって初めて目覚めさせられ、この他者を乗り越えようとする競争心によってかえって実現されてゆくと考えられている。

カントはこの事態を「非社交的社交性」、「敵対関係」(Antagonism)と名づけ、自然のあらゆる素質の展開を実現するために自然が用いる手段として積極的に認めた。自然としての人間がいかに邪悪であるかという洞察において、カントは深刻な罪悪的人間観を示しているが、類としての人間つまり人類は歴史過程のなかで敵対関係によるものであっても進歩しうると考えた。これらの点でカントの考えはメンデルスゾーンとも異なる。後者は人類史の進歩についてはむしろまったく懐疑的であったのに対して、カントはいわゆる進歩史観とみなしうる立場にたっている。ただしカントは人類の進歩を肯定したが、これは無媒介的に実現されるものではなく、人類の課題として提出されている理念とした。さらにカントが最終的に求めている進歩は文明や文化におけるものではなく、道徳上の進歩であることはけっして忘れてはならない。

三　人類の課題としての市民社会

世界市民的見地における人類の課題は「第五命題」に明言されている。「自然が解決を迫っている人類最大の問題は、普遍的に法を司る市民社会を実現することである。」ここで言う市民社会は、国家と区別されるヘーゲル以後の概念ではない。カントはアリストテレス以来の伝統的なソキエタス・キウィリス(societas civilis＝政治社会)の理念を受け継いで、市民社会＝国家を独立した市民による法共同体としてとらえている。またこの「法」も国家権力が任意に制定するものではなく、アプリオリに統一された万人の意志としての一般意志が規範となるもので、それが実現されたものが市民社会である。その成員は投票権をもつ国家市民(Staatsbürger＝citoyen)として、能動的に他の成員とともに国家に働きかけるものである。ここで、個人と国家、国家と諸国家との関係において拡大的類比が生じる。すなわち、国家市民社会は世界市民社会へと拡大されるのである。より正確には、前者がそのまま後者へと自然に延長してゆくのではなく、「第七命題」と「第八命題」が述べているように世界市民社会の理念は国家市民社会の実現にも欠かせないものとして前提されるのである。国家的共同体における市民社会は、外的な国家間の合法則的関係に依存せざるをえず、そして世界市民状態への移行を可能にする現実的手段が国際連盟の設立だったのである。

（福田喜一郎）

啓蒙とは何か

一　一八世紀ドイツ啓蒙思想

『ベルリン月報』の一七八三年九月号に匿名に近いE. v. K.というペンネームで「婚儀の執行においてもはや聖職者を煩わさないことの勧め」という寄稿論文が掲載された。実は、当時ジャーナリズムにおいて匿名は日常茶飯事であり、E. v. K.というペンネームは編集者のビースターが用いていたものであった。問題はこの論文のなかにある「啓蒙された人間にとっては、いかなる儀式も必要ではない」という一節であり、これが物議をかもし、「啓蒙とは何か」という問題が忽然とわき起こったのである。

というのは、ベルリン上級宗教局顧問官ヨーハン・フリードリヒ・ツェルナー（Johann Friedrich Zöllner, 1753–1804）が、この論文に対する一文を『ベルリン月報』の一二月号に寄稿しそのなかで「啓蒙とは何か」と問い、この問題は「真理とは何か」と同様に重要であると指摘したからであった。カントはこうしたジャーナリスティックな動きがなければ、『啓蒙とは何か』を書くことはなかったかもしれない。実際、この論文に至るまで彼によって啓蒙問題を真正面からとらえた論文はいっさい書かれていない。しかし、ここで一挙にまとめあげられた彼の見解は、すでに諸著作においてエピソード的に、また大学の講義においてさまざまな形で積極的に、開陳されていたのである。

ドイツ語の「啓蒙する」(aufklären)は、もともと「空が晴れる」を意味する再帰動詞として用いられていたものが、一七世紀に至って目的語をもつ他動詞として名詞「悟性」(Verstand＝intellectus)と結合し、「悟性を啓蒙する」という形で用いられるようになった。一般に一八世紀は「理性の世紀」とも称されるが、ドイツ語で「啓蒙する」と言われるときの客語は推論する能力としての「理性」(Vernunft＝ratio)ではなく認識する能力としての「悟性」であった。カントに限らず、「理性使用」という一方で(そう表現してもかまわないが)、「悟性を用いる」とも表現していたのはごく当然だったのである。これは後にヘーゲルが啓蒙運動を「悟性の支配」として批判したことと関係している。

カントの『啓蒙とは何か』が『ベルリン月報』に掲載されたのは、フランス革命の五年前であり、四七年間(一七四〇―八六年)にわたるフリードリヒ大王(Friedrich II., der Große, 1712-86)による統治が終わる二年前のことである。フリードリヒは哲学をよく学び、アカデミーを創設し、独特の政治的意図に基づいてユダヤ教以外の宗教について寛容政策をとっていた。この論文において言論の自由を主張しえたのも、カントが「フリードリヒの世紀」と称えたその統治期間においてであったからこそであろう。ショーペンハウアーはこのことを端的に語っている。「フリードリヒ大王の統治下でこそカントは思想を展開することができた。『純粋理性批判』が出版されるのを許したのは、確かにフリードリヒの少なからぬ功績の一つである。誰か別の人の統治下であったならば、有給大学教授がそのようなことを敢えてすることはなかったであろう」(『意志と表象としての世界』「カント哲学批判」)。実際、一七九四年には、前年に刊行した『たんなる理性の限界内の宗教』の記述に対する批判がたかまり、時の国王フリードリヒ・ヴィルヘルム二世から勅令を受けて、カントは爾後宗教と神学については講義や執筆はしないと誓ったのであった。この筆禍事件の経緯については『諸学部の争い』(本全集18巻)の序文で詳述されている。なお本巻四一三頁参照。

二　カントの啓蒙思想

あまりにも有名なカントの定義によれば、啓蒙とは「人間が自ら招いた未成年状態から抜け出ること」であり、未成年状態とは「他人の指導なしには自分の悟性を用いる能力がないこと」である。他人の指導がなくとも自分で考えて決断せよという命法は、一八世紀ドイツにおける啓蒙思想の実践性をよく表している。何がこれを阻むのか。カントによれば、「怠惰と臆病」こそその原因である。かつて学識は、いかに多くのテクストを読み、いかに知識をため込んでいるかというのがその徴表であった。しかしドイツ的啓蒙運動は、真理は対象から与えられるものではなく、むしろ個人の自我の表れであるとし、思想の根源を主観性のなかに求めた思潮であった。一八世紀に外国語(ラテン語)ではなく母語であるドイツ語による文書の執筆や書籍が増えたのは、この思潮と無関係ではない。カントが好んで繰り返した言葉「ゼルプスト・デンケン」(自分で考える)は、真理の最高の試金石を自分自身のなかに求めることであり、この格率こそ啓蒙の中心的理念だったのである。

「未成年状態」はもともと法律用語であった。年齢が達していないという意味での「自然の」未成年者に加えて、年齢的には成年であっても成人としての市民的独立性をもたない者は法廷上の未成年者である。彼らは「後見(人)」を必要とする。カントはこうした法律的意味をさらに人間学的もしくは道徳的意味に高めたのである。未成年状態を脱却するには個人の内面的な努力によるしかなく、「思惟様式(心術)」の革命が必要とされている。重要なのは、この未成年状態には「自分で招いた」責任があると主張されている点である。

「ゼルプスト・デンケン」(自分で考える)の次に重要なポイントは、意外な名づけ方をされている「理性の公的使用」という概念である。カントによれば啓蒙を実現するために要求されるのは「自由」であり、この「自由」には理性を公的に使用する自由と私的に使用する自由とがある。「理性の私的使用」はある委託された市民としての地位もしくは官職において許されるもので、この自由には制限がある。それに対して「理性の公的使用」はある人が読者世界の全公衆を前にして「学者として」実行するもので、無制限の自由が許される。したがって、「公的」と称していても公職に就いている者としての理性使用ではなく、公共性において議論および執筆するときの言論の自由を意味している。

しかし、理性を公的に使用する主体は社会から孤立したむき出しの個人ではなく、私的空間に限定されない議論に与ろうとする能動的市民であり、彼らが参画する公共空間は開かれた共同社会を形成するのである。この公共空間を前にしたとき、いわゆる個人の内的自由はもはや自由の名に値しない。別のテクストでは次のように書かれている。「われわれは、自分の思想を伝えまたわれわれにも思想を伝えてくる他者とともに、いわば共同して考えるのでなければ、どれほどのことを、またどれほどの正当性をもって考えることができるであろうか。したがって、人々から自分の思想を公的に伝える自由を奪いとる外的権力は、彼らから思想の自由をも奪いとるであろう（中略）と言うことができる」（『思考の方向を定めるとはどういうことか』（本全集13巻））。

同じ個人でも公職において私的に理性を用いるのは、限られた範囲内でのことであり、他方で学者の資格としての理性の公的使用は自由であるだけでなく神聖な義務でもある。だからといって、私的使用の理性と公的使用の理性とが同一人物においてまったく異なる態度をもてる、と言われているのでもなく、自由の二重スタンダードを許容しているのでもない。カントと同時代のモーゼス・メンデルスゾーンは類似した問題について『イェルサレムもしくは宗教の力とユダヤ教について』（一七八三年）で語っている。彼は、事例として国家が一定の教説を教説どおりに伝播するようにと教師を任命し俸給を支払っているが、教師たちが後に自分に命じられた教説から良心のなかで離れてゆく可能性をあげて、精神と心がそこに一致せず内的確信に基づかない限り宗教上の真理を説くことはできない、と書いている。この主張はカントと同じ問題意識の上にたっているものである。

さらに理性の公的使用を論じる際に見落としてはならないのは、カントが「世界市民社会の成員」という資格を同時にこれに含ませている点である。それによって学者の資格はその本性上必然的に国家的限定を超えて、いわば見えざる国際的「文芸共和国」(respublica literalia) や「学者共和国」(Gelehrtenrepublik) に属して、世界市民社会の一員という意味をも担わなくてはならなくなる。従来カントの啓蒙思想を論じる際にこの世界市民の理念はほとんど言及されることがなかったが、啓蒙思想だけでなく、歴史哲学全体に通底している重要な契機である。

ところでカントは、未成年状態から抜け出ることの主眼点を特に宗教に関する事柄においてきた、と述べている。

教会は公権力に基づく領邦教会制に則り国家支配の下におかれ、それと同時に教育組織はこの宗教制度と密接に結びついていたことも注意しなくてはならない。たとえばプロイセンの教育行政機構においては、司法省の下部組織として宗教庁があり、その支配下にある教会および説教師が学校教師を管轄していた。学校教師はあらゆる事柄において直属する教会説教師の指導を受けねばならず、その意味で聖職者は町の唯一の知識人であり教える身分であった。それゆえに、カントが聖職者のことをときおり「教師」(Lehrer)と呼んでいるが、これは当時としてはむしろ自然な見方であった。そして領主が下す教育上の条例のなかに「監督」「指導」「後見」というタームが頻繁に使われていたのである。つまり、カントの啓蒙論に現れる言葉は、同時代の制度に鋭く問題を投げかけたものであった。宗教に関する事柄は教育や国家の問題とリンクし、その延長線上で啓蒙論の結語にあるように、統治の原則にまで至ると考えられているのである。

(福田喜一郎)

J・G・ヘルダー著『人類史の哲学考』についての論評

一　カントとヘルダー

ヘルダー(Johann Gottfried von Herder, 1744-1803)は、東プロイセンのモールンゲン(現在ポーランド領)に生まれ、一七六二年から一七六四年までケーニヒスベルク大学で学んだ。当初は医学を学ぶのが目的であったが解剖嫌いでこれに関心をあまりもてず、方針を変えて神学部に在籍し、さらに哲学部のカントの論理学、形而上学、数学、倫理学、自然地理学の講義を聴講した。その後リガ、ビュッケブルク、ヴァイマールで教師、牧師となり、文学および哲学の著述を開始する。その活動は他方面にわたり、その思想史的意義はまだ十分に解き明かされていない。十代後半からルソーを、また後にシェイクスピアを好んで読み(一七七三年に『シェイクスピア論』を発表)、ハーマンと交友を結んだ。一七六九年にリガからパリに出るがその船旅は、彼に世界を見るこの上ない貴重な体験を与える。この直接経験を記した『わが旅日誌』(一七六九年)の筆致は、生涯ケーニヒスベルクで過ごしたカントのセカンドハンド的世界記述とは好対照をなしている。パリではディドロや百科全書派と知り合いになり、その後ハンブルクでレッシング、後に結婚するカロリーネと知り合う。一七七〇年シュトラースブルクで眼の治療をしているときに、ゲーテとの出合いがあり、ゲーテはヘルダーから詩の本質について決定的な影響を受ける。一七七〇年には、人間に固有な本性に基づいたものとしての言語についての重要著作『言語起源論』(ベルリン・アカデミー懸賞論文当選)を著わす。一七七四年には、各時代、各民族に固有の価値を認めようとする『人間性形成のための歴史哲学異説』を書き、さらにカントが論評した歴史哲学書『人類史の哲学考』(一七八四―一七九一年)を世に問う。他に、『現代ドイツ文学断章』(一七六七―一七六八年)、『批判論叢』(一七六九年)、『彫塑』(一七七八年)などの著作をとおして、文学、芸術、美学に関する独自の議論を展開した。

一七八四年の夏にイェーナ大学修辞学教授シュッツ(Christian Gottfried Schütz, 1747–1832)は、論評を編集の中心に据えた雑誌『アルゲマイネ・リテラトゥア・ツァイトゥング』(*Allgemeine Literatur-Zeitung*)を創刊し、同年七月にはやくもカントにヘルダー著『人類史の哲学考』の論評を依頼した。シュッツの要請に応じたカントの論評(本文の「I」、以下「第一論評」。なお本文中「I」のあとの小字部分は雑誌発表時のタイトルであり、「II」

「Ⅲ」についても同様である)は一七八五年一月に出た。カントはそこでは、ヘルダーと激しい論争を引き起こそうとはせず、むしろ彼を公平に扱おうと努めている。「聡明で雄弁な著者の精神は、すでに一般に認められている特徴をこの著書のなかで示している」という言葉で始まる第一節は、そのことを十分表している。しかしそこで「概念を規定する際の論理的綿密性も原則を細心に類別し実証することもなく」とも言われており、カントのこの論評の基調は明白である。つまりヘルダーの直観は概念を欠いた盲目にすぎないのである。より端的に言えば、ヘルダーの人類史の哲学は哲学ではなくポエジーにすぎないと言いたいのである。

カントの表面的にはかなり冷静な態度に対して、ヘルダーはこの「第一論評」を個人攻撃とみなした。ハーマンなど当時の読者、および後世の研究者の多くは、カントの公平性とヘルダーの激情性を指摘しており、実際カントはヘルダーのいくつかの長所を称賛してはいるが、他方でその筆致はアカデミズムの非情な冷静さと完膚無きまでに相手を叩きつぶす皮肉の傑作でもある。この一連の「論評」以上に、そうしたカントの学者としての性癖をよく示すテクストはない。さて、このカントの「第一論評」を受けて、ヴァイマール在住の哲学者(自称「牧師」)ラインホルト(訳注(18)参照)は『ドイツ・メルクーア』誌でヘルダー擁護の議論を展開した(一七八五年二月)。これに対しシュッツはカントにラインホルトの批判に対する弁明文を依頼した。それが本文の「Ⅱ」すなわち「第二論評」(三月)である。やがて同じ一七八五年の秋に『人類史の哲学考』の第二巻が公刊され、そのなかでヘルダーはカントの論評に対する批判を展開した(第八章と第九章)。これについてもカントはシュッツに論評を依頼される。それに応じたのが「Ⅲ」すなわち「第三論評」(一一月)である。『人類史の哲学考』は最終的に全四巻からなる浩瀚な書となるが、カントが論評したのは最初の二巻に対してだけであり、その三つの論評は後に本巻所収の諸論文とともにアカデミー版全集第八巻のなかにまとめて収められた。

二　ヘルダーの人類史の哲学とカントの論評

『人類史の哲学考』第一巻、第二巻、第三巻、第四巻は、それぞれ一七八四年、八五年、八七年、九一年にハルトクノッホ社から出ている。ヘルダーは宇宙的規模における地球の位置を確認することから始め、この地上の自然がいかに有機的に植物、動物、人間を生み出していったかを論じ、これらはより有機的な段階の高まりであり、人間の歴史の営みは「人間性」(Humanität; Menschlichkeit) の発現への努力と見なされる。『人類史の哲学考』に先立つ『人間性形成のための歴史哲学異説』(一七七四年) における「最古の世界史、その民族の移動、言語、風習、発明、伝統が解明されることによって、一者の種族全体の起源がその都度新たな発見を伴ってますます確実になってゆくだろう」という言葉は、著者の原型思想の表れであると同時にその歴史哲学の主張の一つでもある。しかしこの一者は地上の地理的条件によって多様な様相すなわち多様な民族、伝統、文化、言語を生み、これらには独自の価値が具わってくる。その意味でヘルダーはあらゆる普遍的合理性に異論を唱えた。またこうした主張によってドイツのナショナリズムの出発点を画する者となった。「すべての民族が、球が重心をもつのと同じように、幸福の自分の中心点を自らに具えているのだ」(『人間性形成のための歴史哲学異説』)。この言葉は後世の人が繰り返し引用した言葉であり、ヘルダーの第一義的メッセージである。

カントの「第一論評」がヘルダーを苛立たせているあいだに、すでに述べたように『人類史の哲学考』を擁護したラインホルトの匿名の記事が登場する。彼らには、カントは「経験的方法によるどんな知識にもまったく不向きな形而上学者」であり、「すべてをスコラ的で不毛な抽象の自分の靴型に合わせたがる形而上学者」であった。しかし、経験的知識の有用性を説き、その実践として大学で『自然地理学』(内容は博物学)と『人間学』という人気講義を長年続けたカントは、思想に経験を盛り込み概念に直観を対応させていたのである。また彼にとっては「歴史的精神」と「批判的精神」は同等の価値をもっている。重要なのは、人類史の使命は人間学的比較研究から導出することは不可能だというカントの論点である。しかしヘルダーの論点は異なる。彼の根本には、歴史的事象はその特定の文化・伝統と乖離してはけっして理解できないという確信があり、これを政治哲学的に価値判定することではなかった。

友人のミュラー(Johann Georg Müller)宛の手紙で「私の人類史の哲学考に対する最も激しい敵は、最も予期できなかった私のかつての先生、カントです」と書いたヘルダーは、病気とヒポコンデリー症に苦しみながらも、第二巻でさっそくカント批判を行う。実は、ヘルダーのこのカント批判とカントの「第三論評」における議論は、歴史哲学の理念に関する両者の根本的な違いに基づいているのである。カントによれば、ヘルダーは人類の究極目的というのは人為的なものにすぎないとみなし、摂理はむしろ個々の人間の幸福を優先的に考えているのであった。「すべての民族が、球が重心をもつのと同じように、幸福の自分の中心点を自らに具えているのだ」というのがヘルダーの基本的なスタンスであった。すなわち歴史を決定してゆくものは、人類史一般という普遍的立場ではなく、個々の特殊な文化の担い手たる民族であり、それらにおける固有の幸福と理想なのである。ヘルダーにおいて初めて、常に二義的な位置におかれていた歴史的なもの、すなわち個別的で一回限りのものがそれ自身で固有の価値を獲得できたのである。したがって歴史の理解は、その個々の民族固有の価値を認識することにこそ主眼がおかれる。

この観点からヘルダーはカントの人類史の立場を個物に対する論理的普遍者の立場だと誤解し、アヴェロエス主義として批判したのであった。アヴェロエス(Averroes, 1126–98)はイスラムのアリストテレス主義的哲学者で、すべての人間に宿っている類としての理性の不死性を認めていた。

カント＝ヘルダー論争のもう一つの重要なポイントは、人類の課題を追求する政治哲学者と人間の幸福をいかに実現すべきかを問う人間学的文化哲学者の論争だったということである。カントは人間の価値をその幸福状態ではなく、法秩序を実現するために「常に前進成長してゆく活動と文化」にあると考えた。これに対し、ヘルダーは人間性が今後ますます展開してゆく場として歴史をとらえた。カントの歴史哲学は人類の目的を見出すだけでなく、人類の規範をも提示しているのである。両者の観点は歴史哲学をめぐる最も対極的な立場を基本的な形で示しており、歴史についての私たちの態度決定を迫る論争となっているのである。すなわち、歴史的事実を合理的に判定してゆく原理と、時間空間上の個的なものに固有の価値を見出す歴史主義の原理とである。両者ははたして相容れない選言的関係にあるものだろうか。歴史哲学にとってこれは不可避の課題なのである。

(福田喜一郎)

人種の概念の規定

この論文(以下『人種の概念』と略記)は『ベルリン月報』一七八五年一一月号(S. 390–417)に発表された。『月報』の編集者ビースターは、同年一二月三日付けの郵便で最新の季刊合本をカントに送付するにあたり、一一月号がカントの「すばらしい論文で飾られた」ことに謝意を表している。この年、カントはすでに『月報』三月号、四月号にも論文(『月の火山について』本全集12巻所収と『偽版の違法について』13巻所収)を発表していたが、それらの原稿をビースターに送付する前年末の書簡(一七八四年一二月三一日付け)のなかで、カントは次にこの人種論と歴史論(『人間の歴史の臆測的始元』本巻所収)にとりかかる旨、示唆している。

その書簡によれば、この仕事はカントにとって「脱線」(ausschweifen)を意味した。八五年といえば、前年九月初旬に脱稿した『人倫の形而上学の基礎づけ』が春の復活祭見本市に現われ、つづく夏には『自然科学の形而上学的原理』を脱稿(八六年春に出版)、カントの同僚ヨーハン・シュルツの『純粋理性批判の解説』(八四年)等をとおして、『批判』の望ましい理解も得られるようになった時期にあたる。いわばカントの批判哲学が確固たる足場をかため、いよいよ生産的な展開を始めようとするさなかにあって、カントはなぜこのような脱線を意図したのか。

さしあたりあの書簡では「公共一般の趣味に探りを入れるため」と言われている。自然と道徳の形而上学のための根本原理を探究する抽象的な思索の営みにたいし、この種の論考は、いわばカントの脳髄にささやかな憩いの場を提供したことだろう。くわえて人種論という題材は、カントの関心を引きつける長年の懸案事項でもあった。この論文の冒頭部分からもうかがわれるように、『人種の概念』は、七〇年代の『さまざまな人種』(本全集3巻所収)の続編にあたる。

カントは、ツィマーマン(Eberhard August Wilhelm von Zimmermann, 1743–1815)の『人間と動物の地理学的歴史』(*Geographische Geschichte des Menschen und der allgemein verbreiteten vierfüßigen Tiere*, Leibzig, 3 Bde., 1778–83)に見られた『さまざまな人種』への批判的論評に応えるべく、かねてより人種論続編の執筆を意図

しており、その準備も早くに整っていた(一七七九年七月四日付け、エンゲル宛書簡参照)。しかし、七九年の「クリスマスの頃までに」という約束は果たされなかった。『純粋理性批判』の執筆が優先されたからである。八一年の『批判』刊行後もしばらくのあいだ、カントはこの論題に戻らなかった。そんなカントにあらためて人種論の執筆をうながしたものは、おそらくはヘルダー(Johann Gottfried Herder, 1744-1803)の『人類史の哲学考』(第一部一七八四年四月、第二部一七八五年八月)であっただろう。

自然の「有機的な力」を万物の生成の統一的な原理として前提するヘルダーの歴史哲学は、第二部六、七編で人種論をあつかっている。ハーマンのヘルダー宛書簡(一七八五年一一月九日付け)は、カントがこの部分に「非常に満足したようだ」と伝えているが、カント自身は、ヘルダーの人類史全体を、有機的自然の独断的な形而上学と見なしており(本巻所収『J・G・ヘルダー著『人類史の哲学考』についての論評』(以下単に『論評』と略す)参照)、「概念を規定する際の論理的な綿密性」を欠いたままに類比《アナロジー》を詩的に駆使するヘルダーの思弁の行方を危惧する点は、人種論の部分に関しても変わらない(本巻五七―五九頁参照)。カントは、『人種の概念』と同じ月に発表された『論評』(Ⅲ)のなかで言う。「著者[ヘルダー]はさまざまな種族(Rasse)への人類の分類には好意を抱いていない。特に遺伝的な皮膚の色に基づいた分類には好意を抱いていない。おそらくそれは、彼において種族の概念がまだ明確に規定されていないからであろう」(六〇頁、傍点引用者)。

人種という概念の意味を厳密に規定することは、現代でもきわめて困難である。ことによると、そこにはカントの時代以上の困難があるかもしれない。日常語法では、たんに個人の信念の相違を示すために「彼とは人種が違う」といったりするし、「政治家という人種」のような比喩的表現もある。それらは別にしても、ある民族ないし部族を「人食い人種」と呼ばわる差別的言辞は、かなり古くから頻繁にみられた。人類学などの学問領域においても、二〇世紀前半までは、皮膚色や体型などの生物的特徴と、服装、髪形、食物、言語などの文化的特徴とが、区別なく人種分類の規準として用いられた。そのような人種学は、ヨーロッパ列強の帝国主義による植民地支配の進展のさなか、一九世紀半ばには社会ダーウィニズムと結びついて、白人による人種差別を「科学的に正当化」した(たとえばゴビノーの『人種不平等論』一八五三—五五年)、ヨーロッパ内の国家主義的人種論の流行を経由して、二〇世紀前半には、あのナチズムの人種主義政策にもつながった。

こうした難点を回避すべく、現代の学術研究においては、人種分類の規準を遺伝的な生物的特徴にのみ求め、文化的特徴をも含意する民族との概念的混同を避けることが常識になっている。それでも、人体の表現型のうち、どの遺伝形質を分類規準に選ぶかをめぐっては、研究者の主観が入り込む余地がある。かといって、発展めざましい遺伝学を支えに集団遺伝子組成の差異を統計的に分析してみても、異なる人種のあいだに明確な境界線を引くことは難しいらしい。そもそも人種の差異は、集団が地理的に隔離されて雑種生殖が起こらない場合にこそ明確になるのだが、地球規模の交通が容易になった今日では、その差異そのものが不明瞭になってゆくばかりだろう。

これにたいし近代初頭の西洋では、一五世紀に始まる大航海時代をとおして人種学的・民族学的な知見が飛躍的に増大し、一八世紀にはナチュラル・ヒストリー(いわゆる博物学)の大流行のもと、地球上の鉱物や動植物とならんで、人種の多様性と分類も、自然研究の対象となりつつあった。リンネ、ビュフォン、フォルスターといった名前とならんで、カントの人種論は、ちょうどここに位置づけられる。それら一連の研究の集大成として、カントより一世代若いブルーメンバッハは、一八〇六年、皮膚色の識別に頭骨の比較解剖学的な計測研究も加味して、人類全体を白色コーカサス人種、黄色モンゴリア人種、赤色アメリカ人種、褐色マレー人種、黒色エチオピア人種の五つに分類した。今日では、皮膚色にしたがってコーカソイド、モンゴロイド、ネグロイドの三大人種を数えたり、これにオーストラロイド(オセアニア原住民)をくわえて四大人種とする場合もある。また、生物分類学上の亜種(Unterart/subspecies)にあたる大人種(major races)の下に、さらに数多くの亜人種(subrace)ないし小人種(microrace)を細分することも行われている。

カントは『人種の概念』において、地理的に隔離された人間集団の「皮膚の色」にのみ着目することによって、人類を「白色人、黄色インド人、ニグロ、赤銅色アメリカ人」の四人種に分けた(第II節)。もちろん、この分類自体に学術上の重要な意味があるわけではない。カント自身もこの人種分類を、その時点までに得られたデータに基づくもっとも確からしい仮説として提案しているにすぎず、『さまざまな人種』と『人種の概念』のあいだには、アメリカ人種とカルムイク人の扱いにおいて若干の修正もみられる。しかし、人種分類の方法論の確立をめざし、分類の大前提となる人種ないし種族の概念を明確に規定しようとする意図において、二つの論文——八八年には『哲学における目的論的原理の使用について』(本巻所収)がここに加わる——は一貫している。そしてまた、この点こそがカントの考察の主要課題でもある。

カントは人種と種を混同する過ちをいましめ、人類という種の下位分類として人種の概念を位置づけて、クラスごとの固有形質が必然的不可避的に遺伝することを、人種概念の基本要件とする。皮膚の色は、まさしくその要件をみたすものとして方法的に選定されたものにほかならない。カントは、遺伝的な生来の皮膚の色と気候風土による後天的な色とを注意ぶかく区別したうえで(第I節)、同一クラス内で不可避的に遺伝する皮膚色と他の形質とを分け(第Ⅲ節)、四つの皮膚色のクラス間にみられる必然的な雑種的生殖の事実(混血時に必ず両親双方の色の継承がなされて中間品種が形成されること)を確認する(第Ⅳ節)。こうした必然的遺伝にかんする論証の論理構成は明快かつ適確であり、遺伝にまつわる俗言や迷信をしりぞけて、実験による実証の精神を重んじている点でも(第Ⅴ節)、カントの人種論が、自然の学術的研究に徹しようとしていることは明らかである。

もちろん、そこに人種差別的な発言も皆無ではない(別の論文だが、五九—六〇頁や一四一頁以下のニグロやツィゴイネルに関する叙述参照)。しかし、人類の根源的な根幹を複数個とせず、「ただ一つの第一の根幹」なるものを想定して、しかもその皮膚色をあえて不明とする自然史上のカントの仮説は、自然的な種としての人類の普遍的統一——それは道徳の普遍性要求にも対応する——を展望することによって、人種分類における白人種の特別の地位を主張するさまざまな学説(たとえば、のちに白色コーカサス人種を人類の祖型としたブルーメンバッハ)にたいして、すでに批判的な視点を十分に持ち合わせている。カントの人種論は、「われわれ白色人種」とは異なる者のうちに区別と同一とをあわせ見る、他者理解の理論としても読み解くことができるだろう。

(望月俊孝)

人間の歴史の臆測的始元

カントの歴史哲学の著作のなかで、『世界市民的見地における普遍史の理念《イデー》』(八四年一一月発表)の続編に位置づけられるこの論文(以下『臆測的始元』と略記)は、一七八六年、『ベルリン月報』一月号の巻頭論文(S. 1-27)として発表された。前年一一月初旬に原稿を受け取った雑誌編集者ビースターは、「誠に敬虔な気持ちにさせ、魂を高揚させる、この上なく崇高で高尚な一篇の哲学」(八五年一一月八日付けカント宛書簡)と絶賛したうえで、遺憾にも最新号には掲載できぬことをつたえ、翌月の手紙(一二月三日付け)で、カントの『臆測的始元』が「新年の扉を開くことになるでしょう」と予告している(ビースターの八六年三月六日付けカント宛書簡も参照)。

カントにこの論文の執筆を直接的に動機づけたのは、順次公刊されつつあったヘルダー(Johann Gottfried Herder, 1744-1803)の『人類史の哲学考』(以下『人類史』と略記)であろう。その第一部(八四年四月出版)に関するカントの『論評』(I、八五年一月)に、ヘルダーはいたく傷つき憤慨して、八五年八月に出版されたヘルダー『人類史』第二部は、カントの『普遍史の理念』への攻撃を含むものとなった。カントはこれに応答する必要を認め(九月一三日付けシュッツ宛書簡参照)、第二部の『論評』(Ⅲ、一一月発表)を急ぎ書きおろすとともに、すでに前年末から執筆をもくろんでいた「二つの領域」の論文(八四年一二月三一日付けビースター宛のカントの書簡参照)にも、ヘルダーへの反論をもりこんだ。それが『人種の概念の規定』(一一月発表)と『臆測的始元』である(大村晴雄『ヘルダーとカント』高文堂出版社、一九八六年、および理想社版『カント全集 第十三巻』(一九八八年)の小倉志祥による注と解説の該当箇所を参照)。

これらのうち、『人種の概念』はヘルダー『人類史』第二部の六、七編に、また『臆測的始元』は八、九、一〇編に関連しているが、ここでカントが、この二つの領域を分けて論じていることの意味は大きい。これによって、理論的な自然学(Physik)に属すべき自然史(Naturgeschichte)と、実践哲学に属すべき人間の歴史(Menschengeschichte)の区別を明確に打ち出すことになったからである。ヘルダーの人類史の哲学の構想《イデーン》は、人類の文化的民族的な歴史的形成を、有機体論的・気候風土論的に、自然から連続して叙述することをねらったものであった。人間の自然本性（Menschen-Natur）としての人間性（Humanität）をも意味する人類（Menschheit）の概念が、このことを容易にしている。カントはここに楔を打ち込む。自然と自由、理論と実践を原理的に峻別する批判の精神が、これを要求した。自然の形而上学と道徳の形而上学の体系的構築を準備する批判哲学は、まさにこの時期、悟性のアプリオリな立法に基づく自然概念の領域と、理性のアプリオリな立法に基づく自由概念の領域を、それぞれ独立のものとして確立しつつあった。これがカントの歴史の概念にも反映してくる。もちろん、人類の多様な人種の形成も人間の歴史ではある。しかし、そこで主役を演じているのは自然であって、有機的存在者としての人間は自然によって形成される。これにたいし、人間の人間による歴史は、理性に基づいて主体的実践的に形成されてゆくべきものである。いいかえれば、それは自由の歴史でなければならない。カントはこうした基本的展望をもって自然史と人間史を分け、ヘルダーの『人類史』をも、七編と八編のあいだでバサリと切断する（『論評』六一頁参照）。

以上の点とも関連して、『臆測的始元』は、自然によって人間の現実存在と技術的能力の熟練とがすでに準備され、人間理性の自由が自然から離れてヨチヨチ歩きを始める地点を人間史の始元に設定する。また、この歴史論文が聖書解釈という体裁を採用しているのは、ヘルダーの『人類最古の史料』（*Älteste Urkunde des Menschengeschlechts*, 1774–76）を意識してのことだが（『論評』五七頁、およびヘルダーの右の著作をめぐる一七七四年四月上旬のカントとハーマンの往復書簡を参照）、ヘルダーが『創世記』第一章に人類史の始元を見たのにたいして、カントはここで意図的にこの天地創造の章を省き、第二章のエデンの園から第六章ノアの洪水までを取り上げる。

ところで、カントのこうした一連の批判的区別は、一九世紀後半以降の、自然科学と歴史科学（そして説明と理解)を対置する方法談義と結びつけてとらえることもできる。ただし、事態はさほど単純ではない。カントの批判哲学は、自然と自由を原理的に峻別したうえで、『判断力批判』(一七九〇年)で両者の媒介をめざすのであり、そのさいに実質的具体的なる歴史と経験の地盤は、思弁にたいする実践理性の優位のもと、自然から自由への媒介的移行の舞台となるからである。そもそも、カントが自然史と人間史を分けているということ自体、逆にいえば、ここで歴史の概念そのものが、自然と自由の双方にまたがるものとして、現代的な自然(物質存在)と歴史(人間精神)の分断を許さぬものになっているということでもある。そのような包括的な歴史概念において、理性と意志にもとづく道徳目的論は、自然目的論と微妙な仕方でからみ合い、いったん概念的に区別された自然史と人間史は、ふたたび批判的に総合されてゆく。こうした区別と統一のダイナミズムを見落とすとき、今日の実証的な歴史科学を見慣れた目には、カントとヘルダーの歴史哲学は、むしろ驚くほど似かよった相貌を呈することにもなりかねない。ヘルダーとの歴史方法論的な対決を機縁に、『普遍史の理念』から『臆測的始元』をへて『判断力批判』(第二部方法論)へといたる批判期カントの歴史哲学の形成過程をどのように評価するのか。この問題は、現代の歴史主義的な思潮といかにして批判的に対峙するかという課題ともからんで、重要な意味をもつだろう(Manfred Riedel, „Historizismus und Kritizismus. Kants Streit mit G. Forster und J. Herder." in *Kant-Studien* 72, 1981 参照)。

上述のような背景事情と複雑な問題状況は露ほども表に出さずに、『臆測的始元』そのものは誠に愛すべき小品となっており、啓蒙的でわかりやすい本文からは、聖書を「地図」にした歴史の「遊覧旅行」を、カント自身が愉快に楽しんでいる様子さえうかがえる。「臆測」をそれとして自覚し「告知」したことが、「構想力の翼」にのった「気晴らし」に興じることを、カントに許している(そしてこのこと自体がヘルダーにたいする皮肉たっぷりの反論にもなっている)。ただし、カントはこうした場合にもけっしてハメをはずすことなく、いたって真摯に遊ぶのである。

理性をともなうカントの構想力は、この論文で『普遍史の理念』の道筋を大まかにたどりながら、これと聖書物語との予期せぬ合致を美しく描き出している。カントはここで、歴史の始元(Anfang)の臆測をとおして、人間的自由の歴史の全体を実践的に解釈し構築してゆくための原理(Prinzip/ἀρχή)を見てとろうとしている。すなわち、歴史の端緒は同時に歴史の全体を統べる原理なのである。

かつて原初の自然(エデンの園)の懐に抱かれていた人間、とはいえすでに直立歩行し、話し、考えることもできた最初の人間は、理性によって自力で人為技術(Kunst)の熟練(Geschicklichkeit)を獲得し、それとともにしだいに自然(本能)から自立して、ここに人間の歴史が始まった。ただし、神の作品たる「自然の歴史が善から始まる」のにたいし、人間の「自由の歴史は悪から始まる」。熟練した技術理性の自覚によって、人間は他の動物たちにたいして優越感を覚えたが、こうした人間の自立は、善なる自然からの離反をも意味した。自然に反した欲望は渇望となり、奢侈を生んで、悪徳の芽をはぐくみ、言いしれぬ不安と憂慮と懸念は、将来の苦労や災悪(最大のものは死)を計算する理性によって増幅されるばかりである。しかしながら理性は他方で人間に、動物的欲望から距離をとり、礼節(Sittsamkeit)をわきまえて、人間や自然の美を愛することをも教えるし、最終的には、あらゆる理性的存在者を目的自体として平等にあつかうこと(道徳の定言命法)を命じることにもなる。ひとたび理性の力に目覚めた人間は、もはや無垢なる自然の楽園に帰還することはできない。むしろ人間は、あらゆる災悪や悪徳との葛藤をへて、類としての人間の道徳的(sittlich/moralisch)な教育・育成をめざしてゆかなければならないのであって、その意味での進歩が人類の、そしてまた各人の歴史的な使命なのである、云々。

大略このようにまとめられるカントの人間史の理念は、明らかに道徳的実践的な見地のもとに構想されたものだが、それが同時に、「完全な人為技術がふたたび自然となる」ことを歴史の最終目標としている点が興味深い。善なる自然から堕落して悪から始まった人間の歴史は、文化的陶冶(Kultivierung)、文明的市民的開化(Zivilisierung)、道徳的開化(Moralisierung)をつうじて、類としての人間の自然素質を全面的に展開し、文化ないし人為技術の完成——そのためにも完全な市民的体制としての国家と国際正義が不可欠である——にいたることによって、ふたたび善なる自然と合致する。道徳目的論と自然目的論との、類比にもとづく批判的接合という理念が、カントの歴史哲学のアルファでありオメガである。

いうまでもなく、このとき自然とは『普遍史の理念』で計画や意図が語られた自然のことであり、それが道徳的信仰から想定された神の摂理と重なり合うものであることは、聖書解釈という本文の成り立ちからも、より一層明瞭である。しかし、臆測の場においてとはいえ、そのような自然を語り出すことは、『純粋理性批判』の成果をふまえて八五年夏に脱稿された『自然科学の形而上学的原理』の機械的力学的な自然概念と、はたして両立しうるのか。後に『哲学における目的論的原理の使用について』と『判断力批判』において考察課題となる問題を内にはらみながら、『臆測的始元』は、カントに可能だったかもしれない批判的歴史哲学の、本格的な展開の端緒を告げているように見える。

(望月俊孝)

哲学における目的論的原理の使用について

この論文(以下『目的論的原理』と略記)は、『ドイツ・メルクーア』一七八八年一月号(S. 36–52)と二月号(S. 107–136)に発表された。八三年の『ベルリン月報』創刊以来、カントの論文は主としてこれに発表され、論評等の短い文章は『アルゲマイネ・リテラトゥア・ツァイトゥング』(イェーナの教授シュッツにより八五年創刊)に寄せられた。そのなかにあって、『目的論的原理』は唯一例外的に、ヴァイマールのヴィーラント主宰の『メルクーア』に寄稿されたが、そこにはそれなりの事情があった。まず第一に、カントの『人種の概念の規定』(『月報』八五年一一月号)と『人間の歴史の臆測的始元』(『月報』八六年一月号)を論難するフォルスター(Johann Georg Adam Forster, 1754–94)の論文が、八六年一〇月、一一月に『メルクーア』に掲載された。カントは、一連の人種論の完結編にあたる論文を同誌に発表して、フォルスターに直接応答することを意図したのである。

第二に、『メルクーア』の編集委員でもあるラインホルト(Karl Leonhard Reinhold, 1757–1823)は、同誌八五年二月号で、前月にカントが発表したヘルダーの著書に対する『論評』(I)に対抗してヘルダーを擁護する『ある牧師からの手紙』を発表していた(その経緯については一七八五年二月一八日付けのシュッツからのカント宛書簡をも参照)。その後ラインホルトはカント寄りに立場をあらため、八六年八月から翌年九月にかけて、同誌にやはり匿名で『カント哲学に関する書簡』を発表、そのうえでカントに熱烈な私信(八七年一〇月一二日付け)を寄せて、自分があの手紙や書簡の著者であったことを告白し、ラインホルトがカント哲学のよき理解者であることを『メルクーア』誌上で公的に承認するように、カントに懇願したのであった。

カントはこの機会を利用した。一方でラインホルトの要請にこたえ、他方ではフォルスターに応戦するという「二つの意図を同時に」満たす論文を書きあげて、丁重な返信(八七年一二月二八日および三一日付け)を添えてラインホルトに送付し、『メルクーア』への掲載を依頼した。イェーナのラインホルトはただちに原稿をヴィーラントに転送したが、カントの論文を八八年新年号の巻頭に飾ることはもとより、比較的長いこの論文を一括掲載することもままならず、やむなく一月号、二月号に分割掲載することになったわけである(一七八八年一月一九日付けラインホルトからのカント宛書簡参照。くわえて同じく三月一日付けの書簡をも参照)。

あの私信でカント自身が「論争的な口調」に陥らぬように配慮したと述べているとおり、抑制のきいた本文は、フォルスターとの表層的な見解の相違を越えて、むしろ原理的な一致点を見いだそうと努めている。根っからの学者にして、終生ケーニヒスベルクを離れずに世界と人間を考察した書斎の人カントと、実地の世界旅行の経験に裏打ちされた鋭い感覚と豊かな叙述力の文筆家フォルスター。フォルスターに言わせれば、カントは「当代随一の詭弁家にして理屈屋」(ヘルダー宛一七八七年一月二一日付け書簡)で、「自然を自分の論理的区別に合わせて変形しようとする」(ゼンメリング宛一七八六年六月八日／一二日付け書簡)形而上学者だった。世代も一回り違うこの二人の論争は、それゆえにもっと激烈な様相を呈しても不思議ではなかったが、実際のところは、カントからの大人の返礼の一撃で簡単に決着がついてしまった(レペニース『十八世紀の文人科学者たち』(小川さくえ訳、法政大学出版局、一九九二年)ならびに、佐藤和夫「友愛・人類・進歩　フォルスターを媒介にみたフランスとドイツ」(『講座ドイツ観念論　第一巻』弘文堂、一九九〇年)の五、七章を参照)。

それは、初めから勝負にならなかったともいえる。表面的な口調の穏やかさとは裏腹に、フォルスターの難点をとがめるカントの指摘は手厳しい。フォルスターが、観察データ処理上のカントのミス(カータレットの旅行記からの誤った引用など)をとがめて、経験の重要性を強調するのにたいし、カントは「経験を方法的に遂行することこそが、観察するということなのである」と述べて、フォルスターにおける自覚的方法の欠如を難じ、研究の指導原理(理性使用の格率)をあらかじめ確定しておくことの重要性を説く。しかもこの方法原理は、自然記述においてだけでなく、とりわけ自然史において重要な意味をもつ。フォルスターは自然記述と自然史の区別そのものを余計な概念枠組みの導入として拒絶するが、カントは自然研究の方法論上の配慮から、この区別が不可欠かつ重要であることを強調する。

自然記述がたんなる比較にもとづいて自然事物を分類し命名するだけであるのにたいして、自然史は生物の生殖の法則に着目し、種や種族の根幹にまで溯って血統の異同を明らかにしようとする。自然物の「論理的な分離」と「自然的な分離」、「名目上の血縁関係」と「実在的な血縁関係」、「名目的な類」と「実在的な類」、「学校的な類」と「自然的な類」、あるいは「人為的な種」と「自然的な種」。カント人種論に散見されるこれら一連の区別は、すべて自然記述と自然史の区別に関連している。かつてリンネの考案した植物の雌雄蕊分類法は、その分かりやすさと簡便さゆえにひろく普及し、増大する一途の植物情報を整理するのに役立ったが、それがたんなる人為分類にすぎないことは、リンネ自らも認めざるをえなかった。時代の自然研究《ナチュラル・ヒストリー》は、人為分類・学校分類をこえて、事物に即した自然分類・自然体系を模索しており、この点ではカントもフォルスター(そしてヘルダー)も同じだった。にもかかわらず、経験と事実の人を自認するフォルスターは、人種の概念を云々する哲学者カントの論理を人為技術と決めつけて、事実から乖離した抽象的な形而上学をそこに見てしまった。だが、あらゆる論理をたんに人為的と認定するならば、そもそも自然的な思考、自然的な分類などありえないことになる。カントは、以前からあためてきた自然記述と自然史の区別をここに全面展開して、フォルスターの誤解をとこうとする。本文からも明らかなように、カントの一連の人種論は、自然史の文脈で人類の自然的実在的な分類をめざす。カントはその方法論的考察によって、いわば自然に即した論理（あるいは言語！）を求めようとしているのである。

ところで、人種論にまつわる上記の区別は、哲学の学校概念と世界概念の区別を思い起こさせる。カントの批判哲学は、世界概念にしたがった哲学の体系構築の基礎をかためる準備学であり、「人間とは何か」に極まる重要な四つの問いをめぐっての、人間理性の自己認識である。哲学を人間理性の目的論（teleologia rationis humanae）とも規定するその世界概念との関連でいえば、カントは長年、具体的実質的な世界知を育む地理学と人間学を好んで講義しつづけていた。人種論は、そのうちでも自然地理学・人類学の考察の所産だが、これを含めて、カントの哲学的思索の全体は、学校講壇でしか意味をもたない抽象的な知の論理的体系的完全性をこえて、世界に生きるわれわれ人間にとって実際的に意味のある知恵の体系をめざしたものだったのである。

『目的論的原理』にもどり、その人種論の側面に目を転じるならば、この論文は、以前からの考察の成果をふまえて人種（種族）を種の下の変種（Abartung）に位置づけたうえで、必然的な形質継承（Anarten）が認められる変種と、それが認められない変様種（Varietät）ないし品種とを区別し、後者の変様種について詳細に論述することによって、対照的に種族概念の意味を明確にしようとしている。つづいてカントは、フォルスターとの人種分類上の争点――ニグロと他の人種とを区別するだけか、それとも四種族を区別するのか、そして人類の根幹を二つとするのか一つとするのか——をめぐって長々と議論しているが、その全体をとおして、有機的存在者(das organische Wesen)の合目的性という論点が、これまでの論文以上に表立ってきている。カントが人種分類の徴表を皮膚の色に求めたのは、皮膚という器官(Organ)のうちに、自然の「配慮」が明瞭に見出されたからでもあったが(『人種の概念』第Ⅱ節参照)、合目的性の論点はここで一層明確に、変種や変様種にみられる気候への適応形成(Anartung an die Klima)との関連のもと、歴史的もしくは自然生成論的(physiogonisch)に展開されている。人類の唯一の根源的根幹から、その自然素質ないし萌芽の環境適応上の展開として四つの人種が派生し、そこからさらにさまざまな変様種が派生する。こうしたカント自然史の目的論的な仮説は、皮膚色の形成のメカニズムの説明にさいして、旧式のフロギストン説に依拠している点など、時代の科学水準の制約を受けている。しかしながらカントの自然史は、ごく大ざっぱにいえば一八世紀後半の自然研究が自然の空間的表象をしだいに「時間化」してゆこうとするなかで(レペニース『自然誌の終焉』(山村直資訳、法政大学出版局、一九九二年)を参照)、この時間化の流れを確定的なものとし、しかも——表向きは(宗教上の配慮も働いてか)種の不変性の学校法則を尊重しながらも内心は——全生物の考古学的＝始元論的(archäologisch)な血縁関係という冒険的仮説に好意を寄せている点において、一九世紀進化論の先駆けとも評価されるのである。

もっとも、ダーウィンが生物進化を自然選択によって機械論的に説明したとされるのにたいして、カントはここで、有機体の形成の合目的性を熱心に語っている。ただし、カントの自然哲学は、ヘルダーの人類史などにみられる独断的目的論とは一線を画して、批判的目的論の確立をめざした。そもそも批判哲学はすでに、『純粋理性批判』(一七八一／八七年)や『自然科学の形而上学的原理』(一七八六年)によって、機械論的原理を自然認識の唯一の構成原理として明確に位置づけ、その客観的妥当性を確保していた。カントは、機械論と矛盾を来たさぬ自然目的論を模索しなければならない。そもそも機械論と目的論の両立は、『天界の一般自然史と理論』(一七五五年)に代表される初期の自然哲学のころから、カント自身の重要課題でもあった。八〇年代後半のヘルダー、フォルスターとの自然史論争は、カント自身の批判以前の目的論的自然観との内的対決をも意味している。それは、信仰と知を分けるという批判的主題の、自然哲学における徹底である(悟性や摂理を自然と言い換えてゆく本文一四一頁のくだりをも参照)。批判的目的論は、全存在を有機的に形成する自然の「有機的な力」(ヘルダー)を実在的なものとしてアプリオリに虚構したりすることなく、むしろ経験のうちに与えられた生物、カントの言葉でいえば「有機的に組織された存在者」(das organisierte Wesen)という概念から出発して、その有機的組織化(Organisation)の能力を、それ以上に溯れない根本力ととらえる。しかもこの根本力を、人間理性がこの存在者の可能性を理解するための格率(反省的判断力の統制原理)として、人為技術の産物の原因となる人間の悟性と意志との類比にもとづき、どこまでも無規定のままに想定する。カントの『目的論的原理』は、こうしてすでに『判断力批判』(一七九〇年)の一歩手前まできているのである。

(望月俊孝)

理論と実践

この論文は、『ベルリン月報』一七九三年九月号に発表されたものである。そのきっかけとなったのは、クリスチャン・ガルヴェ(Christian Garve, 1742–98)が一七九二年の著作『道徳と文学と社会生活から得られるさまざまな対象についての試論』(訳注(3)参照)でカント倫理学に対してさしむけた異議申し立てである。彼は、イギリス－スコットランド道徳哲学の影響を受けて、徳が求められるのは徳が人間を幸福にするからだと考えていたから、カントの道徳原理の厳しさは到底共感できるものではなかった。この異議申し立てに対して、カントはすでに同年七月三〇日付のビースター(Johann Erich Biester, 1749–1816)宛の書簡で、返答の用意があることを示している。ところが、カントは、自分とガルヴェとの見解のちがいの根本的な原因を理論と実践の関係の捉え方のちがいに見出し、このちがいから生じるさらなる問題、すなわち国法と国際法の問題にまで論究を拡げることになった。道徳、国法、国際法という三つの位相が理論と実践の関係という一つの主題で貫かれているがゆえ、カントはこの論文を分割せずに一つの巻で出版することを望み(一七九三年一〇月五日のビースターからカント宛の書簡参照)、こうして、ここに見るような三章立ての論文が実現したのである。

理屈はそうかもしれないけど、実際はそんなふうにはいかないだろう――これは、およそ哲学全般に対して世間からさしむけられることの多い疑念である。ましてや厳格主義を揶揄されるカント倫理学にとっては、晒されるべくして晒される批判といってもよいだろう。カント自身も、本論中にあるように、概念だけによって対象が表象される哲学においては空虚な理念が一人歩きしてしまうという可能性を否定してはいない。しかし、この通説を道徳哲学に適用することは、断固として否定する。ガルヴェは、幸福でありたいという願望と幸福に値するよう努力することの区別は、頭ではわかるが心ではわからないという。これに対して幸福と道徳との関係についてカントがここで示している考えは、『実践理性批判』のそれと変わるものではない。また、理論の空虚さという点に関しては、そうした区別はむしろ心の中の経験により明らかであるという主張、いってみれば「理性の事実」という論拠によって却下している。実践(の可能性)に照らして理論の価値が決まるのではない。理論に照らして実践の価値が決まるのだ。われわれは理論を実践できる。その意味で、われわれは単なる理論家ではなく「実業家」なのである。

本論「II　国法における理論と実践の関係について」には、「ホッブズへの反論」という副題がつけられている。これはIにならったものであるが、実際上は、この章の終わり近くになってようやくとりあげられるだけで、それほど大きなウェイトは占めていない。カントがホッブズとのちがいとしてそこで主張しているのは、国民は国家元首に対して譲渡不可能な権利をもつということである。たしかに、この点ではカントはホッブズと異なる。しかし、カントがここでいう譲渡不可能な権利とは、元首の過ちを指摘し異議申し立てをおこなう権利、いいかえれば言論の自由であって、元首に対する強制権、反抗権ではない。カントは、元首に対する反抗権を否定する。この点では、ホッブズとかわりはない。しかも、この反抗権の否定は本章の主題の一つともなっている。では、カントがそのように考えた理由は何か。そこで問題になるのが、国法と幸福との関係であり、国法における理論と実践の関係である。こうして、本章もまた前章と同じモチーフで語り継がれることになる。強制法としての国法は、すべての人の自由を調和させるということを原理として、いいかえれば自由・平等・独立自存を原理として立法されねばならないのであって、けっして幸福のような経験的な目的が規定根拠としてもちこまれてはならない。自由・平等・独立自存はアプリオリな原理である。各人の自由を否定するパターナリスティックな支配は、恩恵の原理に基づくとはいえ、けっきょくそれは幸福の押し売りという専制政治である。平等あるいは独立自存にしても、それは立法権の平等を意味するのであって、所有の平等あるいは法の庇護を受ける権利の平等といったかたちでの幸福の平等を意味するわけではない。このようにして、公的な強制法としての国法は、全員の同意による根源的契約に基づいて制定されるのでなければならないということになる。この根源的契約は理性の理念である。これが経験的事実として存在すると前提する必要はない。これは、理論において正しいとされる事柄である。しかし、カントはこれが実践においても妥当すると主張する。いいかえると、国民が現行立法に対して反抗しようとするのは、現行立法のもとでは別にして(言論の自由による異議申し立ては別にして)暴力的に反抗することを認めない。国民が現行立法に対して反抗しようとするのは、現行立法のもとでは幸福を失う公算が高いから、つまり幸福原理に基づいてのことである。しかし、国民が公共体に求めるべきものは、権利の確保であって、幸福ではない。幸福の追求による暴力的反抗は、公共体の崩壊を招き、結果的に権利確保も不可能にする。こうして、国法においても、道徳においてと同様、幸福原理は有害であり、理論において正しいとされることは実践においても妥当するのでなければならない。

「Ⅲ　国際法における理論と実践の関係」の議論は、一七八〇年代の歴史哲学論文『世界市民的見地における普遍史の理念』および『J・G・ヘルダー著『人類史の哲学考』についての論評』を踏襲したものである。彼の世界市民的体制、普遍的国際国家の考え方は、理想主義的、楽観主義的色彩を帯びており、そのため、理論としては正しいかもしれないが実践にはあてはまらないという批判が当然想起されうる。これに対して、ここでもカントは、いかにあるべきかという原理から出発し、それが可能だと想定する格率を推奨することによって、批判を退けるのである。

さて、カントのこの論文は、当時さまざまな反響を呼び起こした。「九月に出たあなたの最新の盛りだくさんの論文は、依然として多くの知識人や文筆家たちを夢中にさせています」と、『ベルリン月報』の編者であるビースターは書いている(一七九四年三月四日付のカント宛の書簡)。とりわけ反響を呼んだのは、Ⅱの論述である。というのも、Ⅰの道徳やⅢの世界市民的体制についての彼の見解は、先行する諸著作からすでに広く知られていたのに対し、当時の社会情勢の中にあって彼の政治的見解がまとまったかたちで述べられたのは、これがはじめてだったからである。

まず、賛意を示した者としては、ビースターがあげられる。彼は、この論文の公刊直後の一七九三年一〇月五日のカント宛の手紙で、いかにして革命が「普遍的国法や市民的体制の概念さえをもきわめて乱暴にそこね、また廃棄してしまう」かが示されていることに満足を表明している。また、『ベルリン月報』一一月号に掲載された彼自身による匿名の論文で、「支配機関、臣民、国家元首、服従といったことばを神経発作なしにはもはやほとんど聞こうとしなくなった」「甘やかされた」十年間に対してカントが再び厳格な法の声を鳴り響かせたことを好意的に記している。

とはいえ、カントその人そのものは、フランス革命に対して共感を抱いていた。そのことは、本論文においても、世襲的特権の否定というかたちで示されている。この点に関して反対の立場をとるのが、一七九三年一二月に「理論と実践の関係についてのカント教授の考察への補遺」を発表したゲンツ(Friedrich von Gentz, 1764-1832)である。彼は、もともとカントの信奉者であり、フランス革命当初はその精神に共鳴していたのだが、バークの『フランス革命についての省察』(訳注(1)参照)を読んで、思想的に転向した。彼は、その「補遺」で次のように述べている。「たしかに十分に証明された理論は実践によって再び追い落とされることはないにしても、その理論が実践にとって十分でないということはしばしば生じる。このことは、道徳原理を実際に個人に対して適用するときにすでに見られることである。政治においては、なおさらである。カントが展開した法原理は、たしかにすばらしいものではあるが、これを実行するためには、(カントも認めるように)強制法が必要であり、さらにそれだけではなく、(カントは決して否定したわけではないが)統治機構、豊富な経験と人間認識、社会的諸関係の研究、そして一連の実践的実験が必要である」。そして彼は、世襲貴族の廃止や王族の特権の廃棄にも反対している。

反対論文はもうひとつあった。ゲッティンゲンのレーベルク教授(August Wilhelm Rehberg, 1757–1836)が一七九四年二月に発表した論文である。ビースターは、これら二つの反対論文に対する返答をするようカントに提案した。しかし、カントはこれを拒絶した。その理由は、彼の一七九四年四月一〇日付のビースター宛の書簡によれば、「法概念の合理論は法概念の経験論から無限に隔たっているから、彼の抗議に答えることは、あまりにも冗長になるだろう」というものである。しかし、再反論はしないとはいえ、カントはゲンツやレーベルクの主張を許すわけでは決してない。そのことは、同じ手紙の中の次のことばに現れている。「レーベルク氏は、本来の意味での法律家を法哲学者と同一視しようとしている。しかし、そんなことをすれば、理論が十分なものとなるために必要であり賞賛される実践は、まちがいなく〔単なる〕術策となってしまう。」

ここでいわれる法概念の合理論と経験論の区別、法哲学者と本来の意味での法律家との区別、実践と術策との区別、これは、『人倫の形而上学の基礎づけ』でいわれる倫理学の合理的部門と経験的部門の区別、人倫の形而上学(本来の意味での道徳学)と実践的人間学との区別に対応し、カントにとってどうしても譲ることのできない区別である。これを区別せず混同したことから「理論では正しいかもしれないが実践の役には立たない」という通説が生じたのであれば、カントとしては、何としてもこの通説を退けなければならなかった。この通説は、今日でも(いや、もしかすると当時よりも今日のほうがなおいっそう)流布している。だからこそ、カントのこの論文の精神は、今日なお受け継がれてよいものと考えられるのである。

（北尾宏之）

万物の終わり

この論文は『ベルリン月報』一七九四年六月号(四九五―五二二頁)に発表されたものである。

その成立経緯は、周知のように『たんなる理性の限界内の宗教』の出版と関係が深い。一七九二年四月にその第一編が「人間の本性における根本悪」と題して『ベルリン月報』誌上において、さらに一七九三年復活祭には、引きつづき発表された三編の論文をあわせて全一冊が上記の書名どおり出版された。そして一七九四年春には改訂第二版が出版された。

すでに一七九一年四月思想的出版物に対する直接的な検閲制度が施行されていたし、同一〇月には勅令により、検閲がさらに強化された。一七九二年六月、『たんなる理性の限界内の宗教』の第二論文に当たる「人間の支配をめぐる善原理と悪原理の戦いについて」に対し、キリスト教の教義を歪曲し、過度の自由思想を煽り、国家の基礎を危うくするものとして、出版不許可の決定が下された。フランス革命(それがドイツの宿敵ブルボン王朝の没落を意味したかぎりでの)への当初の好感も今は去り、プロイセン当局は革命の自国への飛び火を恐れ、宗教や政治に関する思想界の動きに次第に神経質になってきていた。一七九三年一月には終にルイ一四世が処刑され、プロイセン王政にも緊張感がよぎる。

カントは一七九三年の『たんなる理性の限界内の宗教』序文のなかで、上級学部と下級学部の関係、実質的には神学部と哲学部の関係に言及し、検閲制度の現状について遠まわしな批判を述べた。また一七九三年一二月一三日付キーゼヴェッター宛書簡では、『たんなる理性の限界内の宗教』検閲への哲学部の無抵抗を批判していた。こうして次第に当局のカントに対する風当たりが増すなかで『万物の終わり』は書き上げられ、一七九四年五月一八日に『ベルリン月報』編集長ビースターに送付された。その送り状のなかでカントは、自分の執筆・出版活動が禁止される日の近いことを予感して、この論文を「あなたと私の著作活動の終わりが来ないうちに」出して欲しいと依頼し、あわせて自分の身の処し方などを語っている。まもなく『ベルリン月報』一七九四年六月号に『万物の終わり』は印刷される。案の定同年一〇月一日カントに対して宗教と神学に関する講述を禁ずるフリードリヒ・ヴィルヘルム二世の勅令が発せられた。カントは同年一〇月一二日には、当局の挙げた嫌疑についてはこれをまったく否定しながらも、「陛下の忠実な臣下として」緘口令を甘受する旨を表明したのである。

このように『万物の終わり』という論文には、その当初からベルリンの宗教政策に対する批判や皮肉に満ちた一種のきな臭さともいうべき性格が、しかもカント自らによって意図的に込められていた。それではプロイセン当局を苛立たせ、不満を呼び起こした要素は何だったであろうか。二つの点に絞って記しておこう。

第一に、それは、カントがこの論文のなかで「最後の審判」というキリスト教の最も重要な教義の一つに触れるような論述をしている、という点である。カントの口調からはあちこちで揶揄にも似た響きが感じられる。「もし最後の諸事物に、なおも、今の形態で現れているとおりの世界のその終わりが、すなわち天蓋としての天空からの星星の落下、この天空そのものの墜落(もしくは巻物状の本としての天空の消滅)、天空と星の焼失、祝福された者たちの居所としての新しい天空および新しい地球の創造、呪われた者たちの居所としての地獄の創造が数え入れられるというのであれば、そのような審判の日はもちろん末日ではなく、その後もさらに別のさまざまな日が続くことであろう」。したがってもし「万物の終わり」ということが自然的なそれとしてそもそも意味をもちうるとすれば、それは物理的経過ではなく、道徳的経過に関して人間存在の究極目的が推論される場合である。もし究極目的が達成不可能であり、そのことが理性的存在者たる人間に明らかとなるなら、そのとき神によるこの世界の創造の業は、少なくとも理性的存在者にとって無目的的でしかない。それはまるで結末のない芝居のようなものではないだろうか。それゆえ「万物の終わり」と言われるものは、それがわれわれの一切の理解を絶する超自然的な終わりでないかぎり、本来は、神の知恵による道徳的目的に相応するものでなければならない。

自然的な終わり、超自然的な終わりと並んで、カントは「万物の終わり」にはさらに三つ目の場合があると言う。すなわち、それはあるとすれば「われわれが究極目的を誤解することによって、われわれ自身によって引き起こされる」ような反自然的な終わりである。カントはヴェルナーの政府が宗教を強化せんとしてとった強権的措置について、それが道理に合わぬと皮肉っている。信仰を強化するなら、何よりも事物の自然的経過に干渉しないことが必要である。「私としてはむしろ、諸々の事物を、それらが最後にあったそのとおりに、そしてそれらがその結果において人間のほとんど全時代を貫いて許容できる程度に善であったと証明されていたとおりに、放っておくことのほうを勧めたい。それにはむろん大きな発明力など少しも属してはいない。」カントのこうした警告はそのまま今日の政治の状況、とくにどこかの国の大学「改革」なるものにも向けられているように思われる。

『万物の終わり』が当局の神経を逆撫でした第二の点は、カントがフランスの自由思想にあからさまに呼応していると見られる箇所がある点である。モーセの戒律には則にかんする指示が忘れられていないとのヴォルテールの皮肉を想起して、カントは、最初の人間の出現に関する聖書の記述をパロディー化し、地上の世界を「他の世界からのありとあらゆる汚物が投げ込まれて」いる「下水溝」に譬える。「天使の一人が両人に遥か離れた地上を「あれが全宇宙の便所だ」という言葉で指差した後、用便を済ませるために、二人を地上に連れて行った、そして二人を置き去りにして自分だけ天国に戻ってしまった。そのような由来によって人類は地上に誕生したという話である。」この「地上」の国を、こともあろうにフランス自由思想家まがいに「便所」に譬えるこの書き方が、君主制を維持しつつ、近代国家の体制づくりを急ぎ、ドイツの盟主への道を歩み始めていたプロイセンの当局にとって、皮肉はおろか侮辱とさえ映ったであろうことは想像に難くない。

それにしても『万物の終わり』の公表によって、なぜカントは当局をわざわざ挑発するような挙に出たのであろうか。直接の外面的動機としては『たんなる理性の限界内の宗教』に対する政治的圧迫の増大、フリードリヒ大王亡き後、折しもフランス革命の伝播を恐れるプロイセン王国の全般的な保守反動化・思想統制の強化などがあげられよう。しかし政府当局への政治的批判・皮肉・風刺そのものがカントにとってすべてであったとは思えないのである。『万物の終わり』にカントが込めた思いははたしてそのような怒り(あるいは喝采)だけであったのであろうか。もちろん従来の解釈のようにそこにカントの歴史哲学への示唆をくみとることも可能ではある。しかしわれわれはよりカントその人に照準をあわせ、さらに別の要因を探ってみたいのである。

『万物の終わり』の脱稿を目前にして、カントは最初の予告として、「あなたにまもなくお送りする論文は「万物の終わり」をテーマとしていますが、これは半ば嘆き、半ば喜んで読まれるべきでしょう」(XI. 497)と、一七九四年一月二六日付の編集者ビースター宛書簡で書いているが、このときカントの脳裏に交錯していたものは何であったか。「半ば嘆き」とはいったい何を嘆くのか。ベルリン当局の宗教政策・教育への皮肉たっぷりの風刺だけであったか。本論文を脱稿し、送付する際の送り状に見える次の文言が示唆的であろう。「――人生は短く、とくに既に七〇年も生きていれば余生はわずかであり、この余生を憂いなく終えるためには、地上の片隅が求められても良いでしょう……」(一七九四年五月一八日付、ビースター宛、XI. 500-501)。

カントはこの年四月二二日ついに古希を迎えていた。自分に残された時間との格闘をつづけ、三批判書を出版し、名声を確立したカントだが、確実に老齢期に入っていた。すでにその八年前の『人間の歴史の臆測的始元』でも人間に与えられた寿命が短すぎると泣き言をこぼしていた。ただそれがすぐに自分の死を直接に論じるというふうにはならず、人類、万物、歴史、道徳〔の完成〕という論じ方になるところがカントのカントたる所以であろうか。カントは自分に残された時間への執着、(またいいかえれば)自らの終わりへの恐怖をけっして表には出さない。来世や、いわゆる終末以後の人間と世界の運命、天国か地獄は、俗説や宗教が取り沙汰する問題にすぎず、哲学者たるもの、いやしくも理性の哲学者がかかずりあうことではない、というかのようでもある。

カントは〈自分の終わり〉への問いを二重の仕方で隠蔽する。すなわち第一に、〈自分が死んだ後どうなるか〉という個人的主体的な問いは、すぐさま客観化されて、「人類」が死に絶えたら、さらには「万物」が終焉したらどうなるか、というもっと普遍的で全体的な問いになる。第二に、「終わり」という概念そのものを論理的に批判的に吟味し、既述のように、「終わり」ということを物理自然的なレヴェルで問題にしても無益だとする。「終わり」という実在的な時点を仮定したり、それ以後の時間を思い描くことは矛盾以外の何ものでもない。「終わり」はむしろ非実在化され非時間化されて、時間的世界と超時間的世界にまたがる人間のその道徳的な完成という理念とならねばならない。カントは「終わり」を理論哲学や論理学を見るのと同じように、例えば対象と認識のコペルニクス的転回を論じるかのような視線でいかにも冷静に突き放して処置する。しかし当局を批判し、宗教（の理性に合致しない点）を批判するためだとしても、あるいは自身の歴史哲学を開陳するためだとしても、なぜことさらに「終わり」の問題を選んだのかという疑問は依然として残る。「終わり」を理念化し、道徳化し、実在的時間点やそれ以後についての種々の表象を俗見や無意味として排除すればするほど、逆にカントの内部には「万物の終わり」どころか「自分の終わり」への不透明な思い（焦燥や嘆きやイロニー）が沈殿していったはずである。そういう意味で、しばしば指摘される歴史哲学や宗教批判という本論文の性格はいわば表層であって、その深層には自らの〈終わり〉についてのカントの自己分裂的ともいえる心理的葛藤を秘めた論文であるといえないだろうか。

時間に正確だったカントのエピソードは知られているが、とくに還暦を過ぎてからの晩年のカントは時間に、時間の有効利用に異常なまでの関心をもっていた。そこには、カントの執念にも似た思いがはたらいていたことは想像に難くない。残された時間を寸分余さず利用しつくすこと、そのことによって人生をせめて内容的に多く、すなわち長いものにしようというのだ。だが、いかに有効に時間を経済化し、利用しつくそうとしても、人生の「終わり」は着実に近づく。晩年のカントは人に挨拶するとき、きまって「私はもう余命いくばくもなく、老いぼれた人間です」と語っていたという。

（酒井　潔）

永遠平和のために

カントの『永遠平和のために』が出版されたのは、フランス革命の六年後、一七九五年のことである。この哲学的構想を書くにいたった外的な動機について、またなぜこの論文がふつうの論文と違った体裁(条約の形式)をとっているかについて、彼自身、直接には語っていないため、推測の域を出ず正確にはわかっていない。ただ彼の伝記や当時の社会状況を総合すると、すでに多くのカント学者が指摘しているように、「バーゼルの平和条約」に影響されての執筆といってほぼ間違いなかろう。条約の形式をふまえているのもそのためと考えられる。一七九二年以来、革命政権下のフランスと、その他のヨーロッパ諸国との間は、戦闘状態にあった。プロイセンはオーストリアと対仏同盟を結成して戦っていたが、一七九五年四月にバーゼルでフランスと単独講和を結び、ラインラントを放棄した。当時のドイツは大小の領邦国家の集まりであり、北に位置するプロイセンはその中核ともいうべき一国であったが、これによってドイツは事実上、南北に分裂した。

その年の八月、カントはケーニヒスベルクの出版人ニコロヴィウスに『永遠平和のために』の出版方を申し出たのである。この申入れはすぐに受け入れられ、早くも翌九月末には発刊され、さらに翌一七九六年には、「永遠平和のための秘密条項」(本文二八九頁)を加えた増補第二版が出版された。

ところで、カントが生涯をそこで過ごしたケーニヒスベルクは、プロイセン本土からはポーランドをはさんで、遠く東に位置する辺境の都市であった。しかしバルト海に面し、ロシアにほど近く、リトアニアに隣接する地勢は、東プロイセンの首都として国際的でもあった。たとえば、教会のミサは、ドイツ語、ポーランド語、リトアニア語、フランス語の四つの言語で執り行われていたという。またかつてのハンザ同盟の伝統を有するケーニヒスベルクは、海陸両路から外国の文物が流入する情報拠点にもなっていた。カントが一度も外国に行ったことがないのに、諸外国の事情に通じていたのもそのためといえる。かれは現実の国際政治の動きも熟知していた。『永遠平和のために』の書かれた年には、ポーランド王国が、ロシア、オーストリア、プロイセンによる第三次分割によって消滅している。海に囲まれ陸続きの隣国をもたない日本のような島国からは、想像もできない厳しさである。「世界市民的見地における哲学」は、このような環境の中で生まれたのである。

カントの平和論に関しては、過去二百年の間に数えきれないほどの論文・著作が出現している。それらの第二次文献は、いずれを読んでも参考になるが、しかし何よりも大切なことは、第一次文献(原典)である本書を熟読することであろう。「自分の頭で考えよ」というカントのモットーを実行することである。そうすれば、自ずから彼の意図するところが理解できよう。したがって、本解説では『永遠平和のために』の哲学的構成を簡潔に記すにとどめたい。まず最初に、カントが永遠平和の理論を彼の倫理学との関連において構想したことを指摘しておきたい。カントにとって平和の問題は実に哲学の中心問題でもあった。彼の実践哲学では、純粋かつ合理的な倫理学の完成が目指されたことから、行為の規定根拠に経験が入りこむ仮言命法が除外され、定言命法のみが、その規定根拠の純粋性ゆえに道徳法則として認められた。つまり、カントの倫理学は道徳法則に対する尊敬の念から行為する定言命法中心の倫理学である。しかし人間は理性的存在であると同時に感性的存在でもあるから、現実性(Realität)の問題も考慮されねばならない。

本書は、この現実性(つまり感性界)の領域に横たわる国家間の平和の問題を哲学的に省察したところのカント倫理学の応用編である。今日の用語でいえば、政治哲学であり、政治理論である。それは、数学の公式同様、いついかなる場所でも有効な、つまり普遍妥当的な平和の原理論といってよい。したがって、実際の平和運動を進める上ですぐに役立つような平和の指針ではない。カントによれば、永遠平和はすべての国際法の最終目標であり、それへの道程は、六個の予備条項、三個の確定条項によって表現される。第一章で扱われる予備条項は、永続的平和を終局的に可能にするために、事前にみたされなければならない具体的な政治的条件を表現したものである。その際、重要なのは国家を物件としてではなく道徳的人格として取り扱うという視点である。第二章はこの平和構想の主題である三つの確定条項をあつかっている。「共和的体制」「自由な諸国家の連合」「世界市民法」の三条項すべてに共通する考えは、「相互に交流する可能性をもつすべての人間は、なんらかの市民的体制に属していなければならない」(二六一頁)というものである。なぜなら法律のない自然状態は、カントによれば、平和状態とはいえずむしろ戦争状態だからである。それゆえ、むきだしの自然状態は法の支配する状態に移しかえられなければならない。永続的な平和状態は自動的に生じるわけではなく、意識的につくりだされねばならないということである。そのため、「人間の法は、たとえ支配権力にどれほど大きな犠牲を払わせるにしても、神聖に保たれなければならない。その際、……すべて政治というものは法の前にひざまずかなければならない」(三〇六頁)のである。法の理念の下に服し、人々の間に平和を可能にする、まさにそのような「政治」が求められるのであり、この観点からすれば道徳と政治の間に争いは生じない。

ところで、カントの republikanisch(共和的)という概念は、今日政治学上の通念で「共和国」というときの

「国民によって選挙された大統領を元首とする国家形態」を意味するものではなく、むしろ国民主権下での立憲代議制としての民主主義体制、つまりわれわれが理解する民主主義の概念に近い。したがって、この「共和的」という用語は、今日の言語感覚からすれば「民主的」(demokratisch)と同じといってよいであろう。ただし「デモクラーティッシュ」(demokratisch)という用語には、本来「民主的」と「民衆的」の両義があり、日本語でそれを一語で表記することは難しい。「デモクラーティッシュ」は、肯定的な含意では「民主的」であり、否定的な含意では「民衆的」であるため、文脈によって訳語の選択を迫られるのであるが、カントの場合、一般に「民衆的」の意味合いが強い。もともとカントは、ギリシア古代の衆愚政治を連想して、民衆制《デモクラティー》には否定的立場である。そのため、彼は共和的体制を民衆的体制と混同しないよう戒めている(二六五頁)。民衆制は、名目上全員が支配者となりうるため、国法を独断的に執行する専制政治に陥り易いというのがその理由である。このような形態は、かつての社会主義諸国家における人民民主主義(Volksdemokratie)を彷彿させる。カントは共和的体制の本質として、社会の成員の(人間としての)自由、すべての成員の(臣民としての)立法への従属、すべての成員の(国家市民としての)平等という三原理を挙げる。それは個人の自由・平等の権利を認めるものであり、また臣民という表現も、この場合は法に服するという意味での臣民であり、君主制下の臣民の意ではない。共和的体制の特徴は、これらの上に権力の分割と代議制が加わることによって示される。「共和的」という表現が、専制政治に対立する意味で用いられるのもこのためである。こうして国家の共和制の確立が最初の目標となる。共和制国家の樹立の後に、次の段階として国際連盟の設立が続く。しかしカントは自由な諸国家の連合の上に基礎をおく国際法だけでは、永続的な平和を樹立するためにまだ十分ではなく、さらにその先に世界市民法が必要であると考えた。それは地球上のすべての人間を拘束し、すべての個別国家の枠を超越するところの世界次元での法の理念である。「今や、地球上の諸民族の間にいったんあまねく広まった(広狭さまざまな)共同生活体は、地球上の一つの場所で生じた法の侵害が、あらゆる場所で感じられるほどにまで発展を遂げたのである。だから世界市民法の理念は、もはや法の、空想的でとっぴな考え方ではなく、公的な人類法一般に対し、したがってまた永遠平和に対し、国法や国際法の法典にまだ書かれていないことを補足するものとして必要なのである。ひとはこうした条件の下においてのみ、永遠平和に向かってたえず接近しつつあると自負することが許されるのである」(二七七頁)。

世界市民とは、国民であることを一挙にとびこした存在ではない。各人がそれぞれの国家に所属しながら、世界全体を視野におき、他人の痛みや他国の痛みを自分のものとして感じることのできる道徳的立場のことである。だから世界市民法は普遍的な人間の諸権利の必要不可欠な構成要素といえよう。永遠平和は実践理性のイデーであるから、現実の経験の世界(感性界)には存在しない。重要なのは、感性界の「現実」を超感性界(英知界)の「イデー」にいかに近づけていくかというプロセスである。超感性界とは、カントによれば、自由の法則の支配する、あらゆる理性的存在者が属する普遍的倫理的世界のことである。すなわち、永遠平和は理想として高く掲げられたイデーであり、それは政治の最終目標である。われわれにできることは、その理想に向かって徐々にではあっても限りなく近づいていくことであり、その意味で、永遠平和はわれわれに課せられた道徳的課題なのである。われわれ人間は感性的かつ理性的なる二重の存在性格をもつ。なるほど人間は理性的ではあるが、理性だけで動くものではない。カントを生んだドイツが二度の世界戦争を引き起こしているという事実にも目を向ける必要があろう。

『永遠平和のために』は、少しも古びることなく今もなお有効である。本書の読了後、若きロマン主義の文芸評論家フリードリヒ・シュレーゲルはいくぶん高揚した気分で次のように語っている。「カントの永遠平和のために、の論文が発散する精神は、すべての正義の友を元気づけるにちがいない、そしてさらにはるか後の世代もまた、この記念碑に内在する尊敬すべき賢人の崇高な心情に感嘆の念をいだくことであろう」と。この予言にも似た言明は見事に的中した。たしかに、永遠平和の精神は国境を越えてわれわれを結びつけるカントの遺産ともいえる。とはいえ、本書が今日の状況にそのまま適用できるわけではない。カントが予想もしなかった原爆の出現と核時代の到来、環境破壊、地球温暖化の問題、人口の爆発的増加、情報社会の出現、それによる国家の枠を越えゆくグロバリゼーションの進行等々、当時とはまったく違った新しい状況が生まれている。ヨーロッパ連合EUの誕生のように、カントの意図した方向に動いている明るい材料もある。長いこと、ヨーロッパの悲劇は小さな国に分かれ、国家主権をふりかざしていがみ合うところにあるといわれてきた。EUは、はたして各国の歴史的な国民感情をかえていくことができるのであろうか？　これは世界中が見守る壮大な実験である。共通の通貨ユーロも導入され、経済の国境線も姿を消しつつある。「一つの欧州」は、言語や文化はそのまま残したまま、民主的体制の下、ゆるやかな連邦制の諸国家の集合体となるであろう。各国の主権は、当然のことながら共生のために制限される。そこにカントの精神が生かされる余地がある。今後の道筋は、永遠平和に向けての「連邦的世界共和国」の実現ということになろう。

最後に数ある参考文献の中から、『永遠平和のために』公刊二百年を記念して発行されたオトフリート・ヘッフェ編著『イマヌエル・カント、永遠平和のために』(Höffe, Otfried (Hrg.): *Immanuel Kant; Zum ewigen Frieden*. Berlin 1995) を掲げておきたい。この書はカントの平和論に関する最近の研究成果を集めたもので、とりわけ巻末の文献目録(Auswahlbibliographie)が参考になるのであるが、さらにその中から拙著『カント実践哲学と平和の理論』(Toyama, Yoshitaka: *Kants praktische Philosophie mit Rücksicht auf eine Theorie des Friedens*. Hamburg, 1973)を挙げておきたい。本書は筆者の博士論文(siehe *Kant-Studien*. 66 Jahrgang. Heft 3. 1975 S. 372 f.)を基に出版されたものであるが、それまでなおざりにされてきた仮言命法に焦点をあて、当為(Sollen)と存在(Sein)の懸隔の橋渡しを可能にするのが怜悧(Klugheit)の能力であることを「平和」を軸に追究したものである。現実の人間の特殊性が実際に顧慮されるのは仮言命法であるから、定言命法のカント倫理学を仮言命法の側からも考察したのである。その結果、ポジティヴな真の怜悧(ソフィストの怜悧ではなく)がカント倫理学の中に内在の構成要素として存在していることが判明した。あくまでも道徳法則の定言命法を行為の判断基準にしながら、真の怜悧にしたがって現実世界の道徳実践と哲学上の省察との一致を目指すこと、それが永遠平和の精神であると思う。

なお翻訳にあたっては、高坂正顕、宇都宮芳明、小倉志祥ら諸先輩の邦訳書のお世話になりました。特に宇都宮訳『永遠平和のために』(岩波文庫版)からは、貴重な示唆を受け、大いに参考にさせていただきました。ここに厚く感謝申し上げます。

(遠山義孝)

連盟 Föderalität　271, 272, 310

ろ

老子 Laokiun　239
ロビンソン・クルーソーの物語 die Robinsone　114

わ

災い／災禍／災悪 Übel/Schade　9, 13, 15, 101, 103-105, 107, 111-113, 115, 166, 183, 184, 203, 214, 217
自然的——　115
道徳的——　115

り

リヴィウス Livius　244
利口(な)／才知 Klugheit/klug/klüglich　7, 74, 200, 212, 216, 217 ⇨ 怜悧の教え
利己心 Eigennutz/Selbstsucht　288, 294
利己心なしに uneigennützig　178, 179
理性 Vernunft　5-7, 13, 29, 32, 41, 42, 49-51, 53, 57, 59, 62, 79, 95, 96, 98-104, 107, 115, 119, 120, 128, 153-155, 165, 166, 186, 205, 210-212, 219, 221, 223, 259, 263, 271
——の公的使用　27, 29, 33
——の私的使用　27, 29
理性的 vernünftig　4, 7, 9, 17, 19, 21, 26, 53, 61, 74, 269
——な存在者　102, 286
立法／立法する Gesetzgebung/gesetzgeben　14, 31, 32, 169, 170, 187, 190, 193, 194, 196, 197, 199
最高——　209, 210
最高——権力　191, 201
理念 Idee　6, 12, 13, 16, 17, 19, 21, 42, 45, 47, 49, 50, 53, 54, 64, 119, 122, 127, 148, 151, 171, 172, 179, 183, 184, 198, 212, 219, 220, 222, 235, 241
空虚な——　165
国際法の——　287
世界市民法の——　277
流出論的体系 Emanationssystem　240
留保条項 Clausula salvatoria　251
良心 Gewissen　25, 28, 29, 32
理論 Theorie　119, 122, 133, 163-167, 278, 292, 293, 304
——と実践　159, 291
理論的 theoretisch　42, 119, 121, 164, 180, 289
リンド Lind　88, 136
リンネ Linné　122, 123, 126

る

類 Gattung/genus　5, 7, 12, 40, 41, 45, 49, 53, 59, 64, 70, 76, 78-80, 82-84, 86, 87, 104, 105, 111, 125, 129, 214, 279
学校的な—— Schulgattung　147
自然的(な)—— Naturgattung　105, 147
実在的な—— Realgattung　86
道徳的(な)——　105, 106
動物の——　50, 70, 106, 125
名目的な—— Nominalgattung　86
類似性 Ähnlichkeit　49, 122, 127
類似物 Analogon　154
類比／類推 Analogie　37, 38, 47, 48, 52, 53, 87, 95, 123, 132, 278, 312
自然の——　47, 52, 95
類比的な analogisch　40
ルソー Rousseau　13, 16, 104, 222

れ

礼節 Sittsamkeit　100
怜悧の教え Klugheitslehre　291, 300 ⇨利口，国家政略
歴史／物語／記述 Geschichte/Historia　3, 4, 16, 19-21, 39, 51, 86, 95, 96, 103, 108, 114, 115, 124, 183, 198, 216
自然＝地理学的——　57
自然の——　104
自由の——　104
哲学的——　22
歴史的＝批判的精神をもつ人 historisch=kritischer Kopf　59
歴史哲学 Philosophie der Geschichte　64, 65
レッシング Lessing　214
レヤング Rejang　142
連合 Föderalism/Vereinigung　19, 268, 301, 310, 311
連続的段階説 kontinuierliche Gradation　47
連邦 Föderation　219

13, 204, 256
ムラット Mulatte　75

め

メスティソ Mestize　75, 142, 143
メンデルスゾーン Mendelssohn　34, 153, 213, 214, 217

も

『黙示録』*Apokalypse*　236, 242
目的 Zweck/Absicht　5, 6, 9, 10, 16, 17, 21, 27, 49, 50, 63, 81, 87, 96, 101, 102, 106, 119, 120, 129, 130, 132, 134, 141, 149, 152, 154, 155, 169-171, 174-177, 185-187, 200, 210, 221, 258, 300-302, 314
　最終——　19
　自然の—— Zweck der Natur　43, 102, 104, 130, 154, 281
　自然—— Naturzweck　106, 119, 216
　自由の——　154
　道徳的——　216
目的因 Endursache　120, 149, 153, 155
　意志の——　120
　自然の——　120
目的論 Teleologie/Zwecklehre　119, 155
　自然的な——／実践的——　155
目的論的 teleologisch　119, 134, 148, 149, 280
　——原理　119, 120, 121, 154
　——自然学　5
目標 Ziel　64, 104, 105(最終), 174, 315
モーセ Mose　57, 61
『モーセ第一書』*1. Moses*　96, 97, 282　⇨『創世記』
モール人 Mohr　70
モーリタニア人 Mauritanier　70, 137
モンゴル人／民族 Mongole/mongolisches Volk　59, 84, 85, 283

や

野性的 wild　108, 109　⇨未開な

ゆ

有機的 organisch　41-45, 48, 50, 78, 134, 147(被造物), 150(類)　⇨器官
　——に組織する organisieren　88, 89
有機的組織／有機組織(体) Organisation　39, 40, 42, 44-51, 53, 55, 58, 81, 87, 88, 90, 135, 141, 149, 152
有機的組織化／器官形成 Organisation/Organisierung　42, 43, 47, 89, 149
有機的存在者 organisches Wesen　134, 149-151
有機的に組織された organisiert　77, 80, 88, 134
　——存在者　149, 151, 152
友好 Hospitalität　274
ユニテリアン Unitarier　229, 231, 232

よ

欲望 Begierde　98-100, 220
ヨーロッパ／ヨーロッパ人 Europa/Europäer　70, 71, 84, 90, 135, 136, 143

ら

来世 künftiges Leben/anderes L.　170, 238　⇨あの世
『ライプツィヒ学術新聞』*Neue Leipziger gelehrte Zeitungen*　156
ラインホルト Reinhold　157
楽園／園 Paradies/Garten　97, 103
ラクローズ La Croze　277
ラップ人 Lappe　283
ラ・マンチャ la Mancha　70
ラムゼー Ramsay　142
ランドリアーニ Landriani　89

へ

平和 Friede　13, 108, 113, 114, 219, 220, 222, 252, 257, 305
平和条約 Friedensvertrag　30, 252, 271, 273, 315
平和連盟 Friedensbund　271
ヘシュキオス Hesychius　276
ペシュレー人 Pescherä　283
ヘスト Höst　55
ベドウィン人 Beduine　111, 275
ヘルダー Herder　37, 51, 52, 55, 57
『ベルリン月報』*Berlinische Monatsschriften*　33, 34, 121
変異 Verartung/Abartung　56, 140, 146
変種 Abartung　125, 126, 128
弁神論 Theodizee　305
変様種 Varietät　125, 127-132, 139

ほ

法 Recht/Gesetz　10, 11, 13, 15, 186-188, 190, 191, 193, 194, 196-200, 204, 205, 207, 220, 223, 253, 267-270, 277
萌芽 Keim　6, 9, 11, 15, 20, 41, 60, 79-81, 85, 87, 90, 91, 131, 134, 135, 140, 141, 287
法則 Gesetz　4, 20, 45, 49, 51, 76, 105, 119, 120, 123, 126, 139, 148, 149, 166, 169, 171, 173-175, 177, 184, 210, 222, 259, 260, 262　⇨自然法則
法的状態 rechtlicher Zustand　187, 190, 192, 200, 219, 312
訪問の権利 Besuchsrecht　274
法律 Gesetz　112, 195, 200, 201, 203, 206-208, 210
法律家 Jurist/Rechtsgelehrte　163, 175, 290, 296
保存／自己保存／維持保存 Erhaltung/sich erhalten　78, 80, 106, 126, 132, 134, 141, 142, 145
ホッテントット人 Hottentotte　136, 137
ホッブズ Hobbes　185, 208, 209
ボネ Bonnet　151
ポープ Pope　267
ホーラ Hora　58
ホラティウス Quintus Horatius Flaccus　234
ホラティウス神父 P. Franciscus Horatius　277
本質的 wesentlich　76, 82, 130
本能 Instinkt　5, 6, 41, 98-100, 103, 106
本能的に instinktmäßig　4

ま

曲がった木材 krummes Holz　12
マースデン Marsden　142, 143
末日 der jüngste Tag　228, 233
マルクス・アウレリウス Marcus Aurelius　267
マレー人 Malaie　85
マレ・デュ・パン Mallet du Pan　267

み

未開人 Wilde　268, 269, 284
未開な／未開の roh/wild　105, 106, 109, 131, 273　⇨野性的
未開(な)状態／未開性／粗野な状態 Rohigkeit　7, 8, 97, 103, 107, 111, 299
未成年状態 Unmündigkeit　25, 26, 29, 31, 32
導きの糸 Leitfaden　3-5, 19-21, 96
民衆制 Demokratie　265, 266, 303(代表制のない)
民族 Volk　73, 74, 86, 110-113, 137, 142
民族品種 Volksschlag　128, 131

む

無政府状態 Anarchie　205, 256, 287, 295
無法状態 gesetzlos/Gesetzlosigkeit

155
皮膚の色 Hautfarbe/Farbe　60, 70-74, 76, 80, 89, 92, 131, 136, 138, 139, 142, 145, 146
ヒポクラテス Hippokrates　106, 211
秘密結社 geheimen Gesellschaften　210, 211
ビュッシング Büsching　147
『ビュッシング週報』*Büsching'sche wöchentliche Nachrichten*　33
ビュフォン Buffon　132
ヒューム Hume　21
平等 Gleichheit　102, 114, 187-195, 205, 262, 263, 291, 303
　外的(法的)——　263
品種 Schlag　141　⇨人間品種，家族品種，中間品種
ヒンドスタン Hindostan/Hindustan　72, 145, 275-277

ふ

ファッテル Vattel　270
フィッシャー Fischer　276
フィン人 Finne　283
風土 Himmelsstrich　145, 146　⇨気候
風土論 Klimatologie　56
フエゴ島 Feuerland　283
フォルスター Forster　121-123, 132-137, 139, 140, 143, 144, 147-150
フォレスター Forrester　146
フォンターナ Fontana　89
不可避的 unausbleiblich　74-76, 79-83, 87, 105, 106, 127, 128, 136, 139, 206
福利／福祉 Wohl/Wohlergehen/Wohlfahrt　15, 18, 167, 199, 211, 217, 222
フーゴー・グロティウス Hugo Grotius　270
不信心 schwergläubig　241
不正 Ungerechtigkeit　113
物件 Sache　253, 254
物質 Materie　14, 44, 47, 49, 148, 149, 151
物質的 materiell　152(存在者)
物理自然学的　⇨自然学的
ブーテルヴェク Bouterwek　287
プトレマイオス王朝 Ptolemäer　21
不平等 Ungleichheit　105, 107, 110, 189, 191, 199
プーフェンドルフ Pufendorf　270
普遍性 Allgemeinheit　163
普遍妥当的意志 allgemeingültiger Wille　11
普遍的 allgemein　87, 107, 126, 155
普遍的意志 allgemeiner Wille　189, 206, 265, 302, 310
普遍的自然史(人間の) allgemeine Naturgeschichte (des Menschen)　59
普遍法則／普遍的法則 universales Gesetz/allgemeines Gesetz　176, 186, 187, 190, 199, 260, 286, 301
プラトン Platon　233
フリードリヒ二世 Friedrich II.　266
　——の世紀　32
ブリヤート人 Burät　84
ブルネットの brünett　74, 128, 137, 139
ブルーメンバッハ Blumenbach　151
フレヴィル・アイランド Frevill=Eiland　71, 147
フロギストン Phlogiston　88
ブロンドの blond　74, 128
文化／文化的状態／文化的陶冶 Kultur　8, 11, 14, 16, 17, 61, 63, 101, 105-107, 109, 111-113, 144, 216, 219, 284, 287, 305　⇨開化
文化をもつ／文化的に陶冶された kultiviert　16, 104, 106
分泌 Absonderung　73, 90, 135
文明化 gesittet/zivilisiert　14-16
文明的市民的に開化した zivilisiert　106, 114

な

内的自由 innere Freiheit　54

に

ニグロ／黒人 Neger　70-72, 75, 85, 87, 88, 91, 123, 132-138, 141-146, 150　⇨黒色人
『ニグロとヨーロッパ人の身体的相違について』*Über die körperliche Verschiedenheit des Negers vom Europäer*　135
二元論者 Dualist　229, 231
二元論的体系 dualistisches System　230, 231, 232
ニーブーア Niebuhr　55
日本 Japan/Nipon　275, 276
ニュートン Newton　4
二律背反 Antinomie　310
人間 Mensch　38-64, 96-104
人間性 Menschheit/Humanität　14, 42, 43, 45, 46, 103, 208, 214, 221, 254, 284
人間品種 Menschenschlag　127, 128, 137, 143

ぬ

ヌーメノンの持続 duratio Noumenon　227

ね

ネグロ岬 Capo Negro　72, 145

の

ノアの血の禁止 das Noachische Blutverbot　282
能力 Fähigkeit/Vermögen/Kraft/Können　5, 38, 46, 57, 60, 61, 99-101, 105, 106, 121, 142, 152, 192, 195, 196, 292
　理性―― Vernunftvermögen　50

は

配剤 Anordnung/Fügung　5, 6, 9, 96, 104, 139, 140　⇨天命
配置　⇨設備
パーキンソン Parkinson　55
博愛主義的／博愛主義の philanthropisch　55, 213, 214
白人／白色人 der Weiße　72, 74, 75, 88, 91, 130, 133, 137, 139
始まり　⇨始元
パターナリスティック väterlich　187, 188
バーバリ地方の住民たち Barbaresken　274
パプア人 Papua　85, 146, 147
ハラー Haller　227
パラス Pallas　84
バラモン教の賢者 brahmanische Weise　233
ハンガリー人 Unger/Ungar　283
反逆者 Rebell　206
万軍の主 der Herr der Heerscharen　273
反抗／反抗する Widerstand, Widersetzlichkeit/widerstehen, widersetzen　8, 9, 199, 201, 202, 203, 206, 210
反抗的 Widerspenstigkeit/widerspenstig　202, 208
犯罪　⇨罪悪
汎神論 Pantheismus　240
判断力 Urteilskraft　113, 163, 164
万民法 ius gentium　261

ひ

美 Schönheit　58, 100
比較 Vergleichung　52, 83, 126, 147, 150
非社交性 Ungeselligkeit　9, 11, 13
非社交的社交性 ungesellige Geselligkeit　8
必然的 notwendig　80-82, 87, 89, 129,

懲罰戦争 Bestrafungskrieg　257
直立姿勢 aufrechte Stellung/a. Gestalt　41-43, 46
直立歩行／直立して歩く(こと) aufrechter Gang　41, 42, 47, 50, 97

つ

ツィゴイネル Zigeuner　90, 138, 139, 141, 142
ツィマーマン Zimmermann　55
罪 Schuld/Verbrechen/Sünde　112, 115, 190, 214　⇨罪悪

て

定言命法 kategorischer Imperativ　174(定言的に命令を発する), 179, 180, 〔301〕
ティトゥス Titus　267
適応形成 Anartung　130, 143
敵対関係 Antagonismus　8, 10, 13
哲学 Philosophie　17, 39, 51, 58, 65, 86, 90, 96, 117, 165, 166, 177, 290, 314
哲学者 Philosoph　4, 49, 60, 64, 251, 284, 289-291, 314
哲学的歴史 philosophische Geschichte　22
展開／展開する Entwicklung/entwickeln　5, 7, 16, 20, 57, 59, 80, 140
　自己――する　87, 89, 91, 126, 129, 140, 146
展開説 Evolutionssystem　60
天命 Fügung　279　⇨配剤

と

砥石 Wetzstein　304
『ドイツ・メルクーア』*Teutscher Merkur*　51, 52, 121
当為 Sollen　292, 304
同意／同意する Zusammenstimmung, Beistimmung/zusammenstimmen　197, 198, 200, 204
動機 Bewegungsgrund/Triebfeder/Motiv(e)　9, 20, 22, 169-175, 177, 179-182, 184, 283
トゥキディデス Thukydides　21
道具 Werkzeug　102, 135
統治／統治機関 Regierung　18, 21, 32, 33, 57, 109, 201
道徳 Sitte/Moral　106, 155, 166-168, 170, 171, 184, 291, 306, 310
　――の頽廃 Sittenverderbnis　111
道徳化 moralisiert　16
道徳性 Moralität/Sittlichkeit　16, 170, 178, 183, 214, 218
道徳的 sittlich/moralisch　8, 9, 16, 61, 97, 101, 104-106, 131, 166, 171, 176, 188, 203, 216, 218, 221
　――課題　301
　――感情　177
　――根拠　48
　――災悪　115
　――裁判官 moralischer Richter　275
　――＝実践的 moralisch=praktisch　180, 280
　――人格　253
　――(な)政治家 moralischer Politiker　294, 300-302
　――(な)素質　234, 241
　――に開化した gesittet　106
　――目的　216
道徳法則 das moralische Gesetz　169, 170, 174, 176
投票権 Stimmrecht　194-196
動物性 Tierheit　14, 64, 104
動物的 tierisch　100, 103, 105
ドゥマネー Demanet　70
徳 Tugend　38, 169, 176, 177, 183, 215, 216
読者世界 Leserwelt　27
独立自存 Selbständigkeit　187, 193, 194(――性)
土地所有 Landeigentum　110
ドミティアヌス Domitianus　268
ドン・ウリョア Don Ulloa　144

■岩波オンデマンドブックス■

カント全集 14　歴史哲学論集

2000年4月27日　第1刷発行
2017年6月13日　オンデマンド版発行

訳　者　福《ふく》田《だ》喜《き》一郎《いちろう》　望月《もちづき》俊孝《としたか》　北《きた》尾《お》宏之《ひろゆき》
酒《さか》井《い》　潔《きよし》　遠山《とおやま》義孝《よしたか》

発行者　岡本　厚

発行所　株式会社　岩波書店
〒101-8002　東京都千代田区一ツ橋 2-5-5
電話案内　03-5210-4000
http://www.iwanami.co.jp/

印刷／製本・法令印刷

ISBN 978-4-00-730621-1　Printed in Japan

索　　引

あ

愛／愛情 Liebe　100, 102, 209, 213, 214, 221, 223, 243-245
アイオーン Äon　263
アヴァ／アヴァ人 Ava/Avaner　85, 230
アヴェロエス哲学 Averroische Philosophie　64, 65
アウグスティヌス Augustinus　279
アウグストゥス Augustus　258
悪 Böse　104, 110, 115, 270, 305
悪徳 Laster　104-106, 111, 114, 215, 216
アジア Asien　74, 89, 150
アッヘンヴァル Achenwall　203, 204
アナロジー　⇨類比
あの世 künftige Welt　184　⇨来世
アビシニア人 Abessinier/Habessinier　137, 138
アプリオリ a priori　21, 76, 119, 151, 154, 156, 157, 187, 200, 296, 302, 304, 307, 308, 312
　――な原理　155, 187, 206, 212
アフリカ Afrika　71, 72, 136, 137, 145, 150
アメリカ Amerika　72, 143-145, 275
アメリカ人／アメリカ原住民 Amerikaner　59, 72, 75, 89, 133, 144, 283
アラビア／アラビア人 Arabien/Araber　72, 111, 136, 137, 145
『アルゲマイネ・リテラトゥア・ツァイトゥング』*Allgemeine Literatur-Zeitung*　51, 52
アルタイ山脈 Altaische Gebirge　283
アルビノ Albino　75

い

イエズス会(派) Jesuiterschule　252, 313　⇨カズイスティク
『イェルザレム』*Jerusalem*　214
イカロスの翼 ikarische Flügel　279
意志 Wille　7, 11, 13, 31, 102, 152, 169-172, 187, 189, 192, 221, 222, 285
　共同――　188
　公的な――　194, 197, 207
　善――　12, 220
　特殊――　194
　普遍的――　189, 206, 265, 303, 310
　――の現象　3
　――の自由　3, 6
　――の目的因　120
イスラム教の托鉢僧 der Derwisch　233
無花果の葉 Feigenblatt　100
遺伝／遺伝する Anerben/anerben　70, 74, 76, 77, 80, 82, 83, 91, 97, 115, 127
遺伝的 anerbend/erblich　60, 71-74, 76, 79, 82, 83, 86, 87, 125, 127-129, 131-134, 139, 145, 147
インド／インド人 Indien/Indier　71, 72, 75, 85, 90, 133, 138(民族), 139(原住民), 141, 142, 144, 146, 192, 214

う

ヴィンディッシュグレーツ Windischgrätz　260
ヴェーダ Bedam(Vedam)　288
ウェルギリウス Vergilius/Virgil　212, 227, 273
受け継がれる anarten　74-76, 79, 80, 82, 132　⇨形質継承

運動力 bewegende Kraft　153
運命 Schicksal/fatus　15, 112, 114, 223, 278, 285, 292, 295

え

永遠 Ewigkeit　227, 228, 252
永遠の ewig　40, 43, 44
エスキモー(人) Eskimo　145, 283
エピクロス的 epikurisch　14
『エミール』 *Emile*　105
エリヤ Elias　235
エレウシスの密儀 Eleusinische Geheimnisse　276
エロヒム Elohim　61, 62
演繹 Deduktion　156, 157
エンゲル Engel　70

お

黄金時代 goldenes Zeitalter　114
黄色人 der Gelbe　72, 75, 144, 145
臆測／推測 Mutmaßung/Vermutung　76, 78, 84, 88, 89, 92, 95-97, 123, 131, 143, 145-147
オストヤーク人 Ostjake　281
恩恵 Wohltat/Wohlwollen　41, 188, 193, 208, 212, 213, 217
　——の原理　187

か

開化 Kultur　234　⇨文化
改善／自己改善 Bessern/Selbstbesserung　111, 112, 114
快適 angenehm　100
外的自由 äußere Freiheit　54, 194, 263
学者 Gelehrter　27-30, 32, 107, 259
革命 Revolution　14, 19, 20, 27, 295
　暴力——　266
格率 Maxime　52, 77, 78, 170, 174-176, 179, 182, 183, 199, 201, 204, 217, 222, 223, 238, 244, 272, 289, 291, 293, 294, 297, 298, 301, 304, 307-314
カズイスティク Kasuistik　252, 313
仮説 Hypothese　49, 57, 60, 76, 77, 90, 123, 134, 144, 214, 215, 217, 221
家族品種 Familienschlag　74, 128, 131
カータレット Carteret　71, 147
カテゴリー Kategorie　156, 157
カフィル人 Kaffer　71, 72, 85, 136-138, 146
神 Gott/Gottheit　37, 43, 44, 62, 98, 104, 119, 263, 276
ガルヴェ Garve　168, 169, 172-174, 177, 179, 180, 182, 183, 313
カルムイク人 Kalmück　84
カレンダエ(ギリシアの) calendae　258
感官 Sinn　41, 57, 98, 100
観察 Beobachtung　5, 50, 69, 121, 122, 127, 133, 150
感情 Gefühl　19, 37
　自然的——　177
　道徳的——　177
感性界 Sinnenwelt　280
感性的存在者 Sinnenwesen　279
完全性 Vollkommenheit　6, 7, 47, 58, 104
『カント哲学に関する書簡』 *Briefe über die Kantische Philosophie*　155, 157
ガンビア Gambia　88, 91
寛容(性) Toleranz　32, 54

き

器官 Organ/Werkzeug　7, 40, 41, 44, 46, 73, 98, 122　⇨有機的
キケロ Cicero　180
気候／風土 Klima　40, 56, 58, 60, 73, 81, 89, 91, 130, 132, 135, 136, 139-146　⇨風土
技巧／人工 Kunst/Künstelei　14, 71, 78, 79, 302
技術／人為技術 Kunst　55, 73, 80, 105, 106, 109, 110, 129, 181, 195, 306
技術作品 Kunstwerk　152

技術者 Künstler　196
技術的課題 Kunstaufgabe　301
規則 Regel　75, 122
貴族制 Aristokratie　265, 266
——国家 Aristokratie　193
義務 Pflicht　28, 32, 166, 168-170, 172, 173, 178-180, 184, 186, 198, 202, 203, 208, 210, 216-218, 223
——(の)概念 Pflichtbegriff　166, 263, 278, 283, 291
『義務について』*Buch von den Pflichten*　180
客人の権利 Gastrecht　274
客観的実在性 objektive Realität　155, 228, 306
究極目的 Endzweck　63, 169, 171, 232, 235-237, 239, 240, 244, 278, 292
教育 Erziehung　105, 184, 218
公——／私——　183
強制／強制する Zwang/zwingen　51, 177, 186, 188, 189, 191-193, 201, 206, 210, 219, 221, 285, 307
自然の——　285
強制権 Zwangsrecht　189, 206, 208
強制法 Zwangsgesetz　186, 188, 189, 191, 210, 222, 273, 286, 310
共和国 Freistaat/Republik　33, 267, 271
共和的 republikanisch　262, 265, 294
——体制 republikanische Verfassung　262, 264, 265, 285
許容法則 Erlaubnisgesetz　259, 260, 295
ギリシアのカレンダエまで ad calendas graecas　258
キリスト教 Christentum　242, 243, 244, 245
緊急権 Notrecht　202
禁止法則 Verbotgesetz　258, 260

く

空虚の恐怖 Horror vacui　53
偶然 Zufall/Ungefähr　5, 14, 129, 133, 279
偶然的／偶然に zufällig　53, 71, 72, 79, 132, 134, 138, 156, 166
クック Cook　55
クラス Klasse　70, 72-76, 81-83, 126-128
クラス区分 Klassenunterschied　70-72, 82, 83, 126
クラス分類 Klasseneinteilung　72, 82, 128, 133
クラス分類する klassifizieren　126
クレオール Kreole　70, 91, 141
クレジット・システム Kreditsystem　255
グロティウス Grotius　270
君主制 Autokratie/Monarchie　265, 266

け

経験 Erfahrung　13, 17, 45, 49, 53, 62, 69, 79, 85, 92, 95-97, 119, 122, 148, 151, 152, 157, 164-166, 178, 180, 183, 185, 200, 211, 212
経験的 empirisch　21, 122, 154, 156, 157, 167, 186, 217, 307(なるもの)
傾向性 Neigung　8, 10, 11, 99, 100, 102, 184, 221, 273, 283, 287, 289
利己的な——　285, 286
形式的原理 formales Prinzip　301
形而上学 Metaphysik　49-52, 119, 120, 149-151
形而上学的 metaphysisch　3, 47, 48, 53, 120, 121
形質継承 Anartung/Anarten　75, 79, 82, 85-87, 89, 131, 134, 141　⇨受け継がれる
形成衝動 Bildungstrieb　151
啓蒙 Aufklärung　6, 8, 18, 20, 25, 29-33, 217
——の時代　31
契約 Vertrag/Kontrakt　185, 190, 192, 197, 205, 208, 271, 274, 302, 310
イギリスの 1688 年の——　206

原初——　197
根源的——　194, 197, 200, 201, 204, 205, 210, 220, 253, 262, 264
社会——　185, 197, 206
服従——　203
——違反　207
ゲオルギ Georgi　55
ゲオルギウス Georgius　276
血縁関係 Verwandtschaft　127, 146, 150
実在的な——　127
名目上の——　127
結果／作用結果 Wirkung　79, 95, 146, 151, 153, 154
血統 Abstammung/Abstamm　83, 86, 90, 91, 96, 125-128, 145, 146
ケプラー Kepler　4
原因 Ursache　76, 79, 80, 95, 120, 123, 125, 146, 151-154, 156
原形発生 Palingenesie　48
元首／国家元首 Oberhaupt/Staatsoberhaupt　11, 12, 22, 32, 112, 188, 189, 192, 193, 200-203, 205-209, 219-222, 251, 264, 265
現象 Erscheinung/Phänomen　3, 76, 78, 144
原初契約 contractus originarius　197
原則 Grundsatz　5, 6, 37, 62, 63, 78, 147, 148, 150, 155
憲法 Konstitution　206, 207, 265, 294
賢明な／賢明に weise/weislich　9, 63, 88, 139, 140, 216, 277　⇨知恵
権利 Recht　13, 31, 56, 186-194, 197, 198, 199, 201-204, 206-209, 211-214, 274, 303, 307
生得の——　190
原理 Prinzip　42, 48, 69, 78, 84, 85, 90, 120, 121, 127, 128, 164, 185, 187, 199, 212, 221, 279, 301, 308, 309　⇨アプリオリな原理，恩恵の原理，実践的原理
均等性——　15
幸福(の)——　200, 205
自然の有機的——　41
道徳——　173
法(の)——　197, 200, 205, 222, 301
目的の——　134
目的論的——　119, 120, 121, 154
理性——　187(純粋), 206
リンネの——　122
言論の自由 Freiheit der Feder　209

こ

公開性 Offenheit　311
公共体 ein gemeines Wesen　12, 13, 15, 16, 27, 28, 32, 97, 110, 112, 186-188, 190, 191, 193-197, 199-203, 205, 208, 210, 219, 220
恒常不変(の) beharrlich　92, 126, 128, 133
公職貴族 Amtsadel/Dienstadel　264, 302
後成説 Epigenesis　44
構想／想像 Einbildung　78, 129, 150
構想力 Einbildungskraft　77, 95, 96, 98, 100, 103　⇨想像力
公的使用(理性の) öffentlicher Gebrauch　27, 29, 33
公表性 Publizität　306, 307, 308, 310, 312, 314
幸福 Glückseligkeit　6, 7, 57, 63, 169, 170, 172-176, 178-182, 184, 186-189, 192, 199, 200, 204-206, 211, 212, 215, 217, 314
幸福に値する／幸福であるに値する der Glückseligkeit würdig　168, 169, 172, 176, 178-180, 182, 184
公法 das öffentliche Recht　186, 189, 192, 193, 198, 200, 201, 219, 222, 271, 285, 289, 293, 301, 306, 315
合法則性 Gesetzmäßigkeit　107
合目的性 Zweckmäßigkeit　15, 28, 88, 89, 104, 129, 135, 278, 279
実践的——　119
合目的的 zweckmäßig　53, 87, 105,

122, 130, 133-135, 141, 145, 146, 152, 154
国債 Staatsschulden/Schulden　18, 220, 255
国際国家 Völkerstaat　222, 223, 268, 273
国際法 Völkerrecht　167, 213, 214, 219, 222, 261, 268, 271-273, 285, 288, 293, 297, 300-302, 307, 309, 310, 312
——の理念　287
国際連盟 Foedus Amphictyonum/Völkerbund　13, 268
黒色人／黒人 der Schwarze/Neger　59, 72, 91　⇨ニグロ
国法 Staatsrecht　167, 185, 199, 205, 211, 212, 222, 285, 293, 297, 301, 307, 308
国民 Volk　29-31, 33, 265, 266, 293, 294, 296-298, 308, 309
個人 Individuum/Person　31, 59, 104
悟性 Verstand　25, 26, 31, 57, 69, 119, 141, 152, 267, 286
地球的—— Erdverstand　38
誤想獲得 putative Erwerbung　259
『ゴータ学術新聞』*Gothaische Gel. Zeitung*　3
国家 Staat　12-20, 31, 110, 112, 167, 187-189, 193, 201, 203, 205, 207, 209, 219-222, 265, 266, 287, 294, 295
国家市民 Staatsbürger　195, 208, 254, 262-264
国家市民法 Staatsbürgerrecht　261
国家政策 Saatsweisheit　295, 302, 304　⇨知恵
国家政略 Staatsklugheit　253, 293-296, 301, 311, 313　⇨怜悧の教え
——の格率　312
ゴート人 gotisches Volk　283
コドマンヌス Codomannus　230
コラー Korah　235
コーラン Koran　288
根幹 Stamm　80-82, 85-87, 90, 91, 125-128, 130-135, 140, 145-149
混血 Vermischung　75, 76, 81, 82, 84-87, 90-92, 134, 137
混血的 vermischt　125
根源的契約 ursprünglicher Kontrakt/ursprünglicher Vertrag　194, 197, 200, 201, 204, 205, 210, 220, 253, 262, 264
根本力 Grundkraft　151-153
コンモドゥス Commodus　268

さ

災悪　⇨災い
罪悪／犯罪／犯罪行為 Verbrechen　101, 115, 192, 201, 203
最高善 das höchste Gut　119, 170, 171, 172, 240
財産 Glücksgüter/Eigentum/Besitzstand　189, 195, 253, 264
雑種 Bastard　76, 81, 92, 128, 137, 138
雑種的 halbschlächtig　76, 84, 86, 131, 132, 134, 136, 137
サモエード人 Samojede　281, 283
作用因 wirkende Ursache　119, 152
サルマチア人 sarmatisches Volk　283
サン・ピエールの司祭 Abt(Abbé) von St. Pierre　13, 222

し

死 Tod　47, 48, 101, 103, 107, 113, 203
始元／始まり／端緒 Anfang　21, 95-97, 101, 279
自己愛 Selbstliebe　221
自己尊重 Selbstschätzung　7
自己利益 Eigennutz　183
事実 Faktum/Tatsache　61, 77, 78, 145
シシュポス Sisyphus　214
自然 Natur　3-14, 16, 17, 19, 20, 25, 33, 39, 41, 44, 45, 47-49, 51, 58, 60, 61, 71, 77, 78, 87-90, 95, 96, 98-104, 115, 119, 126, 131, 141, 169, 176, 184, 210, 270,

278, 279, 281, 283-285　⇨自然本性
——のあらかじめの配慮 Vorsorge der Natur　73, 89, 147
——の意図　3, 4, 6, 10, 14, 17, 19, 147
——の機構 Mechanism der Natur　278, 279, 286, 287, 292, 294, 301, 302
——の強制 Zwang der Natur　285
——の衝動 Naturtrieb　98, 99
——の目的 Zweck der Natur　43, 102, 104, 130, 154, 281
——の目的因　120
——の類比　47, 52, 95
『自然科学の形而上学的原理』*Metaphysische Anfangsgründe der Naturwissenschaft*　156
自然学 Naturlehre/Naturwissenschaft/Physik　50, 55, 77, 119, 147-149
自然学的／物理自然学的 physisch　120, 134, 149
自然記述 Naturbeschreibung　50, 83, 86, 121-123, 125-128, 133, 147
自然権 Naturrecht　203
自然研究 Naturforschung　119, 120, 124, 134, 150
自然史 Naturgeschichte　83, 85, 86, 121-127, 129, 133, 147
普遍的——　59
『自然史のハンドブック』*Handbuch der Naturgeschichte*　151
自然状態 status naturalis/Naturzustand　105, 106, 204, 257, 259-262, 268, 271, 310, 312
自然人 Naturmensch　106
自然崇高性 Naturmajestät　59
自然(の)設備／自然(の)配置 Natureinrichtung/Naturanstalt　3, 15, 132, 133, 135, 285　⇨設備／配置
自然素質 Naturanlage　5, 6, 8-10, 15, 59, 60, 80, 85, 105, 107, 142, 143
自然的／自然な／自然ながらに natürlich/physisch　71, 104, 105, 126, 134, 147, 148, 176, 186, 189, 194
——感情 physisches Gefühl　177
——災悪　115
——な目的論　155
自然物 Naturding　123, 149
自然法 Naturrecht　259, 271, 275, 294
——の学者　259
『自然法』*Ius Naturae*　204
自然法則 Naturgesetz　3, 106
自然本性 Natur　87, 95, 97, 99, 102, 105, 120, 141, 144, 175, 179, 212, 213, 218, 221
自然目的 Naturzweck　119, 216
思想の自由 Freiheit im Denken　38, 54
持続 Dauer　227, 237, 238
実験 Experiment/Versuch/experimentum　79, 84, 137, 138, 164, 211, 307
実質的原理 materiales Prinzip　300
実践 Praxis　163-167, 291-293
実践的 praktisch　29, 42, 119, 120, 155, 163, 164, 170, 180, 198, 212, 217, 251(政治家), 259
実践的原理 praktische Prinzipien　6, 9, 154
実践理性 praktische Vernunft　223, 240, 241, 285, 300
『実践理性批判』*Kritik der praktischen Vernunft*　154
実体 Substanz　153, 154
実例／事例 Beispiel　18, 26, 57, 59, 65, 86, 87, 122, 152
私的使用(理性の) Privatgebrauch　27, 29
『使徒言行録』*Apostel Geschichte*　282
支配者／主人 Beherrscher/Herr/Oberherr/Gebieter/Regierer　11, 32, 110, 111, 188, 191-193, 195, 196, 198, 204, 206, 216, 221, 266-268
思弁的 spekulativ　50, 69, 121, 155
市民 Bürger　27, 28, 30, 33, 105, 187,

193, 194, 196, 198, 200, 208, 209, 261
市民社会 bürgerliche Gesellschaft 10, 265
市民的状態 bürgerlicher Zustand 106, 186, 187, 191
市民的体制 bürgerliche Verfassung 12, 14, 20, 106, 109, 185, 186, 197, 200-202, 206, 261
法にかなった―― 10
市民的秩序 bürgerliche Ordnung 31
市民的＝法的状態 bürgerlich=gesetzlicher Zustand 261, 269
『市民について』*de Cive* 208
市民法 bürgerliches Recht/ius civitatis/bürgerliches Gesetz 107, 185, 203, 222, 261, 299, 308
使命 Bestimmung 12, 20, 30, 31, 52, 64, 96, 101, 104, 105, 107, 115, 183
社会 Gesellschaft 8-10, 13, 62, 102, 108, 185-187, 262
社会契約 pactum sociale/Sozialkontrakt 185, 197, 206
『社会契約論』gesellschaftlicher Kontrakt (*Contrat social*) 105
赤銅色人 der Kupferrote 72
社交性 Geselligkeit 96, 100, 110
奢侈 Üppigkeit 99, 111, 114
シャフツベリー Shaftesbury 129
種 Art/species 69, 78-83, 96, 100, 105, 106, 126-129, 132-134, 143, 145
自然的な―― 147
人為的な―― 147
自由 Freiheit 3, 27, 95, 100, 103, 104, 107, 108, 110-112, 121, 154, 175, 180, 184, 186-188, 190, 193, 199, 210, 211, 212, 219, 262, 294, 312
外的―― 54, 194, 263
言論の―― 209
思想の―― 38, 54
内的―― 54
理性を公的に使用する―― 27
――の法則 284
――の目的(論) 154, 155
――の歴史 104
宗教 Religion 18, 28, 29, 31, 32, 39, 43, 57, 120, 192, 210, 215
宗教制度 Religionseinrichtung 30
従属 abhängig/Abhängigkeit 257, 262
終末の審判 das jüngste Gericht 228
主権者 Souverän 193, 206
熟練／熟練技術／熟練能力 Geschicklichkeit 7, 38, 97, 106, 107, 169, 185, 234
種族 Rasse 60, 69, 82-85, 87-92, 124-126, 128-130, 132, 138, 144, 146
手段 Mittel 102, 113, 132, 152
ジュピター Jupiter 58, 292
シュプレンゲル Sprengel 142
趣味 Geschmack 8, 100
純粋 rein 156
純粋実践理性 reine praktische Vernunft 119, 302
純粋理性 reine Vernunft 119, 121, 170, 171, 187, 259, 304, 307
『(純粋理性)批判』*Kritik der reinen Vernunft* 156, 157
ジョアン二世 Johann II. 91
商業精神 Handelsgeist 288
衝動 Trieb 41, 43, 57, 97-100, 105, 106
自然の―― Naturtrieb 98, 99
常備軍 stehende Heere 220, 254
将来の künftig 101, 113
ショット Schott 136
自律 Autonomie 257
人為技術 Kunst 73, 80 ⇨技術
神学の侍女 Magd der Theologie 290
人権／人間の権利 Menschenrecht/Recht der Menschen 63, 107, 186
人種 Menschenrasse 69, 82, 87, 89, 119, 145-147

心術／心情 Gesinnung　16, 183, 237, 238
心内留保 Vorbehalt/reservatio mentalis　252, 313
神秘主義 Mystik　239
進歩 Fortschreitung/Fortschreiten/Fortschritt　14, 44, 61, 64, 104, 107, 315
臣民 Untertan　31, 32, 187-193, 198, 199, 201-205, 208, 209, 221, 254, 256, 262, 264
神明裁判 Gottesgericht　257
人倫性　⇨道徳性
人類 Menschengattung/Menschengeschlecht/Menschheit　3, 4, 6, 9-11, 14-17, 19, 20, 29-32, 39, 41, 44, 45, 52, 55, 56, 58, 60, 61, 63, 64, 69, 70, 72, 73, 76, 80, 82, 103-106, 110, 111, 126, 127, 129, 132, 133, 143, 148, 167, 213-218, 221, 258, 274
『人類最古の史料』*Älteste Urkunde des Menschengeschlechts*　57
『人類史の哲学考』*Ideen zur Philosophie der Geschichte der Menschheit*　37, 51, 55

す

スウィフト Swift　222, 267
数学 Mathematik　165, 260
崇高さ Erhabenheit　183
スターン Sterne　124, 125
スピノザ主義 Spinozismus　240
スペイン人 Spanier　70, 74, 138, 139

せ

正義／正義である Gerechtigkeit/gerecht　12, 43, 109, 196, 197, 200, 302, 303, 307
　公的──　11
政治 Politik　167, 291, 306, 310
政治的(な)道徳家 politischer Moralist　294, 300, 301, 303, 305
生殖／生殖する Zeugung/zeugen　74-78, 80-84, 86, 87, 92, 125-129, 136-138, 146, 149, 150
　──連鎖　216
生殖力 Zeugungskraft　77-81, 87, 131
生得的 angeboren　141, 263
生得の権利 angeborenes Recht　191
世界 Welt　21, 29, 33, 43, 45, 49, 52, 56, 111, 119, 151, 152, 155, 170, 171, 277, 281
世界王国 Universalmonarchie　287
世界共和国 Weltrepublik　273
世界史 Weltgeschichte　19, 21
世界市民 Weltbürger　4, 28(社会), 167
世界市民的 weltbürgerlich/kosmopolitisch　167, 214
　──見地 weltbürgerliche Absicht　21, 213, 223
　──状態 weltbürgerlicher Zustand　15, 19
　──体制　219, 275
世界市民法 Weltbürgerrecht　262, 273, 285, 288, 294, 301, 312
　──の理念　277
『世界のための哲学者』*Der Philosoph für die Welt*　70
世界福祉 Weltbeste　18
世襲(権) Erbrecht　193
世襲貴族 Erbadel　263
世襲的 erblich　190(特権), 198
設備／配置 Veranstaltung/Anstalt　6, 41, 278, 281　⇨自然(の)設備
説明／説明する Erklärung/erklären　77, 79, 80, 85, 88, 89, 132-134, 147-149
説明根拠 Erklärungsgrund　77, 78, 85, 132, 134, 148
摂理 Vorsehung　20, 62-64, 111, 115, 139, 215, 219, 221, 241, 278-280, 305
　指導する──　279
　支配する──　279
　創設する──　279

セネガンビア Senegambia　70
善 das Gute　16, 18, 20, 104, 110, 111, 115, 280, 287, 304
善意志 guter Wille　12, 220
専制／専制政治 Despotismus　27, 110, 111, 188, 219, 266
専制的 tyrannisch/despotisch　201, 265, 294, 295
戦争 Krieg　13-15, 18, 96, 110, 112, 113, 192, 195, 198, 219, 220, 222, 251, 257, 264, 271, 272, 281, 284, 288, 312
　殲滅―― Ausrottungskrieg　257
　懲罰―― Bestrafungskrieg　257
　――状態 Kriegszustand　261, 262, 270, 300
ゼンダヴェスタ Zendavesta　288
選択意志 Willkür　115, 174, 176, 186, 190, 212
セント・トーマス島 St. Thomas　91
先入観 Vorurteil　26, 27
千年王国説 Chiliasmus　17
殲滅戦争 Ausrottungskrieg　257
ゼンメリング Sömmering　134, 135

そ

相似形成 Nachartung　74, 128, 131
『創世記』*Schöpfungsgeschichte*　57 ⇨『モーセ第一書』
創造 Schöpfung　9, 20, 38, 41-43, 45-47, 57, 134, 144, 232
創造主 Schöpfer　9, 42, 170
想像力 Einbildungskraft　37, 38, 51, 57　⇨構想力
祖国的 vaterländisch　188
素質 Anlage　7, 16, 78, 81, 91, 92, 95, 105, 106, 109, 128, 129, 132, 133, 139, 140, 142, 143, 145, 146, 213, 214
　根源的――　14, 60, 139, 146, 149
　自然―― Naturanlage　5, 6, 8-10, 15, 59, 60, 80, 85, 105, 107, 142, 143
　神的――　183
ソヌラー Sonnerat　230
素朴 Einfalt　103
ゾロアスター Zoroaster　230
尊敬 Achtung　100, 112, 174, 211, 212, 223, 299, 313

た

退化 Ausartung　91, 126
体系 System　19, 45, 90, 123, 126, 134, 149, 150, 164, 167
　自然―― Natursystem　52
体系的 systematisch　122, 259
代表制(度) repräsentativ/Repräsentationssystem　266, 267, 303
タヒチの幸福な住民たち glückliche Einwohner von Otaheite　63
堕落 Fall　104
端緒　⇨始元
ダントン Danton　206

ち

知恵 Weisheit　6, 15, 21, 61, 104, 185, 278, 306　⇨賢明な，国家政策
チェルケス人の zirkassisch　137
力 Kraft　123(自然の諸力), 148, 149, 153
チベット教の賢者 tibetanische Weise　233
チベット人 Tibetaner　59, 240, 276
中間品種 Mittelschlag　75, 81, 84, 137, 138
中国 China　112, 275-277
中国人 der Chinese　74, 85
超越論的概念 transzendentaler Begriff　306
超越論的原理 transzendentales Prinzip　308, 314
超越論的公式 transzendentale Formel　307, 314
超越論的哲学 Transzendental=Philosophie　155
超感性的 übersinnlich　228(存在), 263
超感性的なもの das Übersinnliche　229, 238, 280, 281